Fortschritte der Klinischen Psychologie 5

Fortschritte der Klinischen Psychologie 5

Herausgegeben von

Jarg B. Bergold, Berlin
Niels Birbaumer, Tübingen
Irmela Florin, Augsburg
Dieter Kallinke, Heidelberg
Dietmar Schulte, Bochum
Wolfgang Tunner, München

Urban & Schwarzenberg · München-Berlin-Wien 1976

Diagnostik in der Verhaltenstherapie

Herausgegeben von
Prof. Dr. Dietmar Schulte

Psychologisches Institut der
Ruhr-Universität Bochum

Zweite, durchgesehene Auflage
7 Abbildungen

Urban & Schwarzenberg · München-Berlin-Wien 1976

Anschriften der Herausgeber:

Prof. Dr. Jarg B. Bergold, Psychologisches Institut, Fachbereich 11, 1 Berlin 41, Grune-
waldstr. 35
Prof. Dr. Niels Birbaumer, Psychologisches Institut der Universität Tübingen, 74 Tübingen,
Friedrichstr. 21
Dr. Irmela Florin, Zentrum für Studien- und Konfliktberatung der Universität Augsburg,
89 Augsburg, Eichleitner Str. 30
Dr. Dieter Kallinke, Psychologisches Institut der Universität Heidelberg, 69 Heidelberg 1,
Friedrich-Ebert-Anlage 27
Prof. Dr. Dietmar Schulte, Psychologisches Institut der Ruhr-Universität Bochum, 463 Bo-
chum-Querenburg, Universitätsstr. 150
Priv.-Doz. Dr. Wolfgang Tunner, Psychologisches Institut der Universität München, Ab-
teilung für Klinische Psychologie, 8 München 40, Kaulbachstraße 93

CIP-Kurztitelaufnahme der Deutschen Bibliothek

Diagnostik in der Verhaltenstherapie / hrsg. von Dietmar Schulte.
(Fortschritte der klinischen Psychologie; 5)
ISBN 3-541-06582-6
NE: Schulte , Dietmar [Hrsg.]

5   4   3
―――――――
82 81 80

ISBN 3-541-06582-6

Satz und Druck: Buch- und Offsetdruckerei Georg Wagner, Nördlingen. Printed in Germany.
© Urban & Schwarzenberg, München-Berlin-Wien 1974.

VORWORT ZUR ZWEITEN AUFLAGE

Nicht einmal ein Jahr nach Erscheinen des vorliegenden Readers wurde eine zweite Auflage notwendig – ein weiteres Zeichen dafür, wie groß das Interesse an der Verhaltenstherapie im deutschsprachigen Raum ist. Diese zweite Auflage bleibt bis auf die Verbesserung einiger Druckfehler unverändert. In dem vergangenen Jahr sind – soweit ich sehen kann – keine neueren grundlegenden Arbeiten zur Verhaltensanalyse und verhaltenstherapeutischen Diagnostik erschienen, wie überhaupt dieser so wichtige Bereich bislang von den verhaltenstherapeutischen Forschern recht stiefmütterlich behandelt wird. Eine Weiterentwicklung der Grundlagen und Methoden der verhaltenstherapeutischen Diagnostik wird jedoch unbedingt notwendig, da sich die Verhaltenstherapie selber unaufhörlich weiterentwickelt. Die stärkere Berücksichtigung kognitiver, sozialpsychologischer und psychophysiologischer Theorien führt zu Entwicklung immer neuer therapeutischer Techniken, ohne daß deren Indikationskriterien und die diagnostischen Instrumente zur Messung dieser Kriterien explizit angegeben werden. Verhaltensanalyse auf der Grundlage der Skinnerschen Verhaltenstheorie wird zwar auch weiterhin Grundlage einer verhaltenstherapeutischen Diagnostik bleiben, doch eine Erweiterung unter Einbeziehung der neueren theoretischen Entwicklungen wird unausweichlich. Es bleibt zu hoffen, daß bei einer eventuell notwendig werdenden dritten Auflage diese Gesichtspunkte berücksichtigt werden können.

Bochum, im Herbst 1975

Dietmar Schulte

V

INHALT

A. GRUNDLAGEN EINER VERHALTENSTHEORETISCHEN DIAGNOSTIK

Diagnostik im Rahmen einer Verhaltenstherapie unterscheidet sich wesentlich von der herkömmlichen klinisch-psychologischen Diagnostik. Die Unterschiede zeigen sich nicht nur im praktischen Vorgehen und den verwendeten diagnostischen Verfahren, sondern bereits hinsichtlich der Art der Informationen, die erhoben werden, und des Ziels des Diagnostizierens.

Welche Art von Informationen über einen Patienten erhoben wird, ist im wesentlichen abhängig von der zugrunde gelegten Persönlichkeitstheorie. In dem ersten Kapitel dieses Buches zeigen *Goldfried* und *Kent* diesen Zusammenhang für die verhaltenstheoretische Diagnostik auf. Aus dem Verständnis von Persönlichkeit als „einer intervenierenden Variablen, die definiert ist durch die Wahrscheinlichkeit, mit der eine Person bestimmte Verhaltenstendenzen in einer Reihe von Situationen ihres täglichen Lebens manifestiert" (S. 9) folgt, daß das interessierende Verhalten möglichst direkt erfaßt werden sollte und daß außerdem neben dem Verhalten auch die Situation oder Reize, die das Verhalten steuern, eruiert werden müssen. *Goldfried* und *Kent* weisen die Konsequenzen dieser Sicht von Diagnostik für die Item-Auswahl und die Interpretation von Testantworten nach.

Während *Goldfried* und *Kent* der traditionellen *psychologischen Diagnostik* aufgrund einer *Analyse der zugrundeliegenden theoretischen Annahmen* eine verhaltenstheoretische Diagnostik entgegensetzen, kommen *Kanfer* und *Saslow* im zweiten Kapitel des Buches zu einer Ablehnung der traditionellen *klinischen Diagnostik* aufgrund einer *Analyse der Zielsetzung des Diagnostizierens*. Da sich die Klassifikation psychopathologischer Bilder als unvalide und für die Indikation von Psychotherapie als unbrauchbar erwiesen hat, schlagen sie eine Diagnostik vor, die einzig ausgerichtet ist auf die Planung und Therapie im Einzelfall. Nur solche Informationen sind zu erheben, die für die Gestaltung einer verhaltenstherapeutischen Behandlung relevant sind. Im zweiten Teil dieser Arbeit werden diese therapierelevanten Informationen zusammengestellt, und im dritten Teil gehen *Kanfer* und *Saslow* kurz auf die diagnostischen Verfahren ein, mittels derer diese Informationen erhoben werden können.

Diese eindeutige Ausrichtung der Diagnostik auf die Planung einer Verhaltenstherapie macht es notwendig, die diagnostischen Aussagen bereits in einer verhaltenstheoretischen Sprache zu formulieren, wie das auch von *Goldfried* und *Kent* aufgezeigt wurde. Eine so verstandene Diagnostik verzichtet bewußt auf den Versuch einer „theoriefreien" Beschreibung psychopathologischer Phänomene, sondern versucht, die Probleme eines einzelnen Patienten durch ein verhaltenstheoretisches Bedingungsmodell zu erklären, dessen Gültigkeit durch die Therapie selbst überprüft wird. In dem dritten Kapitel dieses Buches wird dieser Zusammenhang zwischen diagnostischer Modellbildung, Therapieplanung und Therapie näher erläutert.

D. Schulte

Herkömmliche gegenüber verhaltenstheoretischer Persönlichkeitsdiagnostik: ein Vergleich methodischer und theoretischer Voraussetzungen[1]

Marvin R. Goldfried, Ronald N. Kent

Unter den vielfältigen Veränderungen, die sich in den letzten Jahren innerhalb der Klinischen Psychologie ereignet haben, erweist sich der sehr große Popularitätszuwachs von Verfahren der Verhaltensmodifikation als einer der aufregendsten Trends. Verhaltensmodifikation (bzw. Verhaltenstherapie) basiert auf der Anwendung von experimentell gewonnenen psychologischen Gesetzmäßigkeiten innerhalb des Bereichs der Klinischen Psychologie. Als ein therapeutischer Ansatz umfaßt er eine Vielzahl unterschiedlicher Verfahren, die sich bei der Beseitigung verschiedenster Verhaltensauffälligkeiten als erfolgreich erwiesen haben.

Da die erfolgreiche Durchführung verhaltenstherapeutischer Techniken unmittelbar abhängig ist von einer adäquaten Untersuchung der spezifischen, zu verändernden Verhaltensweisen und darüber hinaus von der Messung jener Variabeln, die diese Verhaltensweisen aufrechterhalten, hat dieser Behandlungsansatz auch ein erneutes Interesse an klinischen Untersuchungsmethoden angeregt (*Goldfried* und *Pomeranz,* 1968; *Kanfer* und *Saslow,* 1969; *Mischel,* 1968; *Peterson,* 1968). *Greenspoon* und *Gersten* (1967) haben die Bedeutung klinischer Untersuchungsmethoden für die effektive Anwendung verhaltentherapeutischer Verfahren erkannt, und sie weisen darauf hin, daß möglicherweise die gängigen Persönlichkeitstests auch für diesen Zweck von Nutzen sind. Bei genauerer Betrachtung zeigt sich jedoch, daß einige der Grundannahmen der herkömmlichen Persönlichkeitstests diesen diagnostischen Ansatz für eine behavioristische Betrachtungsweise wenig geeignet erscheinen lassen. Genauso wie der verhaltenstheoretische Ansatz zur Entwicklung neuer therapeutischer Verfahren benutzt wurde, so erscheint es auch angebracht, diesen Ansatz zur Konstruktion neuer diagnostischer Techniken zu benutzen.

---

[1] Titel des amerikanischen Originals: Traditional versus Behavioral Personality Assessment: A Comparison of Methodological and Theoretical Assumptions. Psychol. Bull. 1972, 77, 409–420. Übersetzt von Rolf Meermann.

Bevor wir fortfahren, wollen wir kurz erklären, was wir unter einem „traditionellen" und einem „verhaltenstheoretischen" diagnostischen Ansatz verstehen. Das Endziel beider Ansätze mag völlig identisch sein (z. B. die Vorhersage menschlichen Verhaltens), doch der Weg zur Erreichung dieses Ziels hat sich verändert. Das traditionelle Vorgehen in der Persönlichkeitsdiagnostik zielt primär auf ein Verstehen der dem Individuum zugrunde liegenden Persönlichkeitsmerkmale und Eigenschaften ab, um auf diesem Weg Verhalten vorherzusagen. Dieses diagnostische Vorgehen zeigt sich in den meisten unserer gebräuchlichen Persönlichkeitstests, und zwar sowohl bei den projektiven Verfahren (Rorschach, TAT, Mann-Zeichnen-Test usw.), als auch bei den objektiven Persönlichkeitsfragebogen (MMPI, California Psychological Inventory usw.). Im Gegensatz dazu versucht der verhaltenstheoretische Ansatz der Persönlichkeitsdiagnostik eine direkte Messung der *Reaktionsweisen des Individuums auf unterschiedliche Lebenssituationen.* Die Techniken dieser Verhaltensdiagnostik umfassen die Beobachtung von Individuen in natürlichen Situationen, die Schaffung von experimentellen Analogien natürlicher Situationen im Rollenspiel und die Auswertung von Berichten des Individuums über seine Reaktionsweise auf gegebene Situationen.

Diese beiden allgemeinen Ansätze zur Persönlichkeitsuntersuchung können außerdem noch auf einer pragmatischen Ebene unterschieden werden. Bei den herkömmlichen Verfahren lag der Akzent auf der Genauigkeit, mit der sie eventuell zur Verhaltensvorhersage benutzt werden konnten, während ihre Brauchbarkeit zur Auswahl therapeutischer Verfahren relativ selten betont wurde (siehe *Meehl,* 1960). Die Therapieform, die in einem gegebenen Fall angewendet wird, ist normalerweise eher eine Funktion der besonderen Orientierung des Therapeuten als der psychologischen Testergebnisse (*Goldfried* und *Pomeranz,* 1968; *London,* 1964). Im Gegensatz dazu wurde das Interesse an der behavioristischen Verhaltensmessung durch ihre Brauchbarkeit zur Gewinnung von Information erzeugt, die für die Auswahl und Durchführung geeigneter verhaltensmodifizierender Verfahren notwendig ist. Einige der möglichen Gründe für die unterschiedliche klinische Anwendbarkeit der beiden Ansätze sind an anderer Stelle in größerer Ausführlichkeit diskutiert worden (*Goldfried* und *Pomeranz,* 1968) und sollen hier nicht behandelt werden. Statt dessen wollen wir unsere Aufmerksamkeit auf den Vergleich jener Annahmen konzentrieren, die beiden Ansätzen zugrunde liegen, sowie des möglichen Nutzens, den jeder für die genaue Vorhersage menschlichen Verhaltens hat.

Obwohl herkömmliche Persönlichkeitstests und behavioristische Tests viele Grundannahmen teilen (wie Reliabilität oder hinreichende Stabilisierung), ist das primäre Anliegen dieser Arbeit, die *unterschiedlichen* Annahmen dieser beiden Ansätze zu vergleichen. Das Grundkonzept von Persönlichkeit sowie

Annahmen über die Auswahl von Testitems und die Interpretation der Testergebnisse sollen zuerst für beide Ansätze beschrieben und bewertet werden.

Voraussetzungen des herkömmlichen Testansatzes

Persönlichkeitskonzept

Die meisten unserer gängigen Persönlichkeitstests basieren auf einer gemeinsamen Konzeptualisierung menschlichen Funktionierens und dienen dazu, relevante Informationen über die zugrunde liegende „Persönlichkeitsstruktur" des einzelnen zu liefern. Je nach spezifischer theoretischer Orientierung bestehen diese so erschlossenen Charakteristika aus „Motiven", „Bedürfnissen", „Trieben", „Abwehrmechanismen", „traits" oder anderen ähnlichen psychodynamischen Konstrukten.

Größtenteils basieren die verschiedenen psychodynamischen oder trait-Theorien auf der Vorstellung des psychischen Determinismus, demzufolge die Handlungen einer Person durch bestimmte zugrunde liegende dynamische Kräfte motiviert sind. Nach diesem Konzept von Persönlichkeit sollte der geeigneteste Weg zur Vorhersage menschlichen Verhaltens darin bestehen, diese zugrunde liegenden Charakteristika gründlich zu untersuchen, da ja das offene Verhalten eine Funktion dieser Charakteristika darstellt.

Grundlegende Annahme im herkömmlichen Persönlichkeitskonzept ist die, daß Folgerichtigkeiten im Verhalten (d. h. traits) unabhängig von situativen Veränderungen existieren. Die Ergebnisse von verschiedenen Untersuchungen konnten jedoch diese Annahme nicht bestätigen. In *Hartshorne* und *Mays* klassischer Studie über Ehrlichkeit (1928) wird der Einfluß von veränderten Reizbedingungen auf das Verhalten demonstriert. In verschiedenen Situationen (z. B. zu Hause, bei Partyspielen, beim Sport) wurde Kindern die Gelegenheit zum Betrügen, Lügen und Stehlen geboten. *Hartshorne* und *May* stellten fest, daß ein generalisierter Moralkode nicht vorhanden war. Sie schließen: „So wie wir allmählich die Situation verändern, senken wir allmählich die *Korrelationen* zwischen den Tests (S. 384)." In einer jüngeren Arbeit haben *Endler* und *Hunt* (1966, 1969) ähnlich die Bedeutung situativer Effekte in ihrem S-R-Inventar für Angst gezeigt: Sie fanden, daß die Wechselwirkung zwischen Situation und Versuchspersonen mehr zur totalen Varianz beitrug als die Varianz der individuellen Unterschiede allein. Ähnlich fand *Moos* (1969) sowohl mit Fragebogendaten als auch durch direkte Beobachtung, daß ein großer Varianzanteil durch Proband-Situations-Interaktionen zustande kommt. Auch *Mischel* und *Ebbesen* (1970) haben individuelle Unterschiede in der Fähigkeit, Befriedigungen aufzuschieben, festgestellt. Es war möglich, die Periode des Aufschiebens im wesentlichen durch Variation der besonderen Situation zu verändern. *Mischel* (1968) hat von einer Reihe anderer Untersuchungen zu diesem Problem berichtet. Die Ergebnisse dieser Arbeiten können ein Persönlichkeitskonzept, das die Wichtigkeit von situationsspezifischen Einflüssen auf das Verhalten unbeachtet läßt, nicht stützen.

Auswahl der Testitems

Eine wichtige Konsequenz der Sichtweise, daß Folgerichtigkeiten im Verhalten unabhängig von situativen Faktoren existieren, war die Tatsache, daß nur relativ wenig Nachdruck auf die Spezifizierung derjenigen Prozeduren gelegt wurde, die für die Auswahl eines Pools von Reizitems für die traditionellen Persönlichkeitstests verwendet werden (*Loevinger,* 1957). Obwohl Testkonstrukteure oft rigorose Auswahlprozeduren anwenden, um einen endgültigen Satz an Items zu erhalten, werden die Verfahrensweisen, nach denen der ursprüngliche Item-Pool definiert wird, selten diskutiert. Dieser ursprüngliche Item-Pool ist offensichtlich nicht zufällig ausgewählt, sondern er hängt wahrscheinlich zusammen mit den Annahmen des Testkonstrukteurs über die Natur der betreffenden Persönlichkeitsvariabeln.

Loevinger (1957) und *Jessor* und *Hammond* (1957) haben diesen ungenügend definierten Ansatz zur Auswahl des Originalitemsets kritisiert. Sie schlagen statt dessen den Gebrauch einer spezifischen theoretischen Orientierung als Alternative für die Auswahl des Item-Pools vor. Wenn man die Persönlichkeitstheorie für die Auswahl von Testitems heranzieht, so nimmt man für die betreffende Theorie ein gewisses Maß an „Validität" an. Obwohl bestimmte Konstrukte, die zu spezifischen theoretischen Orientierungen gehören, einige empirische Unterstützung erhalten haben, gibt es keine einzige Persönlichkeitstheorie, die bislang genügend empirische Absicherung erfahren hätte, um einen solchen Ansatz für die Itemauswahl zu rechtfertigen (vgl. *Pervin,* 1970).

Interpretation der Testantworten

Während Veränderungen auf der Stimulusseite der Testsituation als relativ unwichtig angesehen wurden, war die Interpretation der Antworten das Thema extensiver und detaillierter Betrachtung. Die interpretative Bedeutung einer Testantwort kann entweder durch intuitive oder empirische Mittel bestimmt werden (*Hase* und *Goldberg,* 1967; *Loevinger,* 1957). Der intuitive Ansatz kann auf einem nicht-formalen Rationale mit nur wenigen expliziten theoretischen Annahmen basieren oder er kann mehr formale Ableitungen von der Theorie beinhalten. Beim empirischen Ansatz hingegen ist die interpretative Bedeutung der Testantworten einzig von der empirisch hergestellten Beziehung zwischen Test und externen Kriterien abhängig.

Selbst in den Fällen, in welchen der intuitive Ansatz anfänglich für die Spezifizierung der interpretativen Bedeutung verschiedener Zeichen herangezogen wird, sind empirische Überprüfungen der Genauigkeit einer solchen Interpretation sehr notwendig. Allerdings werden logische oder theoretische Annahmen über die Bedeutung von Testzeichen (signs) oft so hartnäckig aufrechterhalten, daß der Nachweis mangelnder empirischer Bestätigung oft nur wenig Einfluß auf die Änderung der Interpretation des Klinikers hat. So fährt die revidierte Ausgabe eines Manuals (*Hutt*, 1968) fort, den Gebrauch invalider Interpretationen zu empfehlen, obwohl *Goldfried* und *Ingling* (1964) den Nachweis geführt haben, daß die von *Hutt* und *Briskin* (1960) vorgeschlagene Interpretation verschiedener Zeichen der empirischen Absicherung ermangelt.

Die Tendenz der Kliniker, bestimmte Interpretations-Hypothesen über Testscores beizubehalten, wird direkt in einer Studie von *Chapman* und *Chapman* (1969) illustriert. Die Autoren baten erfahrene Psychodiagnostiker, diejenigen von verschiedenen Rorschachantworten zu bestimmen, die männliche Homosexualität widerspiegelten. Die Antworten, die den Klinikern vorgelegt wurden, waren ausgewählt aus der anfänglichen Liste 20 möglicher Rorschachindikatoren für Homosexualität von *Wheeler* (1949), von denen nur einige einer empirischen Überprüfung standgehalten hatten.

Die Ergebnisse zeigen, daß Kliniker dazu tendieren, diejenigen Antworten zu wählen, die sie als am meisten kennzeichnend für männliche Homosexualität hielten, und zwar auf einer rational intuitiven Basis (z. B. „Gesäße"). Forschungsergebnisse hatten jedoch die empirische Validität für diese Antworten nicht bestätigen können. Die empirisch validierten Antworten wurden von den Klinikern so gut wie überhaupt nicht gewählt. Wie von den Autoren bemerkt wird, sind diese „illusionären Korrelationen" zwischen Antworten und vermuteten Charakteristika wahrscheinlich eine bedeutende Fehlerquelle bei der Vorhersage von Kriteriumsverhalten.

Während solche illusionären Korrelationen nur ein Problem der intuitiv abgeleiteten Tests bilden, existieren für empirisch abgeleitete Messungen andere Fehlerquellen. Obwohl z. B. die klinischen Skalen des MMPI ursprünglich als Hilfe für die diagnostische Klassifikation entwickelt wurden, wird der Test augenblicklich für komplexere Entscheidungen verwandt (*Dahlstrom* und *Welsh*, 1960; *Little* und *Shneidman*, 1954; *Rychlak*, 1968). Statt das MMPI-Protokoll nur zur Bestimmung einer diagnostischen Kategorie zu verwenden, erstellt der Kliniker eine Profilanalyse, in der sowohl die absoluten als auch die relativen Scores auf den verschiedenen Skalen zur Persönlichkeitsbeschreibung herangezogen werden. Jede solcher Interpretationen muß eine hohe Übereinstimmung zwischen den diagnostischen Kategorien, die mit den Skalen verbunden sind, und den daraus gefolgerten Persönlichkeitszügen (traits) annehmen. Eine solche Annahme hat jedoch keine empirische Absicherung erfahren: Es wurden beträchtliche Überschneidungen in den Verhaltenscharakteristika nachgewiesen, die zwischen den verschiedenen diagnostischen Klassifizierungen bestehen (*Mischel*, 1968; *Zigler* und *Phillips*, 1961).

Eine andere Annahme, die der Interpretation von Testantworten unterliegt, ist die, daß das Testprotokoll eine ausreichende Stichprobe aus den Persönlichkeitscharakteristika des Probanden darstellt (*MacFarlane* und *Tuddenham*, 1951; *Murstein*, 1961). Bezogen auf die projektiven Verfahren gesteht *Murstein* zu, daß man nicht immer sicher sein kann, tatsächlich genügend Daten erhalten zu haben: das „sampling" (Stichprobenauswahl) ist nämlich durch die eigene Reaktion des Probanden auf die Testsituation determiniert, und diese Reaktion ist von Individuum zu Individuum unterschiedlich. Für den Fall der objektiven Tests gibt es im Grunde genommen keine Richtlinien für die adäquate Auswahl der Stichprobe mit Ausnahme *Loevingers* Vorschlag (1957), daß die Theorie als Hintergrund für die Testkonstruktion dienen soll.

Voraussetzungen des verhaltenstheoretischen Testansatzes

Persönlichkeitskonzept

Im Gegensatz zur psychodynamischen Orientierung, die ihr Augenmerk auf die Charakteristika richtet, die ein Individuum „hat", betont der behavioristische Ansatz mehr, was eine Person in verschiedenen Situationen „tut" (*Mischel*, 1968). Statt bestimmte zugrunde liegende Konstrukte (Instinkte, Bedürfnisse etc.) zu hypostasieren, die als motivationale Determinanten des Verhaltens fungieren sollen, wird in diesem Ansatz also in erster Linie die individuelle Reaktion auf spezifische Aspekte der Umgebung berücksichtigt.

Menschliches Verhalten wird nicht nur als durch die vorangegangene soziale Lerngeschichte des Individuums determiniert angesehen, sondern auch durch aktuelle situative Bedingungen und/oder durch die Konsequenzen des betreffenden Verhaltens.

Die verhaltenstheoretische Position in bezug auf Persönlichkeit wird durch *Wallaces* Konzept der „abilities" (1966, 1967) gut repräsentiert. *Wallace* gebraucht auch den Begriff „Reaktionsfähigkeit" (response capability), der das individuelle Verhaltensrepertoire oder -potential umfaßt, das hauptsächlich durch vorausgegangene Lernerfahrungen determiniert ist. Dies geht eng einher mit dem, was man mit erworbenen Fähigkeiten meint, wie die Fähigkeit ein Auto zu fahren, Fahrrad zu fahren oder anderen gelernten Fertigkeiten. Die Wahrscheinlichkeit, daß ein Individuum diese Fertigkeiten auch tatsächlich *ausführt,* hängt ab von dem Ausmaß, mit dem bestimmte situative Faktoren diese Reaktion hervorrufen und/oder verstärken. Unter diesem Blickwinkel kann „Persönlichkeit" übersetzt werden als eine intervenierende Variable, die definiert ist durch die Wahrscheinlichkeit, mit der eine Person bestimmte Verhaltenstendenzen in einer Reihe von Situationen ihres täglichen Lebens manifestiert.

Wie bereits im Zusammenhang mit unserer Diskussion des traditionellen Persönlichkeitskonzepts erwähnt, weisen die vorhandenen Forschungsergebnisse darauf hin, daß die Wahrscheinlichkeit für die Reaktion einer Person in einer bestimmten Art und Weise nicht nur von ihrer eigenen Reaktionsfähigkeit (response capability) abhängt, sondern genauso von der Beschaffenheit der Situation (vgl. *Endler* und *Hunt,* 1966, 1969; *Hartshorne* und *May,* 1928; *Mischel* und *Ebbesen,* 1970; *Moos,* 1969). Nach Durchsicht der experimentellen Literatur über die Konsistenz von Persönlichkeitsvariablen kommt *Mischel* (1968) zu dem Schluß, daß „Verhaltensweisen, die oft als Indikatoren für stabile Persönlichkeitszüge angesehen wurden, sehr spezifisch sind und abhängen von den Einzelheiten der auslösenden Situation und dem Reaktionsmodus, der angewendet wurde, um sie zu messen (S. 37)".

Auswahl der Testitems

Übereinstimmend mit einem Persönlichkeitskonzept, das die spezifische Reaktion eines Individuums auf spezifische Situationen betont, ist eine entscheidende Annahme der verhaltenstheoretischen Tests die angemessene Repräsentation von Reizsituationen. Angemessene Repräsentation von Situationen verlangt nicht nur sorgfältige Simulierung während des Messungsvorganges (z. B. Filme, Diapositive, schriftliche Beschreibungen), sondern auch strenge Definition des passenden Pools an Situationen. Für die Begutachtung von ängstlichem Verhalten (*Geer,* 1965; *Wolpe* und *Lang,* 1964) ist es zum Beispiel notwendig, Angstmessungen in Situationen zu erheben, die repräsentativ als Muster für die Population von möglichen angsterzeugenden Situationen dienen. So wird bei der Auswahl von Stimulusitems das Konzept der Inhaltsvalidität, wie es bislang für Leistungstests angewandt wurde, sehr relevant für behavioristische Tests.

Goldfried und *D'Zurilla* (1969) haben diesen Gedanken weiter verfolgt und eine „verhaltensanalytische" Methode für die Testkonstruktion entwickelt. *Goldfried* und *D'Zurilla* haben dieses verhaltenstheoretisch-analytische Modell z. B. bei der Untersuchung der Leistungsfähigkeit von College-Anfängern verwendet, indem sie diejenigen Reaktionen, die durch bedeutsame Personen in College-Situationen verstärkt wurden, identifizierten. Der erste Schritt bei der Auswahl eines Pools von Testitems besteht aus einer „Situationsanalyse", um

9

so zu einer Stichprobe von problematischen Situationen zu gelangen, auf die Studienanfänger während ihres ersten Semesters wahrscheinlich stoßen. Die Situationsanalyse wurde durchgeführt mit Hilfe von täglich geschriebenen Protokollen über problematische Situationen, die die Autoren von den Studienanfängern selbst erhielten, sowie durch Interviews mit Angehörigen des Lehrkörpers, die häufig Kontakt zu den Anfängern hatten. Der umfangreiche Pool von Situationen, der durch diese Verfahrensweisen entstanden war, wurde sodann einer neuen Stichprobe von Studienanfängern während des zweiten Semesters vorgelegt, mit der Bitte, diejenigen Situationen zu benennen, auf die sie selber irgendwann gestoßen waren. Nur diejenigen Beispiele, die eine hohe Auftretenswahrscheinlichkeit besaßen, verblieben in dem Item-Pool. Das folgende ist ein Beispiel für eine solche Situation (*Goldfried* und *D'Zurilla,* 1969):

Eine sehr lange schriftliche Arbeit ist diesen Freitag in unserer Englischklasse fällig. Sie wurde eine Woche vorher angekündigt und geht über ein ziemlich schwieriges Thema, das man wirklich nicht versteht.
Am Mittwochnachmittag, wenn du dich zum Schreiben hinsetzt, stellst du fest, daß du überhaupt keine Ahnung hast, was du schreiben sollst. Auf der anderen Seite wird dir jedoch bewußt, daß du bald mit dem Schreiben beginnen mußt, um die Arbeit rechtzeitig fertigzustellen.

Dieser Ansatz für die Auswahl eines Item-Pools beinhaltet die Annahme, daß die Informanden eine Anzahl von problematischen Situationen, die mit der College-Umgebung verbunden sind, geliefert haben und ferner die Annahme, daß die einzelnen ausgewählten Situationen auch über den Zeitraum des Testens eine gleichbleibende Auftretenswahrscheinlichkeit beibehalten. Diese Annahmen sind der direkten empirischen Bestätigung zugänglich durch den Gebrauch einer weiteren Gruppe von Informanden sowie durch Überprüfung der Auftretenshäufigkeit dieser Situationen zu einem späteren Zeitpunkt.

Interpretation der Testantworten

Bei der Diskussion der Annahmen, die der Interpretation von verhaltenstheoretischen Tests zugrundeliegen, sollten wir die grundsätzliche Unterscheidung von *Goodenough* (1949) zwischen „Zeichen"- und „Stichproben"-Ansätzen für die Testantwortinterpretation erwähnen. Der Zeichenansatz nimmt an, daß die Antworten am besten erklärt werden können als eine indirekte Manifestierung einiger zugrundeliegender Persönlichkeitscharakteristika. Der Stichprobenansatz hingegen nimmt an, daß das Testverhalten eine Untergruppe des tatsächlich in Frage kommenden Verhaltens darstellt. Während die herkömmlichen Persönlichkeitstests sinnbildlich den Zeichenansatz zur Interpretation herangezogen haben, nähern sich behavioristische Verfahren eher der Testinterpretation nach dem zweiten Ansatz (Stichprobenansatz).

Die Annahme, daß die verhaltenstheoretischen Testantworten eine Stichprobe von bestimmten Reaktionstendenzen konstituieren, ist eng verbunden mit der weiteren Annahme, daß die Testitems selbst aus einer repräsentativen Stichprobe von Situationen bestehen, die für das in Frage kommende Verhalten relevant sind. Beim Testen von Selbstbehauptung gegenüber Autorität würde z. B. eine Stichprobeninterpretation der Testantworten des Probanden auf der Annahme beruhen, daß die Testitems eine adäquate Stichprobe von interpersonalen Situationen repräsentieren, die Autoritätspersonen beinhalten. Ein anderes Problem, das mit der Interpretation von Testverhalten als einer Stichprobe des Kriteriumsverhaltens zusammenhängt, ist das der *Methode,* die angewendet wird, um eine Reaktion darstellen zu können. Der ideale Ansatz für eine Reaktionsdarstellung wäre die tatsächliche Reaktion des Individuums in einer lebensechten Situation, da dies den direkten Zugang zur Verhaltensbeurteilung darstellt.

In bestimmten Umgebungen wie Krankenhäusern und Klassenräumen kann dieser Ansatz bequem benutzt werden. Sofern diese Beobachtungen nicht unauffällig (oder zurückhaltend) durchgeführt werden, kann sich die Annahme, daß dieses Testverfahren das Verhalten unbeeinflußt läßt, als fehlerhaft herausstellen. Eine Untersuchung von *Patterson* und *Harris* deutet z. B. darauf hin, daß solche Entscheidungen wie die, einen außenstehenden Beobachter anstelle der Mutter selbst zu benutzen, um ihr Kindverhalten zu Hause zu untersuchen, Unterschiede in den erhaltenen Daten hervorrufen. Ähnlich fand *Moos* (1968) bei hospitalisierten Patienten eine Tendenz unterschiedlich zu reagieren, wenn sie bemerkten, daß ihr Verhalten beobachtet wurde.

In Fällen, in welchen unauffällige direkte Beobachtungsprozeduren nicht durchführbar sind, müssen andere Ansätze für die Reaktionserfassung verwendet werden. Eine möglicherweise nutzbringende Alternative besteht im Rollenspielverfahren, in dem der Proband veranlaßt wird, so zu reagieren, „als ob" er sich tatsächlich in der betreffenden Situation befände. Die vorhandenen Forschungsergebnisse über den Gebrauch von Rollenspiel als Testverfahren liefern einige Unterstützung für die Annahme, daß die gespielten Reaktionen dem Verhalten in der tatsächlichen Lebenssituation gleichkommen. So fanden z. B. *Stanton* und *Litwak* (1955) in einem Versuch, angemessenes Verhalten unter interpersonalen Streßbedingungen vorherzusagen, daß die Reaktionen der Versuchspersonen in Rollenspielsituationen, in denen ein solcher Streß vorkam, .82 mit unabhängigen Ratings von Leuten korrelierten, die mit dem Verhalten der Versuchspersonen in solchen Situationen vertraut waren. Weitere Beweise für die Bedeutung von Rollenspielen als einem Testverfahren liefert die Arbeit von *Weiss* (1968) (vgl. Kapitel 9) über die Vorhersage der „Fähigkeit zu verstärken" („reinforcing skill") in interpersonalen Situationen. Dieses Testverfahren besteht darin, den Probanden in eine Rollenspielsituation zu bringen, in der er gebeten wird, einem Sprecher zuzuhören und alles mögliche zu tun, um in Kontakt mit dieser Person zu bleiben. Die Häufigkeit der während des Rollenspiels aufgezeichneten verstärkenden Verhaltensweisen der Versuchsperson konnte als Vorhersagemaß für die Ratings von Bekannten für soziales Verhalten (z. B. „fun at a party") und für die Ratings für Kompetenz und verstärkender Fähigkeit („reinforcing skill") durch Therapeuten benutzt werden.

Eine weitere Möglichkeit, die Reaktion eines Probanden zu testen, bietet der Selbstbericht (self-report) über Verhalten. Die Annahme, die mit dem Gebrauch von Selbstberichten verbunden ist, besteht darin, daß der Proband seine Reaktion auf bestimmte Situationen genau beobachten und kommunizieren kann. Am häufigsten wurden Selbstberichtverfahren im Zusammenhang mit dem Testen von Angst gebraucht.

Bei der Verwendung von Fear Survey Schedules (vgl. Anhang) z. B. wird dem Probanden eine Liste von möglicherweise angsterzeugenden Objekten (z. B. Blut, Spinnen) und Situationen (z. B. kritisiert werden, allein sein) vorgelegt, und der Proband muß einschätzen, bis zu welchem Ausmaß er jedes Item subjektiv angstauslösend empfindet. Ergebnisse von *Geer* (1965) deuten darauf hin, daß die Reaktionen der Probanden auf bestimmte Items des Fear Survey Schedules (z. B. Hunde, Ratten) als Vorhersagemaß (Rho-Korrelation von .52 bis .92) für ihre Angstreaktionen benutzt werden können, wenn sie in eine Situation gebracht wurden, in welcher sie sich diesen Objekten nähern mußten. *Pauls* (1966) erfolgreicher Gebrauch des S-R Inventars für Ängstlichkeit zur Vorhersage von Angst in öffentlichen Sprechsituationen (r = .50 und .72 für zwei verschiedene Stichproben) erhöht die Glaubhaftigkeit der Annahme, daß verbale Selbstvorhersagen eine gute Übereinstimmung zu Verhalten im täglichen Leben zeigen.

Der Gebrauch von direkter Beobachtung, Rollenspiel oder Selbstberichtverfahren als Verhaltenstests beruht auf der Annahme, daß die einzelne Methode, die gewählt wurde, die Varianz der Reaktionen nur wenig verändert.

Obwohl es möglich ist, daß die Resultate durch den Gebrauch jeder dieser drei Methoden unterschiedlich sein können, gibt es zu diesem Problem bislang noch keine Untersuchungen. Durch die Anwendung des von *Campbell* und *Fiske* (1959) vorgeschlagenen Verfahrens zur Untersuchung der Methodenvarianz könnte jedoch der Grad der Übereinstimmung zwischen Reaktionen, die durch diese verschiedenen Methoden ermittelt wurden, der direkten empirischen Überprüfung zugänglich gemacht werden. Zusätzlich zu der Frage nach den einzelnen Methoden, die in den Untersuchungsprozeduren zur Anwendung gelangen, stellt sich das Problem der *Kategorisierung* und *Aufzeichnung* dieser Reaktionen. Statt Aufzeichnungsschlüssel zu entwickeln, die auf intuitiven oder empirischen Grundlagen basieren, benutzt der verhaltenstheoretische Testansatz Informationen über das tatsächliche Kriteriumsverhalten, das heißt über solche Verhaltensweisen, die das Ziel der Vorhersage bilden. So wurden für das S-R Inventar für Ängstlichkeit (*Endler* und *Hunt,* 1966, 1969) z. B. 14 Reaktionsmodi ausgewählt, um die „Angst"-Reaktion des Probanden auf jede der vorgegebenen Situationen zu testen. Diese verschiedenen Reaktionsmodi (z. B. Herz schlägt schneller; unangenehmes Gefühl bekommen; Wunsch, die Situation zu vermeiden; transpirieren) wurden gewählt, um den multidimensionalen Charakter wiederzugeben, der, wie gezeigt werden konnte, für die tatsächliche Angstreaktion typisch ist (vgl. *Lang,* 1968).

In ihrer Beschreibung des verhaltensanalytischen Ansatzes zur Untersuchung der Leistungsfähigkeit haben *Goldfried* und *D'Zurilla* (1969) Richtlinien für die Durchführung der Kriteriumsanalyse vorgeschlagen, die zur Schaffung von Standards für die Aufzeichnung von Verhaltensmessungen dienen sollen. Die verhaltenstheoretisch orientierte Kriteriumsanalyse besteht aus einer

a) *Situationsanalyse,* in der die relevanten umgebungsmäßigen Ereignisse erfaßt werden,

b) *Reaktionsaufzählung,* die einen Pool von Reaktionen für jede dieser verschiedenen Situationen enthält und

c) der *Reaktionsbewertung* (response evaluation), die eine Kategorisierung aller möglichen Handlungsabläufe in einer Situation gemäß ihrem Grad von Effektivität einschließt. Um die tatsächliche Effektivität dieser besonderen Verhaltensweisen im täglichen Leben vergleichen zu können, empfiehlt es sich, die Beurteilung der Effektivität durch Bezugspersonen vornehmen zu lassen, das heißt durch Leute, die von den Probanden respektiert werden und die die Rolle innehaben, ein Verhalten in dieser bestimmten Umgebung als effektiv oder ineffektiv zu klassifizieren.

Die zugrundeliegende Annahme, auf der dieser Ansatz für die Schaffung von Aufzeichnungskriterien (scoring criteria) basiert, ist die, daß gemeinsame Standards oder Verhaltensnormen für Effektivität in dem konkreten, in Frage kommenden Lebensraum existieren und daß diese Standards in dem Zeitraum des Testens relativ stabil bleiben.

Wenn man die rasche Veränderung des Wertsystems in vielen Bereichen unserer Gesellschaft berücksichtigt, kann sich diese Annahme beim Testen von bestimmten Verhaltensweisen (z. B. Verhalten von Studenten gegenüber Autorität) als fehlerhaft erweisen. Es soll jedoch betont werden, daß das Fehlen von empirischer Bestätigung für die Existenz eines stabilen Sets von Verhaltensnormen nicht nur Implikationen für die Aufstellung von Aufzeichnungskriterien, sondern auch für die Auswahl von Kriteriumsverhaltensweisen hätte, gegen die jede Validierung stattfinden könnte. Dies würde jedoch ein Problem für jeden Versuch zur Vorhersage menschlichen Verhaltens darstellen, gleichgültig, ob es sich um einen behavioristischen oder traditionellen Ansatz handelt.

Vergleich zwischen traditionellen und behavioristischen Tests

An dieser Stelle soll ein direkter Vergleich zwischen herkömmlichen und verhaltenstheoretischen Testansätzen gezogen werden. Die Schlußweisen, die mit beiden Ansätzen verbunden sind, und die vorhandenen Ergebnisse über vergleichende Vorhersagemöglichkeiten sollen dabei einander gegenübergestellt werden.

Vergleich der Schlußweisen

Um die Natur der Annahmen bei herkömmlichen und behavioristischen Tests systematischer vergleichen zu können, sind die Schlußweisen (Schlußebenen), die mit der Verhaltensvorhersage durch jeden dieser beiden Ansätze verbunden sind, in Abbildung 1 graphisch dargestellt.

Die nach oben zeigenden Pfeile beziehen sich auf die Testschlüsse oder Induktionen, die mit der Interpretation der test scores verbunden sind, während die nach unten zeigenden Pfeile den Validierungsschluß bezeichnen, d. h. Deduktionen von der Interpretation des Tests, die mit der Vorhersage des Kriteriums verbunden sind. Die drei Schlußweisen, die sowohl mit der Induktion als auch mit der Deduktion verbunden sind, schließen ein:

a) jene Schlußweisen, die es einem gestatten anzunehmen, daß die *aufgezeichnete Beobachtung* genau das Vorkommen eines spezifischen *Ereignisses* widerspiegelt, nämlich die „wahre" Testantwort oder das „wahre" Kriteriumsverhalten. Dies ist offensichtlich die grundlegendste aller Schlußweisen und beinhaltet solche Annahmen wie die Reliabilität, mit der die Testreaktion und das Kriteriumsverhalten aufgenommen und ausgezählt sind, sowie das Fehlen von Varianz, die der spezifischen Methode beim Testen des betreffenden Ereignisses in Rechnung gestellt werden müßte (vgl. *Campbell* und *Fiske,* 1959).

b) Die zweite Schlußweise, bei der man folgert, daß das gemessene Ereignis eine Stichprobe irgendeiner *größeren Population* ist, basiert auf der Annahme, daß die durch den Test erhaltenen Reaktionen (oder die Kriteriumsverhaltensweisen), die für die Untersuchung ausgewählt wurden, repräsentativ für die relevanten Aspekte der gesamten Population von wahren Reaktionen (oder Kriteriumsverhaltensweisen) sind.

c) Folgt man der Annahme, daß die Population von Reaktionen angemessen zusammengestellt wurde, kann man zusätzlich schließen, daß die Testdurchführung auf ein unbeobachtbares *Konstrukt* hinweist und daß dieses

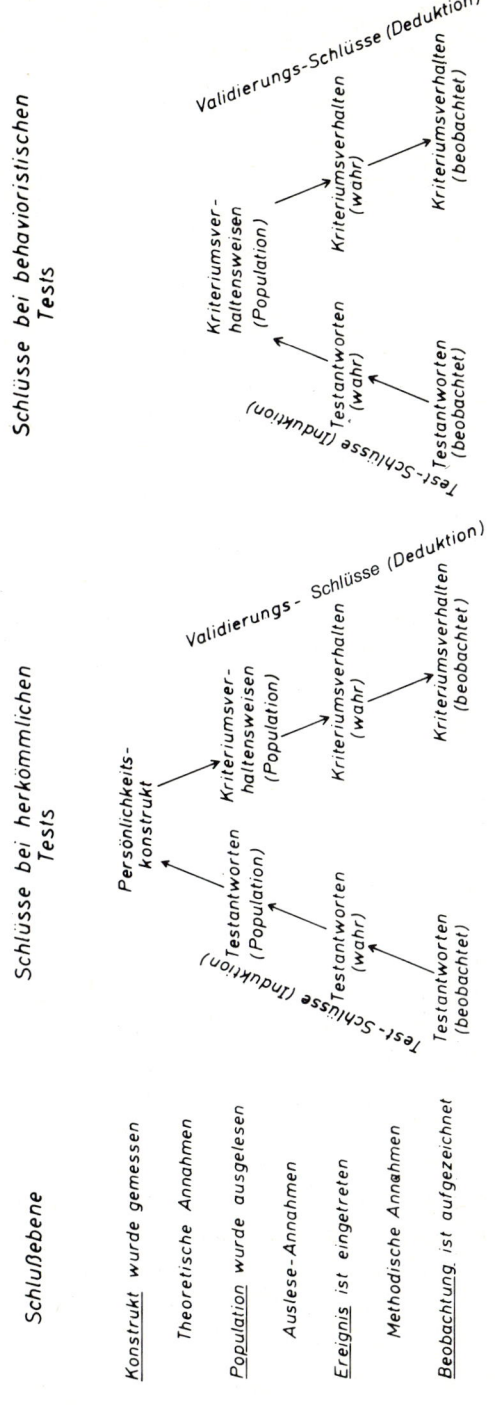

Abb. 1. Schlußebenen (levels of inference) bei herkömmlichen und behavioristischen Tests.

Konstrukt durch bestimmte Kriteriumsverhaltensweisen widergespiegelt wird. Diese dritte Schlußweise benötigt theoretische Annahmen, die die Beziehung zwischen dem betreffenden Konstrukt und sowohl der Population von Reaktionen als auch der Population von Kriteriumsverhaltensweisen beschreiben.

Indem wir diesen schematischen Entwurf der Schlußweisen benutzen, können wir den Vorhersageprozeß von beiden Testansätzen unterscheiden. Als Beispiel betrachten wir die Vorhersage von „Angst in der Beziehung zu gleichgeschlechtlichen Gleichaltrigen (peers)", zuerst unter der traditionellen Sichtweite und dann mit dem behavioristischen Ansatz.

Beim Gebrauch eines herkömmlichen Persönlichkeitstests wäre die grundlegendste Annahme, daß die relevanten beobachteten Testantworten (z. B. Vorhandensein von lebloser Bewegung im Rorschach, hohe soziale Introversion im MMPI etc.) nur geringfügig durch Aufzeichnungsfehler (scoring error) oder irgendwelche Artefakte im Zusammenhang mit dem Messungsprozeß selbst beeinflußt sind. Diese „wahren" Testantworten bilden nun, so nimmt man weiter an, eine adäquate Stichprobe irgendeiner hypothetischen Population von möglichen, mit Angst in Beziehung stehenden Testantworten, die der betreffende Prüfling geben könnte, wenn z. B. die Messung zu einem anderen Zeitpunkt stattfände oder die Länge des Tests erweitert würde. Hat man einmal die Adäquatheit dieser Stichprobe angenommen, sind weitere Annahmen notwendig, um diese Population von Zeichen zu einem zugrundeliegenden Persönlichkeitskonstrukt in Beziehung zu setzen. Von diesem Persönlichkeitskonstrukt müßte weiter angenommen werden, daß es mit Angst in gleichgeschlechtlichen peer-Beziehungen zusammenhängt. Das Konstrukt, das man heranzöge, würde von Theorie zu Theorie variieren und könnte solche Charakteristika einschließen wie grundlegende Unsicherheit, Konflikte mit tiefliegenden homosexuellen Tendenzen, Inkongruenz zwischen Selbst- und Idealkonzept oder andere ähnliche hypostasierte Variablen. Indem man diese Information deduktiv zur Verhaltensvorhersage benutzt, sind zusätzliche theoretische Annahmen erforderlich, um das angenommene Persönlichkeitskonstrukt zu einer Population von Kriteriumsverhaltensweisen in Beziehung zu setzen, die verschiedene angstbesetzte Interaktionen mit gleichgeschlechtlichen peers widerspiegeln könnten. Da es von der besonderen Persönlichkeitstheorie abhängt, die zu diesem Zeitpunkt des Vorhersageprozesses verwendet wurde, ist die Verhaltensdefinition für Veränderungen offen. Von dieser hypothetischen Population von Verhaltensweisen werden sodann spezifische Verhaltensinteraktionen ausgewählt (z. B. die Fähigkeit zur Konversation in spezifischen sozialen Situationen). Außerdem werden Verfahrensweisen zur Messung dieser Kriteriumsverhaltensweisen ausgelesen (z. B. direkte Beobachtung, Einschätzung durch peers etc.).

Im Gegensatz hierzu würde ein verhaltenstheoretischer Test zur Vorhersage von Angst in der Beziehung zu gleichgeschlechtlichen peers darin bestehen, den Probanden in eine repräsentative Stichprobe von Situationen zu bringen, die Kontakte zu peers erfordern und seine Reaktionen evozieren. Findet dieses Verfahren in irgendeiner der verschiedenen Formen statt (z. B. direkte Beobachtung in tatsächlichen Situationen, Rollenspiel, Selbstbericht), wird angenommen, daß die „wahre" Reaktion des Probanden mehr Varianz beiträgt, als die einzelne ausgewählte Methode es tut. Die nächste Schlußebene basiert auf der Annahme, daß die hervorgerufenen Reaktionen eine adäquate Stichprobe von möglichen Kriteriumsverhaltensweisen geliefert haben, die Angst in solchen Beziehungen genau beschreiben.

Im Gegensatz zu den herkömmlichen Ansätzen für die Persönlichkeitsmessung sieht der behavioristische Test in den Reaktionen Stichproben des Kriteriumsverhaltens selbst. Darüberhinaus werden diese Verhaltensweisen direkt von einer empirisch definierten Kriteriumsanalyse abgeleitet (z. B. Auswahl von Situationen, in denen Interaktionen mit peers stattfinden). Auf diese Weise wird die Notwendigkeit für den induktiven oder deduktiven Gebrauch von theoretischen Annahmen ausgeschlossen. Sobald diese Kriteriumsverhaltensweisen, die für die Validierung benutzt werden sollen, spezifiziert sind, werden genau dieselben psychologischen Verfahren zur Ermittlung der Kriteriumsvalidität benutzt, wie sie bei herkömmlichen Persönlichkeitsmessungen zur Anwendung gelangen.

Dieser Vergleich zwischen den beiden Ansätzen zur Vorhersage ist natürlich übereinfacht. So dürfte ein traditioneller Diagnostiker wohl selten ein Kriteriumsmaß wie Angst in Beziehungen zu Angehörigen des gleichen Geschlechts nur aufgrund einer Testreaktion und des Schlusses von nur einem Persönlichkeitskonstrukt vorhersagen. Statt dessen dürfte er verschiedene Reaktionstypen, die durch eine Batterie verschiedener Tests evoziert wurden, zahlenmäßig abschätzen und verschiedene Persönlichkeitskonstrukte heranziehen. Als weiterer Schluß, der zusätzliche theoretische Annahmen erforderte, würden dann diese Konstrukte miteinander in Verbindung gesetzt, um ein dynamisches Persönlichkeitsmodell dieses Probanden zu erhalten. Dieser Ansatz zur Entwicklung einer „Theorie über eine Person" (vgl. *Sundberg* und *Tyler,* 1962) beinhaltet Schlüsse, die von den Daten weit entfernt sind und stark von der theoretischen Orientierung des Klinikers und seiner klinischen Erfahrung abhängen.

Selbst in der vereinfachten Form, in der wir ihn vorgestellt haben, unterstreicht der Vergleich einen grundsätzlichen Unterschied bei der Konstruktion von herkömmlichen und behavioristischen Testverfahren. Um es noch einmal zu wiederholen: traditionelle Persönlichkeitstests haben Methoden entwickelt, um Verhaltensweisen zu evozieren, die als Zeichen von zugrundeliegenden

Persönlichkeitsvariablen dienen können. Die durch den Test hervorgerufenen Reaktionen dienen als Grundlage für theoretische Schlüsse über das zugrundeliegende Funktionieren der Persönlichkeit, das sodann mit den Kriteriumsmessungen in Beziehung gesetzt wird. Im Gegensatz dazu werden *Verhaltenstests* von den Kriteriumsmessungen her entwickelt. Das heißt, zuerst wird eine Sammlung von Kriteriumssituationen und Verhaltensweisen erstellt. Dann wird der Versuch unternommen, effiziente Messungsverfahren zu entwickeln, die diese Verhalten-Umwelt-Interaktionen messen.

Vergleich der Vorhersagemöglichkeit

Es ist interessant festzuhalten, daß wegen ihres größeren Vorhersagepotentials im Laufe der Jahre eine allgemeine Neigung zu mehr direkten, kriteriumsbezogenen Messungen im Bereich der herkömmlichen Persönlichkeitsdiagnostik stattgefunden hat. So schließen *Fulkerson* und *Barry* (1961) in einem Rückblick über den prognostischen Nutzen von verschiedenen Persönlichkeitsmessungen, daß von allen möglichen Wegen zur Verhaltensvorhersage der genaueste Prädiktor das vorausgegangene Verhalten des Probanden in ähnlichen Situationen bleibt.

Nach einem Überblick über die Forschungsergebnisse zum TAT schließt *Murstein* (1963), daß bestimmte Aspekte der Reaktion des Probanden auf die Testsituation selbst als möglicherweise nützlich für die Vorhersage von offenem Verhalten in Kriteriumssituationen sein können. Dennoch sind diese Reaktionen, wie er schreibt, „nicht wirklich ein Teil der Geschichten, aber sie stellen Miniaturstücke des tatsächlichen Verhaltens dar, das dem tatsächlichen Kriteriumsverhalten ähnlich ist. Es nimmt deshalb kaum wunder, daß scharfe Kommentare beim Erzählen von TAT-Geschichten in Verbindung mit offener Aggression stehen (S. 318 f.)" Ähnlich gelang es *Kagan* (1956) beim Nachweis von Beziehungen zwischen TAT-Scores und offener Aggression die Vorhersagemöglichkeit nicht durch theoretische Konstrukte, sondern durch Gebrauch von Reizmaterial zu erhöhen, das mehr die tatsächlichen Kriteriumssituationen (statt der typischen mehrdeutigen Stimuli) enthielt. Außerdem wertete er die Protokolle nur für die Aspekte von Aggression (z. B. Tendenz zu Kämpfen) aus, die im Hinblick auf die Kriteriumssituation interessant waren.

Für den Rorschach-Test wurde von *Friedman* (1953) eine Methode entwickelt, die bei der Auswertung und Interpretation der Testantworten diese als eine Stichprobe des offenen Verhaltens ansieht. Indem er *Werners* (1948) Beschreibung der wahrnehmungsmäßigen und kognitiven Entwicklung benutzte, beschrieb *Friedman* eine Methode zum Gebrauch einer jeden Antwort als einer Stichprobe von Wahrnehmungsverhalten. Im Vergleich zu den vielen anderen Ansätzen für die Auswertung des Rorschach hält sich *Friedmans* Ansatz näher an den Daten, benötigt bedeutend weniger Annahmen und erzielt – vielleicht als Folge davon – günstige Validierungen (*Goldfried, Stricker* und *Weiner,* 1971).

Zusätzlich zu diesen indirekten Ergebnissen über den Vorhersagewert von Verhaltenstests sind einige Arbeiten durchgeführt worden, die einen direkten Vergleich zwischen dem Vorhersagewert von traditionellen und dem von verhaltenstheoretischen Testverfahren durchführen (z. B. *Carroll,* 1952; *Hase* und *Goldberg* 1967; *Paul,* 1966; *Wallace* und *Sechrest,* 1963).

Im Zusammenhang mit einer größeren Untersuchung über die Effektivität von systematischer Desensibilisierung als einem Verfahren zur Angstreduzierung in öffentlichen Sprechsituationen, teilte *Paul* (1966) eine Vielzahl von Persönlichkeitstests vor der Behandlung aus (Ipat Anxiety, *Bendigs* emotionality, *Bendigs* extraversion-introversion, Angstdifferential und das S-R Inventar für Ängstlichkeit). Indem er den verbalen Bericht des Probanden über dessen Angst während einer Rede vor einem Auditorium als Kriterium benutzte, fand *Paul,* daß die Korrelationen mit dem Item des S-R Inventars für Ängstlichkeit, das öffentliches Sprechen beinhaltet, bei weitem die Korrelation mit den eher herkömmlichen Tests überstiegen.

So lag die durchschnittliche Korrelation aus zwei verschiedenen Stichproben zwischen Kriterium und dem S-R Inventar bei .61 im Vergleich zu Korrelationen von .15 für den Ipat Anxiety, -.24 für extraversion-introversion, .07 für emotionality und .29 für das Angstdifferential.

Wallace und *Sechrest* (1963) verglichen in einer Studie die Vorhersagegenauigkeit von verschiedenen projektiven Verfahren mit Selbsteinschätzungen der Probanden für Erfolg, Feindseligkeit, somatische Variablen und religiöse Interessen. Die Ergebnisse dieser Studie zeigen, daß während die Korrelationen zwischen dem Kriterium (Einschätzungen durch peers auf jeder der Variablen) und Selbsteinschätzungen auf diesen Dimensionen bei durchschnittlich .57 lagen, die durchschnittlichen Korrelationen für die anderen Tests nur .05 für Rorschach, .08 für TAT und .14 für den Satzergänzungstest ergaben.

Die Resultate einer Untersuchung von *Carroll* (1952) zeigen ähnlich, daß einfache Selbstbeurteilungen höhere Korrelationen liefern als die Scores des Guilford-Martin-Inventars. In einer Analyse der Methodenvarianz mit Hilfe einer „Multitrait-Multimethod"-Korrelationsmatrix weisen *Campbell* und *Fiske* (1959) darauf hin, daß die Ergebnisse von *Carroll* außerdem nur eine geringe Vermengung der Selbsteinschätzungen mit der Methodenvarianz aufweisen.

Indem *Hase* und *Goldberg* (1967) den Item-Pool des „California Psychological Inventory" benutzten, verglichen sie die Vorhersagekraft von Skalen, die auf verschiedene Art und Weise konzipiert waren (z. B. theoretisch, empirisch, faktorenanalytisch), mit den Selbsteinschätzungen von Probanden. Bezogen auf das Kriterium Einschätzungen durch peers auf Variabeln wie Dominanz, Geselligkeit, Verantwortlichkeit und ähnliche Charakteristika berichten *Hase* und *Goldberg,* daß „. . . in fast allen Fällen die Selbsteinschätzungen der Probanden einen höheren Vorhersagewert besaßen . . . als *irgendeine* der Skalen (S. 245)". Selbst beim Gebrauch von linearen Regressionsgleichungen zur optimalen Kombination der Skalen erwiesen sich die Selbsteinschätzungen als genauer.

Da das wachsende Interesse für behavioristische Testansätze ein junges Phänomen darstellt, sind nur wenige Arbeiten über den Vergleich ihrer Vorhersagekraft zu den mehr herkömmlichen Verfahren durchgeführt worden. Die begrenzten Daten jedoch, die man heranziehen kann, begünstigen die verhaltenstheoretischen Tests.

Schlußfolgerungen

Eines der grundlegenden Charakteristika der verhaltenstheoretischen Tests ist der Versuch, die Ähnlichkeit zwischen der Testreaktion und dem Kriteriumsmaß zu erhöhen. Die Wichtigkeit einer solchen Annäherung des Vorhersageprozesses durch Reduzierung der Anzahl von Schlüssen wurde von *Cronbach* (1956) erörtert, der bemerkt:

„Das Testen stößt auf Schwierigkeiten, denn es bringt gewagte Schlüsse mit sich. Nur sehr wenige Schlüsse sind notwendig, wenn ein Test eine Stichprobe des Kriteriums darstellt oder wenn ein empirischer Schlüssel entwickelt ist. Einfache Testinterpretationen beinhalten Schlüsse vom Test zum Konstrukt und weiter zur Verhaltensvorhersage. Doch die Diagnostiker versuchen, ein Maximum von Schlußfolgerungen aus Tests zu ziehen. Wie gegenwärtige Autoren diesen Prozeß beschreiben . . . wird die Persönlichkeitstheorie dazu verwendet, nomothetische Konstrukte in ein Konstrukt der Persönlichkeitsstruktur eines Individuums einzubauen. Vorhersagen werden sodann abgeleitet, indem man schließt, wie diese Struktur mit den bekannten oder vermuteten Gegebenheiten der Situation interagieren wird. Diagnostiker haben tollkühn Spekulationen über Verhalten in nicht-analysierten Situationen angestellt, wobei sie Tests benutzten, deren Konstruktinterpretationen zweifelhaft sind und indem sie sich einer Persönlichkeitstheorie bedienten, die mehr Lücken als zuverlässige Inhalte aufweist (S. 173 f.)."

Während der erfolgreich validierte Test Unterstützung für die zahlreichen Annahmen liefert, die bei der Vorhersage der Kriteriumsverhaltensweisen aus dem Testverhalten inbegriffen waren, liefert der nicht erfolgreiche Validierungsversuch keinen Hinweis auf das schwache Glied beim Ableitungsvorgang. Die in dieser Arbeit vorgestellte Analyse weist darauf hin, daß jeder Zusammenbruch der Vorhersagekraft eines Tests auch eine positive Seite haben kann, wenn man ihn als Ursache einer oder mehrer Folgerungen ansieht, die auf falschen Annahmen über den Messungsprozeß oder die in Frage stehenden Phänomene basieren.

Für den Bereich der herkömmlichen Persönlichkeitstests stellten sich einige der grundlegenden Annahmen wie etwa die Existenz von überdauernden Verhaltenstendenzen (behavioral consistencies) in einer großen Reihe von Reizsituationen als empirisch nicht abgesichert heraus. Andere Annahmen, wie etwa jene über hypostasierte theoretische Beziehungen zwischen Testreaktionen und Konstruktionen, sind oft vage gehalten oder ungenügend definiert und daher schwierig zu überprüfen. Im Gegensatz dazu stimmt die Persönlichkeitsmessung mittels behavioristischer Tests mehr überein mit den Forschungsergebnissen, daß menschliches Verhalten sowohl von dem Verhaltensrepertoire des Einzelnen als auch den Anforderungen der spezifischen Reizsituation abhängig ist. Darüberhinaus sind verhältnismäßig weniger Annahmen mit diesem Ansatz zur Testkonstruktion verbunden, und diejenigen, die mit ihm verbunden sind, können schneller der direkten experimentellen Untersuchung zugeführt werden. Dadurch, daß er eine systematische Eliminierung von irrigen Folgerungen erlaubt, wenn die Validitätskoeffizienten unbefriedigend sind, scheint der behavioristische Ansatz zur Persönlichkeitsmessung größere Möglichkeiten für die Entwicklung von Verfahrensweisen zu beinhalten, die unsere Fähigkeit zur Vorhersage menschlichen Verhaltens steigern könnten.

Zusammenfassung

Die traditionellen und behavioristischen Ansätze zur Vorhersage menschlichen Verhaltens wurden untersucht im Hinblick auf einige Grundannahmen wie z. B. der Grundkonzeption des Persönlichkeitsmodells, der Auswahl von Testitems sowie der Auswertung des Testverhaltens.
Während herkömmliche Persönlichkeitstests hypothetische Persönlichkeitskonstrukte untersuchen, die ihrerseits wieder zur Vorhersage des tatsächlichen Verhaltens dienen, folgt aus dem behavioristischen Ansatz eher eine direkte Betrachtung der maßgeblichen Verhaltensweisen selbst. Abgesehen davon, daß die behavioristischen Untersuchungsverfahren weniger hypothetische Schlüsse als die traditionellen Tests erfordern, basieren sie, wie gezeigt wird, auf Voraussetzungen, die der direkten empirischen Überprüfung leichter zugänglich sind und eher mit der empirischen Evidenz übereinstimmen.
Vergleicht man die verfügbaren Forschungsergebnisse, so weist der Vorhersagewert der beiden Ansätze in gleicher Weise darauf hin, daß der verhaltenstheoretische Standpunkt ein außerordentlich nutzbringender Ansatz für die Konstruktion von Untersuchungsverfahren ist, die menschliches Verhalten präziser vorhersagen können.

Literatur

Campbell, D. T., Fiske, D. W.: Convergent and discriminant validation by the multitrait-multimethod matrix. Psychol. Bull., 1959, 56, 81–105.

Carroll, J. B.: Ratings on traits measured by a factored personality inventory. J. abnorm. soc. Psychol., 1952, 47, 626–632.

Chapman, L. J., Chapman, J. P.: Illusory correlations as an obstacle to the use of valid psychodiagnostic signs. J. abnorm. soc. Psychol., 1969, 74, 271–280.

Cronbach, L. J.: Assessment of individual differences. Ann. Rev. Psychol., 1956, 7, 173–196.

Cronbach, L. J., Meehl, P. E.: Construct validity in psychological tests. Psychol. Bull., 1955, 52, 281–302.

Dahlstrom, W. G., Welsh, G. S.: An MMPI handbook. Minneapolis: University of Minnesota Press, 1960.

Endler, N. S., Hunt, J. McV.: Sources of behavioral variance as measured by the S-R Inventory of Anxiousness. Psychol. Bull., 1966, 65, 338–346.

Endler, N. S., Hunt, J. McV.: Generalizability of contributions from sources of variance in the S-R Inventories of Anxiousness. J. Personality, 1969, 37, 1–24.

Friedman, H.: Perceptual regression in schizophrenia: An hypothesis suggested by use of the Rorschach test. J. project. Techn., 1953, 17, 171–185.

Fulkerson, S. C., Barry, J. R.: Methodology and research on the prognostic use of psychological tests. Psychol. Bull., 1961, 58, 177–204.

Geer, J. H.: The development of a scale to measure fear. Behav. Res. Ther., 1965, 3, 45–53.

Goldfried, M. R., D'Zurilla, T. J.: A behavioral-analytic model for assessing competence. In C. D. Spielberger (Ed.): Current topics in clinical and community psychology, vol. I. New York: Academic Press, 1969, 151–196.

Goldfried, M. R., Ingling, J. H.: The connotative and symbolic meaning of the Bender-Gestalt. J. project. Techn. Personality assess., 1964, 28, 185–191.

Goldfried, M. R., Pomeranz, D. M.: Role of assessment in behavior modification. Psychol Rep., 1968, 23, 75–87.

Goldfried, M. R., Stricker, G., Weiner, I. B.: Rorschach handbook of clinical and research applications. Englewood Cliffs, N. J.: Prentice-Hall, 1971.

Goodenough, F. L.: Mental testing. New York: Rinehart & Co., 1949.

Greenspoon, J., Gersten, C. D.: A new look at psychological testing: psychological testing from the standpoint of a behaviorist. Amer. Psychologist, 1967, 22, 848–853.

Hartshorne, H., May, M. A.: Studies in the nature of character. Vol. I. Studies in deceit. New York: Macmillan, 1928.

Hase, H. D., Goldberg, L. R.: Comparative validity of different strategies of constructing personality inventory scales. Psychol. Bull., 1967, 67, 231–248.

Hutt, M. L.: The Hutt adaptation of the Bender-Gestalt test: revised. New York: Grune and Stratton, 1968.

Hutt, M. L., Briskin, G. J.: The clinical use of the revised Bender-Gestalt test. New York: Grune and Stratton, 1960.

Jessor, R., Hammond, K. R.: Construct validity and the Taylor anxiety scale. Psychol. Bull., 1957, 54, 161–170.

Kagan, J.: The measurement of overt aggression from fantasy. J. abnorm. soc. Psychol., 1956, 52, 390–393.

Kanfer, F. H., Saslow, G.: Behavioral diagnosis. In C. M. Franks (Ed.): Behavior therapy: Appraisal and Status. New York: McGraw-Hill, 1969, 417–444.

Lang, P. J.: Fear reduction and fear behavior: Problems in treating a construct. In H. H. Strupp, L. Luborsky (Eds.): Research in psychotherapy. Washington, D. C.: Amer. Psychol. Ass., 1968, 90–102.

Little, K. B., Shneidman, E. S.: The validity of MMPI interpretations. J. Cons. Psychol., 1954, 18, 425–428.

Loevinger, J.: Objective tests as instruments of psychological theory. Psychol. Rep., 1957, 3 (Monogr. Suppl. 9).

London, P.: The modes and morals of psychotherapy. New York: Holt, Rinehart & Winston, 1964.

MacFarlane, J. W., Tuddenham, R. D.: Problems in the validation of projective techniques. In H. H. Anderson, G. L. Anderson (Eds.): An introduction to projective techniques. Englewood Cliffs, N. J.: Prentice-Hall, 1951, 26–54.

Meehl, P. E.: The cognitive activity of the clinician. Amer. Psychologist, 1960, 15, 19–27.

Mischel, W.: Personality and assessment. New York: Wiley & Sons, 1968.

Mischel, W., Ebbesen, E. B.: Attention in delay of gratification. J. Personality soc. Psychol., 1970, 16, 329.

Moos, R. H.: Behavioral effects of being observed: Reactions to a wireless radio transmitter. J. cons. clin. Psychol., 1968, 32, 383–388.

Moos, R. H.: Sources of variance in responses to questionnaires and in behavior. J. abnorm. soc. Psychol., 1969, 74, 405–412.

Murstein, B. I.: Assumptions, adaptation level, and projective techniques. Perceptual and Motor Skills, 1961, 12, 170–125.

Murstein, B. I.: Theory and research in projective techniques (emphasizing the TAT). New York: Wiley & Sons, 1963.

Paul, G.: Insight vs. desensitization in psychotherapy. Stanford: Stanford University Press, 1966.

Pervin, L.: Personality: Theory, assessment, and research. New York: Wiley & Sons, 1970.

Peterson, D. R.: The clinical study of social behavior. New York: Appleton-Century-Crofts, 1968.

Rychlak, J. F.: A philosophy of science for personality theory. Boston: Houghton Mifflin, 1968.

Stanton, H. R., Litwak, E.: Toward the development of a short form Test of Interpersonal Competence. Amer. Sociol. Rev., 1955, 20, 668–674.

Sundberg, N. D., Tyler, L. E.: Clinical psychology. New York: Appleton-Century-Crofts, 1962.

Wallace, J.: An abilities conception of personality: some implications for personality measurement. Amer. Psychologist, 1966, 21, 132–138.

Wallace, J.: What units shall we employ? Allport's question revisited. J. cons. Psychol., 1967, 31, 56–64.

Wallace, J., Sechrest, L.: Frequency hypothesis and content analysis of projective techniques. J. cons. Psychol., 1963, 27, 387–393.

Weiss, R. L.: Operant conditioning techniques in psychological assessment. In *P. McReynolds* (Ed.): Advances in psychological assessment. Palto Alto, California: Science and Behavior Books, 1968, 169–190.

Werner, H.: Comparative psychology of mental development (rev. ed.). Chicago: Follett, 1948.

Wheeler, W. M.: An analysis of Rorschach indices of male homosexuality. Rorschach Research Exchange, 1949, 13, 97–126.

Wolpe, J., Lang, P. J.: A fear survey schedule for use in behavior therapy. Behav. Res. Ther., 1964, 2, 27–30.

Zigler, E., Phillips, L.: Psychiatric diagnosis: A critique. J. abnorm. soc. Psychol., 1961, 63, 607–618.

KAPITEL 2

Verhaltenstheoretische Diagnostik[1]

Frederik H. Kanfer, George Saslow[2]

Während des letzten Jahrzehnts ist hinsichtlich der herkömmlichen psychiatrischen Diagnostik derart viel Kritik lautgeworden, daß die meisten Kliniker diagnostische Klassifizierungen nur noch sparsam und eher apologetisch verwenden. Besonders für den Standpunkt der Behandlung und Prognose sind diese Kennzeichnungen häufig nutzlos. In einer Untersuchung der Gründe der mangelnden Übereinstimmung zwischen erfahrenen psychiatrischen Diagnostikern (*Ward, Beck, Mendelson, Mock* und *Erbaugh,* 1962) wird berichtet, daß 62,5 Prozent der Unterschiede auf die Unzulänglichkeiten im nosologischen System, dem allgemein gebräuchlichen APA-Klassifikationsschema von 1952, zurückzuführen sind. Das fortdauernde Festhalten an den nosologischen Begriffen dieses Klassifikationsschemas läßt zumindest auf eine gewisse Nützlichkeit der gegenwärtigen Kategorisierung von Verhaltensstörungen schließen, trotz ihrer augenscheinlich niedrigen Reliabilität (*Ash,* 1949; *Rotter,* 1954), ihrem begrenzten prognostischen Wert (*Freedman,* 1958; *Windle,* 1952) und ihrer vielen unzulänglich verknüpften Hilfsannahmen.

Die Persönlichkeitstheorien, die dem gegenwärtigen diagnostischen APA-Klassifikationssystem zugrunde liegen, erlauben begrenzte Aussagen über das wahrscheinliche Verhalten eines Patienten unter sehr allgemeinen Bedingungen. Aber angesichts der bereits gut dokumentierten Überlappung von Symptomen bei verschiedenen Gruppen (z. B. *Wittenborn, Holzberg* und *Simon,* 1953) und der schwachen Beurteilerreliabilität der Kategorien (*Kostlan,* 1954; *Schmidt* und *Fonda,* 1956) ist das durchgängige Vorhandensein von überdauernden Verhaltensweisen innerhalb diagnostischer Gruppen zumindest zweifelhaft. Selbst eine bessere Trennung der Gruppen und eine

---

[1]) Dieses Kapitel ist eine erweiterte und überarbeitete Fassung eines früheren Artikels, der in Arch. Gen. Psychiat., 1965, 12, 529–538 erschien. Die Überarbeitung wurde erleichtert durch Unterstützung im Rahmen des Forschungsprojekts MH 6921–07 von den National Institutes of Mental Health, United States Public Health Service, für *Frederick H. Kanfer.* Erschienen in: *Franks, C. M.* (Hrsg.): Behavior Therapy: Appraisal and Status. New York: McGraw-Hill, 1969, 417–444.
Originaltitel: Behavioral Diagnosis.
Übersetzt von Annelie Windheuser.
[2]) University of Oregon Medical School, Portland, Oregon.

höhere Beurteilerreliabilität wären noch keine ausreichende Basis für die Annahme, das gegenwärtig benutzte System sei von wenigstens minimaler Nützlichkeit für die Zuweisung zu einer bestimmten Behandlung. *Bannister, Salmon* und *Leiberman* (1964) untersuchten das Verhältnis von Diagnose zu Therapie bei 1000 psychiatrischen Patienten. Um ihre Hypothesen auf drei Ebenen diagnostischer Genauigkeit zu testen, wurden alle Patienten dreimal klassifiziert: 1. als psychotisch, neurotisch oder organisch; 2. mit allgemein benutzten Kategorien wie Schizophrene, Manisch-Depressive, Hysteriker, reaktiv Depressive; und 3. gemäß den feineren Unterscheidungen der Internationalen Klassifikation von Krankheiten der Weltgesundheitsorganisation aus dem Jahre 1948. Für jede Ebene der Klassifikation wurde eine Matrix, bestehend aus den diagnostischen Kategorien und 14 Behandlungskategorien, aufgestellt. Die Analysen zeigten, daß die beste Vorhersage einer Behandlung aufgrund einer gegebenen Diagnose auf der 1. Ebene bei 18,2 % Treffer liegt, auf der 2. Ebene bei 32,9 % und auf der 3. Ebene bei 30,6 % (bei 1000 Fällen). Die Autoren schließen, daß „die Ergebnisse nicht mit der Meinung übereinstimmen, daß eine bestimmte Diagnose logischerweise (oder aufgrund von Erfahrung) zu einer ganz bestimmten Behandlung führt. Daraus folgt, daß andere Variablen genauso wichtig oder sogar wichtiger sind für die Voraussage der Wahl einer Behandlung als die Diagnose" (1964, S. 731).

Angesichts dessen sollen hier einige Ursachen der Unzufriedenheit mit dem gegenwärtigen diagnostischen Ansatz untersucht, ein Rahmen für eine Verhaltensanalyse des individuellen Patienten, die sowohl Behandlungsvorschläge als auch Erfolgskriterien für den Einzelfall umfaßt, beschrieben und schließlich die Bedingungen des Sammelns von Daten für solch eine Analyse aufgezeigt werden. Das erstrebenswerteste Klassifikationssystem ist jenes, welches aufgrund einiger weniger herausragender Charakteristika einer Person höchst genaue Voraussagen vieler entscheidender Verhaltensweisen erlaubt, einschließlich Reaktion auf bestimmte Behandlungsarten, Wahrscheinlichkeit des Auftretens verschiedener unerwünschter Verhaltensweisen und Ausmaß der sozialen Anpassung. Wenn auch solche Ziele zur Zeit unrealistisch scheinen, könnte die Erkundung eines empirischen und unkonventionellen Zugangs zur Diagnostik neue Verhaltensdimensionen zur begrifflichen Neufassung von Verhaltensstörungen beitragen, die dem klinisch Erwünschten und Notwendigen mehr entsprechen. Daß diagnostische Information mit Hilfe von Prozeßrechnern bearbeitet werden kann, konnte bereits für einige medizinische Krankheiten gezeigt werden (z. B. *Brodman, van Woerkom, Erdmann* und *Goldstein,* 1959; *Ledley* und *Lusted,* 1959). Es bleibt das umfassende Problem, bedeutsame Beobachtungsdaten und Behandlungskategorien für den Computer bereitzustellen, um die Beziehungen zwischen beiden empirisch zu untersuchen.

Probleme bei gegenwärtigen diagnostischen Systemen

Zahlreiche Kritiken haben sich mit der inneren Konsistenz, der Deutlichkeit in der Aussage, der Genauigkeit und der Reliabilität psychiatrischer Klassifikationen beschäftigt. Unseres Erachtens liegt der wichtigste Fehler in unserem Mangel an genügendem Wissen, Verhalten nach solchen angemessenen Dimensionen zu kategorisieren, welche die Voraussage von Reaktionen auf soziale Erwartungen, soziale Belastungen, Lebenskrisen oder psychiatrische Behandlung erlauben. Dieser Mangel schließt keineswegs den Versuch einer groben Annäherung an eine Taxonomie effektiven und ineffektiven Verhaltens aus. Es ist ein angemessener Anspruch an ein praktikables Diagnostikschema, daß das taxonomische System mit dem begrifflichen und empirischen Gerüst der Therapie eng verbunden ist.

Bei ihrer Diskussion der Notwendigkeit eines adäquaten Klassifikationssystems geben *Zigler* und *Phillips* zu verstehen, daß ein ätiologisch orientiertes geschlossenes Diagnosesystem zu voreilig ist. Stattdessen glauben sie, daß ein empirischer Ansatz notwendig ist, bei dem „Symptome, die als sinnvolle und unterscheidbare Verhaltensweisen definiert werden, die Basis des Klassifikationssystems darstellen" (1961, S. 616). Aber Symptome einer Reaktionsklasse werden immer noch nur durch ihre beeinträchtigende Wirkung für die soziale Umgebung eines Patienten oder für den Patienten selbst als soziales Wesen definiert. Sie sind außerdem notorisch unreliabel bei der Voraussage der spezifischen ätiologischen Geschichte eines Patienten oder seiner Reaktionen auf eine Behandlung. Ein alternativer Ansatz liegt in dem Versuch, Klassen von abhängigen Variablen innerhalb des menschlichen Verhaltens zu identifizieren, welche Folgerungen auf die jeweiligen augenblicklichen Kontrollfaktoren, die sozialen, die physiologischen und die verstärkenden Reize, von denen sie eine Funktion sind, zulassen. Im derzeitigen frühen Stadium wissenschaftlicher psychologischer Vorhersagen scheint die Entwicklung eines Analyseprogramms, das in enger Beziehung zur nachfolgenden Therapie steht, am sinnvollsten zu sein. Ein Klassifikationsschema, das ein Programm zur Verhaltensänderung in sich birgt, wäre als einziges nicht nur nützlich, sondern auch experimentell validierbar.

Die Aufgabe der Diagnose und Prognose kann auf Bemühungen zur Beantwortung der folgenden drei Fragen eingeschränkt werden: 1. Welche besonderen Verhaltensmuster verlangen eine Veränderung hinsichtlich ihrer Auftretenshäufigkeit, ihrer Intensität, ihrer Dauer oder der Bedingungen, unter denen sie auftreten? 2. Welches sind die Bedingungen, unter denen dieses Verhalten erworben wurde, und welche Faktoren halten es momentan aufrecht? 3. Welches sind die praktikabelsten Mittel, um die erwünschten Veränderungen bei diesem Individuum zu erzielen (Veränderung der Umgebung, des Verhaltens oder der Selbsteinschätzung des Patienten)? Die Untersuchung der Genese des problematischen Verhaltens ist vor allem von akademischem Interesse, es sei denn, sie könnte Informationen über die wahrscheinliche Effektivität einer bestimmten Behandlungsmethode liefern.

Erwartungen an derzeitige diagnostische Systeme

In der traditionellen Medizin wird eine diagnostische Feststellung über einen Patienten oft als grundlegende Vorbedingung für die Behandlung angesehen, denn eine Diagnose läßt vermuten, daß der Arzt einige Kenntnisse über die Entstehung der Schwierigkeiten und über den vermutlichen künftigen Verlauf der Krankheit hat. Ferner wird in der medizinischen Diagnose häufig das kumulierte Wissen über den pathologischen Prozeß, welcher zu einer bestimmten Manifestation der Symptome führt, mit den Erfahrungen, die andere in der Vergangenheit mit der Behandlung von Patienten mit diesem Krankheitsprozeß gehabt haben, verbunden. Die moderne Medizin erkennt an, daß jede bestimmte Krankheit nicht unbedingt eine einzige Ursache oder auch nur eine geringe Anzahl von Vorbedingungen hat. Nichtsdestoweniger versucht der diagnostische Begriff, wenigstens die notwendigen und für die Erstellung eines Therapieprogramms wichtigsten Bedingungen zu kennzeichnen. Eine gewisse klassifikatorische Systematik ist auch nicht zu unterschätzen als Basis für viele soziale Entscheidungen, die ganze Bevölkerungsgruppen betreffen. Wenn z. B. therapeutische Institutionen, Forschungsprogramme und Aufklärungskampagnen geplant werden, bezieht man Daten über die Verteilung bestimmter Syndrome in der Gesamtbevölkerung mit ein.

Ledley und *Lusted* (1959) geben einen ausgezeichneten Abriß des traditionellen medizinischen Modells, indem sie seine Grundgedanken analysieren. Die Autoren unterscheiden zwischen einem Komplex *Krankheit* und einem Komplex *Symptom*. Während der *Krankheitskomplex* bekannte pathologische Prozesse mit ihren korrelierenden Merkmalen beschreibt, umschreibt der *Symptomkomplex* die Merkmale, die jeweils zur Zeit bei einem ganz bestimmten Menschen vorhanden sind. Die Brücke zwischen Krankheits- und Symptomkomplex wird vom vorhandenen medizinischen Wissen gebildet, und die endgültige Diagnose ist mit der Kennzeichnung des Krankheitskomplexes gleichwertig. Jedoch machen die derzeitigen Lücken im medizinischen Wissen den Gebrauch von Wahrscheinlichkeitsaussagen bei der Zuordnung von Krankheiten zu Symptomen notwendig, wobei die Möglichkeit des Irrtums bei der Diagnose zugegeben wird. Ist die Diagnose einmal gestellt, hängen die Entscheidungen über die Behandlung noch von vielen anderen Faktoren, einschließlich sozialer, moralischer und ökonomischer Bedingungen ab. *Ledley* und *Lusted* (1959) teilen so die klinische Diagnose in zwei

Schritte auf. Sie schlagen eine statistische Prozedur vor, um den ersten Prozeß, den der diagnostischen Zuordnung, zu erleichtern. Die Wahl der Behandlung hängt jedoch nicht nur von einer sauberen Diagnose ab. Entscheidungen über eine Behandlung werden auch durch moralische, ethische, soziale und ökonomische Bedingungen des einzelnen Patienten, seiner Familie und der Umwelt, in der er lebt, mitbestimmt. Die exakte Gewichtung jeder dieser Werte muß dann, genau besehen, dem Urteil des Arztes überlassen bleiben (*Ledley* und *Lusted,* 1959).

Das Modell von *Ledley* und *Lusted* setzt die Verfügbarkeit von Methoden der Beobachtung relevanten Verhaltens (Symptomkomplex) und einiges an wissenschaftlichen Erkenntnissen voraus, um es zu bekannten vorausgehenden oder gleichzeitigen Bedingungen in Verbindung zu bringen (dem Krankheitsprozeß). Aber die derzeitige psychologische Theorie hat bis jetzt wenig wissenschaftlich fundiertes Wissen über die Pathologie des Verhaltens und daher noch keine Richtlinien für den Beobachter anzubieten, was beobachtet werden soll. Ein Patient, der für eine Diagnose zur Verfügung steht, mag von fünf Beobachtern mit einer jeweils verschiedenen Einstellung zur Pathologie des Verhaltens untersucht werden. Ein Beobachter versucht vielleicht, das Problem mit Begriffen der biologischen Konstitution des Patienten zu erklären, ein anderer mag das Schwergewicht auf die frühkindlichen Erfahrungen des Patienten legen, ein dritter auf seine zwischenmenschlichen Erfahrungen, ein vierter auf sein Unbewußtes und ein fünfter mag von mangelhaften Kommunikationsweisen sprechen. Jedes dieser Bezugssysteme wird den Beobachter darin beeinflussen, Daten selektiv auszuwählen und Information zu akzeptieren oder zurückzuweisen, je nachdem, ob sie in sein System eingeordnet werden können. Zusammenfassend kann man sagen, daß ein Mangel an Übereinstimmung sogar über das besteht, was als Grundlage für eine Diagnose zu beobachten ist.

Da ein einheitliches psychiatrisches Modell für psychiatrische Krankheiten nicht vorhanden ist, tendiert man weithin zur Anwendung des medizinischen Modells, welches für andere Arten von Krankheiten als brauchbar erwiesen ist, selbst wenn seine Relevanz fraglich sein mag. Im Gegensatz zu dieser Lösung hat *Szasz* (1960) den Standpunkt vertreten, daß das medizinische Modell völlig inadäquat ist, denn die Psychiatrie sollte sich mit Lebensproblemen beschäftigen und nicht mit Krankheiten des Gehirns oder anderer biologischer Organe. *Szasz* behauptet, daß „die Geisteskrankheit ein Mythos ist, der eine verhüllende Funktion hat und so die bittere Pille des moralischen Konflikts in menschlichen Beziehungen schmackhafter machen soll" (1960, S. 118).

Die Grenzen des somatischen Modells wurden bereits in einigen Gebieten der Medizin, für die das Modell höchst angemessen schien, diskutiert. Beispielsweise schlägt die Kriterienkommission der New York Heart Association (1953) für die diagnostische Nomenklatur der Herz- und Gefäßkrankheiten die Anwendung von vielerlei Kriterien für kardiovaskuläre Erkrankungen vor, einschließlich der Ermittlung der funktionellen Kapazität des Patienten. Das Komitee regt an, die funktionelle Kapazität „durch die Einschätzung der Fähigkeit des Patienten, körperliche Aktivitäten auszuführen, zu beurteilen" (S. 80) und weitestgehend durch Folgerungen aus der Genese zu bestimmen. Diese Bestimmung solle weiterhin „nicht durch die Art der strukturellen Schädigung oder durch eine vorgefaßte Meinung über Behandlung oder Prognose beeinflußt sein" (S. 81). Dieser Ansatz macht deutlich, daß eine umfassende Diagnose eines Patienten, unabhängig von der körperlichen Krankheit, an der er leidet, auch die sozialen Erwartungen seiner Umgebung, seine soziale Effektivität sowie die Art und Weise, in der physiologische, anatomische und psychologische Faktoren miteinander interagieren, um zu einem bestimmten Verhaltensmuster bei einem Patienten zu führen, berücksichtigt werden müssen. Bei kardiovaskulären Krankheiten (und wie wir annehmen, auch bei psychiatrischen Problemen) ist die funktionelle Kapazität eines Patienten augenscheinlich nicht aufgrund eines einzigen aus einer Zahl hochrelevanter Faktoren voraussagbar. Die Bedeutung der Gesamtmatrix, in der die Einschätzung vor sich geht, wird durch die Folgerungen des Komitees bestätigt, daß nämlich die funktionelle Kapazität eines Patienten in ihrer aktuellen Manifestation beobachtet werden muß. Wenn Krankheit so umfassend gesehen wird, ist es möglich, ein Modell zu finden, welches sowohl medizinischen als auch psychiatrischen Problemen genügt (*Guze, Matarazzo* und *Saslow*, 1953). Innerhalb eines solchen allumfassenden Modells, welches keinen relevanten Aspekt des Problems vernachlässigt, kann man verstehen, daß selbst ein akut-schizophrener Patient bei sozialen Interaktionen oder bestimmten Begabungen, z. B. musikalischer oder literarischer Art, sich durchaus angepaßt verhalten kann, so daß der gewöhnliche diagnostische Begriff für die Vorhersage des gesamten Verhaltensspektrums keinen Wert hat.

Multiple Diagnose

Eine häufig benutzte praktische Lösung und Umgehung der Schwierigkeiten, die der Anwendung des medizinischen Modells auf psychiatrische Diagnostik eigen sind, wird von *Noyes* und *Kolb* (1963) angeboten. Sie schlagen vor, daß der Kliniker eine Diagnose aus drei Teilen formulieren soll: 1. eine genetische Diagnose vereinigt die konstitutionellen, somatischen und historisch-traumatischen Faktoren, die die frühesten Quellen oder Determinanten der psychischen Krankheit darstellen; 2. eine dynamische Diagnose beschreibt die unbewußten Mechanismen und Techniken, die der Mensch zur Bewältigung der Angst und Vergrößerung der Selbstachtung gebraucht, d. h. sie zeichnet den Verlauf des psychopathologischen Prozesses auf; und 3. eine klinische Diagnose, die Aussagen über das Syndrom der Reaktionen zu machen versucht, über den wahrscheinlichen Verlauf der Störung und darüber, welche Behandlungsmethoden höchstwahrscheinlich am wirksamsten sind. Die multiplen Kriterien von *Noyes* und *Kolb* können nach drei einfachen diagnostischen Dimensionen, die für den Kliniker praktischen Wert haben mögen, betrachtet werden: 1. ätiologische, 2. Verhaltens- und 3. vorhersagende Diagnostik oder Prognose. Die Art der Information, die durch den jeweiligen Typ des diagnostischen Begriffs übermittelt wird, ist etwas unterschiedlich und dem Zweck, dem die Diagnose dient, jeweils genau angepaßt. Mit diesem Ansatz der dreifachen Klassifizierung versuchen *Noyes* und *Kolb* den Kritiken entgegenzutreten, die für den Gebrauch eines einzigen Klassifikationssystems plädieren. Verwirrung innerhalb eines einzelnen Klassifikationssystems, wie es von anderen Autoren benutzt wird, ist teilweise der Tatsache zuzuschreiben, daß ein diagnostisches Schema, das z. B. aktuelles Verhalten beschreiben soll, sich bei der Vorhersage der Reaktion auf eine bestimmte Behandlungsmethode, bei nachträglichen Aussagen über die Anamnese eines Patienten und seine Entwicklung, oder bei der Datensammlung an klinischen Populationen als nutzlos erweist.

Klassifikation aufgrund ätiologischer Faktoren

Das Kraepelinsche und Teile des APA-Klassifikationssystems von 1952 betonen ätiologische Faktoren. Sie teilen die Auffassung, daß gleiche ursächliche Faktoren dieselben Symptome nach sich ziehen und dieselbe Behandlung erfordern. Diese diagnostische Dimension ist für eine unmittelbare Therapie dann fruchtbar, wenn wir es mit Verhaltensstörungen zu tun haben, die vornehmlich auf biologische Bedingungen oder Zustände zurückzuführen sind. Wenn man von einem Patienten weiß, daß er exzessiv Alkohol trinkt, können seine Halluzinationen, der Mangel an motorischer Koordination, reduziertes Urteilsvermögen und andere Verhaltensstörungen oft in direkten Zusammenhang mit vorhergehenden Bedingungen – wie dem toxischen Einfluß des Alkohols auf Zentralnervensystem, Leber usw. – gebracht werden. In diesen Fällen hat die ätiologische Klassifikation auch einige Bedeutung für die Prognose und Behandlung. Akute Halluzinationen und anderes gestörtes Verhalten, welches auf Alkoholgenuß zurückzuführen ist, gehen gewöhnlich zurück, wenn die Alkoholkonzentration im Blut abnimmt. Ähnliche Beispiele können bei jeder Art von Verhaltensstörungen gefunden werden, bei welchen eine Verhaltensänderung hauptsächlich oder ausschließlich von einem einzelnen, ausgesonderten Antezedens abhängt. Unter diesen Bedingungen kann dieser Faktor pathogen genannt werden, und die Situation nähert sich den Bedingungen an, wie sie durch das herkömmliche medizinische Modell beschrieben werden.

Wenn man diese Dimension jedoch als Grundlage für psychiatrische Diagnosen benutzt, ergeben sich viele Probleme, ganz davon abgesehen, daß man nur selten für eine ganz bestimmte Bedingung nachweisen kann, daß sie eine direkte „kausale" Beziehung zu einem pathogenen Faktor hat. Unter den gegenwärtig unerforschten Gebieten der Psychologie und Psychiatrie nimmt die Ätiologie der meisten vorkommenden Störungen wahrscheinlich den ersten Rang ein. Beim derzeitigen Stand des Wissens konnten noch keine spezifische Familiensituation, kein traumatisches Ereignis, keine konstitutionelle Besonderheit gefunden werden, welche zu denselben Mustern gestörten Verhaltens geführt hätte. Zwar haben sich jüngste Forschungen zum Ziel gesetzt, Familienkonstellationen schizophrener Patienten zu untersuchen – und manche Untersuchungen legen einen Zusammenhang zwischen mütterlichem Verhalten und einer schizophrenen Erkrankung beim Kind nahe (*Jackson,* 1960) –, es ist aber ganz und gar noch nicht klar, warum das Vorhandensein eben dieser Faktoren in anderen Familien nicht zu entsprechendem Auftreten einer Schizophrenie führt. Darüberhinaus zeigen manche Patienten als schizophren diagnostiziertes Verhalten, obwohl sich die postulierte Mutter- Kind-Beziehung nicht nachweisen läßt (*Frank,* 1965; *Freedman,* 1958).

Klassifikation nach Symptomen

Eine klinische Diagnose besteht häufig schlicht in der erweiterten Darstellung der Art und Weise, wie sich ein Mensch verhält. Unter der Annahme, daß eine Vielzahl von Verhaltensweisen in Wechselbeziehung steht und beim einzelnen Individuum konstant ist, ist es ökonomischer, das Individuum einer Klasse von Personen zuzuordnen, als alle einzelnen Verhaltensweisen zu notieren, zu kategorisieren und in tausend einzelnen Situationen zu beschreiben. Die Nützlichkeit eines solchen Systems hängt weitgehend vom empirischen Nachweis wahrscheinlicher Zusammenhänge zwischen verschiedenen Verhaltensweisen (Korrelationen zwischen zwei Reaktionen) und von der zusätzlichen Annahme ab, daß die Auftretenswahrscheinlichkeit solcher Verhaltensweisen von bestimmten Reizbedingungen oder bestimmten Verstärkern relativ unabhängig ist. Dieses System ist nach zwei Seiten begrenzt: einmal deshalb, weil eine Diagnose nach Symptomen – wie in einem früheren Abschnitt schon angesprochen – häufig in eine falsche Richtung führt, weil sie herkömmliche ätiologische Faktoren impliziert. Die zweite Begrenzung liegt darin, daß der übliche Zugang zur Diagnose nach Symptomen sich manchmal auf Verhaltensweisen konzentriert, die irrelevant sind im Vergleich mit dem gesamten Verhaltensrepertoire eines Patienten. Denn diese Verhaltensweisen sind möglicherweise nur krankheitsgenetisch interessant, oder sie haben vor allem in den Augen der Öffentlichkeit mit Abnormität und Krankheit zu tun. So stören gelegentliche leichte Wahnvorstellungen wenig oder gar nicht das soziale Verhalten oder die berufliche Tauglichkeit vieler ambulanter Patienten. Wenn sie aber auftreten, so reicht das häufig für die Diagnose einer Psychose. Eine Verbesserung der Diagnose nach Symptomen über derzeitige Ansätze hinaus scheint möglich – etwa bei *Lorr, Klett* und *McNair* (1963) –, aber auch sie scheint die oben genannten Grenzen nicht zu überschreiten.

Die Benutzung eines symptom-beschreibenden Ansatzes lenkt häufig das Augenmerk auf Nebeneffekte breiterer Verhaltensmuster und führt zu Behandlungsversuchen von Verhalten, das nur eine Konsequenz anderer wichtigerer Aspekte des Verhaltens eines Patienten sein könnte. Die Hochschätzung des subjektiven Erlebens des Patienten, seiner Gefühle und Stimmungen resultiert häufig aus dieser syndrom-orientierten Klassifikation. Es werden dann therapeutische Maßnahmen ergriffen, um die Gefühle, Ängste und Stimmungen – oder wenigstens die Berichte des Patienten darüber – zu ändern, nicht aber die Lebensbedingungen, zwischenmenschlichen Verhaltensweisen und weitere Umweltfaktoren, welche diese habituellen Reaktionsmuster produzieren und aufrechterhalten, erfaßt. Auf den zweifelhaften Wert eines therapeutischen Ansatzes, der auf der Annahme fußt, daß man psychiatrisch an gestörten subjektiven Befindlichkeiten ansetzen muß, wurde kürzlich von *McPartland* und *Richart* (1966) hingewiesen. Die Autoren sammelten Informationen von 393 Bewerbern um eine psychiatrische Therapie an einem öffentlichen Therapiezentrum, und zwar über klinische Merkmale wie Depression, Mißtrauen und Gefühle der Wertlosigkeit sowie 2. Lebensschwierigkeiten im Zusammenhang mit der Umgebung eines Patienten, oder Krisen, wie etwa Eheprobleme, Geldschwierigkeiten, körperliche Beschwerden oder Berufsprobleme. Sie fanden heraus, daß diejenigen Patienten weit häufiger einer Behandlung (stationär oder ambulant) zugeführt wurden, die als wahnhaft, halluzinatorisch, gestört und verwirrt, inkohärent, suizidal und feindlich gesinnt beschrieben wurden. Vorhanden- oder Nicht-Vorhandensein der übrigen acht klinischen Merkmale (agitiert, depressiv, furchtsam-ängstlich, übermäßig introvertiert, standpunktlos, mißtrauisch, sich wertlos fühlend, hypochondrisch) hatte keine signifikante Bedeutung für die Zuführung zu einer Behandlung. Aus der Reihe der berichteten Krisen hing nur eine (traumatisches Ereignis) signifikant mit der Entscheidung für eine Behandlung zusammen. Die Kernfrage der Untersuchung richtete sich auf die relative Beständigkeit solcher Krisen und klinischer Merkmale in einer Nachuntersuchung nach sechs Monaten. Eine Stichprobe von 50 Ratsuchenden wurde zu

Hause interviewt. Diese Stichprobe wurde mit der größeren Grundstichprobe, von der nahezu ¾ behandelt wurde, parallelisiert. Den geringsten relativen Rückgang nach dem 6monatigen Intervall zeigten die Krisen (zwischen 45% und 27% Rückgang). Die meisten Reduzierungen (von 95% abwärts) fand man bei den klinischen Merkmalen (wie suizidal, feindlich gesinnt, halluzinierend usw.).

McPartland und *Richart* (1966) folgern, daß in ihrer Stichprobe von gestörten Patienten, die eine öffentliche Klinik aufsuchen, eine Verbesserung des klinischen Bildes nicht unbedingt von einer Reduzierung der Lebensprobleme gefolgt wird. Von daher sei es vermutlich unwahrscheinlich, daß die Lebensschwierigkeiten aus dem gestörten Denken und Fühlen ableitbar sind. Plausibler scheint die Annahme zu sein, daß umgekehrt diese Störungen als Folgen von Belastungen des Lebens anzusehen sind. Sie diskutieren die begrenzte Rolle der komplexen Lebensprobleme bei klinischen Entscheidungen und vermuten, die gängige Vorgehensweise, „innere" Symptome zu behandeln, um grundlegende Verbesserungen in den problematischen Lebensbereichen eines Patienten zu erzielen, sei wenig aussichtsreich.

Klassifikation nach der Prognose

Bis heute gingen die wenigsten Bemühungen dahin, ein Klassifikationssystem zu erstellen, welches Patienten derselben Kategorie zuweist, wenn sie auf bestimmte Behandlungsmethoden in ähnlicher Weise reagieren. Im eigentlichen Sinne lautet bei einem solchen Klassifikationssystem die Frage, in welcher Weise ein Patient auf Behandlungsmethoden reagiert, und zwar ohne Berücksichtigung seines momentanen Verhaltens oder seiner Genese. All die zahlreichen Untersuchungen, in denen versucht wird, prognostische Hinweise durch Verhaltensbeobachtung, projektive Persönlichkeitstests oder durch physiologische Tests aus momentanem Verhalten zu gewinnen, sind Beispiele für Bemühungen, die Patienten nach dieser Dimension zu kategorisieren.

Windle (1952) wies auf die geringe Vorhersagekraft von Ergebnissen aus Persönlichkeits- (projektiven) Tests hin und betonte die Schwierigkeiten beim Auswerten von Forschungsergebnissen auf diesem Gebiet, die der inadäquaten Beschreibung der Stichprobe und der Erfolgskriterien zuzuschreiben sind. Jährliche Zusammenfassungen der psychotherapeutischen Outcome-Forschung und der Untersuchungen von prognostischen Merkmalen im *Annual Review of Psychology* zeigen allemal das Mißlingen der Versuche, brauchbare Variablen zur Vorhersage von Reaktionen auf Behandlung zu finden. Der Mangel an reliablen Zusammenhängen zwischen diagnostischen Kategorien, Testergebnissen, demographischen Variablen oder irgendwelchen anderen Verhaltensmessungen einerseits und Krankheitsdauer, Reaktion auf eine bestimmte Behandlung oder Ausmaß der Genesung andererseits schließt die Bildung eines einfachen empirischen Rahmens für ein diagnostisch-prognostisches Klassifikationssystem, das nur auf einer Anzahl von Symptomen basiert, aus.

Keine der derzeit gängigen diagnostischen Dimensionen ist direkt auf Methoden der möglichen Modifikation des Verhaltens eines Patienten bezogen. Weil das ätiologische Modell verursachende Faktoren eindeutig hervorhebt, verträgt es sich besser mit einer Persönlichkeitstheorie, die die entwicklungsgeschichtlichen Faktoren nachhaltig betont. Die Klassifikation nach Symptomen erleichtert sozial-administrative Entscheidungen über Patienten, indem sie eine Grundlage liefert, mit Hilfe derer man den Grad der Abweichung von sozialen und ethischen Normen beurteilen kann. Solch eine Klassifikation verträgt sich mit einer Persönlichkeitstheorie, die sich auf die Normalverteilungshypothese stützt und Personen durch Vergleich mit einem fiktiven Durchschnittswert beschreibt. Der prognostisch-prädikative Ansatz scheint die direkteste praktische Anwendbarkeit zu besitzen. Wenn weitere Forschungen einige frühere Ergebnisse bestätigen sollten, daß man nämlich die Prognose bei einer psychischen Erkrankung aufgrund des prämorbiden Wertes auf der Skala für soziale Erwünschtheit (*Zigler* und *Phillips*, 1961), auf einer Ich-Stärke-Skala (*Barron*, 1953) oder aufgrund vieler anderer Zeichen und einzelner Variablen, die nachweislich eine gewisse Vorhersagekraft haben, stellen kann, so würde dies in der Tat einen Fortschritt bedeuten. Leider hält diese Vorhersagekraft häufig einer Kreuzvalidierung nicht stand. Wie *Fulkerson* und *Barry* (1961) gezeigt haben, hatte man mit isolierten Prädiktoren noch nicht viel Erfolg.

Ein funktionaler (verhaltensanalytischer) Ansatz

Die zunehmende Literatur über Verhaltensmodifikation, welche sich aus der Lerntheorie herleitet (*Bandura*, 1961; *Ferster*, 1963; *Kanfer*, 1961; *Krasner*, 1962; *Ullmann* und *Krasner*, 1965; *Wolpe*, 1958 und andere), weist uns auf die Notwendigkeit einer Veränderung der effektiven diagnostischen Verfahren hin. Der lerntheoretische Ansatz unterscheidet sich durch eine stärkere Betonung von Diagnose und Behandlung bei ständiger Reflexion der therapeutischen Maßnahmen aufgrund der Informationen, die man im Verlauf des gesamten Vorgehens erhält. Dieser Ansatz gibt die taxonomischen Ziele der herkömmlichen Diagnostik auf zugunsten größerer Spezifität und größerer Bedeutung von Beobachtungen für den direkten Gebrauch bei der therapeutischen Intervention. Eine funktionale Verhaltensanalyse bemüht sich, die offen daliegenden situativen und genetischen Variablen, welche das beobachtete Verhalten kontrollieren, zu ermitteln. *Ferster* (1965) betont, daß „eine funktionale

Verhaltensanalyse den Vorteil hat, daß sie andere Ursachen des Verhaltens in Form unmittelbarer Ereignisse in der Umwelt herausarbeitet, die objektiv feststellbar und im Prinzip manipulierbar sind". Solch ein Ansatz macht die Annahme, daß eine Beschreibung des problematischen Verhaltens, seiner kontrollierenden Bedingungen und der Mittel, durch die es geändert werden kann, die angemessensten „Erklärungen" für das Verhalten eines Patienten sind. Er betont, daß die Aussageeinheit einer Analyse ein Zusammenhang zwischen der Umwelt und dem Verhalten ist, unter Berücksichtigung nicht nur von unabhängigen Variablen, sondern auch der Einwirkung des Verhaltens auf die Umwelt des Patienten. Der Patient wird als ein Mitglied verschiedener sozialer Systeme angesehen, die sich in ihrer Bedeutung für ihn unterscheiden (z. B. seine Familie, Freunde, Mitarbeiter, Vereine), und es wird angenommen, daß sein Verhalten zur Erhaltung oder Spaltung dieser Systeme beiträgt, so wie sich andererseits die Gruppennormen dieser Systeme auf sein Verhalten auswirken.

Lindsley (1964) hat die traditionelle S-R-Analyse erweitert, um die Komponenten, die für eine vollständige Verhaltensanalyse notwendig schienen, mit einzubeziehen. Er beschreibt diese Abfolge als: Reiz (S), Reaktion (R), Kontingenz (K), Konsequenz (C). Diese Abfolge legt eine getrennte Betrachtung jeder Einheit in der Analyse operanten Verhaltens nahe. Der Bestandteil S umfaßt vorausgehende Ereignisse, das R bezieht sich auf beobachtetes (oder glaubwürdig geschildertes) Verhalten, K beschreibt die Verstärkungspläne oder die reaktionskontingenten Bedingungen, und C bezieht sich auf Ereignisse, die dem R folgen, seien sie situativer oder organismischer Art. Wir wollen hier *Lindsleys* Auffassung von Verhalten durch eine zusätzliche Komponente, die biologische Bedingung des Organismus (O), erweitern, um auch Variablen, die speziell für Patienten mit psychologischen und körperlichen Störungen von Bedeutung sind, mit einzubeziehen.

Noch einige andere Merkmale dieser hier vorgeschlagenen Art von Analyse sollen hier genannt werden:

1. Da sich der Patient in einem Netz von Systemen verhält, muß jede Art von Ereignissen, nicht nur psychologische, sondern auch biologische, ökonomische und soziale, als potentielle Variable in die Analyse einbezogen werden, ohne ein Urteil über ihre Bedeutung vorwegzunehmen.

2. Man nimmt an, daß viele der subtilen sozialen Interaktionsmuster operante Reaktionen sind. Operante Reaktionen werden durch ihre Wirkung auf die Umwelt aufrechterhalten. Daher kann eine Aufzählung der Konsequenzen des Verhaltens des Patienten auf die Umgebung eine grobe Einteilung des Verhaltensrepertoires in Klassen liefern, die durch die Konsequenzen, die auf das Verhalten folgen, definiert sind. Der Nachweis bestimmter vorausgehender Reize ist häufig weder durchführbar noch nötig.

3. Der mögliche Spielraum des Verhaltensrepertoires ist begrenzt durch die individuelle biologische, soziale und intellektuelle Leistungsfähigkeit, durch die bisherigen Erfahrungen mit Verstärkern für sein Verhalten und durch die jeweiligen Normen der Gruppen, zu denen ein Mensch gehört. Folglich ist das Wissen um die Vorgeschichte eines Patienten, um die Grenzen seiner Fähigkeiten und um die Normen der Gruppen, zu denen er gehört oder auf die er sich bezieht, von grundlegender Bedeutung für eine effektive therapeutische Planung.

4. Bei aller Betonung der individuellen Lerngeschichten muß man doch anerkennen, daß zahlreiche gemeinsame Merkmale im Verhalten von Menschen auftreten, die in derselben kulturellen Umgebung aufwuchsen und denselben Lernbedingungen ausgesetzt waren. Wie auch immer, der Ansatz betont die Notwendigkeit einer individuellen Diagnostik und der Konstruktion eines therapeutischen Plans, der den jeweils einzigartigen Umwelt- und Verhaltenseigenheiten Rechnung trägt. Es geht daher nicht um einen bestimmten, begrenzten Katalog von Behandlungstechniken. Das funktionale Modell gibt vielmehr eine Methode der Analyse und Hinweise zur Vorgehensweise in der Therapie an die Hand. Erst deren Kombination führt zu einer individuellen Zusammenstellung von Vorgehensweisen und Prioritäten im einzelnen Fall. Mit allen Störungen eines Patienten, wie sie am Anfang dargestellt werden, muß man sich nicht sofort befassen, oder die Therapie findet durch den Faktor Zeit ihr Ende. Ein effektiver diagnostischer Prozeß erfordert nur, daß eine Hierarchie der Störungen aufgestellt wird, so daß man Prioritäten für die Behandlung verschiedener unangepaßter Verhaltensgruppen oder für bestimmte Einwirkungen auf die Umwelt setzen kann. Wenn einige der problematischen Verhaltensweisen eines Patienten nach Maßgabe der anfänglichen Prioritätensetzung behandelt sind, werden sowohl die Prioritäten als auch die Behandlungsmethoden durch eine Methode der sukzessiven Annäherung verändert. Die Ergebnisse der ersten Schritte bestimmen die Wahl geeigneter Strategien für nachfolgende Probleme. So wird deutlich, daß das Ende der Verhaltensanalyse nicht beim Aufbau einer ersten Strategie liegt; indem die Behandlung fortschreitet, wird die Analyse ständig neu durchgeführt.

5. Eine funktionale Analyse muß nicht unbedingt zu therapeutischen Eingriffen in die psychischen Funktionen eines Patienten führen. So kann das therapeutische Eingreifen etwa ausschließlich in Veränderungen der physikalischen oder sozialen Umgebung des Patienten, des Verhaltens anderer Menschen oder anderer Variablen bestehen, von denen man meint, daß sie für die Aufrechterhaltung des vorliegenden Problems von Bedeutung sind.

Der dargestellte Ansatz teilt mit vielen psychologischen Theorien die Annahme, daß Psychotherapie weder das Ziel verfolgt, intrapsychische Konflikte zu beseitigen, noch eine Veränderung der Persönlichkeitsstruktur durch therapeutische Interaktion stark nicht-verbaler Art (etwa Übertragung, Selbstverwirklichung) zu erreichen. Wir machen uns stattdessen lieber den Standpunkt zu eigen, daß „psychologische" Behandlung im Gebrauch einer Vielzahl von Methoden besteht, um ein Programm zu erstellen, das die Umgebung des Patienten kontrolliert oder ihn befähigt, sein Verhalten oder die Konsequenzen seines Verhaltens so zu kontrollieren, daß das vorhandene Problem gelöst wird. Wir stellen die Hypothese auf, daß die grundlegenden Bestandteile psychotherapeutischer Bemühungen um den Patienten sich normalerweise als zwei Vorgänge beschreiben lassen: 1. Wahrnehmung, Klassifizierung und Organisation von Sinneseindrücken einschließlich Selbstwahrnehmung eines Patienten zu ändern; 2. Änderung des Verhaltensmusters, das ein Patient Sozialpartnern und sich selbst gegenüber im Laufe der Jahre aufgebaut hat (*Kanfer*, 1961).

Wir müssen abgrenzen, was der hier dargestellte theoretische Standort *nicht* aussagen will, um das, was ihn von anderen Verfahren unterscheidet, zu verstehen. So macht er etwa nicht die Annahme, daß 1. Einsicht eine *conditio sine qua non* von Psychotherapie sei, 2. Veränderung von Gedanken und Ideen zwangsläufig zu Veränderungen im Verhalten führen muß, 3. verbale therapeutische Sitzungen als Nachbildungen von und Äquivalente für aktuelle Lebenssituationen gelten und 4. daß ein Symptom nur durch völlige Beseitigung der Ursache oder des Ursprungs verschwindet. Ohne diese Annahmen wird es unnötig, Verhaltensstörungen in ätiologischen, in psychodynamischen oder in Begriffen eines bestimmten Krankheitsprozesses zu fassen. Wenn auch Psychotherapie mit verbalen Methoden in vieler Hinsicht ausreichend sein mag, so scheint doch die Kombination von Verhaltensmodifikation in realen Situationen und bei verbalen Interaktionen das Handwerkszeug eines Therapeuten zu vergrößern. Daher wird verbale Psychotherapie als ein Teil der Verwirklichung therapeutischer Veränderung im Gesamtverhalten eines Patienten angesehen, aber nicht als Selbstzweck und auch nicht als alleiniges Instrument, den psychischen Zustand zu verbessern. Wenn man sich diesen Standpunkt der Verhaltensmodifikation zu eigen macht, ist man zu einem ständigen Wechselspiel zwischen Diagnostik und therapeutischen Strategien weitgehend gezwungen. Eine Anfangsdiagnose sucht die Hauptvariablen zu ermitteln, die während der Behandlung direkt kontrolliert oder modifiziert werden können. Während der Abfolge der Behandlungsabschnitte wird zusätzliche Information über das Verhaltensrepertoire des Patienten, seine Verstärkergeschichte, die relevanten kontrollierenden Reize in seiner sozialen und physikalischen Umwelt und die soziologischen Begrenzungen gesammelt, innerhalb derer Patient und Therapeut arbeiten müssen.

Zwar betont ein verhaltenstheoretischer Ansatz die Bedeutung von Umgebungsfaktoren, man darf aber auf keinen Fall die Wichtigkeit der Fähigkeit eines Menschen vergessen, seine Umgebung und sein eigenes Verhalten dieser Umgebung gegenüber zu modifizieren. Schließlich verlassen die meisten Patienten die psychotherapeutische Supervision. Die Veränderungen, die durch den Therapeuten in Gang gesetzt worden sind, müssen durch den Patienten selbst aufrechterhalten werden. Folglich muß eine exakte Diagnose eine Aussage über die Möglichkeiten eines Patienten zur Selbstregulation und zur Selbststimulation, d. h. zur aktiven Teilnahme am therapeutischen Prozeß und an der anschließenden Neuordnung der Lebensverhältnisse, einschließen. Um die Wahrscheinlichkeit des Behandlungserfolges zu erhöhen, mag die Aufgabe des Klinikers anfänglich einen direkten Eingriff in die Lebensumstände des Patienten erfordern; später kann dann die Modifikation des Verhaltens anderer, für den Patienten wichtiger Personen einsetzen, wie auch die Kontrolle der Verstärker, die entweder aufgrund von Selbstverstärkung oder in Abhängigkeit vom Verhalten anderer verfügbar sind. Diese Verfahren ergänzen die verbalen Interaktionen der herkömmlichen Psychotherapie. Sie erfordern vom Kliniker, daß er sich vom ersten Gespräch mit dem Patienten oder seiner Familie an stärker an der Planung der gesamten Lebensbedingungen des Patienten außerhalb der Klinik beteiligt, und zwar so lange, bis die Annahme begründet ist, entweder die äußeren Bedingungen oder die Fähigkeit des Patienten, sie zu kontrollieren, hätten sich soweit geändert, daß das therapeutische Eingreifen in die Umgebung des Patienten nicht länger notwendig ist. Wenn eine Verhaltensanalyse aufdeckt, daß die Schwierigkeiten eines Patienten hauptsächlich in der Unzufriedenheit mit oder Unsicherheit über die Einstellung zu sich selbst oder in einem Bedeutungs- und Sinnverlust bestehen, so muß man weiter überlegen – eine Frage, die bereits ausführlich von *Schofield* (1964) diskutiert wurde –, ob solche Patienten durch die traditionellen Berufsgruppen wie die Psychiatrie, Psychologie und Sozialarbeit behandelt werden sollten. Aus diesen Fällen gehen meistens egozentrische, ihren eigenen Problemen gegenüber sensitive, psychologisch versierte und in ihren alltäglichen Aufgaben fast immer gut funktionierende Personen hervor. Eine Lösung, die von *Schofield* vorgeschlagen wird, wäre der Einsatz von Psychotherapeuten „ohne Sprechstunde", z. B. Geistliche, Lehrer, Anwälte, Vorgesetzte, sogar Nachbarn und Freunde können hier oft helfen. Wir stimmen mit *Schofield* überein, wenn er sagt (S. 140):

Weil es im Rahmen der gegenwärtigen und wahrscheinlich auch zukünftigen Möglichkeiten institutionalisierter Psychotherapie offensichtlich unmöglich ist, alle Wünsche nach therapeutischem Gespräch zu befriedigen, muß man sorgfältig auf alle denkbaren Mittel achten, Möglichkeiten und Qualität der Hilfe durch diese unsichtbaren Therapeuten zu verbessern.

Die Erkundung solcher Quellen bereits zu einem früheren Zeitpunkt der Verhaltensanalyse erlaubt dem Kliniker abzuschätzen, wieweit die therapeutische Intervention durch solche zusätzlichen Quellen ergänzt werden kann. Dadurch könnten die Zeit, während der der Therapeut und andere psychiatrische Hilfsmittel benötigt werden, verkürzt und therapeutische Maßnahmen nach und nach auf qualifizierte, aber ungelernte (d. h. nicht-klinische) Personen in der normalen Umgebung des Patienten übertragen werden. Noch einmal: daß das Problem grundlegend nicht als „internal", sondern als interaktional, nicht als „pathologisch", sondern als bezogen auf den gesamten Lebensrahmen eines Patienten und seine physikalische und soziale Umgebung anzusehen ist, verlangt stärkeres diagnostisches Interesse an anderen Dingen als dem geistigen Status eines Patienten oder der Genese der emotionalen Entwicklung.

Diese Analyse stimmt mit früheren Darstellungen der Prinzipien einer umfassenden Medizin (*Guze, Matarazzo* und *Saslow,* 1953; *Saslow,* 1952) überein, die die gemeinsame Wirksamkeit von biologischen, soziologischen und psychologischen Faktoren bei psychiatrischen Erkrankungen betonen. Sprache und wissenschaftliche Orientierung des vorgeschlagenen Ansatzes kommen von der zeitgenössischen Lerntheorie her. Der begriffliche Rahmen läßt die Ansicht zu, daß der Verlauf psychiatrischer Erkrankungen durch eine systematische Anwendung wissenschaftlicher Prinzipien aus den für die übliche Lebensweise des Patienten relevanten Gebieten, z. B. Biologie, Psychologie, Soziologie und Medizin verändert werden kann. Die hier vorgeschlagene Analyse ist nicht dafür gedacht, den Patienten in diagnostische Kategorien einzuordnen. Sie soll vielmehr als Entscheidungsgrundlage über bestimmte therapeutische Interventionen dienen, unabhängig vom vorgestellten Problem. Die Ansammlung von Daten in so vielen Bereichen, die relevant sind, müßte eine gute Grundlage abgeben für die Entscheidung über notwendige Ansatzpunkte eines Eingriffs, über seine genauen Ziele, über die Behandlungsmethoden und die angezielten Zustände, bei Erreichen derer die Behandlung beendet sein soll.

Anfängliche Analyse der problematischen Situation

In vorläufiger Formulierung wird das Verhalten, das dem Therapeuten vorgetragen wird, auf eine eventuelle Rangfolge der Berücksichtigung in der Therapie hin geordnet. Das Verhaltensrepertoire eines Patienten kann sich auffällig von dem unterscheiden, was für eine adäquate Anpassung an die Lebensumstände erforderlich ist, indem nämlich die Häufigkeit, mit der bestimmte Verhaltensweisen auftreten, ungewöhnlich ist. Weiter wird auch das Ausmaß des unproblematischen Verhaltensrepertoires festgestellt sowie das Vorhandensein von Verhaltensmustern, die als ausgesprochene Stärken, qualitativer oder quantitativer Art, gelten und im Laufe der Therapie hilfreich sein könnten. Obgleich die Einteilung von Verhalten in Exzesse und Mängel terminologisch nützlich ist, haben Menschen selbstverständlich doch, von Extremfällen abgesehen, ein reichhaltiges und ständig wechselndes Verhaltensrepertoire, und die Interkorrelationen zwischen den Items des Repertoires dürfen nicht übersehen werden. Die anfängliche Klassifikation könnte durchaus einmal nicht mehr zutreffen, wenn es zu Veränderungen in den Lebensbedingungen und Tätigkeiten eines Patienten kommt. Da keine objektiven Häufigkeitstabellen hierüber vorliegen, können Verhaltenseinheiten sowohl als Exzesse wie auch als Mängel angesehen werden, je nachdem, von welchem Blickwinkel man das Ungleichgewicht betrachtet. So kann man z. B. exzessive Schüchternheit und mangelnde Kontaktbereitschaft oder exzessives Reagieren auf emotionale Stimulierung und unzureichendes Selbstkontrollverhalten als komplementär ansehen. Eine Entscheidung über den Anfangspunkt einer Behandlung ist jedoch nötig und legt den Kliniker auf Prioritäten für die Therapie fest, die aber später wieder überprüft und verändert werden können. Ob man Verhalten als exzessiv oder lückenhaft ansieht, hängt oft von der kulturellen Einschätzung des Verhaltens ab und diese gründet sich wiederum auf seine Konsequenzen für andere Menschen. So kann beispielsweise, wenn ein Kind als Reaktion auf eine kritische Bemerkung handgreiflich wird, dieses als exzessives aggressives Verhalten angesehen werden, was zu der Entscheidung führen kann, die Auftretenshäufigkeit durch Zwang oder Strafe zu verringern. Zu einer völlig anderen Schlußfolgerung kommt man, wenn man dasselbe Verhalten als Mangel an Selbstkontrolle betrachtet, dem man durch Einüben angemessener Alternativverhaltensweisen abhelfen kann. Eine andere Möglichkeit, die aus der Verhaltensanalyse abgeleitet werden kann, wäre ein zweifacher Ansatz. Der Therapeut könnte sich entscheiden, dem Kind beizubringen, zwischen Signalreizen, die auf mögliche Annahme bzw. Ablehnung des Verhaltens durch andere hinweisen, zu unterscheiden; man sähe z. B. die differentiellen Verstärkungsmöglichkeiten, die physische Aggression bei einem Sport wie Boxen hat, im Gegensatz zu den Konsequenzen bei einer Unterhaltung. Gleichzeitig kann die größere Anstrengung darin gesetzt werden, die relevanten Defizite bei alternativem sozialem Verhalten zu beseitigen.

1. *Verhaltensexzeß.* Eine Gruppe von zusammenhängenden Verhaltensweisen tritt auf und wird vom Patienten oder jemand anderem als problematisch beschrieben, und zwar wegen eines Exzesses in der 1. Häufigkeit, 2. Intensität, 3. Dauer oder 4. wegen Auftretens unter Bedingungen, die nur eine Häufigkeit von nahezu null zulassen. Zwanghaftes Händewaschen, Streitsucht, Überempfindlichkeit und Exhibitionismus sind im Sinne der einen oder anderen eben genannten Dimension Verhaltensexzesse. Weniger auf-

fällig – weil häufig nicht das Hauptproblem und daher meistens erst im Laufe der Verhaltensanalyse auftauchend – sind Beispiele von sozial nicht akzeptierter Isolierung, von Gefühlsausbrüchen und anderen persönlichen Verhaltensproblemen. So kann beispielsweise die exzessive vollständige Isolierung einer Hausfrau durch übermäßiges Arbeiten im Haushalt zustandekommen, und das 1. mehrere Stunden am Tag, 2. sieben Tage pro Woche, gleich vom Aufstehen an, 3. so stark, daß Telefon- und Haustürklingel ignoriert und die Familie nicht versorgt wird. An diesem Beispiel wird deutlich, daß beides – Dauer und Intensität des Verhaltens – zusammen ein Verhalten als exzessiv charakterisieren können.

2. *Verhaltensmängel.* Eine Reaktionsklasse wird als problematisch beschrieben, weil sie nicht 1. mit ausreichender Häufigkeit, 2. mit angemessener Intensität, 3. in angemessener Form oder 4. unter sozial erwünschten Bedingungen auftritt. Beispiele dafür sind: verminderte Kontaktbereitschaft (Schüchternheit), Vergeßlichkeit, Ermüdungserscheinungen und Beeinträchtigungen in sexuellen oder körperlichen Funktionen (z. B. Impotenz, Schreibkrampf). Andere Beispiele für Verhaltensmängel können bei depressiven Patienten gefunden werden, denen kein angemessenes Verhalten in einer neuen sozialen Situation zur Verfügung steht; etwa beim Umzug vom Dorf in die Stadt, beim Wechsel vom verheirateten zum alleinstehenden Stand oder beim Wechsel aus der einen sozialen Schicht in die andere. Bei „unangepaßten" Menschen findet man häufig breite Lücken in ihrem sozialen oder intellektuellen Verhaltensrepertoire, welche angemessenes Verhalten verhindern.

3. *Unproblematisches Verhalten.* Hier handelt es sich um Verhalten, welches für den Patienten keine Schwierigkeit bedeutet. Was kann er gut? Wo liegen seine angemessenen sozialen Verhaltensmuster? Welches sind seine ganz spezifischen Fähigkeiten und Talente? Die Lebensinhalte, die man zur Ausführung eines therapeutischen Programms als Hilfsmittel benutzen kann, sind unbegrenzt. Jeder Ausschnitt der Aktivitäten eines Patienten kann als Hintergrund für den Aufbau neuer Verhaltensweisen benutzt werden. Die natürlichen Arbeits- und Spielaktivitäten sind ein besserer Ausgangspunkt für die Verhaltensänderung als eine künstlich aufgebaute Aktivität oder Beziehung. So kann beispielsweise einem Menschen mit musikalischem Talent, handwerklicher Geschicklichkeit, körperlichen Kräften oder sozialen Fähigkeiten geholfen werden, seine Begabungen als Hilfsmittel zur Änderung von Verhaltenszusammenhängen und zum Erwerb neuer Verhaltensweisen in Bereichen zu benutzen, in welchen Erfolge am wahrscheinlichsten sind. Während das therapeutische Endziel etwa in dem Erwerb spezifischen sozialen oder selbstkritischen Verhaltens

liegen mag, kann der Lernprozeß aus vielen verschiedenen Einzelaufgaben bestehen und in Bereichen stattfinden, die der Patient bereits gut beherrscht.

Abklärung der problematischen Situation

1. Zuordnung des problematischen Verhaltens zu den oben beschriebenen Gruppen 1. oder 2., je nach Grad des Wissens über den Patienten.

2. Welche Personen oder Gruppen stören sich an diesen Verhaltensweisen? Welche Personen oder Gruppen unterstützen sie? Wer hat den Patienten überredet oder gezwungen, zum Therapeuten zu gehen?

3. Welche Konsequenzen hat das problematische Verhalten für den Patienten und für wichtige Personen seiner Umgebung? Welche Konsequenzen würde der Fortfall des Problems für ihn und andere haben?

4. Unter welchen Bedingungen tritt das problematische Verhalten auf (biologische, sprachlich-gedankliche, soziale, berufliche etc.)?

5. Welche Befriedigungen bestehen für den Patienten fort, wenn sein problematisches Verhalten andauert? Welche Befriedigungen gewinnt der Patient, wenn – als Ergebnis der Therapie – sein problematisches Verhalten geändert würde? Welche positiven oder aversiven Konsequenzen könnten sich für wichtige andere Personen aus der Umgebung des Patienten ergeben, wenn das problematische Verhalten des Patienten verändert würde? Auf welche Art und Weise würde der Patient sein Leben fortsetzen, wenn die Therapie erfolglos verliefe, d. h. wenn sich nichts in seinem Verhalten geändert hätte?

6. Welche neuen Probleme würden sich durch eine erfolgreiche Therapie für den Patienten ergeben?

7. In welchem Ausmaß ist der Patient als alleiniger Informant in der Lage, bei der Entwicklung eines Therapieprogramms mitzuhelfen?

Die hier aufgeworfenen Fragen leiten sich von der Annahme ab, daß unangepaßtes Verhalten fortlaufend Verstärkungen erfährt. Es kann nicht ein für alle Mal aus dem Leben eines Patienten verbannt werden. Veränderungen stehen in enger Beziehung zu der Umwelt, in der der Patient leben muß. Die Eliminierung des problematischen Verhaltens ist unmöglich, solange wirksame und häufig unbestimmte Verstärker vorhanden sind. Die Beantwortung der oben zusammengestellten Fragen kann helfen, eine frühzeitige Entscheidung über die optimalen Ziele zu fällen, die im Bereich des therapeutisch Möglichen und gleichzeitig innerhalb der unverrückbaren Grenzen des Lebensraumes des Patienten liegen.

Motivationale Analyse[1]

1. In welcher Reihenfolge ordnet der Patient verschiedene reizvolle Dinge nach ihrer Bedeutung für ihn ein? Auf dem Hintergrund des wahrscheinlichen Aufwandes des Patienten an Zeit, Energie oder körperlichem Unbehagen haben welche der folgenden Verstärker den größten Effekt beim Aufbau oder bei der Aufrechterhaltung seines Verhaltens: Anerkennung, Sympathie, Freundschaften, Geld, gute Gesundheit, sexuelle Befriedigung, intellektuelle Leistung, gesellschaftliche Anerkennung, Befriedigung bei der Arbeit, Kontrolle über andere, Sicherung von Abhängigkeit etc.?

2. Wie häufig und regelmäßig waren seine positiven Erfahrungen mit diesen Verstärkern? Welches sind seine gegenwärtigen Erwartungen über die Wirksamkeit jedes einzelnen? Unter welchen Umständen kam mit den einzelnen Reizen eine Verstärkung zustande?

3. Unter welchen genauen Bedingungen hat jeder dieser Verstärker zielgerichtete Verhaltensweisen angeregt (biologisch, sprachlich-gedanklich, sozial, beruflich)?

4. Stimmen seine auf diese Ziele gerichteten Handlungen mit seinen verbalen Äußerungen überein? Wie wirkt sich ein entsprechender Widerspruch auf Ziele und Verfahren der Therapie aus?

5. Welche Personen oder Gruppen haben die wirksamste und weitestgestreute Kontrolle über sein momentanes Verhalten?

6. Kann der Patient Verstärkungskontingenzen auf sein eigenes Verhalten beziehen oder bringt er die Verstärkung mit zufälligen unkontrollierbaren Faktoren („abergläubisches" Verhalten, Glaube an Glück, Schicksal, Wunder etc.) zusammen?

7. Welches sind die hauptsächlichen aversiven Stimuli für diesen Patienten 1. im unmittelbaren täglichen Leben, 2. in der Zukunft? Sind es körperliche Sensationen, die Überzeugung krank zu sein oder Krankheitsängste, die als wichtige aversive Reize für eine Verhaltensänderung fungieren? Was sind seine Ängste, die Konsequenzen, die er vermeidet und fürchtet, die Risiken, die er nicht eingeht?

8. Könnte es ein Behandlungsprogramm erfordern, daß der Patient derzeitige Befriedigungen, die mit seinem Problem verknüpft sind, wie etwa Invali-

---

[1] In dem Reinforcement Survey Schedule, kürzlich von *J. R. Cautela* und *R. Kastenbaum* vorgelegt (1967), haben wir ein u. U. recht wertvolles schriftliches Instrument, um genaue Informationen über einige der Verstärker zu erheben, auf die in diesem Abschnitt Bezug genommen wird (vgl. Anhang).

dität in der Familie oder auf der Arbeitsstelle, aufgibt; Annehmlichkeiten, die mit der Arbeitslosigkeit zusammenhängen; Einschränkungen des Lebensraums und besondere Privilegien, die mit seinem „nervösen" Zustand gerechtfertigt werden; Krankheit als Rechtfertigung für Nicht-Erfüllung eigener und fremder Erwartungen?

9. Welche Ereignisse von bekannt verstärkender Wirkung können benutzt werden, um neue zwischenmenschliche Fähigkeiten oder Einstellungen zur eigenen Person im Laufe der Therapie zu erlernen? In welchen Bereichen und mit welchen Mitteln kann man erreichen, daß positive Konsequenzen auf erwünschtes Verhalten folgen und somit frühere aversive Konsequenzen ersetzen?

Entwicklungsanalyse

Biologische Veränderungen

1. Wo liegen die Beschränkungen in der biologischen Ausstattung des Patienten, die eventuell sein derzeitiges Verhalten beeinflussen (z. B. Seh- und Hörschäden, Folgeschäden von Krankheiten wie Schlaganfall, Kinderlähmung, Mononukleose, endokrine Störungen)? Inwiefern haben diese Einschränkungen unerwünschtes Verhalten in Gang gesetzt oder halten es aufrecht (z. B. Einengung des Verhaltens aufgrund von Ermüdung, Angst vor Überanstrengung, Vertuschung dieser Behinderungen vor anderen)? Kann die Erwartung der störenden Konsequenzen, durch die sich der Patient selbst einengt, geändert werden?

2. Wann und wie haben sich diese biologischen Abweichungen oder Beschränkungen entwickelt? Welche Konsequenzen hatten sie für sein Leben und seine Einstellung sich selbst gegenüber? Wurde ihretwegen etwas unternommen; von wem? Hat er gegenüber körperlichen Eigenschaften oder Funktionen stabile Reaktionsmuster entwickelt?

3. Inwieweit schränken diese körperlichen Bedingungen die Therapie oder Lösung seiner Probleme ein?

Soziologische Veränderungen

1. Welches sind die Haupteigenschaften des gegenwärtigen soziokulturellen Milieus des Patienten (Berücksichtigung von städtischer bzw. ländlicher Umgebung, Religionszugehörigkeit, sozioökonomischer Status, Nationalität, Erziehung und Bildungsstand usw.)? Sind seine Einstellungen dem Milieu angepaßt? Wie wird beispielsweise die Gymnasial- oder Hochschulausbildung eines Jugendlichen von anderen Jugendlichen aus der armen

Nachbarschaft akzeptiert? Wie reagieren die häusliche Umgebung und die Nachbarschaft auf religiöse, soziale und sexuelle Verhaltensweisen und Vorstellungen des Patienten?

2. Sind in diesem Milieu Veränderungen vor sich gegangen, die zu seinem momentanen Verhalten in Beziehung stehen? Wenn ja, wann war das, für wie lange und unter welchen Bedingungen traten diese Veränderungen auf? Welche unmittelbaren Konsequenzen hatten sie für das Verhalten des Patienten? Beispielsweise – welche Wirkung hat der rasche berufliche Aufstieg eines Mannes auf seine Ehefrau? Oder eine Heirat in eine andere sozioökonomische Schicht oder religiöse Gruppe? Oder ein Umzug von einer ländlichen Gemeinde im Süden in eine Stadt im Norden der Vereinigten Staaten?

3. Glaubt der Patient, diese Veränderungen seien von ihm selbst, von wichtigen Bezugspersonen oder von zufälligen Umständen bewirkt? Welche Einstellung hat er zu diesen Veränderungen?

4. Decken sich die Rollen, die der Patient in den verschiedenen gesellschaftlichen Konstellationen einnimmt? Besteht vielleicht ein Rollenkonflikt zwischen den Werten seiner früheren und jetzigen sozialen Umgebung? Sind Verhaltensdefizite schuld an diesen Veränderungen (z. B. die Unfähigkeit, mit neuen gesellschaftlichen Ansprüchen, sexuellen Normen oder emotionalen Anforderungen fertig zu werden, die mit raschem Erwerb oder Verlust von Besitz oder mit Veränderungen des Wohnsitzes verbunden sind)? Wenn zwischen den Rollen eine Inkongruenz besteht, hat sie etwas mit dem Problem des Patienten zu tun? Tritt das problematische Verhalten in allen oder nur in einigen dieser verschiedenen Bezugsgruppen auf?

5. Wie können identifizierte soziologische Einflüsse auf das problematische Verhalten in das therapeutische Programm einbezogen werden?

Veränderungen im Verhalten

1. Zeigte das Verhalten des Patienten schon vor dem Vorstellungstermin Abweichungen im Vergleich mit entwicklungsmäßigen und sozialen Normen? Wenn ja, welcher Art waren diese Veränderungen im sozialen Verhalten, in der persönlichen Pflege, in verbalen Äußerungen über die eigene Person und über andere? Unter welchen Bedingungen wurden diese Veränderungen erstmalig bemerkt?

2. Haben diese identifizierten biologischen, sozialen oder soziologischen Ereignisse im Leben des Patienten offensichtlich eine Bedeutung für die Verhaltensänderungen?

3. Waren diese Veränderungen charakterisiert durch a) Auftreten neuer Verhaltensweisen, b) Veränderungen in der Intensität oder Frequenz von bereits vorhandenem Verhalten, oder c) Nicht-Auftreten von früheren Verhaltensweisen?

4. Unter welchen Bedingungen und in welchen sozialen Situationen wurden diese Verhaltensänderungen zuerst bemerkt? Haben sie sich auf andere soziale Situationen ausgeweitet, seitdem das problematische Verhalten erstmals bemerkt wurde?

5. Kam es zu den Verhaltensänderungen, als sich der Patient dem Einfluß wichtiger Personen aussetzte, von denen er neue Verstärkungsmuster und das dafür notwendige Verhalten lernte? Kann das problematische Verhalten auf eine Modellperson in der sozialen Umgebung des Patienten zurückgeführt werden, von der er diese Reaktion gelernt hat?

Analyse der Selbstkontrolle

1. In welchen Situationen kann der Patient sein problematisches Verhalten kontrollieren? Wie erreicht er diese Kontrolle: beeinflußt er sich selbst oder andere?

2. Folgten auf das problematische Verhalten irgendwann einmal aversive Konsequenzen von seiten anderer, z. B. soziale Vergeltung, Gefängnis, Verachtung, Bewährungsfrist usw.? Haben diese Konsequenzen die Auftretenshäufigkeit des problematischen Verhaltens reduziert oder nur die Bedingungen, unter denen es auftritt? Haben diese Ereignisse das Selbstkontrollverhalten des Patienten verändert?

3. Hat der Patient einige Möglichkeiten der Selbstkontrolle, indem er Situationen, die für die Ausführung seines problematischen Verhaltens förderlich sind, vermeidet? Gelingt ihm dies durch Vermeidung oder durch Ausführung eines alternativen instrumentellen Verhaltens, das dieselben Befriedigungen nach sich zieht?

4. Besteht eine Übereinstimmung zwischen dem vom Patienten berichteten Ausmaß der Selbstkontrolle und Beobachtungen durch andere? Kann der Patient sein Verhalten seinen Absichten anpassen?

5. Welche Bedingungen, Personen oder Verstärker können das Selbstkontrollverhalten verändern (z. B. ein Kind verhält sich in der Schule angepaßt, aber nicht zu Hause – oder umgekehrt)?

6. In welchem Umfang kann das Selbstkontrollverhalten des Patienten in einem Therapieprogramm genutzt werden? Ist eine ständige Überwachung

oder die Anwendung von Pharmaka notwendig, um die Selbstkontrolle zu ergänzen?

Analyse der sozialen Beziehungen

1. Welches sind die wichtigsten Menschen in der derzeitigen Umgebung des Patienten? Auf welche Menschen oder Gruppen reagiert er am stärksten? Wer erleichtert ihm positives Verhalten? Wer provoziert antagonistisches oder problematisches Verhalten? Können diese Beziehungen nach Dimensionen geordnet werden, die die Verhaltensmuster des Patienten erklären (z. B. reagiert der Patient unterwürfig oder feindlich gegenüber allen älteren Menschen)?

2. Mit Hilfe welcher Verstärker beeinflussen sich die Beteiligten bei diesen Beziehungen? So könnte die Analyse beispielsweise aufdecken, daß ein Vater seinen delinquenten Sohn fortwährend deckt, weil ihm eine öffentliche Verurteilung peinlich wäre. Ist die Beendigung einer positiven Verstärkung oder das Einsetzen einer Bestrafung deutlich signalisiert?

3. Was erwartet der Patient in Worten und in Taten von diesen Menschen? Auf was gründet er seine verbal geäußerten Erwartungen?

4. Was erwarten die Menschen in seiner Umgebung vom Patienten? Besteht Übereinstimmung zwischen den Erwartungen, die der Patient an sich selbst stellt, und denen, die andere an ihn stellen?

5. Inwieweit lassen sich die Personen, die den Patienten beeinflussen können, in die Therapie miteinbeziehen?

Analyse der sozialen, kulturellen und physikalischen Umwelt

1. Welche Normen herrschen bezüglich des symptomatischen Verhaltens in dem sozialen Milieu des Patienten?

2. Sind diese Normen in den verschiedenen Bezugsgruppen des Patienten gleich; z. B. zu Hause und in der Schule, bei Freunden und bei den Eltern, bei der Arbeit und beim gesellschaftlichen Umgang usw.? Wenn nein, welche unterschiedlichen Verhaltensweisen werden in der einen sozialen Gruppe akzeptiert und in der anderen nicht?

3. Wo liegen in der Umwelt des Patienten die Einschränkungen, die die Gelegenheiten für eine kontinuierliche Verstärkung mindern; werden dem Patienten durch die Umwelt soziale, intellektuelle, sexuelle, berufliche, ökonomische, religiöse, moralische oder physikalische Beschränkungen auferlegt?

4. In welchen Lebensbereichen ist das problematische Verhalten des Patienten am auffälligsten, am störendsten oder am meisten geduldet? Kann die Übereinstimmung zwischen verschiedenen Bereichen erhöht werden, oder kann dem Patienten geholfen werden, indem er dissonante Bezugsgruppen verläßt? Erlaubt oder verbietet das Milieu Selbstbestätigung?

5. Sieht das Milieu psychologische Maßnahmen als geeignet an, die Probleme zu lösen? Kann der Patient in seiner Umgebung mit Unterstützung für die Verhaltens- und Einstellungsänderungen rechnen, die eine erfolgreiche Psychotherapie erfordert?

Die vorausgegangene Darstellung hatte zum Ziel, die Probleme eines Patienten so zu bestimmen, daß bestimmte Behandlungsschritte und auch umschriebene Verhaltensweisen als Therapieziele nahegelegt werden. Man kann natürlich auch zu dem Schluß kommen, daß keine Behandlungsmöglichkeit besteht. Diese Darstellung ist also handlungsorientiert. Sie kann als Handanweisung für die erste Sammlung von Informationen, als Raster zur Strukturierung verfügbarer Daten oder als Entwurf für eine Therapie dienen.

Die Ausarbeitung eines Behandlungsplans ergibt sich aus dieser Art von Analyse, weil der Kliniker durch sein Wissen um die verstärkenden Bedingungen die motivationale Kontrolle an der Hand hat, um das Verhalten des Patienten zu modifizieren. Die Analyse umgrenzter problematischer Verhaltensweisen ergibt ebenfalls eine Reihe von Zielen für die Psychotherapie oder eine andere Behandlung und für die Bewertung des Therapiefortschritts. Das Wissen um die biologischen, sozialen und kulturellen Bedingungen nützt bei der Festlegung, welche Hilfsmittel benutzt werden können und welche Grenzen bei einem Behandlungsplan beachtet werden müssen.

Die verschiedenen Kategorien sollen auf wichtige Variablen aufmerksam machen, die sich auf das momentane Verhalten des Patienten auswirken. Sie erfordern daher auf niedrigem Abstraktionsniveau formulierte Beschreibungen. Antworten auf diese speziellen Fragen werden am besten durch die Beschreibung von Ereignisklassen ausgedrückt, die vom Patienten berichtet oder von anderen beobachtet wurden oder die aus kritischen, durch Informanten beschriebenen Ereignissen stammen. Die Analyse schließt die Beschreibung des angewöhnten verbal-symbolischen Verhaltens des Patienten nicht aus. Wenn man jedoch verbale Äußerungen als Grundlage für diese Analyse verwendet, so muß man auf der Hut sein, verbale Prozesse nicht in Begriffen postulierter internaler Mechanismen zu „erklären", ohne daß dies genügend bewiesen wäre; außerdem sollten ohne bestätigende Beweise keine Schlüsse auf nicht beobachtete Prozesse oder Ereignisse gezogen werden. Das Analyseschema enthält viele Einzelaspekte, die von einem bestimmten Patienten nicht bekannt oder auf ihn nicht anwendbar sind. Ein Mangel an Information hinsichtlich bestimmter Aspekte muß nicht notwendig die Unvollständigkeit der Analyse bedeuten. Trotzdem müssen diese Mängel aufgezeichnet werden, weil sie oft zum besseren Verständnis dessen beitragen, was der Patient lernen muß, um ein selbständiger Mensch zu werden. Nicht weniger wichtig ist eine Zusammenstellung seiner sozial erfolgreichen Verhaltensweisen, welche in den Dienst eines Behandlungsschrittes gestellt werden können.

Dieser Ansatz ist kein Ersatz für die Zuordnung des Patienten zu traditionellen diagnostischen Kategorien. Solch eine Etikettierung mag für statistische, administrative oder Forschungszwecke erwünscht sein. Sondern die dargestellte Analyse will sich an die Stelle anderer diagnostischer Ansätze setzen, die angeblich als Grundlage für Entscheidungen über therapeutische Interventionen dienen.

Methoden der Datensammlung für eine funktionale Analyse

Herkömmliche diagnostische Ansätze benutzten als Hauptinformationsquellen den mündlichen Bericht des Patienten, sein nicht-verbales Verhalten während der Exploration und seine Ergebnisse in psychologischen Tests. Diese Beobachtungen reichen aus, wenn man Verhaltensstörungen nur als Eigenschaften der besonderen Assoziationsmuster eines Patienten oder seiner Persönlichkeitsstruktur ansieht. Man erwartet, daß sich eine Geistesstörung durch stilistische Eigentümlichkeiten des Verhaltensrepertoires eines Patienten offenbart. Wenn man jedoch Verhaltensstörungen als Gruppe von Reaktionsmustern ansieht, die unter gewissen Bedingungen gelernt und durch bestimmbare innere und äußere Reize aufrechterhalten werden, dann ist eine Erfassung des Verhaltens eines Patienten mit den üblichen Methoden ungenügend, wenn sie nicht ebenfalls die Bedingungen beschreibt, unter denen es auftritt. Diese Sichtweise verlangt eine Ausweitung der Beobachtungsmöglichkeiten des Klinikers, um das Reizfeld, in dem der Patient lebt, und Änderungen des Verhaltens des Patienten als Funktion der Konfrontation mit diesen verschiedenen Reizvariablen mitzuerfassen. Daher braucht sich der findige Kliniker nicht auf Testergebnisse, Beobachtungen beim Interview in der Sprechstunde oder Überweisungsberichte zu beschränken, um den jeweiligen Fall zu formulieren. Er braucht auch nicht zu verzagen, wenn der Patient ein zu geringes Beobachtungs- oder Kommunikationsvermögen besitzt, um seine Lebensgeschichte für den Kliniker mündlich zu rekonstruieren. Ohne Rücksicht auf die kommunikativen Fähigkeiten des Patienten müssen die Informationsdaten aus einer Beschreibung des Verhaltens des Patienten in seiner Beziehung zu verschiedenen äußeren Bedingungen bestehen. Diese Erläuterungen sind nicht dazu gedacht, die Reichweite der klinischen Diagnostik bis ins Unendliche auszudehnen. Wir meinen vielmehr, der Kliniker möge eine Auswahl aus den zahlreichen möglichen Zugängen treffen, die ihm durch das vorgestellte Modell ausdrücklich eröffnet werden. So kann beispielsweise ein einzelner Hausbesuch oder Telefonanruf weit ökonomischer sein als mehrere Sitzungen mit einem Familienmitglied in der Praxis des Therapeuten. Eine Exploration, die eine direkte Beobachtung der Interaktionen des Patienten mit einer seiner Bezugspersonen erlaubt, mag fruchtbarer sein als eine ausgedehnte mündliche Beschreibung dieser Beziehung durch den Patienten. Ein Überblick über seine jetzige soziokulturelle Umgebung kann wertvollere Anhaltspunkte für ein Therapieprogramm liefern als ausgedehntes Befassen mit seinen Kindheitserlebnissen.

Eine Verhaltensanalyse schließt keine Informationen, die in Zusammenhang mit vergangenen oder gegenwärtigen Erlebnissen des Patienten stehen, als irrelevant aus. Jedoch liegt der relative Wert jeder Information (z. B. Aufwachsen in einem zerrütteten Elternhaus oder homosexuelle Erlebnisse) in ihrer Beziehung zu den unabhängigen Variablen, die das momentane Verhalten, welches verändert werden soll, kontrollieren. Die Beobachtung, daß ein Patient gelegentlich halluziniert hat, ist nur dann wichtig, wenn dies sein gegenwärtiges Problem beeinflußt. Wird es isoliert betrachtet, so kann das irreführend sein und zu einer stärkeren Betonung der Klassifikation als der Behandlung führen.

Das hier beschriebene Modell tritt der Annahme entgegen, daß im psychiatrischen Interview der Inhalt des verbalen Selbstberichts aktuellen Ereignissen oder Erlebnissen gleichwertig sei. Mündliche Berichte liefern jedoch nur Informationen, wie der Patient seine Umgebung und seine Person gedanklich konstruiert, über seine Erinnerung an frühere Erlebnisse und seine Phantasien darüber. Diese Selbstbeschreibungen ergeben zwar keine Angaben über Ereignisse, die sich gerade internal ereignen, sie repräsentieren aber doch momentanes Verhalten des Patienten dazu und weisen auf verbale Verhaltensketten und -möglichkeiten hin, die der Patient aufgebaut hat. Deshalb ist das verbale Verhalten vielleicht nützlich für die Beschreibung, wie der Patient seine eigene Welt auffaßt. Um die hier beschriebene Ansicht möglichst zu verwirklichen, kann man die traditionellen Interviewtechniken durch Methoden wie Rollenspiel, Diskussion, Interpretation aktueller Lebensereignisse oder auch kontrollierte freie Assoziation verändern.

Zusätzlich zum Einsatz der Person des Therapeuten als kontrolliertes Reizobjekt in Explorationssituationen können Beobachtungen der Interaktion mit wichtigen Bezugspersonen hinzugezogen werden, um Frequenzänderungen von verschiedenen Verhaltensweisen in Abhängigkeit von der Person, mit der der Patient interagiert, zu analysieren. So kann man z. B. vorgeschriebene

Standardrollen von Krankenschwestern und Pflegern spielen lassen, und auch Mitglieder der Familie des Patienten oder seine Freunde kann man einsetzen, um wichtige Informationen über die habituellen zwischenmenschlichen Reaktionsmuster des Patienten zu erhalten. Solche Beobachtungen sind dann besonders nützlich, wenn der Patient in einem späteren Interview gebeten wird, eben diese Sitzungen zu beschreiben, zu diskutieren und über sie zu berichten. Eine Konfrontation mit Tonband- oder Videoaufnahmen, um den Bericht des Patienten und den tatsächlichen Sitzungsverlauf, wie er vom Beobachter wahrgenommen wurde, zu vergleichen, kann über die Selbst- oder Fremdwahrnehmung des Patienten Aufschluß geben sowie auch über sein gewohntes Verhalten Kollegen, Vorgesetzten und anderen Bezugspersonen gegenüber.

Außer bei der Arbeit mit Kindern oder Familien wird bisher zu wenig Gebrauch von Informationsmaterial gemacht, das man von anderen Informanten im Interview über den Patienten erhält. Diese Berichte können dem Beobachter helfen, Verhaltensbereiche zu erkennen, in denen der Bericht des Patienten abweicht oder übereinstimmt mit den Beschreibungen, die von anderen stammen. Solche Informationen sind auch nützlich, um die Meinung des Patienten über seine mußmaßliche Wirkung auf einen anderen Menschen den von dieser Person tatsächlich berichteten Wirkungen gegenüberzustellen. Wenn sich die zwischenmenschlichen Probleme eines Patienten auf Gebiete erstrecken, auf welchen der soziale Kontakt nicht deutlich umschrieben ist, dann sind Informationen von seiten Dritter wichtig.

Hierbei muß beachtet werden, daß die von anderen gelieferten Berichte mit tatsächlichen Ereignissen nicht besser übereinstimmen müssen als die Berichte des Patienten und daß sie von der Glaubwürdigkeit eines jeden Informanten abhängen. Wenn so entscheidende Personen wie Eltern, Ehegatten und Arbeitgeber interviewt werden können, erhält der Therapeut auch Informationen über die Menschen, mit denen der Patient wiederholt interagieren muß, und wo sich zwischenmenschliche Probleme entwickelt haben können.

Wenn sie arrangiert werden kann, ist die Beobachtung des täglichen Arbeitsverhaltens des Patienten eine ausgezeichnete Informationsquelle. Beobachtungen des Patienten durch den Therapeuten oder durch klinisches Personal ist bloßen Beschreibungen von Kollegen oder Vorgesetzten vorzuziehen. Beobachtungen bei der Arbeit sind besonders bei solchen Patienten wichtig, deren Störungen im Bereich ihrer täglichen Arbeit liegen oder die die Arbeitssituation als mitverantwortlich für ihr Problem beschreiben. Während ein ungehinderter Einsatz dieser Technik durch gesellschaftlich bedingte Einstellungen zu psychiatrischer Behandlung für schlecht Angepaßte behindert sein mag, können solche Beobachtungen in der Klinik oder in beschützenden Werkstätten leicht durchgeführt werden. Mit Hilfe von Verhaltens-Schätzskalen oder anderen einfachen Meßinstrumenten können auch wenig geübte Beobachter kurze Stichproben des Arbeitsverhaltens des Patienten erheben.

Der Patient selbst kann auch um Stichproben seines Verhaltens gebeten werden, indem er mit dem Tonband Ausschnitte von Interaktionen in seiner Familie, bei der Arbeit oder in anderen Situationen seines täglichen Lebens aufzeichnet. Theoretisch ist eine Videoaufzeichnung des Verhaltens des Patienten eine ausgezeichnete Technik, aber ein Videosystem ist außerordentlich unhandlich und teuer. Über die Benutzung von Aufzeichnungen für diagnostische und therapeutische Zwecke wird von einigen Forschern berichtet (*Bach* in *Alexander,* 1963; *Cameron, Levy, Ban* und *Rubinstein,* 1964). Das erneute Vorspielen der Aufzeichnungen und eine Aufzeichnung der Reaktionen des Patienten darauf können während Interviews zusätzlich dazu dienen, das Verhalten des Patienten gegenüber anderen und seine Reaktion auf sich selbst als soziales Individuum abzuklären. Solch eine Rückmeldung kann auch mittels Videoaufzeichnungen hergestellt werden. Seitdem komplizierte elektronische Fernsteuerungsmechanismen zur Verfügung stehen, ergeben sich neue Möglichkeiten der Beobachtungstechnik, die bis vor kurzem von Verhaltenswissenschaftlern kaum beachtet wurden (*Schwitzgebel, Schwitzgebel, Pahnke* und *Hurd,* 1964).

Psychologische Tests bestehen aus Problemen, die unter eng umschriebenen Interaktionsbedingungen gelöst werden müssen. Zwischen den hochstandardisierten Intelligenztests und den unstrukturierten und mehrdeutigen projektiven Verfahren liegt eine Dimension der Strukturiertheit, entlang derer die Verantwortlichkeit des Patienten, angemessene Antworten zu geben, immer mehr zunimmt. Im Vergleich mit Interviewtechniken sind bei den meisten psychologischen Tests die Reizbedingungen relativ höher standardisiert. Über die entsprechenden Antworten in Intelligenztests oder projektiven Tests hinaus liefern diese Verfahren auch eine Verhaltensstichprobe, nämlich die Reaktionen des Patienten auf eine schwierige Situation unter ziemlich hohen Streßbedingungen. Deshalb brauchen psychologische Tests nicht nur quantitative Testergebnisse zu liefern; sie können auch als Lebensereignis en miniature angesehen werden, das Informationen über das zwischenmenschliche Verhalten des Patienten und über Veränderungen seines Verhaltens als Funktion der Reizbedingungen erbringt.

Das Aufkommen der Konditionierungstherapien hat neue Techniken für diagnostische Analysen mit sich gebracht. Bei diesen Verfahren verlangt die Spezifizierung der therapeutischen Schritte eine vorherige Bestimmung der Reizbedingungen und Reaktionen, die in der Therapie angegangen werden sollen. Explorationen zu Beginn des Verfahrens der Desensibilisierung (*Franks,* 1964; *Rachman,* 1963, *Wolpe,* 1958) ergänzen die übliche Anamnese durch Fragen über bestimmte angsterweckende Situationen, durch Fragebogen zur Erfassung dieser Informationen (*Wolpe* und *Lang*, 1964) oder durch Beobachtungen des symptomatischen Verhaltens in der natürlichen Umgebung (*Paul*, 1966). Die Konstruktion der Angsthierarchien als therapeutisches Instrument macht deutlich, wie man diagnostische Verfahren mit unmittelbarer Relevanz für die therapeutische Intervention einsetzen kann, und gibt ein Beispiel für die fortwährende Verzahnung von diagnostischen und therapeutischen Anteilen der klinischen Tätigkeit.

Unter diesen neuen Verfahren gibt es standardisierte Verhaltenstests mit quantifizierbaren Reaktionsmaßen, die die Stärke der „problematischen" Reaktion bei Darbietung kritischer Reize ermitteln. So benutzten *Freund* (1963, 1965) und *Solyom* und *Miller* (1965) bei der Behandlung sexueller Abweichungen Bilder von nackten Männern und Frauen als kritische Reize. Das Ausmaß der abweichenden Reaktion wird durch die Stärke von Reaktionen wie galvanischer Hautwiderstand, Volumensänderungen des Penis oder plethysmographische Reaktion auf Bilder von Erwachsenen oder Kindern beider Geschlechter gemessen. Eine Untersuchung von *Hess, Seltzer* und *Shlien* (1965) scheint die Validität dieses Ansatzes zu unterstützen. Deutliche Unterschiede in der Pupillenweitung wurden zwischen männlichen Erwachsenen von bekannter Homosexualität vs. Heterosexualität gefunden.

Operante Konditionierungstechniken stammen ursprünglich aus Tierexperimenten. Es ist daher nicht verwunderlich, daß ihre Anwendung auf klinische Probleme zunehmend durch den Gebrauch diagnostischer Methoden gekennzeichnet ist, die direkt auf lange etablierte Lernparadigma im Laboratorium zurückgehen. Die Auffassung der therapeutischen Intervention als Lernprozeß führt dementsprechend zu Verfahren, die den üblichen Methoden, Spontanraten einer bestimmten Reaktion vor dem Lernprozeß zu erfassen, entsprechen. Die meisten Berichte über operante Konditionierungsbehandlungen beinhalten auch eine Beschreibung des problematischen Verhaltens vor der Therapie, gemessen unter umschriebenen Bedingungen. Es ist typisch, daß man in den Berichten numerische oder graphische Aufzeichnungen der Häufigkeit oder Intensität einer definierten verbalen oder motorischen Reaktionsklasse findet, die häufig in der natürlichen Umgebung, in der eine spätere Verhaltensmodifikation angestrebt wird, gewonnen wurden. Berichte von Verhaltensmodifikationen bei autistischen Kindern in Heimen (*Ferster* und *DeMyer*, 1962; *Lovaas, Berberich, Perloff* und *Schaeffer*, 1966) oder im Elternhaus (*Wolf, Risley* und *Mees*, 1964), bei einem hyperaktiven Kind in der Klasse (*Patterson, Jones, Whittier* und *Wright*, 1965), bei einer Mutter-Kind-Interaktion im Elternhaus (*Hawkins, Peterson, Schweid* und *Bijou*, 1966), mit erwachsenen Schizophrenen auf einer Station (*Ayllon* und *Michael*, 1959), bei einem Patienten mit verschiedenen Tics (*Barrett*, 1962), bei jugendlichen Delinquenten in ihrer gewohnten Umgebung (*Schwitzgebel*,

1967) oder bei vielen anderen Patienten mit verschiedenem Alter, Problemen und Lebensumständen – bei all diesen Untersuchungen findet man Messungen der kritischen Reaktion vor und nach der Therapie. Trotz statistischer Probleme, die mit der Anwendung dieser Methoden beim Einzelfall verbunden sind, handelt es sich hier um einen Ansatz, der vielleicht einmal zu reliablen diagnostischen Verfahren führen kann, die sich – was unentbehrlich ist – auf Diagnostik und gleichzeitig Therapie erstrecken. Der hervorstechende Vorteil einer Verhaltensanalyse liegt darin, daß sie die Möglichkeit, Erfolge der Therapie durch eine posttherapeutische Messung unter denselben Bedingungen zu verifizieren, in sich birgt.

Bei der Behandlung von Gruppen mit ähnlichen problematischen Verhaltensweisen erfordert der Entwurf eines Behandlungsplans häufig die vorausgehende Analyse der Umgebung, in der das Verhalten auftritt. Zu Anfang umfaßt die Diagnose die Beobachtung der Verstärkung, die die Umwelt auf eine Reaktion bereithält, die Festlegung der Rangreihe der unerwünschten Verhaltensweisen und das Auffinden der für die Therapie verfügbaren Kontrollmöglichkeiten. Diese Analyse ist eher für die Gruppe und deren Umgebung als für den Einzelfall gedacht. Bei vielen neueren Ansätzen, in welchen eine Behandlung individueller Probleme mit „sozialen Maßnahmen" verknüpft wird, benutzt man diese Art der Diagnose. Die aktuelle Beschäftigung mit psychischen Erkrankungen bei ärmeren Teilen der Bevölkerung (z. B. *Pearl* und *Riessman,* 1965; *Riessman, Cohen* und *Pearl,* 1964), mit Delinquenz (*Slack* und *Schwitzgebel,* 1960) und ähnlichen sozialen Problemen hat verhaltensanalytische Methoden hervorgebracht, um allgemeine Bedingungen und kulturabhängige Kontingenzen bei bestimmten Problemen zu erfassen. Aufgrund solcher Analysen kann der Kliniker Folgerungen für die Bedingungen, die das problematische Verhalten beim Einzelpatienten aufrechterhalten, ableiten, wobei sowohl gesellschaftliche als auch individuelle Variablen integriert werden, deren Änderung einen Therapieerfolg herbeiführen kann.

In diesem Abschnitt haben wir nur einige der zahlreichen Lebenssituationen, Testinstrumente und künstlichen Verhaltensexperimente erwähnt, die zum Zwecke der Informationsgewinnung über den Patienten herangezogen werden können. Kriterien für ihre Anwendung sind Wirtschaftlichkeit, Zugänglichkeit für den Kliniker und Bedeutung für das Problem des Patienten. Wenn auch das Sammeln von Informationen über einen Patienten in der Praxis des Therapeuten viel bequemer sein mag, so kann doch die Erhebung direkter Information über die gegenwärtigen Bedingungen, unter denen der Patient lebt und arbeitet, weit wertvoller und ökonomischer sein. Diese unmittelbare Einsicht kann entweder durch die Befragung von Informanten herbeigeführt werden, oder indem sich der Therapeut das Zuhause, den Arbeitsplatz oder die soziale Umgebung, in der der Patient lebt, ansieht.

Psychotherapie als Neuordnung der sozialen und physikalischen Umwelt des Patienten und als Lernen und Verlernen von Selbstkonzepten und Verhaltensmustern erfordert die intensive Anwendung von Beobachtungstechniken – ähnlich wie sie in Labor- und Felduntersuchungen der Verhaltenswissenschaften benutzt werden. Auch ist eine stärkere Verwendung von Methoden, die aus Tier- und Lernexperimenten im Labor stammen, für die Erfassung bestimmter Reaktionen angezeigt. Die Einführung neuer und strenger Methoden der Verhaltensdiagnostik und -modifikation hat Konsequenzen für das Feld und die Art der Tätigkeit des Therapeuten, die vielleicht zu diesem Zeitpunkt durchaus noch verborgen sind. Gewiß, die Betonung der verhaltenstechnologischen Ansätze, die eher auf die Veränderung bestimmter Reaktionseinheiten als auf hypothetische Krankheitsprozesse oder Persönlichkeitsstrukturen abzielen, zeigt eine radikale Abkehr von den traditionellen Maßnahmen bei Verhaltensstörungen an und erfordert eine fortwährende Neubestimmung aller Aspekte der klinischen Arbeit und Ausbildung. Der hier dargestellte Ansatz der Verhaltensanalyse zeigt, daß eine Ähnlichkeit zwischen der klinischen Gesamtstrategie mit dem Gebiet des politischen Prozeßmodells besteht, wie es von *Bauer* (1966) für Situationen beschrieben wird, in denen es eine einzelne beste Lösung nicht gibt. Klinische Strategien scheinen den sozialen Prozessen politischer Willensbildung näher zu stehen, bei denen eine ständige Reflexion der Interessen verschiedener Parteien erforderlich ist und eine Lösung nur durch „Verhandlung" oder Kompromiß zwischen den rational wünschbaren und operational ausführbaren Alternativen erreicht werden kann; näher jedenfalls als einem rationalen Prozeß, der die Wiedereinsetzung des Patienten in einen vordefinierten Zustand psychischer Gesundheit zum Ziel hat.

Zusammenfassung

Derzeit angewandte psychiatrische Klassifikationsmodelle liefern weder eine reliable Methode zur Kategorisierung psychiatrischer Patienten noch ein Schema, das die Vorhersage der Reaktion auf eine psychiatrische Behandlung aufgrund der Zuweisung zu diagnostischen Kategorien erlaubt. In diesem Artikel haben wir einige der Probleme, auf die man bei der Anwendung heute üblicher diagnostischer Systeme stößt, und die mit ihnen verbundenen Unzulänglichkeiten näher untersucht. Auch bei weiterer technischer Verfeinerung sind der sinnvollen Anwendung üblicher diagnostischer Kategorien wichtige Grenzen gesetzt. Diese lassen sich auf die Verschiedenheit der Symptome, die von psychiatrischen Patienten vorgetragen werden, den Mangel an Wissen um

die Genese psychiatrischer Störungen, die zufällige Auswahl von Verhaltensbeobachtungen auf dem Weg zu einer diagnostischen Etikettierung und den
Mangel einer Korrelation zwischen diagnostischen Kategorien und umschriebenen psychiatrischen Behandlungsmethoden zurückführen.

Das jüngste Interesse an der direkten Modifikation problematischen Verhaltens durch Anwendung von Lernprinzipien gab den Anstoß für einen neuen
Ansatz der Diagnostik, nämlich die Verhaltensanalyse aufgrund von Einzel-
falldaten. Dieses Verfahren opfert die taxonomischen Merkmale der üblichen
Diagnostik, verspricht aber einen größeren Beitrag zur Entwicklung eines
genauen Behandlungsplans in Einzelfällen.

Wir haben einen verhaltensanalytischen Ansatz beschrieben, der die
Annahme macht, daß die therapeutische Intervention auf die umfassende
Kenntnis zweier Gruppen von Variablen, welche problematisches Verhalten
aufrechterhalten, aufgebaut werden kann: derer, die aus der Genese des
Patienten ableitbar sind und jener in seiner momentanen Umgebung. Wir
haben eine Reihe von genauen Richtlinien ausgeführt, die dem Kliniker
helfen, die Art von Information aus diagnostischen Verfahren zu gewinnen,
auf die man spätere Vorschläge für therapeutische Interventionen aufbauen
kann. Die Richtlinien sehen bei jedem Einzelfall eine Untersuchung der
folgenden Bereiche vor:

1. Eine detaillierte Beschreibung der jeweiligen Verhaltensexzesse oder -män-
   gel, aus denen die Probleme des Patienten bestehen, und des unproblematischen Verhaltens, das in ein Behandlungsprogramm einbezogen werden
   kann.

2. Eine Abklärung der problematischen Situation, in der die Variablen zu
   suchen sind, die das augenblickliche problematische Verhalten des Patienten aufrechterhalten. Es müssen auch die Konsequenzen des psychiatrischen Eingriffs für das Anpassungsgleichgewicht des Patienten in seiner
   sozialen Umgebung bedacht werden.

3. Eine motivationale Analyse, welche die verschiedenen Anreize und aversiven Bedingungen abzuschätzen sucht, durch die die vorherrschenden moti-
   vationalen Faktoren beim Patienten gekennzeichnet sind.

4. Eine Analyse der Entwicklung lenkt den Blick auf biologische, soziologische und Verhaltensänderungen in der Lebensgeschichte des Patienten, die
   für sein heutiges Problem und für ein Behandlungsprogramm bedeutsam
   sein könnten.

5. Eine Analyse der Selbstkontrolle, die für die Erfassung der Fähigkeit des
   Patienten, an einem Behandlungsprogramm teilzunehmen, und derjenigen

Bedingungen sorgt, die nötig sind, um Verhalten mit therapeutisch ungünstigen sozialen Bedingungen zu kontrollieren.

6. Eine Analyse der sozialen Beziehungen als Grundlage einer Erfassung sozialer Hilfsbedingungen in der Umgebung des Patienten, die sein momentanes Verhalten beeinflußt haben und im therapeutischen Programm eine Rolle spielen können.

7. Eine Analyse der sozialen, kulturellen und physikalischen Umwelt, um den Grad der Kongruenz zwischen dem jetzigen Milieu des Patienten, seinem Verhaltensrepertoire und der Beschaffenheit der Therapieziele, die der Therapeut errichten kann, zu erfassen.

Der letzte Abschnitt dieses Artikels weist auf eine große Vielfalt diagnostischer Techniken, Tests, Verhaltensbeobachtungen und Laborexperimente hin, die zur Gewinnung der Daten, die für eine funktionale Analyse notwendig sind, eingesetzt werden können. Außerdem wird festgestellt, daß therapeutische Innovationen wahrscheinlich zu einer gleichzeitigen Ausweitung der verhaltensdiagnostischen Methoden führen werden.

Literatur

Ash, P.: The reliability of psychiatric diagnoses. J. abnorm. soc. Psychol., 1949, 44, 272–277.

Ayllon, T., Michael, J.: The psychiatric nurse as a behavioral engineer. J. exp. Analys. Behav., 1959, 2, 323–334.

Bach, G.: In: *S. Alexander:* Fight promoter for battle of sexes. Life, 1963, 54, 102–108.

Bandura, A.: Psychotherapy as a learning process. Psychol. Bull., 1961, 58, 143–159.

Bannister, D., Salmon, P., Leiberman, D. M.: Diagnosis-treatment relationships in psychiatry: A statistical analysis. Brit. J. Psychiat., 1964, 110, 726–732.

Barrett, B. H.: Reduction in rate of multiple tics by free operant conditioning methods. J. nerv. ment. Dis., 1962, 135, 187–195.

Barron, F.: Ego-strength scale which predicts response to psychotherapy. J. cons. Psychol., 1953, 17, 235–241.

Bauer, R. A.: Social psychology and the study of policy formation. Amer. Psychologist, 1966, 21, 933–942.

Brodman, K., van Woerkom, A. J., Erdmann, A. J., Goldstein, L. S.: Interpretation of symptoms with a data-processing machine. Arch. intern. Med., 1959, 103, 776–782.

Cameron, D. E., Levy, L., Ban, T., Rubenstein, L.: Automation of psychotherapy. Comprehens. Psychiat., 1964, 5, 1–14.

Cautela, J. R., Kastenbaum, R.: A reinforcement survey schedule for use in therapy, training and research. Psychol. Rep., 1967, 20, 1115–1130.

Ferster, C. B.: Essentials of a science of behavior. In: *J. I. Nurnberger, C. B. Ferster, J. P. Brady* (Eds.): An introduction to the science of human behavior. New York: Appleton-Century-Crofts 1963, 197–345.

Ferster, C. B.: Classification of behavioral pathology. In: *L. Krasner, L. P. Ullmann (Eds.):* Research in behavior modification. New York: Holt, Rinehart and Winston 1965, 6–26.

Ferster, C. B., De Myer, M. K.: A method for the experimental analysis of the behavior of autistic children. Amer. J. Orthopsychiat., 1962, 32, 89–98.

Frank, G. H.: The role of the family in the development of psychopathology. Psychol. Bull., 1965, 64, 191–205.

Franks, C. M. (Ed.): Conditioning techniques in clinical practice and research. New York: Springer, 1964.

Freedman, D. A.: Various etiologies of the schizophrenic syndrome. Dis. nerv. Syst., 1958, 19, 1–6.

Freund, K.: A laboratory method for diagnosing predominance of homo- or hetero-erotic interest in the male. Behav. Res. Ther., 1963, 1, 85–93.

Freund, K.: Diagnosing heterosexual pedophilia by means of a test for sexual interest. Behav. Res. Ther., 1965, 3, 229–234.

Fulkerson, S. E., Barry, J. R.: Methodology and research on prognostic use of psychological tests. Psychol. Bull., 1961, 58, 177–204.

Guze, S. B., Matarazzo, J. D., Saslow, G.: Formulation of principles of comprehensive medicine with special reference to learning theory. J. clin. Psychol., 1953, 9, 127–136.

Hawkins, R. P., Peterson, R. F., Schweid, E. J., Bijou, S. W.: Behavior therapy in the home: Amelioration of problem parent-child relations with the parent in a therapeutic role. J. exp. Child Psychol., 1966, 4, 99–107.

Hess, E. H., Seltzer, A. L., Shlien, J. M.: Pupil response of hetero- and homosexual males to pictures of man and women: A pilot study. J. abnorm. Psychol., 1965, 70, 165–169.

Jackson, D. D.: Etiology of schizophrenia. New York: Basic Books 1960.

Kanfer, F. H.: Comments on learning in psychotherapy. Psychol. Rep., 1961, 9, 681–699.

Kostlan, A.: A method for the empirical study of psychodiagnosis. J. cons. Psychol., 1954, 18, 83–88.

Krasner, L.: The therapist as a social reinforcement machine. In: *H. H. Strupp* und *L. Luborsky* (Eds.): Research in psychotherapy. Vol. II, Washington, D. C.: Amer. Psychol. Ass., 1962, 61–94.

Ledley, R. S., Lusted, L. B.: Reasoning foundations of medical diagnosis. Science 1959, 130, 9–21.

Lindsley, O. R.: Direct measurement and prosthesis of retarded behavior. J. Education 1964, 147, 62–81.

Lorr, M., Klett, C. J., McNair, D. M.: Syndromes of psychosis. New York: Macmillan, 1963.

Lovaas, O. I., Berberich, J. P., Perloff, B. F., Schaeffer, B.: Acquisition of imitative speech by schizophrenic children. Science 1966, 151, 705–706.

McPartland, T. S., Richart, R. H.: Social and clinical outcomes of psychiatric treatment. Arch. gen. Psychiat., 1966, 14, 179–184.

New York Heart Association. Nomenclature and criteria for diagnosis of diseases of the heart and blood vessels. New York: Author, 1953.

Noyes, A. P., Kolb, L. C.: Modern clinical psychiatry. Philadelphia: Saunders, 1963.

Patterson, G. R., Jones R., Whittier, J., Wright, M.: A behavior modification technique for the hyperactive child. Behav. Res. Ther., 1965, 2, 217–226.

Paul, G. L.: Insight vs. desensitization in psychotherapy: An experiment in anxiety reduction. Stanford, Calif.: Stanford University Press, 1966.

Pearl, A., Riessman, F.: New careers for the poor. The nonprofessional in human service. New York: Free Press, 1965.

Rachman, S.: Introduction to behavior therapy. Behav. Res. Ther., 1963, 1, 3–15.

Riessman, F., Cohen, J., Pearl, A.: Mental health for the poor: New treatment approaches for low income people. New York: Free Press, 1964.

Rotter, J. B.: Social learning and clinical psychology. Englewood Cliffs, N. Y.: Prentice-Hall, 1954.

Saslow, G.: On the concept of comprehensive medicine. Bull. Menninger Clin., 1952, 16, 57–65.

Schmidt, H. O., Fonda, C. P.: The reliability of psychiatric diagnosis: A new look. J. abnorm. soc. Psychol., 1956, 52, 262–267.

Schofield, W.: Psychotherapy: The purchase of friendship. Englewood Cliffs, N. Y.: Prentice-Hall, 1964.

Schwitzgebel, R. L.: Short-term operant conditioning of adolescent offenders on socially relevant variables. J. abnorm. Psychol., 1967, 72, 134–142.

Schwitzgebel, R. K., Schwitzgebel, R. L., Pahnke, W. N., Hurd, W. S.: A program on research in behavioral electronics. Behav. Sci., 1964, 9, 223–238.

Slack, C. S., Schwitzgebel, R.: Reducing adolescent crime in your community: A handbook. Cambridge, Mass.: July 4, 1960.

Solyom, L., Miller, S.: A differential conditioning procedure as the initial phase of the behavior therapy of homosexuality. Behav. Res. Ther., 1965, 3, 147–160.

Szasz, T. S.: The myth of mental illness. Amer. Psychologist, 1960, 15, 113–118.

Ullmann, L. P., Krasner, L. (Eds.): Case studies in behavior modification. New York: Holt, Rinehart & Winston, 1965.

Ward, C. H., Beck, A. T., Mendelson, M., Mock, J. E., Erbaugh, J. K.: The psychiatric nomenclature, reasons for diagnostic disagreement. Arch. Gen. Psychiat., 1962, 7, 198–205.

Windle, C.: Psychological tests in psychopathological prognosis. Psychol. Bull., 1952, 49, 451–482.

Wittenborn, J., Holzberg, J., Simon, B.: Symptom correlates for descriptive diagnosis. Gen. Psychol. Monogr., 1953, 47, 237–301.

Wolf, M. M., Risley, T., Mees, H.: Application of operant conditioning procedures to the behavior problems of an autistic child. Behav. Res. Ther., 1964, 1, 305–312.

Wolpe, J.: Psychotherapy by reciprocal inhibition. Stanford, Calif.: Stanford University Press, 1958.

Wolpe, J., Lang, P. J.: A fear survey schedule for use in behavior therapy. Behav. Res. Ther., 1964, 2, 27–30.

Zigler, E., Phillips, L.: Psychiatric diagnosis: A critique. J. abnorm. soc. Psychol., 1961, 63, 607–618.

KAPITEL 3

Der diagnostisch-therapeutische Prozeß in der Verhaltenstherapie[1])

Dietmar Schulte

In den letzten Jahren hat sich die Verhaltenstherapie rapide weiterentwickelt. Neue Techniken wurden erprobt, und bei immer mehr Symptombereichen gelang der Nachweis, daß die Verhaltenstherapie effektive therapeutische Methoden anzubieten hat (*Yates* 1970). Doch ein Bereich ist in der Forschung bislang weitgehend unberücksichtigt geblieben – die Frage der Diagnostik. *Goldfried* und *Pomeranz* (1968) geben dafür folgende Gründe an: Zum einen hat sich das Selbstverständnis der praktisch tätigen Psychologen geändert. Stand früher im Vordergrund der Tätigkeit eines Praktikers die *Diagnostik* und eventuell die Beratung, so wird heute als eigentliche Aufgabe des Klinischen Psychologen die *Therapie* angesehen. Diese Entwicklung ist seit kurzem auch in Deutschland zu beobachten.

Einen zweiten Grund für das mangelnde Interesse der Verhaltenstherapeuten für diagnostische Probleme sehen die Autoren in der dynamischen Theorie, die den meisten Persönlichkeitstests zugrunde liegt und die mit dem funktionalen Ansatz der Verhaltenstherapie nur schwer vereinbar ist (*Schulte* 1971).

Ein dritter Grund ist in dem Verhältnis zwischen Diagnostik und Therapie zu sehen. Dynamisch bzw. tiefenpsychologisch orientierten Therapeuten geht es normalerweise um die Vermittlung von Einsicht, und die diagnostischen Verfahren sollen die grundlegenden Informationen für diese Einsichtsvermittlung liefern. Da es der Verhaltenstherapie entsprechend ihrem Ansatz jedoch nicht primär um die Vermittlung von Einsicht geht – zumindest in dem Sinn, daß nicht angenommen wird, daß Einsicht per se einen Heilerfolg bewirkt – hat eine so verstandene Diagnostik für den Verhaltenstherapeuten keine Bedeutung.

---

[1]) Ich danke Herrn Prof. Dr. *F. H. Kanfer* für seine Hinweise bei der Abfassung dieser Arbeit und den Studenten meines Seminars über das Modell von *Kaminski* (1970) für manche wichtige Anregung.
Erstmals erschienen in: *J. C. Brengelmann* und *W. Tunner* (Hrsg.): Behavior-Therapy – Verhaltenstherapie. München: Urban & Schwarzenberg, 1973, 28–39.

das erreicht werden soll. Die Entscheidung für die Methode setzt also die Entscheidung für ein Ziel voraus.

Die Zielbestimmung

In der klinischen Diagnostik ist der Zielzustand nicht ohne weiteres vorgegeben. Zwar kommen normalerweise Klienten bereits mit einer Zielvorstellung zum Praktiker, doch dieser kann die angegebenen Ziele nicht immer ohne weiteres übernehmen. Von Vertretern der Verhaltenstherapie (*Kanfer* und *Saslow* 1965, 1969; *Goldfried* und *Pomeranz* 1968; *Mischel* 1968) wird daher die Zielbestimmung als ein Teilbestand des diagnostischen Prozesses selbst angesehen. *Kaminski* (1970) zeigt, daß die Zielsetzung für den Einzelfall nicht nur von den Änderungswünschen des Patienten, von der vorliegenden Symptomatik und den prinzipiell möglichen bzw. im Einzelfall realisierbaren therapeutisch-technischen Möglichkeiten abhängt, sondern auch vom Gewissen des Diagnostikers und damit – so muß *Kaminski* ergänzt werden – von den gesellschaftlichen Bedingungen, in denen sich sowohl der Patient als auch der Therapeut selbst befinden.

Es ist zwar das generelle Ziel jeglicher Therapie, symptomatisches Verhalten zum Verschwinden zu bringen, doch aus dieser groben Zielangabe lassen sich noch keine praktischen Schlüsse ziehen. Denn um das symptomatische Verhalten beeinflussen zu können, müssen die „ursächlichen"[1] Bedingungen des Symptoms beseitigt werden; d. h. Therapie richtet sich nicht auf das Symptom selbst, sondern auf dessen „Ursachen". Die verschiedenen therapeutischen Schulen unterscheiden sich primär hinsichtlich ihrer theoretischen Vorstellungen über die Ursachen symptomatischen Verhaltens. Dynamische Theorien wie die Tiefenpsychologie lokalisieren die Ursachen ins Innere des Individuums. In statisch-strukturellen Theorien werden „Verhaltensursachen" nicht angegeben, sondern es wird lediglich eine Klassifikation des Verhaltens selbst versucht (*Schulte* 1971). Die Verhaltenstherapie beschränkt sich darauf, die funktionalen Beziehungen zwischen der abhängigen Variablen „Symptom" und den Umweltreizen als unabhängigen Variablen zu analysieren. Ziel des verhaltenstherapeutischen Vorgehens ist entweder die Veränderung der funktionalen Beziehungen zwischen bestimmten Reizen und dem Symptom (z. B. bei der Aversionstherapie, der systematischen Desensibilisierung usw.), oder die Beseitigung der das Symptom „bedingenden" Reize (z. B. Beseitigung eines unangemessenen Erziehungsverhaltens, durch das ein kindliches Symptom verstärkt wird). Das bedeutet jedoch, daß der Praktiker

---

[1] „Ursache" soll hier sehr weit verstanden werden und auch den Begriff „unabhängige Variable" umfassen.

nicht vor der Aufgabe steht, zwischen vorgegebenen Zielen zu wählen, sondern er steht in einer Situation, in der er erst ein Ziel, d. h. ein konkretes Handlungsziel, das einen therapeutischen Erfolg verspricht, finden muß. Nach *Skinner* (1953, 1966, 1969) stellt eine Situation, in der das Individuum momentan keine adäquate Verhaltensweise zur Verfügung hat, ein Problem dar. Das Suchen nach der adäquaten Reaktion, d. h. hier der Zielaussage, muß als Problemlösungsverhalten bezeichnet werden.

Wie bereits angedeutet wurde, ist in der Verhaltenstherapie – und nach *Kaminski* (1970) bei jeder Therapie – die Angabe des konkreten Behandlungsziels erst aufgrund der diagnostischen Verhaltensanalyse möglich; d. h. die Verhaltensanalyse ist als Problemlösungsverhalten aufzufassen, das die Hinweise (S^D) für die Zielaussage liefern muß.

Auswahl und Spezifizierung der Methode

Die Zielaussage stellt zugleich ein neues Problem dar: Wie kann das Ziel erreicht werden? Hat der Praktiker die Auswahl zwischen vorgegebenen Methoden, die ihm „garantieren", daß sie bei diesem Patienten mit dieser Symptomatik zu diesem Ziel führen? Oder ist bei einem bestimmten Ziel und einer bestimmten Symptomatik sogar eindeutig festgelegt, welche Methode anzuwenden ist? Oder stehen dem Praktiker überhaupt keine feststehenden Techniken zur Verfügung, so daß er sich den Weg selbständig erarbeiten muß?

Nach *Kaminski* muß der Praktiker für jeden Fall ein eigenes „Behandlungskonzept" entwickeln. In einer Symposiondiskussion des 25. Kongresses der DGfP vertrat er die Ansicht, daß es prinzipiell soviel Therapien wie Individuen gibt, da – selbst bei einer begrenzten Anzahl von Änderungsmodellen – bei der Planung der konkreten Therapie die Individualparameter berücksichtigt werden müssen. „Wir müssen also pro Individuum ein Behandlungskonzept entwickeln, das gespeist wird von bestimmten Typen von Theorien, das aber in seiner individuellen Komposition wirklich völlig individuell und in seiner Gesamtheit unvergleichbar ist mit jeder nächsten Behandlungsmethode" (*Kaminski* 1967, S. 128).

Das mag auf den ersten Blick spitzfindig klingen – wenn man z. B. an die klientenzentrierte Gesprächspsychotherapie denkt, die in ihrer äußeren Form von Patient zu Patient gleich bleibt. Auch innerhalb der Verhaltenstherapie gibt es bestimmte Standardverfahren (Desensibilisierung, Aversionstherapie, negative Praxis usw.), die in ihrer formalen Gestaltung konstant bleiben. Doch die inhaltliche Ausgestaltung dieser Techniken ist abhängig von dem jeweiligen Patienten. Der Inhalt der verbalen Äußerungen des Therapeuten bei der Gesprächspsychotherapie, die Auswahl der „angstbesetzten" Vorstellungen bei der Desensibilisierung, die Reize bei der Aversionstherapie usw. müssen auf den individuellen Einzelfall zugeschnitten sein. Konstant bleibt tatsächlich nur das formale Prinzip der Therapie, und das meint *Kaminski* mit Änderungsmodell bzw. mit dem „bestimmten Typ von Theorie".

Wir müssen also unterscheiden zwischen der Auswahl einer Technik als einem formalen Änderungsmodell und der individuellen Ausgestaltung dieser Technik. Betrachten wir zunächst die Frage der Auswahl der Technik. Die Anzahl der zur Wahl stehenden Techniken hängt ab:

a) von der theoretischen Orientierung und dem Wissen bzw. der Erfahrung des Praktikers, und (eventuell)

b) von der vorliegenden Symptomatik und dem angestrebten Ziel.

Die Angaben über die Symptomatik, die gesellschaftlichen und sozialen Bedingungen des Patienten und das Ziel stellen in der Sprache von *Skinner* diskriminative Reize dar. Reize haben aber nicht für alle Menschen die gleiche „Bedeutung", d. h. ihre funktionale Qualität ist unterschiedlich. Für einen Vertreter der klientenzentrierten Gesprächspsychotherapie genügt schon eine grobe Charakterisierung der Symptomatik als „Signal" für die Anwendung seiner Methode, da diese Technik in ihrer formalen Konzeption von Fall zu Fall gleich bleibt. Für einen Verhaltenstherapeuten wird diese Information eventuell noch nicht für die Wahl der Methode ausreichen. Je nachdem wie differenziert sein Wissen und seine Erfahrungen sind, wird er noch zusätzlich Differenzierungen der Hinweisreize benötigen.

Am Beispiel der Symptomatik Angst soll das Gesagte näher erläutert werden (*Schulte* 1972). Die Aussage, daß eine phobische Angstreaktion vorliegt, kann bei einem Therapeuten ausreichen für

1. die funktionale Erklärungshypothese (respondente Angstreaktion auf bestimmte Reize),
2. die Zielaussage (Änderung der funktionalen Qualität der Angstreize) und
3. für die Bestimmung der therapeutischen Technik (systematische Desensibilisierung).

Bei einem Praktiker mit mehr Wissen wird der Hinweis auf die Phobie noch mehrere Aussagemöglichkeiten offen lassen und daher weiteres Explorationsverhalten anregen. Er wird zunächst abklären, ob das Angstverhalten als respondentes oder operantes Verhalten bezeichnet werden muß. Erst wenn er sicher sein kann, daß bei diesem Patienten die Konsequenzen des Angstverhaltens keinen Einfluß auf das Symptom haben, wird er sich für die systematische Desensibilisierung entscheiden (bei diesem Praktiker hat also ein ausgeprägteres Differenzierungslernen stattgefunden).

Falls sich jedoch herausstellt, daß die Angstreaktion sozial verstärkt wird, so wird der Praktiker dieses Symptom

1. auch als ein Operant klassifizieren und
2. eine andere Zielaussage machen: Der soziale Partner, der bislang das Symptom verstärkte, muß sein Verhalten ändern. Damit
3. wählt er als therapeutische Technik – eventuell neben der Desensibilisierung – die operante Löschung.

Mit der Entscheidung für eine bestimmte Technik (prinzipielle Therapieplanung, strategische Planung nach *Kaminski* 1970) ist jedoch die Planung der Therapie noch nicht abgeschlossen. Es bedarf noch einer individuellen, inhaltlichen Ausgestaltung (konkrete Therapieplanung, taktische Planung nach *Kaminski*) der Methode. Der Spielraum für diese individuelle Gestaltung ist sehr unterschiedlich, je nachdem wie differenziert die „Durchführungsvorschriften" der gewählten Technik sind. Beispielsweise bei der praktischen Gestaltung der Technik „operante Löschung" steht der Praktiker vor der Aufgabe, unter Berücksichtigung der durch die Methode gesetzten Bedingungen einen praktikablen Weg zu finden, der zwar dazu führt, daß der Sozialpartner das Symptom nicht länger verstärkt, der aber nicht gleichzeitig weitergehende Veränderungen der sozialen Beziehungen zwischen den beiden Menschen bedingt – sofern das nicht beabsichtigt ist. Diese konkrete Planung muß als Problemlösungsprozeß bezeichnet werden.

Der Praktiker versucht, durch verschiedene Verhaltensweisen die Variablen der Problemsituation so umzugestalten, daß eine Lösung, d. h. eine adäquate Reaktion, möglich wird. Nach *Skinner* (1953) können solche Verhaltensweisen sein: Verbesserung, Verstärkung und Vergrößerung des zugänglichen Reizangebots; Ordnung und Neuordnung der Reize; Versuchslösungen (Self-Probe) usw. Diese Verhaltensweisen entsprechen den von *Duncker* (1935) aus seiner phänomenalen Analyse abgeleiteten „heuristischen Methoden des Denkens".

Kriterien für die Zielbestimmung und die Planung der Therapie

In der herkömmlichen Diagnostik werden bestimmte Merkmale der Personen als Entscheidungsparameter benutzt, z. B. Intelligenz als Entscheidungskriterium für die Schulwahl. Da sich die Entscheidung aber grundsätzlich auf zukünftiges Verhalten richtet und da in praktisch allen Theorien angenommen wird, daß Verhalten zumindest auch von den Umweltbedingungen abhängig ist, bleibt eine einseitige Ausrichtung der Diagnostik auf Persönlichkeitsmerkmale unbefriedigend. *Jäger* (1967) fordert deshalb eine Klassifikation bzw. Taxonomie der Umweltbedingungen: „Eine Verhaltenstheorie kann nicht einseitig auf Eigenschaften aufbauen, die wir dem Individuum zuschreiben. Sie wird erst dann befriedigen können, wenn es gelungen ist, auch die Umweltbedingungen *systematisch* einzubeziehen" (S. 108).

Genau das ist aber der Ansatz der Verhaltenstherapie. Sie interessiert sich nicht für eine Klassifizierung von isolierten Verhaltensweisen oder für Eigenschaften, wie das für den statisch-strukturellen Ansatz typisch ist, sondern sie stellt die funktionale Beziehung zwischen Verhalten und Umweltreizen in den Mittelpunkt. Um beispielsweise einen Patienten zu kennzeichnen, der als scheu gilt und wenig soziale Kontakte hat, begnügt sich die verhaltenstherapeutische Diagnostik nicht mit der Feststellung, daß diese Person z. B. einen im Vergleich zu anderen hohen Wert auf einer Introversionsskala einnimmt, sondern versucht, dieses Verhalten aus einer Relation zu den Umweltbedingungen zu kennzeichnen: z. B. bestimmte soziale Situationen sind für diesen Patienten aversiv, so daß er darauf mit Flucht- und Vermeidungsverhalten reagiert. Kriterium für die Zielaussage und die Auswahl der Technik ist also nicht die Bezeichnung oder Klassifikation des Symptoms bzw. die Aussage über den Ausprägungsgrad eines bestimmten Verhaltens- oder Persönlichkeitsmerkmals, sondern die (zunächst hypothetische) Aussage über die funktionale Beziehung zwischen symptomatischem Verhalten und vorausgehenden und nachfolgenden Umweltbedingungen, d. h. das funktionale Modell des Symptoms. Darin ist das Wesentliche der Verhaltenstherapie zu sehen: Sie bietet nicht in erster Linie bestimmte Standardmethoden an, sondern sie liefert primär ein formales Modell zur Erklärung von (symptomatischem) Verhalten (*Gelder* 1965; *Jones* 1965; *Bandura* 1969; *Kanfer* und *Philipps* 1970; *Schulte* 1971, 1972). Die funktionale Erklärung des Symptoms ist der eigentliche, für das praktische Handeln relevante Hinweisreiz. Als Darstellungsform für diese diagnostische Information schlägt *Kanfer* (1969; *Kanfer* und *Saslow* 1965, 1969; *Kanfer* und *Phillips* 1970) die Verhaltensgleichung mit den Gliedern S (Reiz), O (Organismus), R (Verhalten), K (Verstärkungsplan) und C (Konsequenzen) vor.

Ein Modell des diagnostischen Prozesses

Ausgehend von der Feststellung, daß Diagnostik kein Selbstzweck ist, sondern auf ein praktisches Handeln ausgerichtet sein muß, können wir versuchen, den diagnostischen Prozeß aus der Sicht der Verhaltenstherapie zu kennzeichnen. Wie gezeigt wurde, bietet die Verhaltenstherapie primär eine handlungsrelevante Theorie an. Von ihr lassen sich Fragen ableiten, die durch diagnostische Mittel geklärt werden müssen. *Kanfer* und *Saslow* (1969) nennen drei solche Fragen:

1. „Welche spezifischen Verhaltensmuster bedürfen einer Veränderung in ihrer Auftrittshäufigkeit, ihrer Intensität, ihrer Dauer oder bezüglich der Bedingungen, unter denen sie auftreten?

2. Unter welchen Bedingungen wurde dieses Verhalten erworben, und welche Faktoren halten es momentan aufrecht?
3. Welches sind die besten praktischen Mittel, die die angestrebten Veränderungen bei diesen Individuen bewirken können?"

Diese drei Fragen können nicht unabhängig voneinander beantwortet werden, wie oben bereits angedeutet wurde. Die funktionale Analyse des symptomatischen Verhaltens (Frage 2) ist nicht nur von der Zielsetzung (Frage 1) abhängig, sondern kann umgekehrt auch Informationen liefern, die eine neue Zielbestimmung sinnvoll erscheinen lassen. Außerdem ist die Zielsetzung von den technisch realisierbaren Möglichkeiten (Frage 3) abhängig und umgekehrt. Im folgenden soll versucht werden, den Prozeß der Beantwortung dieser Fragen, d. h. das diagnostische Verhalten, mittels eines Flußdiagramms zu verdeutlichen[1]).

Wie der obere Teil der Abbildung 1 veranschaulicht, läuft die diagnostische Phase auf die Erarbeitung eines Therapieplans hinaus. Bei dem Therapieplan handelt es sich um den Entwurf eines praktischen Weges zur Erreichung eines für diesen Fall angestrebten Zielzustandes. Die einkommenden Informationen werden, sofern sie Auskunft über das symptomatische Verhalten und seine Bedingungen geben, verarbeitet zur Konstruktion eines Erklärungsmodells des symptomatischen Verhaltens auf dem Hintergrund der im Therapeuten „gespeicherten" funktionalen Theorie der Verhaltenstherapie, d. h. die ankommenden Reize signalisieren bestimmte, geübte und erfahrungsgemäß zum Erfolg führende verbale Erklärungsaussagen. Bestandteile dieses hypothetischen Bedingungsmodells sind mehr oder weniger komplexe Beziehungen zwischen Reizen und Reaktionen. Dieses Bedingungsmodell gibt Auskunft über mögliche „Ursachen" der Symptome. Unter Berücksichtigung der weiteren gesellschaftlichen Bedingungen des Patienten und des Therapeuten und der engeren sozialen und wirtschaftlichen Lage des Patienten wird entschieden, welche der ursächlichen Bedingungen angegangen werden sollen. Gegebenenfalls müssen die Bedingungshypothesen nach dieser Entscheidung noch weiter spezifiziert werden. Zur Ausarbeitung des konkreten Therapieplans – unter Verwendung des gespeicherten „Änderungswissens" – bedarf es noch weiterer Informationen (z. B. welche positiven Verstärker bei diesem Patienten zur Verfügung stehen, usw.). Eventuell muß eine andere Zielentscheidung getroffen werden, falls sich herausstellt, daß bei diesem Patienten das ursprünglich intendierte Ziel technisch nicht erreicht werden kann.

---

[1]) Dieses Flußdiagramm ähnelt dem von *Kaminski* (1970) vorgelegten Modell, von dem auch viele Anregungen übernommen wurden. Dieses Modell soll jedoch nicht als Modell des Kognizierens und der kognitiven Verarbeitung verstanden werden, sondern als ein Handlungsmodell.

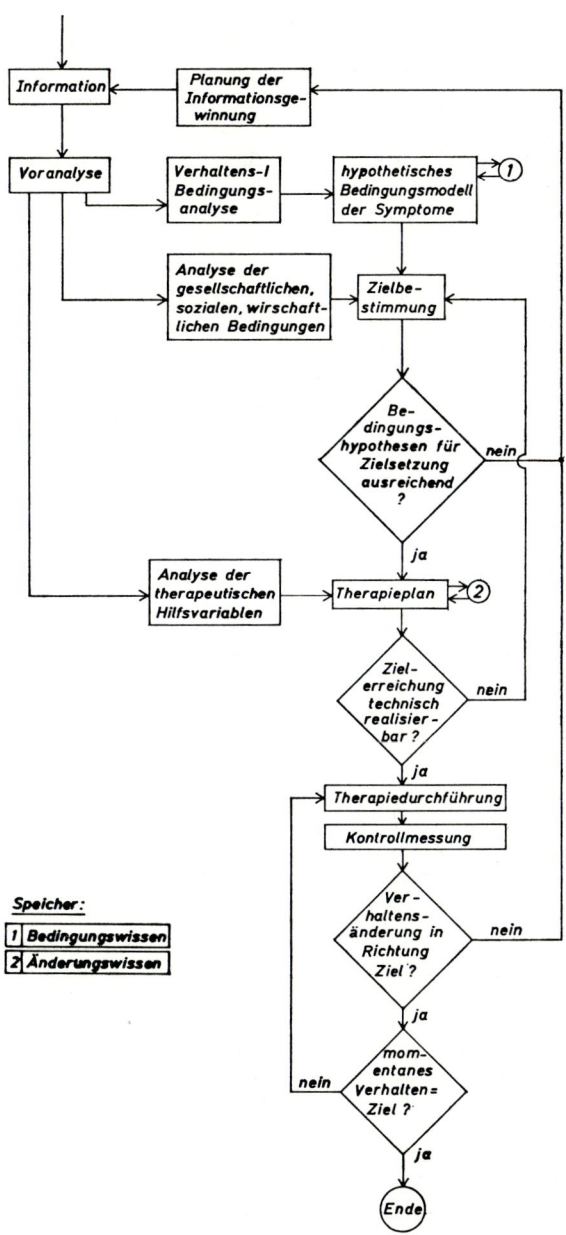

Abb. 1. Schema des diagnostisch-therapeutischen Handelns in der Verhaltenstherapie.

Wie bereits mehrfach angedeutet, kann dieser Prozeß als ein Problemlösungsprozeß verstanden werden (vgl. auch *Kaminski* 1970). Tatsächlich lassen sich Ähnlichkeiten zwischen diesem Verhaltensmodell und der von *Duncker* (1935) erarbeiteten phänomenalen Analyse des produktiven Denkens feststellen. Die drei von *Duncker* angegebenen „heuristischen Methoden des Denkens" finden sich auch in diesem Modell: Die „Zielbestimmung" entspricht ungefähr der *Dunckerschen* „Zielanalyse", und die beiden *Dunckerschen* Situationsanalysen, nämlich Konflikt- und Materialanalyse, tauchen hier in Form der „Verhaltensanalyse" und der „Analyse der therapeutischen Hilfsvariablen" auf.

Allerdings wird dieses Modell nicht als ein phänomenales, sondern als ein funktionales Modell des Problemlösungsverhaltens des Praktikers aufgefaßt. Unter „Analyse" werden verschiedene „Explorationsverhaltensweisen" verstanden, die eine Veränderung der Reize der Problemsituation bewirken, bis ein Reizzustand hergestellt ist, der als Hinweis auf eine (das Problem damit lösende) Verhaltensweise dient (vgl. *Goldiamond* 1966; *Skinner* 1953, 1966, 1969).

Zur Frage der Verifizierung: Therapie als Experiment

Wenn oben die Aufgabe der Diagnostik damit umrissen wurde, daß sie praktisch relevante Informationen liefern soll, so muß als Kriterium der Güte der diagnostischen Information deren Brauchbarkeit angegeben werden. Die Frage der „Richtigkeit" der diagnostischen Ergebnisse, die im Zentrum der herkömmlichen Diagnostik und der Testtheorie steht, muß abgelehnt werden, da sie nur auf dem Hintergrund der oben abgelehnten Abbildtheorie der Diagnostik ihre Berechtigung hat. Bedeutet das, daß wir auf eine empirische Überprüfung unserer diagnostischen Aussagen verzichten können? Heißt das, daß wir uns um die Frage der Validität nicht mehr zu kümmern brauchen?

Wenn unter Validität der „Grad der Genauigkeit (verstanden wird) ..., mit dem dieser Test dasjenige Persönlichkeitsmerkmal oder diejenige Verhaltensweise, das (die) er messen soll oder zu messen vorgibt, tatsächlich mißt" (*Lienert* 1967[2], S. 16), dann kann tatsächlich auf eine Validitätsbestimmung verzichtet werden. Denn die hier aufgezeigte Diagnostik liefert keine Angaben über Persönlichkeitsmerkmale oder Ausprägungsgrade von Verhaltensweisen, sondern Hypothesen über die funktionale Beziehung zwischen Reizen und Verhalten. Diese Hypothesen bedürfen einer empirischen Kontrolle, d. h. sie müssen verifiziert werden. Das kann nur dadurch geschehen, daß eine geplante und kontrollierte Variation der Bedingungskonstellation vorgenommen wird und die daraus resultierenden Verhaltensänderungen auf ihre Übereinstimmung mit den hypothetisch vorausgesagten überprüft werden. Dies ist der weitgehend übliche Weg der Hypothesenverifizierung der experimentellen Grundlagenforschung. Tatsächlich führt der Verhaltenstherapeut eine – allerdings leider nicht immer voll kontrollierte bzw. kontrollierbare – Bedingungsvariation durch, wenn er die Therapie durchführt. Die Therapie bzw. der Therapieerfolg dient damit – analog dem psychologischen Experiment – zur Verifizierung der in der diagnostischen Phase aufgestellten Hypothesen. *Kanfer* und *Saslow* (1969) sprechen in diesem Zusammenhang von einer experimentellen Validierung.

Die diagnostische Phase, wie sie oben dargestellt wurde, ist demnach nicht vollständig; es fehlt die Überprüfung der Hypothesen, die in der therapeutischen Phase erfolgt. Eine Trennung von Diagnostik und Therapie ist deshalb nicht möglich. Das diagnostisch-therapeutische Handeln ist als eine Einheit aufzufassen. Hinzu kommt, daß auch zeitlich normalerweise nicht zwischen Diagnostik und Therapie getrennt werden kann. Die ersten therapeutischen Schritte werden eventuell bereits unternommen, bevor eine endgültige diagnostische Klärung erfolgte. In Abbildung 1 ist der gesamte Prozeß wiedergegeben.

Ein wichtiger Bestandteil des therapeutischen Handelns ist die „Kontrollmessung", d. h. die Feststellung, welche Veränderungen durch die Therapie erreicht werden. Normalerweise richtet sich diese Kontrolle auf das Symptom selbst. Ähnlich wie bei den Kumulativkurven im Tierversuch wird ausgezählt, wie sich die Frequenz des symptomatischen Verhaltens ändert. Die Kontrolle setzt also erst am letzten Glied des eventuell recht komplizierten Geschehens an, das in der Therapie abläuft. Da aber – anders als im Laborexperiment – nicht garantiert werden kann, daß alle Variablen außer der untersuchten bzw. manipulierten konstant bleiben, ist es schwer, von der Reaktionskurve Rückschlüsse auf die Effektivität der Therapie zu ziehen. Die Therapie besteht in der Verhaltenstherapie häufig darin, die „funktionalen Qualitäten" eines Reizes, der das Symptom kontrolliert, zu ändern. Es wären daher Meß- bzw. Kontrollverfahren wünschenswert, die eine Erfassung der „funktionalen Qualität" von Reizen ermöglichen.

Zusammenfassung

Ein Grund für das mangelnde Interesse der Verhaltenstherapeuten für die Frage der Diagnostik wird darin gesehen, daß die herkömmliche Diagnostik die Fragen, die sich dem Verhaltenstherapeuten stellen, nicht beantworten kann. Denn als diagnostische Information bzw. als Entscheidungskriterium dienen in der Verhaltenstherapie nicht qualitative oder quantitative Beschreibungen des symptomatischen Verhaltens, sondern Aussagen über die funktionale Beziehung zwischen Symptom und Umweltbedingungen. Erst diese (hypothetischen) Aussagen über die funktionalen Beziehungen (dargestellt an Hand der *Kanfer*schen Verhaltensgleichung) können als Kriterium bzw. diskriminativer Reiz für die Zielaussage und die Auswahl der therapeutischen Technik dienen. Da die funktionale Beschreibung der Symptomatik, die Zielbestimmung und die Auswahl und individuelle Gestaltung der therapeutischen Techniken nicht unabhängig voneinander sind, wird das diagnostisch-therapeutische Vorgehen des Praktikers als Problemlösungsverhalten beschrieben und mittels eines Flußdiagramms veranschaulicht. Auf Möglichkeiten der Verifizierung der funktionalen Erklärungshypothesen wird hingewiesen.

Literatur

Bandura, A.: Principles of Behavior Modification. New York: Holt, Rinehart & Winston, 1969.

Boesch, E. E.: Die diagnostische Systematisierung. In: *R. Heiß* (Hrsg.): Psychologische Diagnostik. Hdb. d. Psychologie, Bd. 6. Göttingen: Hogrefe, 1964, 930–959.

Cronbach, L. J., Gleser, G. C.: Psychological Tests and Personal Decision. Urbane: Univ. of Illinois Press, 1965.

Duncker, K.: Zur Psychologie des produktiven Denkens. Berlin: Springer, 1935.

Gelder, M.: Behavior and aversion therapy in the treatment of delinquency. II. Can behavior therapy contribute to the treatment of delinquency? Brit. J. Criminology, 1965, 5, 365–376.

Goldfried, M. R., Pomeranz, D. M.: Role of assessment in behaviour modification. Psychol. Rep., 1968, 23, 75–87.

Goldiamond, I.: Perception, language and conceptualization rules. In: *B. Kleinmuntz* (Ed.): Problem Solving: Research, Method, and Theory. New York: Wiley, 1966, 183–224.

Guilford, J. P.: Persönlichkeit. Weinheim: Beltz, 1965.

Holzkamp, K.: Wissenschaft als Handlung. Berlin: de Gruyter, 1968.

Hörmann, H.: Aussagemöglichkeiten psychologischer Diagnostik. Göttingen: Hogrefe, 1964.

Hörmann, H.: Symposion-Beitrag. In: *H. Hörmann* et al.: Die Beziehung zwischen psychologischer Diagnostik und Grundlagenforschung. In: Ber. 25. Kongr. Dt. Ges.

Psychol. Göttingen: Hogrefe, 1967, 101–106.

Jäger, A. O.: Symposion-Beitrag. In: *H. Hörmann* et al.: Die Beziehung zwischen psychologischer Diagnostik und Grundlagenforschung. In: Ber. 25. Kongr. Dt. Ges. Psychol. Göttingen: Hogrefe, 1967, 106–110.

Jones, H. G.: Behavior and aversion therapy in the treatment of delinquency: I. The techniques of behavior therapy and delinquent behavior. Brit. J. Criminol. 1965, 5, 355–365.

Kaminski, G.: Diskussionsbeitrag zum Symposion. In: *H. Hörmann* et al.: Die Beziehung zwischen psychologischer Diagnostik und Grundlagenforschung. In: Ber. 25. Kongr. Dt. Ges. Psychol., Göttingen: Hogrefe, 1967, 122–131.

Kaminski, G.: Verhaltenstheorie und Verhaltensmodifikation. Stuttgart: Klett, 1970.

Kanfer, F. H.: Verhaltenstherapie: Ein neues Theoriengerüst zur Lösung klinisch-psychologischer Probleme. Psychol. u. Praxis, 1969, 13, 1–18.

Kanfer, F. H., Phillips, J. S.: Learning Foundations of Behaviour Therapy. New York: Wiley, 1970.

Kanfer, F. H., Saslow, G.: Behavioral analysis. Arch. Gener. Psychiat. 1965, 12, 529–538.

Kanfer, F. H., Saslow, G.: Behavioral diagnosis. In: *C. M. Franks* (Ed.): Behavior Therapy: Appraisal and Status. New York: MyGraw-Hill, 1969, 417–444.

Lienert, G. A.: Testaufbau und Testanalyse. Weinheim: Beltz, 1967.

Linder, R.: Diagnosis: Description or prescription? Percept. mot. Skills, 1965, 20, 1081–1092.

Mischel, W.: Personality and Assessment. New York: Wiley, 1968.

Paul, G. L.: Behaviour modification research: Design and tactics. In: *C. M. Franks* (Ed.): Behavior Therapy: Appraisal and Status. New York: McGraw-Hill, 1969, 29–62.

Schulte, D.: Verhaltenstherapie in der Beratungspraxis. Psychol. Rundschau, 1971, 12, 261–275.

Schulte, D.: Verhaltenstherapie bei Angstsymptomen: Entwicklung von Therapieplänen. Z. klin. Psychol., 1972, 1, 64–78.

Skinner, B. F.: Science and Human Behavior. New York: The Free Press, 1953.

Skinner, B. F.: An operant analysis of problem solving. In: *B. Kleinmuntz* (Ed.): Problem Solving: Research, Method, and Theory. New York: Wiley, 1966, 225–257.

Skinner, B. F.: Contingencies of Reinforcement. New York: Appleton-Century-Crofts, 1969.

Yates, Aubrey J.: Behavior Therapy. New York: Wiley, 1970.

B. DIAGNOSTISCHE METHODEN IM RAHMEN DER VERHALTENSTHERAPIE

Im zweiten Teil dieses Buches wird auf die diagnostischen Methoden zur *Informationsgewinnung* und *Informationsverarbeitung* im Hinblick auf die Planung einer Verhaltenstherapie und auf Methoden der *Therapiekontrolle* eingegangen.

Kanfer und *Saslow* (Kapitel 2) haben bereits zusammengestellt, welche Informationen für die Planung einer Verhaltenstherapie relevant sind und erhoben werden sollten. Im folgenden Kapitel wird ein Schema vorgestellt, in dem darüber hinaus Hinweise für die Verarbeitung und Interpretation dieser Informationen gegeben werden. Die vorgestellte Strategie der *Informationsverarbeitung* umfaßt verschiedene heuristische Verfahren zur Erstellung eines vorläufigen funktionalen Bedingungsmodells der Symptomatik eines einzelnen Patienten, aus dem dann therapeutische Maßnahmen abgeleitet werden können. In dem darauffolgenden Kapitel (Kapitel 5) wird die Anwendung dieses Schemas an einem Fall demonstriert.

Die Kapitel 6 und 7 behandeln Methoden der *Informationsgewinnung.*

Eine der wichtigsten Informationsquellen für den Verhaltenstherapeuten ist das Gespräch mit dem Patienten und Personen aus dessen Umgebung. *Fiedler* zeigt in seiner Arbeit (Kapitel 6), daß das Gespräch zwischen Patient und Therapeut nicht nur der Informationsgewinnung dient, sondern von Anfang an die Bereitschaft des Patienten zu einer aktiven Mitarbeit in der Therapie fördern kann und darüber hinaus bereits eine therapeutische Funktion erfüllt.

In Kapitel 7 geben *Schulte* und *Kemmler* einen Überblick über die Verfahren der systematischen Verhaltensbeobachtung und deren Anwendung im Rahmen der Verhaltenstherapie.

Die Verhaltensbeobachtung dient nicht nur der Informationsgewinnung für die Planung der Therapie, sondern weit häufiger der *Therapiekontrolle.* Auf weitere diagnostische Verfahren zur Kontrolle des Verlaufs einer Therapie und auf die Bedeutung einer therapiebegleitenden Diagnostik für die Verhaltenstherapie gehen *Lutz* und *Windheuser* in Kapitel 8 näher ein. In diesem Zusammenhang werden auch verschiedene Fragebogen vorgestellt, die derzeit in der Verhaltenstherapie verwendet werden (vgl. Anhang).

D. Schulte

KAPITEL 4

Ein Schema für Diagnose und Therapieplanung in der Verhaltenstherapie

Dietmar Schulte

Einleitung

Klinische Diagnostik ist kein Selbstzweck, sondern dient der Planung von Therapie oder ähnlichen praktischen Maßnahmen (*Kaminski,* 1970; vgl. auch Kapitel 3 dieses Buches). Jede diagnostische Information und deren Interpretation ist daher nicht nur nach ihrer Objektivität, Reliabilität und Validität zu bewerten, sondern auch und vor allem nach ihrer Brauchbarkeit für die Therapieplanung.

Kanfer und *Saslow* (1965, 1969; vgl. Kapitel 2 dieses Buches) nennen drei Fragenkomplexe, deren Beantwortung Voraussetzung für die Durchführung einer Verhaltenstherapie ist:

1. Welche Verhaltensweisen bedürfen einer Veränderung?
2. Wodurch wird dieses Verhalten momentan bedingt?
3. Durch welche Maßnahmen kann die angestrebte Veränderung am besten bewirkt werden?

An anderer Stelle (vgl. Kapitel 3) wurde bereits diskutiert, daß diese Fragen nicht unabhängig voneinander beantwortet werden können, daß vielmehr ein wechselseitiger Zusammenhang zwischen der Zielanalyse (Frage 1), der funktionalen Verhaltensanalyse (Frage 2), der Therapieplanung (Frage 3) und der Therapie selber besteht und daß daher das gesamte diagnostisch-therapeutische Vorgehen als ein einheitlicher, zeitlich nicht exakt unterteilbarer Prozeß zu beschreiben ist.

Doch in der Praxis ergeben sich von selbst zwei zeitlich aufeinanderfolgende Schwerpunkte: Zunächst stehen die Informationsgewinnung und -verarbeitung im Vordergrund, danach liegt das Schwergewicht auf dem therapeutischen Handeln, das vor allem dann häufiger modifiziert werden muß, wenn die anfängliche Planung nicht ausreichend begründet und abgesichert war.

Das Schema, das im folgenden dargestellt wird, soll den Problemlösungsprozeß des Therapeuten beim Übergang von der diagnostischen zur therapeutischen Phase unterstützen. Es soll dazu dienen, die Sequenz der einzelnen Schritte der Informationssammlung und -ordnung, der Informationsauswertung und Interpretation und die Entscheidungssequenzen zu steuern. Insofern ist dieses Schema als ein Beitrag zu einer normativen Diagnostik zu verstehen, d. h. es wird ein Vorschlag unterbreitet, wie der diagnostische Prozeß innerhalb der Verhaltenstherapie aussehen sollte, nicht wie er gegenwärtig tatsächlich in der Praxis gehandhabt wird.

Wie *Westmeyer* (1972) nachgewiesen hat, ist die logische Struktur von diagnostischen Entscheidungen im Rahmen der Verhaltenstherapie nicht anders als im Rahmen der „herkömmlichen" Diagnostik. Doch anders – weil abhängig von der zugrundeliegenden Persönlichkeitstheorie – ist der Inhalt: welche Fragestellungen ergeben sich im Verlauf des diagnostischen Prozesses, welche Entscheidungen sind notwendig, welche Arten von Informationen sind für diese Entscheidungen überhaupt relevant, wie können diese erhoben oder bereits aus Rohdaten erschlossen werden usw. (vgl. etwa *Mischel,* 1968)? Die Persönlichkeitstheorie der Verhaltenstherapie ist trotz aller Unterschiede zwischen einzelnen Schulen und Richtungen insoweit einheitlich, als eine Reihe von Folgerungen bzw. Handlungsweisen übereinstimmend für die Diagnostik und Therapieplanung abgeleitet werden kann. Diese theoretisch weitgehend begründeten Folgerungen für den diagnostischen Prozeß zu explizieren, ist ein Anliegen dieses Schemas.

Durch die zugrunde liegende Persönlichkeitstheorie ist der diagnostische Prozeß in seinen einzelnen Phasen selbstverständlich nicht völlig determiniert. Eine weitere Grundlage für die hier vorgeschlagene Ordnung und Struktur des diagnostischen Prozesses sind Beobachtungen von speziellen Schwierigkeiten, typischen Fehlschlüssen, mangelnder Berücksichtigung bestimmter Informationen und mangelnde Explikation bestimmter Entscheidungen, die bei der Anwendung von verschiedenen Vorformen dieses Schemas immer wieder gemacht werden konnten. Diese Erfahrungen und Beobachtungen sind nicht aufgrund kontrollierter Untersuchungen im Rahmen einer deskriptiven Diagnostik gewonnen worden, sondern ergaben sich bei der praktischen Anwendung von Vorformen dieses Schemas im Rahmen der Verhaltenstherapieausbildung. Besonders Examensklausuren, bei denen mehrere Studenten die gleichen Informationen zur Auswertung erhielten, machten auf die mangelnde Objektivität bestimmter Aspekte des diagnostischen Prozesses aufmerksam. Das hier vorgestellte Schema wurde so gestaltet, daß die oben genannten Fehler möglichst reduziert werden können, um so die – bislang nicht überprüfte – Übereinstimmung verschiedener Auswerter möglichst steigern zu können (zur Frage der Objektivität vgl. unter 3.).

Und schließlich wird versucht, für bestimmte Entscheidungen im Rahmen des diagnostischen Prozesses einige Kriterien an die Hand zu geben. An den entsprechenden Stellen wird gezeigt, daß diese Kriterien oft nur heuristischen Wert haben bzw. haben können und keinesfalls vollständig erfaßt sind.

Außerdem ist die Relevanz bzw. das Gewicht der einzelnen Kriterien für die Entscheidung ungeprüft – ein zwar gewichtiger Mangel, der allerdings derzeit kaum zu vermeiden ist, da beispielsweise über die gegenseitige Abhängigkeit der Kriterien bislang kaum etwas bekannt ist.

Diese Hinweise mögen genügen um zu zeigen, daß das vorgeschlagene Schema weit davon entfernt ist, eine empirisch begründete Gültigkeit für sich beanspruchen zu können. Ein eventuell wesentlicher Vorteil kann jedoch darin gesehen werden, daß die verschiedenen Fragestellungen expliziert wurden und damit eine empirische Überprüfung der für ihre Beantwortung relevanten Entscheidungskriterien überhaupt ermöglicht wird. Darüber hinaus kann das Schema eventuell dazu beitragen, die Entscheidung für eine bestimmte Therapie im Einzelfall zumindest etwas besser begründen bzw. ableiten zu können, als das weitgehend im Bereich der klinischen Psychologie und der Verhaltenstherapie noch üblich ist.

Bevor auf die einzelnen Punkte dieses Auswertungsschemas eingegangen wird, soll es zunächst im Zusammenhang dargestellt werden.

I. Analyse des symptomatischen Verhaltens

Die Beispiele und Informationen über die aktuellen Schwierigkeiten und Probleme sind nach (vorläufig zu unterscheidenden) Problembereichen zu ordnen. Die folgende Analyse erfolgt für jeden der Problembereiche getrennt; erst dann wird zu I.2. übergegangen.

1. Analyse der Einzelsymptome

a) Isolierung einer typischen Verhaltensweise (R) aus den Beispielen, qualitative und quantitative *Beschreibung* dieses Verhaltens und Spezifizierung der Störung

b) Vorausgehende und nachfolgende *Reizbedingungen* dieses Verhaltens und (gegebenenfalls) Ergänzung durch weitere, diesem Verhalten vorausgehende und/oder nachfolgende problematische Verhaltensweisen

c) Relevante *Organismus*-Variablen

d) *Selbstkontrolle* des Symptoms

e) Vorläufiges funktionales Bedingungsmodell des Symptoms; Hypothesen über die „Art des Verhaltens"

f) *Genese* des Symptoms und deren Bedingungen

g) *Schlußfolgerungen* aus der genetischen Analyse für das Bedingungsmodell des momentanen symptomatischen Verhaltens (I.1.e.)

h) Gegebenenfalls Plan für *zusätzliche diagnostische Untersuchungen*

i) Vorläufige *prinzipielle Therapieplanung*, unabhängig davon, ob das Symptom zu einem Änderungspunkt werden wird

2. Zusammenhänge zwischen den Einzelsymptomen

Art der Zusammenhänge zwischen den Symptomen

II. Zielanalyse

1. Analyse der momentanen Umweltbedingungen

a) Relevante Aspekte der momentanen gesellschaftlichen und sozialen Umwelt und der äußeren Lebensbedingungen (*Reizanalyse*)
b) *Bedeutung der Symptome* für den Verhaltensspielraum des Patienten, seine sozialen Beziehungen und für seine Sozialpartner

2. Zielbestimmung

a) *Folgen einer (möglichen) therapeutischen Veränderung* der Symptome für den Verhaltensspielraum des Patienten, seine sozialen Beziehungen und für seine Sozialpartner
b) Auswahl der therapeutischen Ansatzpunkte für eine direkte therapeutische Intervention
(Aufgrund der Ergebnisse der Zieldiskussion mit dem Patienten und/oder seinen Sozialpartnern ist gegebenenfalls eine Änderung der Zielbestimmung notwendig.)

III. Therapieplanung

1. Planung der einzelnen Therapiemaßnahmen

a) *Prinzipielle Planung*
b) *Konkrete Planung*
c) Therapiebegleitende *Kontrollmessung*

2. Planung des Therapieverlaufs

a) Gegebenenfalls Planung weiterer *diagnostischer Untersuchungen* zur funktionalen Analyse der als Änderungspunkte ausgewählten Verhaltensweisen
b) *Reihenfolge* der Behandlungsschritte
c) Verfahren zur *Erfolgsmessung.*

Erläuterungen zu den einzelnen Auswertungsschritten

ad I) Funktionale Analyse der Symptome

Der Begriff „Verhaltensanalyse" (analysis of behavior) wird meist zur Bezeichnung des auf *Skinner* zurückgehenden Forschungsansatzes benutzt (vgl. die Zeitschrift „Journal of the Experimental Analysis of Behaviour"). Dabei geht es um die Erforschung (Analyse) der Abhängigkeiten des Verhaltens von Reizbedingungen. Zur Analyse dieser Abhängigkeiten werden vom Experimentator Reizbedingungen geschaffen und variiert, um deren Auswirkungen auf das Verhalten und seine Veränderungen zu beobachten und zu messen.

Auch bei der Verhaltensanalyse im Rahmen der Verhaltenstherapie (oder anderer Anwendungsbereiche; vgl. „Journal of Applied Behavior Analysis") geht es um die Analyse der Abhängigkeiten bestimmter Verhaltensweisen von Reizbedingungen. Doch anders als bei der Grundlagenforschung muß der Therapeut von einem vorgefundenen, im Laufe der Zeit „irgendwie" ausgebildeten symptomatischen Verhalten ausgehen und versuchen, nachträglich die Reizbedingungen zu identifizieren, die dieses Verhalten steuern und aufrecht erhalten (vgl. *Mischel,* 1968, S. 235). Die Beschreibungssätze, die die Lernpsychologie über Reiz-Reaktionszusammenhänge aufgestellt hat, sind für den Verhaltenstherapeuten die Grundlage für seine Analyse: er muß Hypothesen bilden, von welcher Art im vorliegenden Fall der funktionale Zusammenhang von Reiz und Reaktion ist und inhaltlich abklären, welche Reize für dieses Verhalten funktionale Qualität haben, um dann gegebenenfalls diesen Reiz-Reaktionszusammenhang in der Therapie aufzulösen (Frage nach der „Art des Verhaltens").

Für diese Hypothesenbildung über die Art des symptomatischen Verhaltens, also über funktionale Reiz-Reaktions-Zusammenhänge – dem Kernstück der Diagnostik in der Verhaltenstherapie – muß der Therapeut auf indirekte, heuristische Hinweise zurückgreifen, da er die das Verhalten konstituierenden Reizbedingungen nicht geschaffen hat, (noch) nicht kennt, und ihren Einfluß einzig durch eine gezielte Bedingungsvariation, die er eventuell erst im Verlauf der Therapie durchführen wird, überprüfen könnte. Es lassen sich vier Gruppen von Hinweisen für diese Hypothesenbildung unterscheiden:

1. die Topographie des symptomatischen Verhaltens,
2. die Reizbedingungen, die dem Verhalten mehr oder weniger regelmäßig unmittelbar vorausgehen und unmittelbar folgen,
3. die erfolgreiche oder erfolglose Selbstkontrolle der Symptome durch den Patienten, und
4. die Genese des Symptoms und seine Veränderungen in der Zeit.

Bevor auf die einzelnen Hilfen und Anhaltspunkte bei der diagnostischen Hypothesenbildung näher eingegangen wird, soll kurz zum Begriff „Symptom" Stellung genommen werden. Da innerhalb der Verhaltenstherapie nicht zwischen der eigentlichen Krankheit und den nach außen sichtbar werdenden Symptomen unterschieden wird (vgl. dazu *Ullmann* und *Krasner,* 1965), ist der Begriff „Symptom" an sich in der Verhaltenstherapie fehl am Platze. Es hat sich jedoch eingebürgert, den Begriff zu benutzen, um diejenigen Verhaltensweisen oder Probleme zu bezeichnen, die der Patient oder seine Sozialpartner als störend, unangenehm, belastend usw. empfinden oder die dem Therapeuten als „unangemessen" auffallen. Die Bezeichnung solcher Verhaltensweisen als Symptom beinhaltet weder eine Wertung noch eine implizite Diagnose als „krankhaft", und dieses symptomatische Verhalten muß keinesfalls identisch sein mit den Verhaltensweisen, die in der Therapie schließlich verändert werden sollen. Die Frage, ob überhaupt dieses symptomatische Verhalten direkt oder indirekt therapeutisch angegangen werden soll, ist im Rahmen der Zielanalyse zu beantworten.

ad I.1. Analyse der Einzelsymptome

Die erste Aufgabe des Therapeuten besteht darin, die vom Patienten in der Umgangssprache geschilderte Problematik bzw. seine Schwierigkeiten so zu formulieren, daß eine oder mehrere qualitativ und quantitativ beschreibbare Verhaltensweisen darstellbar werden. Das ist wenig problematisch, wenn die Schwierigkeiten in einer relativ klar umschriebenen Reaktion (z. B. Stottern, Einnässen, Tic usw.) bestehen, doch bei komplexeren Störungen wie, z. B. „Kontaktschwierigkeiten", „Arbeits- oder Leistungsstörungen", kann die Isolierung konkreter, auffälliger Verhaltensweisen erhebliche Schwierigkeiten bereiten.

Zunächst sollten die Beispiele und Informationen bezüglich der *aktuellen* Schwierigkeiten nach *Problembereichen* geordnet werden. Die Aufteilung und Abgrenzung verschiedener Problembereiche ist vorläufig; eventuell ergibt die Analyse der einzelnen symptomatischen Verhaltensweisen der Problembereiche, daß eine weitere Aufteilung vorgenommen werden muß oder daß scheinbar unterschiedliche Symptome funktional gleichwertig sind.

Für jeden dieser Problembereiche bzw. Symptome sollte die folgende Analyse (I.1.a. – I.1.i.) einzeln nacheinander durchgeführt werden; erst danach kann zu Punkt I.2. übergegangen werden.

Aus den Beispielen eines Problemkreises sollte zunächst ein klar umgrenztes Verhalten herausgegriffen werden, das bei (fast) allen Beispielen auftritt, für die Problematik von zentraler Bedeutung ist und auf möglichst allen drei Ebenen (s. u.) beschrieben werden kann, vor allem auf der motorischen

Ebene. Andere Verhaltensweisen, die im Zusammenhang mit dem Problembereich genannt wurden und in einem zeitlichen oder funktionalen Zusammenhang mit dem zunächst isolierten Verhalten stehen, sollten (gegebenenfalls) später (I.1.b.) in die Analyse einbezogen werden.

Als Beispiel kann auf einen Studenten verwiesen werden, der u. a. über Kontaktschwierigkeiten klagte. Er schilderte folgende Beispiele: Wenn er mit anderen beim Essen saß und über „belanglose" Dinge gesprochen wurde, fühlte er sich unwohl, stand auf und ging in sein Zimmer. Falls er bei einem Gang durch die Stadt in der Ferne einen Bekannten sah, verlangsamte er seinen Gang oder machte einen Umweg, um den Bekannten nicht zu treffen. Zur Vorlesung kam er möglichst erst, wenn der Dozent den Raum betrat usw. Als ein zentrales (komplexes) Verhalten stellen sich hier der Rückzug und die Vermeidung bestimmter sozialer Situationen dar. (Das Beispiel wird unten wieder aufgegriffen.)

ad I.1.a. Beschreibung der symptomatischen Verhaltensweise

Das zunächst isolierte symptomatische Verhalten sollte möglichst genau beschrieben werden. Ein Grund für eine möglichst genaue Beschreibung wurde bereits oben genannt: aus der Topographie des Verhaltens lassen sich Rückschlüsse über die Art des Verhaltens ziehen (vgl. I.1.e.). Außerdem ist die genaue Beschreibung Voraussetzung für eine exakte Kontrollmessung der Auswirkungen der therapeutischen Maßnahmen auf das symptomatische Verhalten (vgl. III.1.d.).

Bei der Beschreibung des symptomatischen Verhaltens ist auf drei Aspekte einzugehen:

1. Topographie und Intensität: die „Erscheinungsform" des Verhaltens, seine Topographie, ist möglichst auf drei Ebenen zu beschreiben, auf der *motorischen* (Wie sieht das äußerlich beobachtbare, motorische Verhalten aus?), auf der *verbalen* (Wie beschreibt der Patient selber seine Symptomatik, seine Gefühle usw.?) und – falls möglich – auf der *physiologischen* Ebene (z. B. Puls, Atemfrequenz, Blutdruck, PGR usw.). Außerdem ist zu fragen, wie „intensiv" (z. B. heftig, schnell usw.) das Verhalten ist, z. B. wie groß ist die Steigerung der Atemfrequenz usw.?

2. Frequenz und Oszillationen: Mit welcher Häufigkeit pro Zeiteinheit tritt das Verhalten auf (Basislinie), und gibt es systematische, eventuell von äußeren Bedingungen abhängende Schwankungen der Frequenz?

3. Typ der Symptomatik: Wodurch wird das Verhalten symptomatisch, d. h. für den Patienten oder seine Umgebung störend oder belastend? Ein Symptom kann darin bestehen, daß 1. ein gänzlich *unangemessenes Verhalten* auftritt (z. B. Zwangsgedanken, Angst vor Aufzügen), daß 2. ein an sich „normales" Verhalten zu *häufig* auftritt (z. B. aggressives Verhalten), eventuell in Abhängigkeit von spezifischen Situationen: die Frequenzsteigerung des Verhaltens ist darauf zurückzuführen, daß das Verhalten (auch) in „falschen", unangemessenen Situationen auftritt, daß 3. ein normales Verhalten *zu selten*

auftritt (z. B. verbale Kommunikation mit anderen Menschen) oder 4. daß ein Verhalten *völlig fehlt* (z. B. Sprechverhalten bei einem mutistischen Kind).

Die letztgenannte Symptomatik (Verhaltenslücke: völliges Fehlen eines bestimmten Verhaltens) wird nur dann angenommen, wenn das Verhalten tatsächlich noch nie und unter keinen Bedingungen aufgetreten ist. Häufig ist das zu seltene Auftreten oder völlige Ausbleiben eines Verhaltens nicht darauf zurückzuführen, daß dieses Verhalten noch nicht ausreichend gelernt wurde oder gelernt werden konnte, sondern darauf, daß das Verhalten durch situative Momente bzw. durch Alternativreaktionen „gehemmt" wird (z. B. soziale Angst hemmt einen Patienten mit Kontaktstörungen daran, andere Personen anzusprechen, während es angstfreie Situationen gibt, in denen er dieses Verhalten ohne Schwierigkeiten zeigen kann).

Die Entscheidung zwischen der Einstufung als Störung vom Typ 2 oder vom Typ 3 kann jedoch eventuell erst getroffen werden, wenn weitere Reaktionen, in diesem Fall die soziale Angst, mit in die Analyse einbezogen wurden. Das bei dem Beispielsfall zunächst isolierte Verhalten „Rückzug und Vermeidung bestimmter sozialer Situationen" tritt zu häufig auf (Typ 2). Das bedeutet zwar gleichzeitig, daß das alternative Verhalten, nämlich „Unterhaltung mit anderen Personen" zu selten auftritt, doch erst die weitere Analyse kann ergeben, ob bei diesem Patienten ein Mangel bestimmter sozialer Verhaltensweisen vorliegt oder ob dieses Verhalten „nur" aus anderen Gründen zu selten ausgeführt wird. Die Spezifizierung der Symptomatik muß also in vielen Fällen als vorläufig betrachtet werden.

Falls ein Symptom darin besteht, daß ein bestimmtes Verhalten fehlt (Typ 4), besteht die Aufgabe des Therapeuten zunächst darin, genau zu beschreiben, wie das *aufzubauende* Verhalten aussehen soll; eine Bedingungsanalyse (Punkte I.1.b. – I.1.g.) fällt in solchen Fällen natürlich weg.

ad I.1.b. Vorausgehende und nachfolgende Reizbedingungen und Verhaltensweisen

Die zweite Gruppe von Hinweisen für die Hypothesenbildung über die Art des Verhaltens sind die Reizbedingungen, die dem Verhalten unmittelbar vorausgehen und unmittelbar nachfolgen. Zunächst geht es um eine Registrierung und Zusammenstellung dieser Reize, nicht um ihre Interpretation als diskriminative Reize, auslösende Reize, negative Verstärker usw. Die verschiedenen Reizbedingungen sollen möglichst genau beschrieben werden, und außerdem soll wenn möglich angegeben werden, wie häufig eine bestimmte Klasse von Reizen mit dem symptomatischen Verhalten zusammen auftritt (z. B. in ca. 60 % der Beobachtungen folgt auf das symptomatische Verhalten R des Kindes die Reaktion X der Mutter).

Im Zusammenhang mit der Beschreibung der dem Verhalten vorausgehenden

Reizbedingungen ist auch anzugeben, in welchen Situationen bzw. unter welchen Bedingungen das Verhalten auf keinen Fall oder deutlich seltener auftritt. Diese Angaben sind ein weiterer Hinweis auf wirksame Reizkontrolle für das symptomatische Verhalten (vgl. I.1.e.).

Wurden verschiedene vorausgehende oder nachfolgende Reize, die zum gleichen Zeitpunkt alternativ auftreten können, aufgeführt, so ist zu überprüfen, ob ein diesen Reizen gemeinsames Merkmal gefunden werden kann, ob also die verschiedenen spezifischen Reizbeschreibungen durch einen abstrakteren Begriff, der eventuell das typische oder kritische Merkmal der verschiedenen Reize treffend angibt, gefunden werden kann.

Falls für den momentan analysierten Problembereich noch andere Verhaltensweisen als die zunächst isolierte Reaktion von Bedeutung sind, sollten diese nun in die Analyse einbezogen werden. Dabei kann es sich um Verhaltensweisen handeln, die den Konsequenzen des zunächst analysierten Verhaltens *nachfolgen* und mit der Problematik vermutlich in funktionalem Zusammenhang stehen, nämlich indem z. B. das zunächst analysierte Verhalten selber diskriminativer Reiz (S^D) für eine weitere auffällige Reaktion ist oder indem die durch das zunächst analysierte Verhalten „bewirkten" Reizbedingungen (Konsequenzen) diskriminative oder auslösende Reize für ein nachfolgendes Problemverhalten sind oder indem durch die zunächst analysierte Reaktion eine Deprivation bestimmter Verstärker bewirkt bzw. der Zugang zu positiven Verstärkern erschwert wurde, so daß es zu entsprechenden (emotionalen) Reaktionen kommt usw.

In unserem Beispiel bewirkt das Verhalten (R) „Rückzug aus sozialen Situationen" neben einer Spannungsreduktion auch, daß sich der Patient durch dieses Verhalten selbst soziale Verstärker vorenthält, so daß es nach einer gewissen Zeit zu den emotionalen Reaktionen „Einsamkeit" oder „Ausgeschlossenheit" (R_2) kommen kann, die für den Patienten aversiv sind und durch das (Flucht-)Verhalten (R_3) „Beten", „Arbeiten" oder „Tagebucheintragungen" reduziert werden.

Da an dieser Stelle bewußt noch keine funktionale Interpretation des Zusammenhangs von Reizen und Verhaltensweisen vorgenommen werden soll, sondern nur eine Auflistung der zeitlichen Reihenfolge von Reizen, Reaktionen, Reizen usw., ließen sich solche „Zeit-Ketten" theoretisch ad infinitum fortführen. Für die Verhaltensanalyse interessant sind aber nur solche Reize, denen für das symptomatische Verhalten eine steuernde Funktion zukommt. Es sind daher in die „Zeit-Kette" nur solche Ereignisse (Reize oder Reaktionen) aufzunehmen, die entweder a) fast nur im Zusammenhang mit dem Symptom beobachtet werden, während sie unter anderen Bedingungen nicht auftreten bzw. aufgesucht oder ausgeführt werden, oder b) die im Zusammenhang mit dem symptomatischen Verhalten deutlich häufiger oder seltener als ohne Ausführung des symptomatischen Verhaltens auftreten.

(Die Tatsache, daß beispielsweise gelegentlich auf Symptom A das Verhalten oder der Reiz B folgt, muß nicht auf einen funktionalen Zusammenhang hinweisen. B kann genauso zufällig auf A folgen wie ein Gewitter oder ein Telephonanruf. Nur wenn anzunehmen ist, daß die Auftrittswahrscheinlichkeit des Reizes B durch das vorhergehende Auftreten des Verhaltens A verändert wird, ist eine notwendige Voraussetzung für die Hypostasierung eines funktionalen Zusammenhangs gegeben.)

Im Verlauf der Verhaltensanalyse kann es vielleicht angebracht sein, die zunächst analysierte zeitliche Reiz-Reaktions-Reiz-Kette *weiter aufzuschlüsseln,* indem das zunächst analysierte, komplexe Verhalten R_1 in einzelne „Verhaltenssegmente" unterteilt wird, für die jeweils vorausgehende und nachfolgende Reizbedingungen anzugeben sind (vgl. Beispiel im Anhang).

Weiterhin kann es gegebenenfalls von Bedeutung sein zu analysieren, aufgrund welcher *(vorausgehender)* Verhaltensweisen des Patienten diese *(vorausgehenden)* Reizbedingungen auftreten, die als diskriminative oder auslösende Reize das zunächst analysierte Verhalten steuern.

Schließlich sollte bereits an dieser Stelle untersucht werden, ob für die momentan betrachteten Situationen *Alternativreaktionen* (R′) zur Verfügung stehen, d. h. ob sich der Patient in dieser Situation gelegentlich anders verhält und wie dann die Konsequenzen dieses Verhaltens aussehen. Eventuell kann diese Analyse Hinweise erbringen, weswegen eine Reizbedingung aversiv ist, so daß normalerweise mit Flucht bzw. Vermeidung reagiert wird (z. B. weil das Alternativverhalten des Patienten für die Situation unangemessen ist, so daß negative – soziale – Konsequenzen folgen; vgl. I.1.e.).

Falls weitere Verhaltensweisen in die Analyse einbezogen wurden, was allerdings in der Regel nicht notwendig ist, so ist eine Beschreibung dieser Verhaltensweisen, wie unter I.1.a. geschildert, nachzuholen.

Es sei nochmals betont, daß an dieser Stelle nur zeitliche Reiz-Reaktionsfolgen (darzustellen etwa als S-R-S-R-...-Ketten) beschrieben werden sollen, ohne bereits eine funktionale Interpretation vorzunehmen. Diese erfolgt unter I.1.e.

ad I.1.c. Organismus-Variablen

Die Kenntnis körperlicher Ursachen für eine Verhaltensstörung bedeutet nicht, daß eine verhaltenstherapeutische Beeinflussung unmöglich ist. Denn sehr häufig haben sich in Folge der organischen Primärschäden sekundäre Verhaltensstörungen entwickelt, die mit psychologisch-therapeutischen Mitteln beeinflußbar sind.

Da entsprechend unserer Zielsetzung die Diagnostik im Dienst der Therapie stehen soll, sind unter diesem Punkt nicht irgendwelche Krankheiten und organische Leiden zu nennen, die der Patient irgendwann in seinem Leben gehabt hat, sondern nur organische „Funktionsstörungen", die mit der Symptomatik in einem direkten oder indirekten Zusammenhang stehen können. Zwei Arten von Organismus-Variablen sind zu unterscheiden: 1. Relativ überdauernde organische Funktionsstörungen, wie z. B. Hirnschädigungen, Demenz, Beeinträchtigungen der Sinnesorgane, hormonale Anomalien usw.; 2. kurzzeitige organische Funktionsstörungen, wie z. B. Folgen von Alkohol- und Rauschmittelabusus, starke Ermüdung, allgemeine Erregung usw. Diese Variablen sind dann von Bedeutung und an dieser Stelle aufzuführen, wenn die Symptomatik nur unter diesen Bedingungen auftritt oder ausbleibt bzw. wenn die Auftrittswahrscheinlichkeit unter diesen Bedingungen deutlich verändert ist. Als Organismus-Variable sind nur solche Variablen zu rechnen, die eindeutig organisch oder physiologisch begründbar und mit medizinisch-physiologischen Begriffen beschreibbar sind.

ad I.1.d. Selbstkontrolle

Von Selbstkontrolle wird in diesem Zusammenhang gesprochen, wenn der Patient durch sein eigenes Verhalten bewirkt bzw. bewirken kann, daß die Auftrittswahrscheinlichkeit oder Intensität der symptomatischen Reaktion im Sinne einer Besserung verändert wird. Dieses kontrollierende Verhalten kann darin bestehen, daß der Einfluß bestimmter Reize auf das symptomatische Verhalten geschwächt wird. Der Patient kann Reizbedingungen vermeiden (die Patientin mit einer Fettsucht kauft von vornherein kein „Knabberzeug" für die Fernsehzeit), andere Reize hinzufügen (z. B. Aufschrift auf der Zigarettenschachtel: „Vorsicht Gift") usw.

Die Analyse der Selbstkontrolle kann weitere Anhaltspunkte für die Hypothesenbildung über die Art des symptomatischen Verhaltens und die es bedingenden Reize liefern. Ist die Selbstkontrolle des Patienten relativ erfolgreich, so ist den Reizbedingungen, die der Patient zum Zweck der Selbstkontrolle verändert hat, eine „Kontrollfunktion" für das Symptom zuzusprechen. Erfolglose Versuche der Selbstkontrolle erlauben eventuell Rückschlüsse darauf, welche Reize in keinem funktionalen Zusammenhang mit dem Symptom stehen.

Oft gelingt es einem Patienten, eines seiner Symptome unter Kontrolle zu bringen, jedoch mittels eines Verhaltens, das selbst wieder als Verhaltensstörung bezeichnet werden muß. Der Hundephobiker, der nicht mehr die Wohnung verläßt, erreicht zwar, daß die Angst nicht mehr auftritt, doch ist dieses exzessive Vermeidungsverhalten nicht als Selbstkontrolle zu bezeichnen, sondern als ein weiteres Symptom, das – wie die Angstreaktion, eventuell im Zusammenhang mit ihr – analysiert werden sollte. Die Analyse der Selbstkontrolle eines Patienten kann zudem Hinweise für die Therapieplanung liefern: Erfolgreiche Selbstkontrollversuche können in die Therapie einbezogen werden, erfolglose Versuche des Patienten liefern wichtige Informationen darüber, welche Maßnahmen vermutlich keine Auswirkungen haben werden.

ad I.1.e. Vorläufiges funktionales Bedingungsmodell

Aus den bislang gesammelten Informationen sind nun Schlußfolgerungen über die Bedingungen des Symptoms, d. h. über die Art des symptomatischen Verhaltens zu ziehen. Zwei Fragen sind zu stellen: A) Handelt es sich um ein *operantes* Verhalten, das von seinen Konsequenzen (nachfolgenden Reizbedingungen) abhängt, oder um ein *respondentes,* von den vorausgehenden (auslösenden) Reizen abhängiges Verhalten? B) Falls das Symptom als operantes Verhalten zu beschreiben ist: Handelt es sich um ein operantes *Annäherungsverhalten* (positive Verstärkung) oder um ein operantes *Flucht-bzw. Vermeidungsverhalten* (negative Verstärkung)?

Für die erste Entscheidung (operantes oder respondentes Verhalten?) können folgende Fragestellungen weiterhelfen:

1. Handelt es sich bei dem symptomatischen Verhalten (vgl. Topographie des Verhaltens; I.1.a.) um eine Reaktion, die als angeborenes, reflexartiges Verhalten vorkommen kann? Falls nein: respondentes Verhalten unwahrscheinlich.

> Reaktionen, die auf Kontraktionen der glatten Muskulatur und die Tätigkeit von Drüsen zurückzuführen sind, erfolgen normalerweise reflexartig auf spezifische auslösende Reize (respondentes Verhalten), während – mit wenigen Ausnahmen – Kontraktionen der quergestreiften Muskulatur Verhaltensweisen bedingen, die als operant bezeichnet werden können (*Holland* und *Skinner,* 1971).

2. Erfolgt die symptomatische Reaktion in nahezu 100% der Beobachtungen unmittelbar auf einen oder mehrere bestimmte Reize (vgl. I.1.b.)? Falls ja: Hinweis auf respondentes Verhalten.

3. Gibt es Hinweise dafür, daß die auf das Verhalten unmittelbar nachfolgenden Reize (vgl. I.1.b.) eine verstärkende Funktion haben? Falls ja: Hinweis auf operantes Verhalten.

> Operantes Verhalten sind solche Verhaltensweisen, mittels derer – oft unbewußt – ein bestimmter Reizzustand erreicht werden soll. Die Hypothese „operante Verstärkung" wird daher dann aufzustellen sein, wenn a) zumindest gelegentlich ein bestimmter, nahezu gleicher Reizzustand im Anschluß an das symptomatische Verhalten auftritt, der b) eventuell von dem Patienten nicht als für ihn „neutral", sondern eher als „angenehm" (positive Verstärkung) bezeichnet wird, oder als zumindest angenehmer als ein anderer Reizzustand, der durch die Ausführung des symptomatischen Verhaltens beendet oder vermieden wurde (negative Verstärkung).
> Es sei ausdrücklich betont, daß diese Entscheidungshilfen keine Operationalisierungen operanten oder respondenten Verhaltens sind, sondern nur bei der vorläufigen Hypothesenbildung helfen sollen.

4. Auf weitere Hinweise, die die genetische Analyse der Symptome liefern kann, wird unter I.1.f. eingegangen.

> Hier geht es zunächst um die Analyse des momentanen Zustandsbildes, an dem die therapeutische Veränderung ansetzen muß. Eine Vermengung der Informationen über die Symptomgenese mit den Informationen über den aktuellen Zustand kann zu Fehlpla-

nungen führen, z. B. weil sich die Art des symptomatischen Verhaltens im Laufe der Zeit geändert hat.

Falls die Hypothese „operantes Verhalten" aufgestellt wurde, muß entschieden werden, ob es sich um ein Annäherungs- oder ein Flucht- bzw. Vermeidungsverhalten handelt. Hinweise für diese Entscheidung lassen sich am ehesten aus *Thorndikes* „Gesetz des Effekts" (1911) ableiten. Die verstärkenden Verhaltenskonsequenzen wurden von *Thorndike* als „befriedigende" bzw. „unbefriedigende Zustände" beschrieben.

„Mit einem befriedigenden Zustand ist ein solcher gemeint, bei dem das Tier nichts tut, um ihn zu vermeiden, vielmehr oft versucht, ihn zu erreichen und beizubehalten. Unter einem unbequemen oder lästigen Zustand sind solche zu verstehen, die das Tier allgemein zu vermeiden und zu verlassen sucht" (*Thorndike*, 1911, S. 245).

Ob durch ein bestimmtes Verhalten ein (befriedigender) Zustand aufgesucht oder ein (unbefriedigender) Zustand beendet bzw. vermieden wird, läßt sich zum einen aus einem Vergleich der vorausgehenden und nachfolgenden Reizbedingungen ableiten. Falls in Folge des symptomatischen Verhaltens keine Veränderung der Reizbedingungen eintrifft oder eine solche Reizbedingung geschaffen wird, die durch den vorausgehenden Reiz „signalisiert" wurde, so ist ein Annäherungsverhalten anzunehmen. Falls hingegen durch das symptomatische Verhalten die Reizbedingungen so verändert werden, daß der durch den vorausgehenden Reiz angekündigte Reizzustand *nicht* eintritt, so ist die Hypothese berechtigt, daß es sich bei dem vorliegenden Verhalten um ein Flucht- bzw. Vermeidungsverhalten handelt. (Die Aussage des Patienten, daß der nachfolgende Reiz relativ angenehm sei, bedeutet keine Hilfe für diese Entscheidung, da auch die Vermeidung aversiver Reize als relativ angenehm bezeichnet wird.) Da Reizen, die ein bestimmtes Verhalten verstärken, *grundsätzlich* eine Verstärkungsfunktion zukommt, kann ein Hinweis für die Entscheidung für positive oder negative Verstärkung auch dadurch gewonnen werden, daß analysiert wird, wie der Patient sonst auf diese Reize reagiert, ob er sie aufsucht oder vermeidet.

(Zu berücksichtigen ist jedoch, daß sich die Funktion von Reizen durch die jeweilige Einbettung in einen größeren Zusammenhang verändern kann: Küssen in aller Öffentlichkeit kann für jemanden aversiv sein. Der Reizbegriff muß daher sehr weit gefaßt werden.)

Diejenigen Reizbedingungen, denen auf Grund dieser Überlegungen eine „funktionale Qualität" für das symptomatische Verhalten hypothetisch zugesprochen wurde, die also – bei respondentem Verhalten – konditionierte (auslösende) Reize sind oder – bei operantem Verhalten – die Funktion von positiven oder negativen Verstärkern oder von diskriminativen Reizen haben, sind aufzuführen und möglichst genau zu beschreiben.

Eine relativ anschauliche Darstellung von hypothetischen Bedingungsmodellen kann durch die Verwendung von Symbolen erreicht werden. Diese Symbole werden im Anhang dargestellt.

ad I.1.f. Genese

Das primäre Ziel der Analyse der Symptomgenese liegt nicht darin, dem Patienten die genetischen „Ursachen" seines Symptoms einsichtig zu machen, sondern durch die genetische Analyse sollen weitere Informationen zur Beurteilung der *momentanen* Problematik gewonnen werden. Falls möglich sollen die folgenden Fragen beantwortet werden:
1. Hat am Anfang der Symptomgenese ein klassisches Konditionieren stattgefunden?

Falls diese Frage bejaht werden kann, ist das ein weiterer Hinweis dafür, daß das momentane Symptom als respondent beschrieben werden *kann*. Allerdings hat auch dieser Hinweis keine Beweiskraft, denn aus einem respondenten Verhalten kann sich im Verlauf der Zeit ein operantes Verhalten entwickelt haben. (Beispielsweise kann eine zunächst klassisch konditionierte Angst regelmäßig zu angenehmen Konsequenzen führen, z. B. zu erhöhter Aufmerksamkeitszuwendung von Sozialpartnern, so daß aus der respondenten Angstreaktion allmählich auch oder nur ein operantes Annäherungsverhalten wird.) Auf ein klassisches Konditionieren ist dann zu schließen, wenn a) das symptomatische Verhalten, zumindest in ähnlicher Form, zunächst als „natürlicher Reflex", ausgelöst durch einen unkonditionierten oder einen bereits konditionierten Reiz, auftrat, unter Anwesenheit von neutralen Reizbedingungen, die b) in der folgenden Zeit die Reaktion auslösten, ohne daß der UCS anwesend war. Diese Reize müssen nicht identisch mit den momentan wirksamen (auslösenden) Reizen sein, da im Laufe der Zeit eine Konditionierung höherer Ordnung erfolgt sein kann.
2. Wie sahen die ursprünglichen Reizbedingungen aus?

Im Laufe der Zeit kann eine Reizgeneralisierung stattgefunden haben, so daß bei der Betrachtung der momentan wirksamen diskriminativen, auslösenden oder verstärkenden Reize der zentrale Reiz, an dem die Therapie möglichst ansetzen sollte, nur schwer auffindbar ist.

Die Analyse der Symptomgenese kann auch dabei helfen, momentan wirksame Verstärker zu finden. Denn eventuell hat sich im Laufe der Zeit der Verstärkungsplan so geändert, daß der Verstärker momentan nur noch relativ selten auftritt, so daß er vom Therapeuten bei einer Analyse der momentanen Symptomatik übersehen wird.
3. Wie sah die ursprüngliche Reaktion aus?

Die symptomatische Reaktion kann sich durch Reaktionsgeneralisierung, Kettenbildung und andere Lernprozesse verändert haben. Die Kenntnis der ursprünglichen Reaktion kann bei der Zielentscheidung helfen, so daß bei der

Therapie an der zentralen Stelle einer komplexeren Kette begonnen werden kann.

4. Wie hat sich das Symptom im Laufe der Zeit verändert?

Die Analyse der Bedingungen, die mit einer Veränderung der Symptomatik einhergingen, kann weitere Hinweise auf funktional wirksame Reizbedingungen und auf vermutlich effektive therapeutische Maßnahmen geben.

5. Darüber hinaus sollte eruiert werden, ob Modellernen bei der Genese des Symptoms beteiligt war: Gab oder gibt es Personen in der Umgebung des Patienten, die gleiche oder ähnliche Verhaltensweisen zeigten? (vgl. II.1.a.)

ad I.1.g. Schlußfolgerungen aus der genetischen Analyse für das Bedingungsmodell

Die bei der Analyse der Symptomgenese gewonnenen Informationen werden zu einer nochmaligen Überprüfung des hypothetischen Bedingungsmodells des symptomatischen Verhaltens benutzt. Eventuell muß die Hypothese über die Art des Verhaltens modifiziert werden, eventuell rücken auch andere, bislang übersehene Aspekte der Reizsituationen in den Vordergrund. (Dieser Punkt ist nur zu behandeln, wenn die genetische Analyse neue, andere Informationen erbracht hat.)

ad I.1.h. Plan für zusätzliche diagnostische Untersuchungen

Oft wird erst im Verlauf einer ausführlichen funktionalen Analyse des Symptoms deutlich, welche Informationen bislang noch fehlen. Diese noch offenen Fragen sollten zusammengestellt und ein Plan für die Erhebung dieser Daten entworfen werden (z. B. weitere Gespräche mit dem Patienten, Gespräche mit Sozialpartnern des Patienten, Verhaltensbeobachtung, systematische Selbstbeobachtung durch den Patienten, Tests usw.).

ad I.1.i. Vorläufige prinzipielle Therapieplanung

Obwohl bislang eventuell erst ein Symptom des Patienten analysiert wurde und obwohl noch keine Entscheidung über das Therapieziel getroffen wurde, sollte an dieser Stelle bereits überlegt werden, wie dieses symptomatische Verhalten im Prinzip geändert werden könnte. Dieses Vorgehen hat mehrere Vorteile: Eventuell zeigt sich erst bei der Ableitung eines Änderungsprinzips aus dem hypothetischen Bedingungsmodell, daß sich das Therapieziel auf ein anderes Verhalten, z. B. einer anderen Person, verlagern muß. Weiterhin kann der Therapeut durch eine vorläufige Therapieplanung bereits an dieser Stelle vermeiden, daß er bei der späteren, endgültigen Planung gewissermaßen „blindlings" auf bewährte Methoden zurückgreift, ohne die besonderen Bedingungen dieser Symptomatik, die eventuell noch völlig andere Änderungsmöglichkeiten offen läßt, zu berücksichtigen.

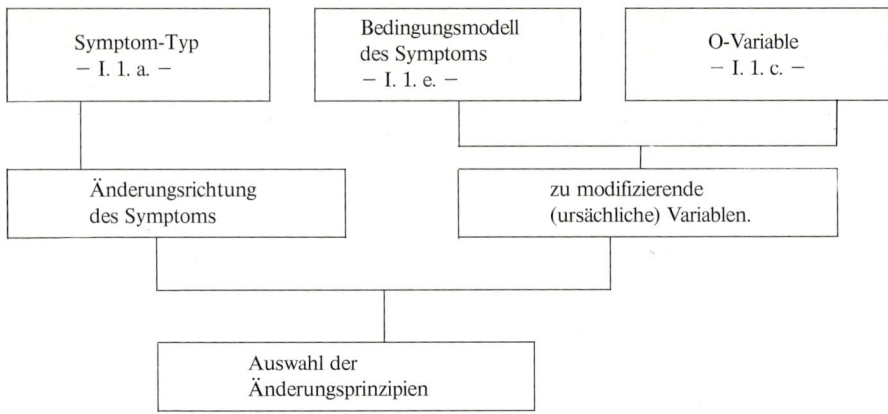

Abb. 1. Bestimmung der Änderungsprinzipien.

Bei der prinzipiellen Therapieplanung können drei Schritte unterschieden werden (vgl. Abb. 1):

1. Aus dem Typ der Symptomatik (vgl. I.1.a.) läßt sich ableiten, in *welche Richtung* eine Veränderung zu erfolgen hat. (Typ 1: Veränderung der Topographie oder völliger Abbau; Typ 2: Reduktion; Typ 3: Förderung; Typ 4: Aufbau.)

2. Aus dem Bedingungsmodell des Symptoms (I.1.e. und I.1.g.) und unter Berücksichtigung des möglichen Einflusses von Organismus-Variablen ist abzuleiten, an welcher Stelle bzw. über die *Veränderung welchen Gliedes* der „funktionalen Reiz-Reaktionseinheit" eine Veränderung des Symptoms erreicht werden kann.

3. Unter Berücksichtigung der Änderungsrichtung und des Änderungsmodus ist ein *Änderungsprinzip* (oder mehrere) anzugeben.

Auf die vielfachen Änderungsprinzipien der Verhaltenstherapie bzw. der Lernpsychologie kann hier nicht eingegangen werden (vgl. z. B. *Kanfer* und *Philips,* 1970).

Damit ist die Analyse eines Symptoms abgeschlossen. Erst wenn alle weiteren wichtigen, d. h. zunächst für den Patienten besonders belastenden oder für den Therapeuten bereits als zentral erkennbaren Symptome in dieser Form analysiert wurden, sollte zu den weiteren Punkten übergegangen werden.

ad I.2. Zusammenhänge zwischen den Symptomen

Normalerweise sind die einzelnen Symptome eines Patienten nicht völlig unabhängig voneinander. Für die Zielbestimmung (II.2.) und für die Therapieplanung, vor allem für die Festlegung der Reihenfolge der therapeutischen

Maßnahmen (III.2.b.), ist die Kenntnis der Zusammenhänge Voraussetzung. Mindestens drei Arten von Zusammenhängen lassen sich unterscheiden:

1. Genetische Zusammenhänge: Zwei oder mehrere Symptome können den gleichen genetischen Anfang haben, d. h. sie können sich z. B. als Folge der gleichen traumatischen Ereignisse entwickelt haben. Es ist auch möglich, daß sich ein Symptom als Folge eines anderen Symptoms ausgebildet, inzwischen aber verselbständigt hat. Bei Kindern wird häufig durch das Auftreten eines Symptoms der Erziehungsstil der Eltern beeinflußt, so daß andere Symptome gefördert werden. Falls auch gegenwärtig noch Zusammenhänge zwischen diesen Symptomen nachzuweisen sind, so sind diese ebenfalls zu untersuchen (vgl. unten). Bei der Therapie sollte normalerweise möglichst bei dem genetisch früheren Symptom begonnen werden.

2. Gleicher Operant: Zwei oder mehrere Symptome, die als operantes Verhalten diagnostiziert wurden, gehören zu einem gleichen Operant, wenn sie durch die gleichen Verstärker aufrecht erhalten werden (z. B. verschiedene Symptome eines Kindes wie Trotz, Stehlen und Bettnässen werden alle durch eine erhöhte Aufmerksamkeitszuwendung der Mutter verstärkt). In solchen Fällen sollte der therapeutische Angriffspunkt der Verstärker (im Beispiel das verstärkende Verhalten der Mutter) sein.

3. Gegenseitige Bedingung: Eines oder mehrere Symptome können durch eine andere Symptomatik aufrecht erhalten werden. So kann beispielsweise die soziale Angst eines Kindes eine Folge von enuresis diurna sein, sexuelle Probleme können Folgen von allgemeinen Ängsten oder Kontaktschwierigkeiten sein, eine Schulphobie kann durch eine Legasthenie aufrecht erhalten werden usw. In solchen Fällen werden zumeist durch das eine Symptom Reizbedingungen geschaffen, die das Auftreten eines anderen Symptoms begünstigen. Bei der Therapie sollte möglichst mit der Behandlung des Symptoms begonnen werden, das weitere Symptome bedingt.

ad II. Zielanalyse

Im Gegensatz zu anderen therapeutischen Richtungen geht die Verhaltenstherapie nicht davon aus, daß Verhaltensstörungen dadurch entstehen, daß die freie, gesunde Persönlichkeitsentfaltung blockiert wurde und die Therapie nur diese Blockierung aufheben muß, um einen gewissermaßen automatischen Gesundungsprozeß in Gang zu setzen ("Pflänzchenideologie" nach *Keupp* und *Bergold,* 1972). In der Verhaltenstherapie werden vielmehr gezielte Maßnahmen zur Veränderung konkreter Verhaltensweisen in Gang gesetzt. Die Entscheidung, welche Verhaltensweisen in welcher Richtung zu verändern sind oder welche Reizbedingungen beeinflußt werden müssen, um in deren Folge eine gezielte Verhaltensänderung zu erreichen, ist Bestandteil des diagnostisch-therapeutischen Prozesses.

Eine solche Entscheidung kann der Therapeut selbstverständlich nicht allein treffen, sondern er muß die Zielanalyse mit dem Patienten und/oder seinen Sozialpartnern durchsprechen.

Eine konkrete Zielangabe läßt sich aus dem formalen Modell der Verhaltenstherapie nicht ableiten; hier müssen umfassendere soziologische oder gesellschaftliche Theorien zu Rate gezogen werden. Einige Bestimmungsstücke oder „Richtlinien" für die Zielbestimmung sind jedoch auch aus dem Modell der Verhaltenstherapie abzuleiten. Dabei sind zwei Gesichtspunkte besonders relevant: a) Verhaltensstörungen können nach den Annahmen der Verhaltenstherapie in jedem Lebensalter entstehen, sofern nur ungünstige Lernbedingungen eintreten. b) Wenn im Rahmen einer Therapie erreicht wurde, daß ein Symptom „verlernt" wurde, so ist kaum festzustellen, ob die „Bereitschaft" (habit), dieses Verhalten unter äußerst extremen, in der Therapie nicht herstellbaren Bedingungen erneut zu zeigen, völlig abgebaut werden konnte (Frage des „Überlernens").

Aus diesen und ähnlichen Überlegungen ist zu folgern, daß es ein globales Ziel der Verhaltenstherapie sein muß, den Patienten – falls eben möglich – gewissermaßen zu seinem eigenen Therapeuten auszubilden. Der Patient sollte im Verlauf der Therapie Kenntnisse lerntheoretischer Grundprinzipien erwerben können und vom Therapeuten angehalten und unterstützt werden, selbständig Veränderungsprozesse und Modifikationen des Therapieprogramms in Gang zu setzen. Diese Fähigkeit wird der Patient um so eher erlangen, je früher und intensiver er bei der Planung und Gestaltung der Therapie mitwirken muß.

Noch ein weiteres, globales Therapieziel läßt sich direkt aus dem Modell der Verhaltenstherapie ableiten. Verhalten – auch symptomatisches Verhalten – wird als durch meist äußere Reize bedingt angesehen. Bestimmte Reizbedingungen fördern die Ausbildung von Verhaltensstörungen. So ist beispielsweise Arbeitsverhalten in Schule, Universität und in den meisten Betrieben fast nur ein Vermeidungsverhalten und kein Annäherungsverhalten. Störungen des Arbeitsverhaltens mit all seinen psychologischen und sozialen Folgeerscheinungen können sich unter diesen Bedingungen leicht ausbilden, weil nämlich „arbeiten" meist nicht das einzige Verhalten ist, durch das die negativen Konsequenzen (z. B. Entlassen werden und kein Geld haben; Sitzenbleiben usw.) vermieden werden können.

Bislang sind seitens der Verhaltenstherapie kaum prophylaktische Maßnahmen untersucht und entwickelt worden. Doch auch in der Therapie eines einzelnen Patienten stellt sich dieses Problem: Der Therapeut sollte dem Patienten deutlich machen, von welchen Reizbedingungen sein symptomati sches Verhalten abhängt und – soweit möglich – von welchen Bedingungen wiederum diese Reizbedingungen abhängen. Denn ein dauerhafter, befriedigender Therapieerfolg wird eher dann zu erreichen sein, wenn der Therapeut bzw. der Patient zu einer Veränderung der Reizbedingungen beitragen, als wenn „nur" diese Reizbedingungen ihre „funktionale Qualität" für das symptomatische Verhalten verlieren.

ad II.1. Analyse der Umweltbedingungen

Eine solche „Analyse der Reizbedingungen" sollte als Ergänzung der Verhaltensanalyse vor der Auswahl der therapeutischen Änderungspunkte vorgenommen werden. Dabei interessieren in diesem Zusammenhang die Reizbedingungen, denen im Rahmen der Verhaltensanalyse eine funktionale (steuernde) Qualität für die Symptomatik zugesprochen wurde.

ad II.1.a. Äußere Lebensbedingungen

Im Rahmen dieser *Auswertung* sollten nicht die „Daten zur Person" oder die äußeren Lebensbedingungen einfach aufgezählt werden. Gefragt ist vielmehr, aufgrund welcher gesellschaftlichen, sozialen und wirtschaftlichen Bedingungen sind für den Patienten diese Reizbedingungen, die die Symptomatik „verursachen", gegeben? Wie tragen die äußeren Lebensbedingungen dazu bei, daß der Patient in die für ihn belastenden Situationen kommt?

Häufig ist die Beantwortung dieser Frage nicht möglich, und außerdem ist der Abstraktionsgrad, mit dem an diese Frage herangegangen werden kann, unterschiedlich weit. Im Rahmen einer konkreten Zielbestimmung für eine Therapie sollte der enge Bezug zur Symptomatik im Auge behalten werden.

Außerdem ist zu berücksichtigen, ob unter den Sozialpartnern des Patienten noch andere Personen die gleiche oder ähnliche Symptomatik zeigen, so daß gegenwärtig eventuell Modelle für die symptomatischen Verhaltensweisen existieren (vgl. I.1.f.). Die Beziehung zu diesen Personen sollte in diesen Fällen genau erfaßt werden. Eventuell müssen diese Personen in die Therapie mit einbezogen werden, oder die Beziehung zu diesen Sozialpartnern muß in Frage gestellt werden.

ad II.1.b. Bedeutung der Symptome

Der Gang zum Therapeuten ist meist nicht nur damit begründet, daß ein oder mehrere Symptome für den Patienten belastend sind, sondern daß infolge der Symptomatik der *Verhaltensspielraum des Patienten eingeengt* ist. Vielleicht kann er bestimmte berufliche Veränderungen nicht erreichen, Reisen sind unmöglich usw. Von besonderer Bedeutung sind die Folgen der Symptomatik für den *sozialen Kontakt*. Da menschliches Verhalten fast immer auch

„Sozialverhalten" ist, d. h. in Anwesenheit anderer Personen ausgeführt, von diesen wahrgenommen und beurteilt wird, beeinflussen Verhaltensauffälligkeiten meist auch soziale Beziehungen und Kontaktmöglichkeiten.

Sofern die Beeinflussung des Kontakts selbst ein Symptom ist, muß es als solches behandelt werden. Aspekte des Kontaktverhaltens (z. B. soziale Verstärkung), auf die im Rahmen der Verhaltensanalyse eventuell schon eingegangen wurde, brauchen hier nicht erneut behandelt zu werden.

Die Symptomatik des Patienten kann aber auch indirekt positive oder negative Folgen für den *Verhaltensspielraum eines Sozialpartners* haben. (Z. B. Die Mutter des kleinen Patienten kann keinen Beruf ergreifen, weil sie sich um das Kind kümmern muß.)

Auf die Bedeutung dieser weitreichenden Folgen der Symptomatik wird im Zusammenhang mit der Auswahl der therapeutischen Ansatzpunkte (II.2.) eingegangen.

ad II.2.a. Folgen einer Symptomveränderung

Unter dieser Überschrift ist zu untersuchen, welche Folgen ein (möglicher) Abbau der Symptome für den Verhaltensspielraum des Patienten, für seinen sozialen Kontakt und für den Verhaltensspielraum seiner Sozialpartner hätte. Diese Überlegungen sind größtenteils bezogen auf die vorhergehende Analyse der momentanen Folgeerscheinungen der Symptome.

So ist bei der Therapieplanung zu beachten, daß eine Therapie im „Labor" gewissermaßen „gegen" die Einflüsse der Umgebung keinen großen Erfolg haben wird. Die Einbeziehung der Umwelt des Patienten in die Therapie kann sich aufgrund dieser Analyse als unbedingt notwendig erweisen. Weiterhin ist denkbar, daß eine erfolgreiche Therapie enge soziale Beziehungen, z. B. eine Ehe, belasten würde, wenn nämlich die Symptomatik eine wichtige Funktion für die gegenseitige Beziehung gehabt hat (z. B. der Ehepartner fühlt sich für seinen „kranken" Partner verantwortlich). Weiterhin ist zu überprüfen, ob dem Patienten für die Problemsituation Alternativverhaltensweisen zur Verfügung stehen, die er nach Abbau der Symptomatik ausführen kann.

ad II.2.b. Zielbestimmung

Nach diesen Voranalysen muß entschieden werden, welche Verhaltensweisen und/oder Reizbedingungen verändert werden sollen, also auf welche Punkte sich die direkte therapeutische Intervention richten soll. Bei diesen therapeutischen Ansatzpunkten kann es sich um die anfangs analysierten Symptome des Patienten handeln oder, bzw. zusätzlich, um andere Verhaltensweisen des Patienten, die von ihm nicht unmittelbar als belastend empfunden werden, oder um Verhaltensweisen von Sozialpartnern, die als verstärkende Reize Symptome des Patienten bedingen. Eventuell kann auch die Struktur von

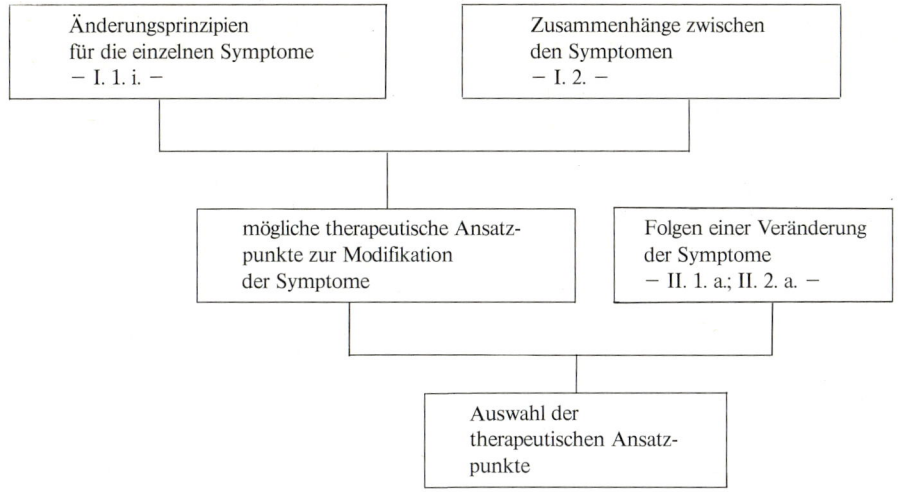

Abb. 2. Zielbestimmung: Auswahl der therapeutischen Ansatzpunkte.

Institutionen, die bestimmte Reizbedingungen schaffen, zu einem Änderungspunkt werden (wobei allerdings verhaltenstherapeutische Maßnahmen aus
praktischen Gründen selten anwendbar sein werden).
Kanfer und *Saslow* (vgl. Kapitel 2) sprechen in diesem Zusammenhang von
„Zielverhalten" (target behavior). Hier soll es jedoch nicht nur um die
Entscheidung gehen, wie das zukünftige Verhalten des Patienten aussehen
soll, sondern darüber hinaus, welche konkreten Verhaltensweisen des Patienten, seiner Sozialpartner und/oder welche situativen Bedingungen direkt verändert, also zu einem therapeutischen Ansatzpunkt werden sollen.
Bei der Auswahl der therapeutischen Ansatzpunkte ist zunächst auszugehen
von den für die einzelnen Symptome aufgestellten Veränderungsprinzipien
(I.1.i.) und den Zusammenhängen zwischen den Symptomen (I.2.). Daraus
sind *mögliche* therapeutische Ansatzpunkte für die Veränderung der Symptome abzuleiten. Die Entscheidung, welche Symptome bzw. Verhaltensweisen tatsächlich therapeutisch angegangen werden sollen und ob eventuell noch
zusätzliche Veränderungen initiiert werden müssen, hängt davon ab, welche
Folgen eine therapeutische Veränderung der Symptome mit sich bringen
würde (II.2.a.; vgl. Abb. 2.)
Für diesen Entscheidungsprozeß des Therapeuten sollen einige Anhaltspunkte
angeboten werden, die nicht als starre Regeln mißverstanden werden sollten,
sondern als Orientierungshilfen aufzufassen sind.
Ein Symptom sollte nicht allein (eventuell überhaupt nicht) zum direkten
therapeutischen Ansatzpunkt werden,

1. falls das symptomatische Verhalten durch soziale Verstärkung aufrecht erhalten wird. Das gilt um so mehr, wenn mehrere Symptome durch den gleichen sozialen Verstärker bedingt sind (gleicher Operant; vgl. I.2.). In solchen Fällen sollte das verstärkende Verhalten des Sozialpartners zum therapeutischen Ansatzpunkt werden (vgl. Beispiel auf S. 91);

2. falls das symptomatische Verhalten als Vermeidungs- oder Fluchtverhalten analysiert wurde. In diesen Fällen sollte geprüft werden, ob a) die „funktionale Qualität" des aversiven, vermiedenen Reizes verändert werden oder ob b) die aversive Reizbedingung selbst beseitigt werden kann.

Beispiel: Das Stottern eines Schülers tritt fast nur in der Schule auf. Da die Lehrer Rücksicht nehmen, kann er dadurch seine „Wissenslücken" und seine „Faulheit" vertuschen (negative Verstärkung). Therapeutischer Ansatzpunkt: Arbeitsverhalten und „Wissenslükken".

Ein Alkoholiker begann das Trinken, um die für ihn aversive häusliche Atmosphäre zu vermeiden. Zwar hat sich der exzessive Alkoholkonsum inzwischen verselbständigt (unmittelbare Selbstverstärkung), doch auch die häusliche Konfliktsituation besteht weiterhin. Ein isolierter Abbau des Trinkverhaltens würde vermutlich nicht zu dauerhaften Erfolgen führen. Zusätzlicher therapeutischer Ansatzpunkt: Kommunikation und Interaktion der Ehepartner;

3. falls keine angemessenen Alternativreaktionen zur Verfügung stehen.

Beispiel: Der Abbau eines abnormen sexuellen Verhaltens sollte einhergehen mit dem Aufbau heterosexuellen Verhaltens.

Falls das Trotzverhalten eines Kindes die einzige Möglichkeit ist, sich einmal gegen die Anforderungen der Eltern durchzusetzen, sollten entweder andere Selbstbehauptungs-Verhaltensweisen aufgebaut werden oder Verhaltensweisen der Eltern sollten verändert werden;

4. falls der Wegfall des Symptoms eine Verschlechterung der sozialen oder wirtschaftlichen Situation zur Folge hätte. Es ist anzunehmen, daß – eventuell unbewußt – der Patient sich einer Therapie widersetzen würde.

Beispiel: Die sogenannten „Rentenneurosen";

5. falls der Wegfall des Symptoms die Entstehung einer neuen Symptomatik begünstigen könnte. Um solchen angeblichen „Symptomverschiebungen" vorzubeugen, müssen vorbeugende therapeutische Maßnahmen in die Wege geleitet werden.

Beispiel: Nachdem bei einem Patienten die soziale Angst erfolgreich (z. B. durch eine Desensibilisierung) abgebaut wurde, sucht er soziale Situationen auf, die er jahrelang gemieden hat. Verhaltenslücken, die bislang nicht zu Tage traten, können sichtbar werden und führen zu negativer sozialer Verstärkung bzw. zu Bestrafung, die verschiedene symptomatische Vermeidungsreaktionen und eventuell ein Aufleben der Angst bedingen kann. In diesem Fall sollte gleichzeitig mit der Behandlung der Angst mit dem Aufbau angemessener sozialer Verhaltensweisen begonnen werden;

6. falls der Wegfall des Symptoms wichtige soziale Kontakte und Beziehungen belasten würde (vgl. Beispiel auf S. 94);

7. falls der Wegfall eines Symptoms den Verhaltensspielraum einer anderen Person (Sozialpartner) einengen würde, so daß zu vermuten ist, daß diese Person – eventuell unbewußt – einen Therapieerfolg zu verhindern sucht. Eine Einbeziehung dieser Sozialpartner in die Therapieplanung ist unbedingt notwendig.

Beispiele: Eine Ehefrau, die gerne arbeitet, müßte wieder den Haushalt versorgen, wenn der Mann gesund wird. Die Großmutter wird „überflüssig", wenn die Mutter die Symptome verliert;

8. falls die Symptome auch bei Sozialpartnern des Patienten auftreten, die die Funktion eines Modells haben können. In diesen Fällen sollten entweder die Modellpersonen in die Therapie einbezogen werden, oder es muß überprüft werden, ob die Beziehung zu diesen Personen – zumindest vorübergehend – gelockert werden kann.

Beispiele: Ein Kind übernimmt die Angst der Mutter. Ein Stotterer kommt in eine Schulklasse und steckt andere Schüler an. Ein Kind zeigt der Mutter gegenüber das gleiche aggressive und „verächtliche" Verhalten wie der Vater.

Bei der Auswahl der therapeutischen Ansatzpunkte ist genau anzugeben, a) welches Verhalten verändert bzw. aufgebaut werden soll, b) wie die Topographie und Frequenz dieses Verhaltens in Zukunft aussehen sollen, c) unter welchen Bedingungen das Verhalten auftreten soll und d) welche weiterreichenden, langfristigen Folgen von dieser Veränderung erwartet werden.

ad III. Therapieplanung

Nachdem festgestellt wurde, welche Verhaltensweisen in welche Richtung verändert werden sollen, kann mit der Planung der Therapie begonnen werden. Diese Planung umfaßt zwei Hauptfragestellungen: Welche Änderungsprinzipien sollen für die angestrebte Veränderung eines therapeutischen Ansatzpunktes herangezogen werden (prinzipielle Planung), und wie soll die therapeutische Maßnahme konkret gestaltet werden (konkrete Planung). Zunächst soll für jeden einzelnen therapeutischen Ansatzpunkt die therapeutische Maßnahme geplant werden, bevor zu einer Gesamtplanung übergegangen wird.

ad III.1.a. Prinzipielle Planung

Falls der momentan betrachtete Ansatzpunkt mit einem der Symptome identisch ist, kann die „vorläufige prinzipielle Therapieplanung" im Rahmen der Symptomanalyse (I.1.i.) übernommen werden. Für die anderen, „neuen" Ansatzpunkte ist aus ihrem Bedingungsmodell ein Änderungsprinzip abzuleiten (vgl. dazu die Ausführungen unter I.1.i.).

ad III.1.b. Konkrete Planung

Für die Realisierung der soeben abgeleiteten Änderungsprinzipien ist ein konkreter Handlungsplan zu erstellen. Eventuell kann bei der praktischen Durchführung auf therapeutische Standardmethoden zurückgegriffen werden, sofern sie dem abgeleiteten Änderungsprinzip entsprechen. In solchen Fällen kann sich die konkrete Planung auf Fragen der Gestaltung dieser Methoden beschränken (z. B. bei der Desensibilisierung: auf Vorstellungsebene oder in vivo, Angsthierarchie usw.). Falls positive Verstärkung beabsichtigt ist, ist anzugeben, welche positiven Verstärker bei diesem Patienten zur Verfügung stehen.

ad III.1.c. Therapiebegleitende Kontrollmessungen

Da die diagnostischen Aussagen, die Grundlage der Therapieplanung und Durchführung sind, „nur" den Charakter vorläufiger Hypothesen haben, und da bei der praktischen Durchführung der Therapie nicht alle Bedingungen kontrolliert werden können, ist für ein ökonomisches und effektives therapeutisches Vorgehen sehr wichtig, daß der Therapeut laufend Rückmeldungen über die Auswirkungen seiner Maßnahmen erhält. Nur so kann er gegebenenfalls seine Hypothesen erneut in Frage stellen und das Therapieprogramm frühzeitig modifizieren. (Auf Verfahren der Kontrollmessung wird in Kap. 8 dieses Buches eingegangen.)

ad III.2. Planung des Therapieverlaufs

Nachdem die therapeutischen Maßnahmen für alle therapeutischen Ansatzpunkte einzeln entwickelt und Kontrollmaßnahmen konzipiert wurden, kann der Gesamtverlauf der Therapie geplant werden.

ad III.2.a. Zusätzliche diagnostische Untersuchungen

Eventuell sind im Rahmen der Zielbestimmung nicht (nur) die Symptome, sondern andere Verhaltensweisen zu therapeutischen Ansatzpunkten geworden. Um für diese ein angemessenes, möglichst effektives Veränderungsprinzip zu finden, ist für sie – wenn möglich – nachträglich ein hypothetisches Bedingungsmodell zu erstellen. Da die anfängliche Informationsgewinnung nicht auf die Analyse dieser Verhaltensweisen ausgerichtet war, ist eventuell eine weitere diagnostische Untersuchung notwendig, die an dieser Stelle geplant werden sollte.

ad III.2.b. Reihenfolge der einzelnen Maßnahmen

Für eine Festlegung der Reihenfolge der Therapiemaßnahmen können keine festen Regeln angegeben werden. Folgende Gesichtspunkte können für die Entscheidung des Therapeuten von Bedeutung sein:

1. Falls es notwendig ist, den Patienten zur weiteren Durchführung der Therapie zu motivieren, sollte mit einem Therapieabschnitt begonnen werden, bei dem möglichst bald Erfolge für den Patienten sichtbar werden.
2. Falls die Symptome nicht unabhängig voneinander sind (vgl. I.2.), sollte mit der direkten oder indirekten Modifikation der grundlegenden Symptome begonnen werden.
3. Falls Sozialpartner des Patienten von der Symptomatik unmittelbar oder mittelbar betroffen sind, sollte mit der Modifikation eines Symptoms bzw. eines Ansatzpunktes „im Labor" erst dann begonnen werden, wenn die häuslichen Voraussetzungen für die Stabilisierung der Verhaltensänderung gegeben sind. Zumindest sollten entsprechende Maßnahmen gleichzeitig in Angriff genommen werden.
4. Schließlich kann die Reihenfolge der Behandlungsschritte von praktischen Gesichtspunkten abhängen, wie z. B. Beginn mit Maßnahmen, für die keine großen Vorbereitungen notwendig sind usw.

ad III.2.c. Verfahren zur Erfolgsmessung

Unter III.1.c. wurden Meßverfahren geplant, durch die laufend Informationen über Veränderungen der therapeutischen Ansatzpunkte bzw. eines Symptoms gewonnen werden können. Bei der hier diskutierten Erfolgsmessung geht es darum, vor allem nach Abschluß der Therapie Aussagen über die gesamte Breite der Veränderungen machen zu können. In der Regel werden zu diesem Zweck vor und nach der Therapie Messungen durchgeführt und verglichen. Auf die folgenden Bereiche sollte dabei geachtet werden:

1. Veränderung der Symptomatik.
2. Veränderungen anderer Verhaltensweisen und Änderungen in anderen „Lebensbereichen" des Patienten, auf die die therapeutischen Maßnahmen nicht direkt abzielten, bei denen jedoch indirekt bewirkte Veränderungen zu erwarten sind (vgl. II.1.c.).
3. Vor allem um die durch verhaltenstherapeutische Maßnahmen erzielten Therapieerfolge besser mit den Ergebnissen anderer therapeutischer Richtungen vergleichen zu können, sollten mögliche Veränderungen der „Persönlichkeit", gemessen mit Persönlichkeitsfragebogen, erfaßt werden.

Damit ist die Darstellung des Schemas mit seinen Entscheidungshilfen für den Therapeuten abgeschlossen. Bevor mit der praktischen Durchführung der Therapie begonnen wird, sollte ein Gespräch mit dem Patienten und/oder den

Sozialpartnern stattfinden, in dem die Ergebnisse dieser Entscheidungen diskutiert und in Frage gestellt werden.

Bereits oben (unter II.) wurde diskutiert, daß der Patient in der Verhaltenstherapie aktiv mitarbeiten muß. Das wird nur schwer zu erreichen sein, wenn sich der Therapeut gegenüber dem Patienten als „Magier" oder „Medizinmann" verhält, der sich nicht in die Karten schauen läßt. Der Therapeut sollte dem Patienten möglichst viel Informationen vermitteln, um ihm die therapeutischen Maßnahmen und ihre Gründe einsichtig und durchschaubar werden zu lassen. Allerdings sind der Informationsvermittlung dann Grenzen gesetzt, wenn bereits die Erklärung von Bedingungszusammenhängen, vor allem falls soziale Verstärkungen vorliegen, negative Auswirkungen haben könnte. In solchen Fällen sollten die relevanten Informationen nach und nach, parallel zum Therapieverlauf, vermittelt werden.

Oft hat die sachliche Darstellung der Bedingungszusammenhänge für den Patienten daneben zur Folge, daß er sich von seinen Symptomen etwas distanzieren kann, daß sein Blick für seine Situation schärfer wird und daß er Mut gewinnt, seine Schwierigkeiten zu lösen. Auf die besonders wichtige Zieldiskussion mit dem Patienten wurde bereits hingewiesen.

Zur Frage der Objektivität der diagnostisch-therapeutischen Entscheidungen

Das hier vorgestellte Schema für die Diagnostik und Therapieplanung in der Verhaltenstherapie fußt auf den Ausführungen von *Kanfer* und *Saslow* zur Verhaltensdiagnostik (vgl. Kapitel 2 in diesem Buch). Im Laufe der Zeit wurde dieses Schema insgesamt viermal geändert.

Die Interpretation psychologisch-diagnostischer Daten ist nicht nur im Rahmen der Verhaltenstherapie bislang noch eher eine „Kunst" als eine Wissenschaft. *Westmeyer* (1972) hat erst kürzlich versucht, die Logik der diagnostischen Entscheidungen zu explizieren und damit Wege für eine wissenschaftliche Fundierung aufzuzeigen. Bislang hat sich die psychologische Diagnostik eher darum bemüht, Testverfahren zu entwickeln, deren Durchführung und Auswertung objektiv gestaltet werden kann und deren Informationen reliabel und valide sind. Doch der Prozeß der Weiterverarbeitung dieser Informationen ist – mit wenigen Ausnahmen – vgl. etwa *Cronbach* und *Gleser* (1965) – bislang kaum einer wissenschaftlichen Analyse unterzogen worden.

Wie bereits oben dargestellt, stellen die hier vorgelegten Ausführungen einen Versuch dar, das Problemlösungs- und Entscheidungsverhalten des Verhaltenstherapeuten durchschaubarer zu machen, zu ordnen und Kriterien für die Entscheidungsbildung anzugeben. Da diese Kriterien bislang nicht empirisch überprüft sind, sondern nur als relativ plausibel gelten können und sich in der praktischen Arbeit als brauchbar erwiesen haben, können über die Interpretationsobjektivität (*Lienert,* 1967²) bei der Verwendung dieses Schemas noch keine Angaben gemacht werden. Das liegt zum einen daran, daß viele Entscheidungen innerhalb des diagnostisch-therapeutischen Prozesses noch nicht expliziert wurden und die Kriterien für diese Entscheidungen noch nicht operationalisiert sind, und daß vor allem die diagnostischen Instrumente, die meist für die Gewinnung der „Rohdaten" verwendet werden (Interview, unsystematische Verhaltensbeobachtung usw.), selbst nicht objektiv sind.

Trotz dieser bislang noch unbefriedigenden Situation kann die Verhaltenstherapie für sich in Anspruch nehmen, daß sie sich im Vergleich zu anderen Richtungen der klinischen Psychologie um eine möglichst große Objektivität ihres Vorgehens bemüht. Die Schwächen des Entscheidungsprozesses werden z. T. dadurch aufgehoben, daß sich der Therapeut um eine fortlaufende Kontrolle seiner Maßnahmen bemüht (vgl. III.1.c.), so daß „Fehldiagnosen" möglichst rasch erkannt und die Maßnahmen entsprechend korrigiert werden können: Die Objektivität der Erstentscheidungen ist zwar unbefriedigend, doch Möglichkeiten für ihre Korrektur sind bereits vorgesehen.

Anhang: Symbole für die funktionale Verhaltensbeschreibung

Als Grundlage für die funktionale Verhaltensbeschreibung dient die *Kanfer*-sche Verhaltensgleichung, nach der das Verhalten R eine Funktion ist der Variablen S (Reiz), O (Organismus), K (Verstärkungsplan) und C (Konsequenz).

Bezüglich der Variablen S wird unterschieden zwischen S^D und S^Δ als diskriminative Reize bei operantem Verhalten und UCS und CS als (un-)konditionierte Reize bei respondentem Verhalten.

Bei der Variablen C wird unterschieden zwischen $C+$ als positivem Verstärker und $C-$ als aversivem Reiz. Die Wegnahme eines positiven Verstärkers (Löschung) wird gekennzeichnet durch das Symbol $\mathcal{C}+$, der Wegfall eines aversiven Reizes (negative Verstärkung) durch $\mathcal{C}-$.

A. Darstellung komplexer Verhaltensketten

Die symbolische Darstellung von Symptomen und Verhaltensketten dient der Veranschaulichung der Übertragung von Verhaltensbeschreibungen (z. B. durch den Patienten) in eine funktionale Sprache. Entsprechend der funktionalen Betrachtungsweise muß die Frage nach der Einheit oder dem „Element" der Reiz- oder Reaktionsklasse aus dem Zusammenhang mit den anderen Variablen beantwortet werden. Bei einem Patienten mit Tics kann „R" eine einfache Muskelkontraktion sein, bei einem Patienten mit sozialen Ängsten ein recht komplexes Fluchtverhalten, das selber wieder untergliedert werden könnte in einzelne S-R-Ketten, die *zusammen* am Ende durch den Rückgang der Angst negativ verstärkt werden. Die Frage, ob solche komplexen Verhaltensketten als *eine* Reaktion dargestellt oder in mehrere S-R-Sequenzen aufgegliedert werden sollen, läßt sich nicht grundsätzlich beantworten, sondern hängt davon ab, welchem Zweck diese Verhaltensbeschreibung dient (vgl. I.1.b.). Eventuell ist es sinnvoll, zunächst diese Reaktionskette als eine Reaktion mit dem Symbol $\bar{R}$ zu kennzeichnen, um die Darstellung nicht zu unanschaulich werden zu lassen. Falls für die Planung der einzelnen therapeutischen Schritte dann eine Auflösung der Kette notwendig ist, so kann das später erfolgen.

Beispiel: Ein Alkoholiker geht in eine Wirtschaft

(S^D)– – – – – – – – – – – – – – – – $\bar{R}$ – – – – – – – – – – – – – – – – $C+$

(z. B. Reklame in einer Zeitschrift)	Weg zur Wirtschaft und Alkoholkonsum	Alkoholwirkung (evtl. sozialer Kontakt usw.)

Für die Therapie wird u. a. geplant, daß der Patient üben soll, die Verhaltenskette $\bar{R}$ unter Selbstkontrolle zu bekommen. Das soll dadurch erreicht werden, daß er die Kette möglichst früh unterbricht und andere Verhaltensweisen (Alternativreaktionen, R') dazwischen schiebt. Dazu ist es notwendig, die Kette etwas näher zu analysieren, z. B.:

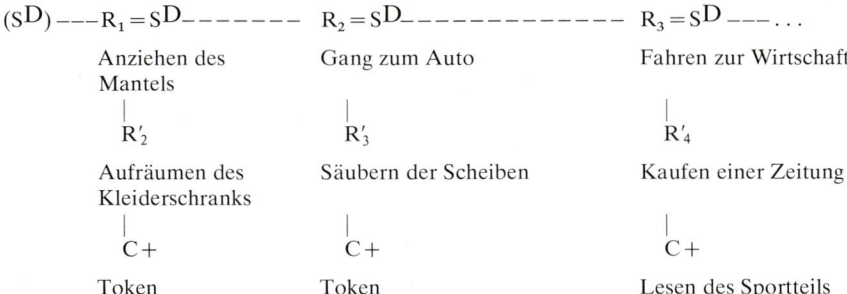

Auch ein (diskriminativer, auslösender oder verstärkender) Reiz kann zunächst sehr global angegeben werden, z. B. „Anwesenheit anderer Personen" als $\bar{S}^D$ oder $\overline{CS}$ für soziale Ängste $(\bar{R})$. Für die Therapie ist es eventuell notwendig, genauer zu differenzieren, welche „Einheiten" der Reizsituation die eigentlichen „Auslöser" sind, z. B.: Das Angesprochenwerden durch einen weiblichen Gesprächspartner bei Anwesenheit eines anderen männlichen Gesprächspartners löst die stärkste Angst aus.

B. „Mehrdimensionale" Verhaltensbeschreibung

Gelegentlich ist es sinnvoll und notwendig, das symptomatische Verhalten als Teil eines Interaktionsprozesses darzustellen. Das ist z. B. bei kindlichen Verhaltensstörungen, die durch die Eltern verstärkt werden, angebracht. In diesen Fällen wird das Verhalten bzw. die Interaktion aus der Sicht aller beteiligten Personen beschrieben, z. B.:

Mutter: $\bar{R}_1$ ————————— $C- = S^D_2$ ————— $\bar{R}_3$ ——————— $\bar{\cancel{C}}-$

           Mutter stellt   Kind weigert   Mutter gibt   Kind ist brav

           Forderung   sich (Trotz)   nach

Kind: $\bar{S}^D_1$ ————————— R_2 ————————— $\bar{C}+ = \bar{S}^D_3$ ——— $\bar{R}_4$

In diesem Beispiel wird also das Kind positiv und die Mutter negativ verstärkt; das Nachgeben der Mutter ist ein Fluchtverhalten. Um z. B. in der Therapie der Mutter beizubringen, nicht länger nachzugeben ($\bar{R}_3$), ist es eventuell notwendig, dieses Verhalten genauer zu beobachten und gegebenenfalls weiter aufzuschlüsseln.

C. Liste der Symbole

S	Reiz (Stimulus)
S^D; $S^\triangle$	diskriminative Reize
UCS; CS	(un-)konditionierte Reize
$\bar{S}$	komplexe Reizsituation
R	(operantes) Verhalten
UCR; CR	respondentes Verhalten
$\bar{R}$	komplexe Verhaltenskette
R'	Alternativreaktion
C	Konsequenz
C +	positive Konsequenz
C −	negative Konsequenz (Darbietung eines aversiven Reizes oder Entzug eines positiven Verstärkers)
$\cancel{C}+$	Wegnahme eines positiven Verstärkers (Löschung)
$\cancel{C}-$	Wegfall eines aversiven Reizes (negative Verstärkung)
O	Organismusvariable
K	Verstärkungsplan

Literatur

Cronbach, L. J., Gleser, Goldine C.: Psychological Tests and Personal Decisions. Urbane: University of Illinois Press, 1965.

Holland, J. G., Skinner, B. F.: Analyse des Verhaltens. München: Urban & Schwarzenberg, 1971.

Kaminski, G.: Verhaltenstheorie und Verhaltensmodifikation. Stuttgart: Klett, 1970.

Kanfer, F. H., Phillips, J. S.: Learning Foundations of Behavior Therapy. New York: Wiley, 1970.

Kanfer, F. H., Saslow, G.: Behavioral analysis. Arch. gener. Psychiat., 1965, 12, 529–538.

Kanfer, F. H., Saslow, G.: Behavioral diagnostic. In: *C. M. Franks* (Ed.): Behavior Therapy: Appraisal and Status. New

York: McGraw-Hill, 1969, 417–444 (vgl. Kap. 2).

Keupp, H., Bergold, J. B.: Probleme der Macht in der Psychotherapie unter spezieller Berücksichtigung der Verhaltenstherapie. In: *C. H. Bachmann* (Hrsg.): Psychoanalyse und Verhaltenstherapie. Frankfurt: Fischer, 1972, 105–140.

Lienert, G. A.: Testaufbau und Testanalyse. Weinheim: Beltz, 1972.

Mischel, W.: Personality and Assessment. New York: Wiley, 1968.

Thorndike, E. L.: Animal Intelligence: Experimental Studies. New York: McMillan, 1911.

Ullmann, L. P., Krasner, L.: Introduction. In: *L. P. Ullmann* und *L. Krasner* (Ed.): Case Studies in Behavior Modification. New York: Holt, Rinehart & Winston, 1965, 1–63.

Westmeyer, H.: Logik der Diagnostik. Stuttgart: Kohlhammer, 1972.

KAPITEL 5

Verhaltensanalyse und Therapieplanung bei einer Patientin mit multiplen Ängsten

Burgi Schulte, Burkhard Thomas

In der vorliegenden Arbeit soll die Anwendung des „Schemas für Diagnostik und Therapieplanung in der Verhaltenstherapie" (Kapitel 4) an einem Beispiel demonstriert werden. Die Verhaltensanalyse beschränkt sich im vorliegenden Fall auf die Auswertung der Informationen aus einem Fragebogen zur Lebensgeschichte und einer ersten Exploration der Patientin. Da eine Reihe von Fragen bei diesem ersten Gespräch noch offengeblieben ist, muß die hier vorgelegte Analyse als ein erster Versuch der Hypothesenfindung angesehen werden. Sie soll dazu dienen, einen vorläufigen Therapieplan aufzustellen. Vor Beginn sowie im Verlauf der Behandlung wird die Sammlung weiterer Informationen und deren Analyse notwendig werden. Solche Informationen können gewonnen werden durch Selbst- und Fremdbeobachtung unter natürlichen und/oder experimentell variierten Bedingungen, systematische Darstellungen des Verhaltens im Verlaufs- oder Häufigkeitsdiagramm, durch weitere detaillierte Explorationen des Patienten sowie seiner Bezugspersonen.

Der Fragebogen zur Lebensgeschichte ist eine deutschsprachige Adaptation des Fragebogens von *Wolpe* und *Lazarus* (1966)[1]. Er dient der Sammlung von Informationen für die Vorbereitung des ersten Explorationsgesprächs. In der vorliegenden Arbeit werden die Informationen aus dem Fragebogen nicht gesondert, sondern zusammen mit der Exploration dargestellt.

Die Informationen aus der Exploration werden nach Symptomkomplexen strukturiert wiedergegeben. Soweit möglich wurde versucht, der abstrahierten Beschreibung des symptomatischen Verhaltens ein konkretes Beispiel vorauszustellen. Die Auswertung erfolgt nach dem im vorhergehenden Kapitel vorgestellten Schema.

---

[1] Lit.: *Wolpe, J., Lazarus, A. A.:* Behavior Therapy Techniques. London: Pergamon Press, 1966.

Angaben zur Person

Die Patientin, Elisabeth A., 23 Jahre, verheiratet, studiert Sport und Englisch. Ihr Ehemann, 26 Jahre, ist Volksschullehrer. Sie wuchs bei ihren Eltern in einer Kleinstadt auf. Der Vater, 57 Jahre, ist Besitzer eines kleinen Geschäftes, in dem die Mutter, 56 Jahre, mitarbeitet. Die Patientin hat einen Bruder, 29 Jahre, verheiratet. Er ist als Studienassessor tätig.

Elisabeth A. begann ihr Studium im Wintersemester 1967/68 in Tübingen, wechselte für 2 Semester (SS 68 und WS 68/69) nach Hamburg und kehrte dann nach Tübingen zurück. Die Eltern unterstützen auch heute noch finanziell das Studium von Frau A. Die Patientin kam aus eigener Initiative zur Behandlung.

Exploration der Patientin

Die Patientin klagt über eine Reihe von Ängsten. In einer Vielfalt von Situationen (Kaufhaus, Kirche, Bus usw.) bekommt sie Magenbeschwerden und befürchtet, sich übergeben oder die Toilette aufsuchen zu müssen. Wenn sie abends allein zu Hause ist, bekommt sie starke Ängste, die sich bis zu ohnmachtsähnlichen Anfällen steigern können. Der Sexualbereich bereitet große Schwierigkeiten; wegen Verkrampfungen der Patientin ist es bisher zu keinem Geschlechtsverkehr gekommen.

Angst vor Erbrechen und Durchfall

Die Patientin schildert ein Beispiel, das nur wenige Tage zurückliegt. Sie mußte in einem Kaufhaus in der 2. Etage auf eine Verkäuferin warten, die etwas für sie holte. Während des Wartens wurde ihr heiß und kalt, und das Blut stieg ihr in den Kopf, sie begann zu zittern, sie fühlte einen „Kloß im Hals", bekam Angst, sich übergeben zu müssen und hatte das Gefühl, sofort eine Toilette aufsuchen zu müssen. Trotz der Beruhigungsversuche ihres Mannes konnte sie sich nicht auf das Verkaufsgespräch konzentrieren, sondern hatte nur den einen Wunsch, das Kaufhaus so schnell wie möglich zu verlassen. Nachdem sie den Kauf dann doch abgeschlossen hatte und das Kaufhaus verlassen konnte, waren sämtliche Ängste und Begleiterscheinungen schlagartig verschwunden.

Allgemein hat sie schon ein ungutes Gefühl, wenn sie in ein Kaufhaus hineingeht. Sie bleibt nach Möglichkeit in der unteren Etage, um so schnell wie möglich wieder hinauszukönnen. Im Parterre kann sie sich noch relativ ungezwungen bewegen, sie kann dort kleinere Einkäufe tätigen, die schnell zu erledigen sind. Bei längeren Einkäufen wird sie bereits unruhig. Im 1. und 2. Stock kommt es zu einer Steigerung der Unruhe. Der Höhepunkt (starke

Angst vor Durchfall und Erbrechen) ist erreicht, wenn sie auf eine Verkäuferin wartet, die etwas für sie besorgt. Unruhe und Angst sind unabhängig davon, ob sie allein oder mit anderen einkauft.

Wenn die Patientin auf den Markt gehen will, bekommt sie starke Angst vor Durchfall. Manchmal bleibt sie dann zu Hause. Wenn sie sich doch den Mantel anzieht und aus dem Hause gehen will, verspürt sie den Drang, die Toilette aufsuchen zu müssen. Sie geht zurück und sucht die Toilette auf. Das passiert 3- bis 5mal. Sie hat dann auch wirklich Durchfall. Wenn sie danach dann ca. 5 min. unterwegs ist, bekommt sie ein allgemeines Gefühl des Unwohlseins. Sie befürchtet wiederum, die Toilette aufsuchen zu müssen. Sobald sie in die Nähe des Marktes kommt, verringert sich ihre Angst vor Durchfall, weil sie weiß, daß dort eine Toilette vorhanden ist. Aber dennoch ist sie unruhig, sie kauft alles in Eile ein und begibt sich so schnell wie möglich wieder nach Hause.

Als Frau A. vor kurzem an einer Hochzeit teilnahm, saß sie in der Mitte der Kirchenbank. Da ihre Mutter und Bekannte hinten in der Kirche standen, hatte sie den Eindruck, auf jeden Fall in der Kirche bleiben zu müssen. In dieser Situation wurde die Patientin nervös und bekam Angst, auf die Toilette gehen zu müssen. Ihr wurde heiß und kalt, sie schwitzte. Ihr Mann versuchte, sie zu beruhigen, aber ohne Erfolg. Bei der Kommunion wurde die Situation zu belastend, und sie mußte die Toilette in der Sakristei aufsuchen. Sie ging zusammen mit den anderen nach vorne und verschwand unauffällig in der Sakristei. Ihre Mutter beschimpfte sie nachher – genau wie die Patientin es erwartet hatte: sie hätte die Familie blamiert.

Im Hörsaal oder in einem Seminar, in dem sie aufgerufen werden könnte, klagt die Patientin vor allem über Angst vor Erbrechen. Die Tatsache, daß eine Toilette in der Nähe ist, läßt die Angst vor Durchfall weniger häufig als die Angst vor Erbrechen auftreten. Allerdings tritt in kleineren Seminaren, bei welchen es wesentlich eher auffallen würde, wenn jemand hinausgeht, die Angst vor Durchfall ebenfalls häufig auf.

Die Ängste treten außerdem im Kino, Theater und allen Räumen, in denen viele Menschen sind, auf. Dabei reagiert die Patientin am ehesten mit Angst vor Durchfall und tatsächlichem Stuhlgang, wenn keine Toilette in der Nähe ist. Ist eine Toilette für sie leicht erreichbar, so reagiert sie eher mit Angst vor Erbrechen. Diese kann so stark werden, daß ihr heiß und kalt wird und sie einen „Kloß im Hals" spürt. Es kommt aber niemals zu richtigem Erbrechen.

Wenn die Patientin morgens aufwacht und der Besuch irgendeiner „Belastungssituation" ansteht, wird sie unruhig. Die Unruhe wird sehr bald zur Angst vor Erbrechen oder Angst vor Durchfall und führt bereits tatsächlich zu vegetativen Reaktionen. Muß sie hingegen Situationen aufsuchen, die für sie unbelastend sind, z. B. ein Seminar, von dem sie weiß, daß sie dort nicht besonders auffällt, kann sie ohne Angst vor Durchfall (d. h. ohne vorher dreimal die Toilette aufsuchen zu müssen) morgens das Haus verlassen.

Muß sie nicht fortgehen, so treten die Ängste zu Hause in der Regel nicht auf.

Die Patientin versucht, die angsterregenden Situationen zu meiden, indem sie z. B. völlig auf das Busfahren verzichtet und sich im Kino, Theater und Hörsaal auf Eckplätze nahe dem Ausgang setzt.

Alle Versuche ihres Mannes, sie hinsichtlich ihrer Angst und ihrer vegetativen Symptomatik zu beruhigen, hatten keinen Erfolg.

Die ärztliche Untersuchung hat ergeben, daß keine organischen Ursachen für die Magenbeschwerden und Verdauungsstörungen vorliegen.

Zur Genese: Mit 13 bis 14 Jahren ist es der Patientin zum erstenmal in der Kirche schlechtgeworden, so daß sie hinausgehen mußte. Danach trat das Symptom häufiger auf, bis die Patientin ihre Menarche hatte. Der Mutter war das Verhalten der Patientin (bei Übelkeit die Kirche zu verlassen) sehr unangenehm, und sie machte ihr deswegen Vorwürfe. Daraufhin entwickelte sich bei der Patientin starke Angst vor solchen Situationen. Sie dachte immer daran, daß es ihr jetzt nicht schlecht werden dürfe, daß die Leute reden würden und daß ihre Mutter ihr nachher wieder Vorhaltungen machen würde. Sie ist oft in der Kirche geblieben aus Angst vor dem Gerede der Leute und den Reaktionen der Mutter. Heute hat sie sowohl Angst vor der Übelkeit als auch davor, mitten in einer Menschenmenge zu sitzen.

Als die Angst in der Kirche schon bestand, wurde ihr einmal im Bus übel. Sie erbrach. Der Schaffner hat sie daraufhin vor allen Fahrgästen „abgekanzelt", und sie mußte Strafgeld zahlen. Seitdem hat sie im Bus starke Angst vor dem Erbrechen. Sie mußte mit dem Bus den Schulweg zurücklegen und unterbrach die Fahrt oft bis zu 5mal, weil sie sich nicht wohlfühlte. Die Patientin konnte nicht mehr mitten im Bus stehen, sondern hielt es nur nahe an der Tür aus.

Mit 15 Jahren ist zum erstenmal Angst im Theater aufgetreten, als sie mitten in einer Reihe saß. Sie hatte Angst, sich vor allen Leuten übergeben zu müssen.

Die Ängste sind nach und nach aufgetreten. Zunächst traten sie nur in der Kirche auf, dann im Bus, im Theater, Kino, Kaufhaus, beim Stehen in großen Menschenmengen und seit Beginn des Studiums im Hörsaal.

Angst vor dem Alleinsein – Angst um den Ehemann

Vor wenigen Tagen war die Patientin allein zu Hause. Sie erwartete ihren Mann gegen 21 Uhr zurück. Es ist vereinbart, daß er anruft, wenn er später kommt. Bei Einbruch der Dämmerung wurde die Patientin unruhig. Als ihr Mann um 21 Uhr noch nicht gekommen war, setzten starke Ängste ein. Sie lief immer wieder zum Fenster, um zu schauen, ob er noch nicht käme. Sie brach in Schweiß aus, ihr wurde heiß und kalt, und sie bekam Magenschmerzen. Nach etwa $\frac{1}{2}$ Stunde wurde sie schließlich ohnmächtig und lag auf dem Boden, wo ihr Mann sie schließlich fand. Sie hatte in dieser Situation vor allem Angst davor, daß z. B. die Polizei anrufen könnte, um ihr mitzuteilen, daß ihr Mann einen Unfall gehabt habe. Sie hatte auch Angst davor, daß sich niemand um sie kümmern könnte, wenn sie ohnmächtig würde. Sie könnte sterben, und niemand würde es bemerken.

Da ihr Mann an einigen Abenden regelmäßig beruflichen Verpflichtungen nachkommen muß, ist er häufiger erst um 22 Uhr zu Hause. Die Patientin ist während dieser Zeit allein. Die Angst kann auch tagsüber eintreten, wenn ihr Mann nicht zur verabredeten Zeit zurückkommt. Abends setzt die Angst nach Einbruch der Dunkelheit allmählich ein. Sie steigert sich aber von Minute zu Minute, sobald die verabredete Zeit der Rückkehr des Mannes überschritten ist. Die Zeit vor der Rückkehr des Mannes ist relativ angstfrei, wenn die Patientin weiß, daß die Nachbarn auf der Etage zu Hause sind. Ist sie dagegen allein auf der Etage, z. B. am Wochenende, so überfällt sie regelmäßig Angst und sie wird immer unruhiger.

Die Ängste treten nicht so stark auf, wenn weiter entfernt wohnende Bekannte zu Hause sind, von denen sie weiß, daß sie dort während der ganzen Nacht anrufen kann.

Beschäftigt sich die Patientin mit etwas, bei dem sie sich konzentrieren muß (Arbeit im Haushalt oder für das Studium), tritt die Angst erst später auf. Wenn sie aber nur dasitzt und liest, Musik hört oder in der Zeitung blättert, tritt die Angst entschieden früher auf. Sie hat es allerdings noch nie geschafft, bis 22 Uhr konzentriert zu arbeiten.

Wenn Herr A. nach Hause kommt, versucht er, beruhigend auf seine Frau einzugehen. Er gibt sich große Mühe, ist sehr zärtlich und entschuldigt sich für sein Zuspätkommen. Gelegentlich – vor allem, wenn er selbst aufgrund beruflicher Ereignisse des Tages verstimmt ist – kann es vorkommen, daß er beim Nachhausekommen seiner Frau Vorhaltungen macht, ihr vorwirft, daß sie sich nur anstelle und er „die Nase voll habe". Daraufhin kommt es zu einer Steigerung der Angst der Patientin, bis sich schließlich Herr A. entschuldigt und seine Frau zu trösten versucht. Herr A. bemüht sich, pünktlich zurückzukommen und hat bereits überlegt, die beruflich bedingten abendlichen Verpflichtungen aufzugeben.

Die Patientin versucht gelegentlich, an Abenden, an denen ihr Mann fort ist, Besuch einzuladen, um nicht allein sein zu müssen. Unter diesen Bedingungen tritt die Angst nicht auf. Allerdings macht sie von dieser Möglichkeit nur sehr selten Gebrauch. Als ihr Mann einmal für einige Zeit allein verreist war, trat die Angst – auch abends – nicht auf.

Zur Genese: Angst vor dem Alleinsein hatte die Patientin bereits während ihrer Schulzeit. Sie war einmal im Winter allein zu Hause; es war schon dunkel. Sie bildete sich ein, daß jemand unten zur Haustür hereingekommen sei und sich im Haus zu schaffen mache. Sie bekam starke Angst, ging in ihr Zimmer und wagte nicht, auf den Flur zu gehen. Ihr wurde heiß und kalt.

Die Angst vor dem Alleinsein trat dann ganz massiv wieder auf, als sie ihr Studium vor drei Jahren in Tübingen begann. Sie hatte damals keine Bekannte in der Universitätsstadt und fühlte sich völlig hilflos, zumal kein Telefon im Hause war und sie niemanden anrufen konnte. Häufig lag die Patientin die ganze Nacht wach, hörte genau auf alle verdächtigen Geräusche und befürchtete, daß jemand kommen und einbrechen könnte.

Kurz darauf heiratete die Patientin und ging mit ihrem Mann nach Hamburg, wo es ihr viel besser ging als in Tübingen. Obwohl ihr Mann sie in Hamburg viel öfter als heute alleingelassen hat, auch telefonisch nicht erreichbar war, und sie oft gar nicht wußte, wo er sich zur Zeit aufhielt, hatte sie keine Angstzustände. Sie konnte abends allein sitzen und in aller Ruhe arbeiten. Sie war auch über Nacht häufiger allein, hatte keine Angst und schlief ohne Beruhigungsmittel.

In Hamburg wohnten sie in einem ehemaligen Hotel; an einem Flur wohnten 30 Parteien. Es war immer jemand da, und es gab Telefon im Haus. Nach ihrer Rückkehr nach Tübingen bezog das Ehepaar eine kleine 2-Zimmer-Wohnung.

Sexualangst

Wenn die Ehepartner zärtlich miteinander sind, sich streicheln oder nicht über „Petting" hinausgehen, sind die sexuellen Situationen für beide sehr angenehm. Strebt der Ehemann jedoch den Geschlechtsverkehr an, so kommt es zu einer Verkrampfung der Vagina, die Patientin bekommt Angst vor Schmerzen und erlebt sich überfallen und eingeengt, obwohl auch sie durchaus das Bedürfnis hat, mit ihrem Mann zusammenzukommen. Der Koitus wird dadurch verhindert. Ihr Mann reagiert auf diese Frustration mit Enttäuschung und gelegentlich mit Ärger. Die Patientin hat den starken Wunsch nach vollem Geschlechtsverkehr, und es belastet sie sehr, daß sie den Koitus verhindert. Inzwischen beschränkt sich das Ehepaar fast ausschließlich auf Petting. Die Angst vor einem Kind spielt hinsichtlich der Sexualangst keine Rolle.

Zur Genese: Beide Ehepartner sind streng katholisch erzogen worden. Sie waren beide in katholischen Jugendgruppen tätig und haben sich dort auch kennengelernt. Sie kennen sich seit 1964 näher und waren oft in einem größeren Kreis zusammen. Nach zwei Jahren Bekanntschaft haben sie sich zum erstenmal geküßt, anschließend hatte die Patientin Schuldgefühle. Seit diesem Kuß wurden ihre Beziehungen enger, sie wollten sich aber bis zur Ehe, die noch in weiter Ferne lag, „rein"halten. Obgleich sie sich mit der Zeit teilweise von den elterlichen Normen gelöst hatten, kam es zu keinem vorehelichen Geschlechtsverkehr, wohl aber zu Petting. Das Petting war für beide befriedigend, allerdings hatte Frau A. nachher Schuldgefühle und glaubte bisweilen, sie wäre schwanger, obwohl kein Koitus stattgefunden hatte. Als der Ehemann den ersten Koitus versuchte, bekam sie Schmerzen, verkrampfte sich und fühlte sich bedroht. Die gleiche Reaktion setzte bei ihr jedesmal ein, wenn er den Koitus versuchte. Aus diesem Grund ist es bis jetzt (nach einem Jahr Ehe) noch zu keinem Geschlechtsverkehr gekommen.

Da die Patientin organische Ursachen vermutete, ging sie zu einem Frauenarzt. Er konnte sie jedoch nicht gynäkologisch untersuchen, da sie sich zu sehr verspannte.

Um die Sexualangst zu überwinden, haben die Patientin und ihr Mann Gespräche miteinander und mit Freunden geführt, in denen es darum ging, die Gründe für die Sexualangst aufzudecken. Diese Gespräche hatten keine Wirkung.

Bekanntenkreis

Frau A. hat seit einem Semester eine gute Freundin in Tübingen. Daneben hat sie noch engeren Kontakt zu einer ehemaligen Klassenkameradin und einem anderen Mädchen, das auch in Tübingen studiert und das sie von früher her kennt. Mit diesen beiden ist sie aber nicht so häufig zusammen wie mit ihrer eigentlichen Freundin.
Mit dieser trifft sie sich fast jeden Tag. Sie arbeiten gemeinsam. Dieses Mädchen kennt ihre Problematik, beide sprechen offen miteinander.
Durch ihren Mann hat sie engen Kontakt zu zwei Ehepaaren und lockere Beziehung zu drei weiteren. Mit den zwei befreundeten Ehepaaren hat sie ebenfalls über ihre Symptome gesprochen.

Hobbies und angenehme Beschäftigungen

Folgende Hobbies werden von der Patientin genannt: Basteln, Kochen, Reisen, Sport außerhalb der Ausbildung (Gymnastik, Schwimmen, Skifahren), ausgefallene Speisen essen, Schallplatten hören, diskutieren über interessante Probleme, Theater spielen (sofern sie andere Interessierte fände), Einkaufsbummel, Spazierengehen, Gäste einladen oder selbst Besuche machen.

Die Patientin *erwartet von einer Therapie,* daß die Ängste verschwinden, daß sie freier und mit sich zufriedener sein kann, intensiver arbeitet, den Studienabschluß früher erreicht und ein für beide Partner befriedigendes Sexualleben führt.

Auswertung

I. Analyse des symptomatischen Verhaltens

Nach der Exploration lassen sich folgende Problembereiche unterscheiden:
Angst vor Erbrechen und Durchfall
Angst beim Alleinsein
Sexualangst (Vaginismus)

A. *Angst vor Erbrechen und Durchfall*

I.1.a. Beschreibung des symptomatischen Verhaltens

Die Reaktion „Angst vor Magen-Darm-Reaktion" kommt in zwei Formen vor: Angst vor Durchfall und Angst vor Erbrechen. Beide Formen sollen hier (zunächst) als eine symptomatische Reaktion analysiert werden, da sie topographisch ähnlich sind und je nach situativen Gegebenheiten alternierend auftreten.

Die Patientin hat ein ungutes Gefühl, allgemeines Gefühl des Unwohlseins, wird zunehmend unruhiger, hat Angst sich übergeben bzw. sofort die Toilette aufsuchen zu müssen. Sie tätigt ihre Erledigungen in Eile oder gibt sie vorzeitig auf.

Die Angst zeigt sich außerdem in folgenden physiologischen Reaktionen (nach Aussagen der Patientin):
Unruhe, Zittern, Heiß-und-Kaltwerden, Aufsteigen des Blutes, Schwitzen, Kloß im Hals, Magenbeschwerden, Stuhldrang. Die Reaktion tritt regelmäßig auf, wenn die Patientin kritischen Situationen (s. u.) ausgesetzt ist. (Genauere Angaben über die Frequenz liegen noch nicht vor.) Symptomatisch bzw. belastend wird diese Reaktion durch ihre Unangemessenheit (Typ 1).

I.1.b. Vorausgehende und nachfolgende Reizbedingungen und Verhaltensweisen

In folgenden Situationen tritt die Angst massiv auf: Kaufhaus (außer Parterre) und Warten auf Verkäuferin; Markt; Theater; Kino; Hörsaal; Kirche; Bus. Kennzeichnend für alle genannten Situationen ist die Anwesenheit vieler Menschen. Von welcher Art die Angst und die somatischen Reaktionen sind, ist abhängig von einer weiteren situativen Bedingung·

Befindet sich die Patientin in einer dieser Situationen in der Nähe einer Toilette, tritt Angst vor Erbrechen auf. Ist in derselben Situation eine Toilette nicht erreichbar, bekommt sie Angst vor Durchfall.

Angstreaktionen geringerer Intensität treten bereits auf, wenn die Patientin Vorbereitungen trifft, um eine der Situationen aufzusuchen. In solchen Fällen geht sie, bevor sie das Haus verläßt, bis zu fünfmal auf die Toilette.

Die Angstreaktion tritt nicht auf oder ist deutlich schwächer, wenn die Möglichkeit gegeben ist, sich möglichst schnell und unbemerkt zu entfernen. (So ist zum Beispiel in größeren Seminaren, in denen das Verlassen nicht so sehr auffällt, die Angst deutlich geringer.) Sie setzt sich auf Eckplätze, bleibt im Kaufhaus möglichst in der Nähe des Ausgangs usw. Eine weitere (psychologische) Barriere, die ein schnelles Verlassen der Situation erschwert, ist auch gegeben, wenn in einem Kaufhaus eine Verkäuferin etwas für sie besorgt und sie warten muß.

Zusammenfassend ist für die vorausgehenden Reizbedingungen festzustellen: Wesentlich für das Auftreten der symptomatischen Reaktion ist die Anwesenheit vieler Menschen, bei denen die Patientin durch einen plötzlichen Aufbruch auffallen könnte. Durch verschiedene Verhaltensweisen versucht sie, die Gefahr des Auffallens möglichst gering zu halten, indem sie sich nicht weit in die Menge hinein begibt, möglichst bald die Situation verläßt und indem sie versucht, durch vorheriges Aufsuchen der Toilette den Magen-Darm-Reaktionen vorzubeugen.

Nachfolgende Reizbedingungen: Die Reaktion geht zurück, sobald sie die belastenden Situationen verlassen hat. Sofern der Ehemann anwesend ist, versucht er, beruhigend auf sie einzureden.

I.1.c. Organismus-Variablen

Die ärztliche Untersuchung ergab keine organischen Befunde.

I.1.d. Selbstkontrolle

Die oben genannten Verhaltensweisen (wie z. B. Aufsuchen von Eckplätzen, Vermeidung belastender Situationen) reduzieren zwar das Auftreten von Angst bzw. die Intensität der Angst, doch sie sind selber problematisch, da sie den Verhaltensspielraum der Patientin einengen und einzig durch die Reduktion der symptomatischen Angst aufrechterhalten werden.

I.1.e. Vorläufiges funktionales Bedingungsmodell

Folgende Informationen sprechen dafür, daß die Angstreaktion respondent ist:

1. Die Angst ist unter anderem gekennzeichnet durch heftige physiologische Reaktionen;

2. Die Angstreaktion erfolgt unmittelbar und immer in den kritischen Situationen;
3. Nachfolgende, verstärkende Reize sind nicht nachzuweisen. Der Hinweis, daß der Ehemann bei Angstreaktionen beruhigend auf sie einwirkt, könnte für operante soziale Verstärkung sprechen. Doch falls es sich bei dem Symptom um ein operantes Annäherungsverhalten handelte, hätte im Laufe der Zeit ein Diskriminationslernen stattfinden müssen: die (operante) Angst müßte häufiger bei Anwesenheit des Mannes (S^D) als bei dessen Abwesenheit (S^Δ) auftreten. Diese Schlußfolgerung wird durch die Informationen nicht belegt.

Es kann daher folgendes, vorläufiges Bedingungsmodell aufgestellt werden.

CS – CR
Aufenthalt in Menschenansammlungen, in denen plötzliches Aufbrechen   Angst
auffallen würde

Folgende Vermeidungsreaktionen haben sich ausgebildet:
1. Aufsuchen von Eckplätzen usw.

CS_2 – – – – – – – – – $CR_2 = S^D$ – – – – – – R_1 – – – – – – – – – $\cent$ –
Betreten von   abgeschwächte   Aufsuchen von   relative Reduzie-
Räumen mit   Angstreaktion   Eckplätzen usw.   rung der Angst
vielen Menschen

Durch das Aufsuchen von Eckplätzen reduziert die Patientin erste Ansätze von Angst, die inzwischen bereits beim Anblick von Menschenansammlungen auftreten (Flucht) und vermeidet dadurch die konditionierte aversive Situation erster Ordnung, nämlich den Aufenthalt in Menschenmengen (Vermeidung).
2. Vorheriges Aufsuchen der Toilette

CS_3 – – – – – – – – – $CR_3 = S^D$ – – – – – – R_2 – – – – – – – – – – $\cent$ –
Vorbereitung   Abgeschwächte   Aufsuchen der   der Rückgang
des Besuches   Angstreaktion   Toilette   der Angst u. des
belastender   (einschl. Stuhl-   Stuhldrangs;
Situationen   drang)   gleichzeitig Ver-
                              minderung des
                              Risikos, später die
                              Toilette aufsuchen
                              zu müssen.

Der „vorbeugende" Besuch der Toilette ist mitbedingt durch das tatsächliche Auftreten von Stuhldrang beim Verlassen des Hauses und dient somit nicht nur der (vermeintlichen) Reduktion des Risikos, später die Toilette aufsuchen zu müssen. Denn die „Vorbereitung zum Besuch belastender Situationen" ist bereits zu einem konditionierten Reiz höherer Ordnung für eine abgeschwächte Angstreaktion geworden.

I.1.f. Genese

Die Patientin berichtet von zwei Vorfällen, die zur Hypothesenbildung über die Entwicklung der Symptomatik dienen können:
– Zur Zeit der Vorpubertät wurde der Patientin in der Kirche übel. Sie verließ die Kirche und bekam später Vorwürfe zu hören.
– Einige Zeit darauf wurde der Patientin im Bus übel; sie erbrach, bekam Vorwürfe und mußte Strafgeld bezahlen.
Es läßt sich nicht mehr feststellen, ob vielleicht schon bei dem 2. Ereignis eine Generalisierung vorlag oder ob beide Ereignisse unabhängig voneinander waren. Beide deuten aber daraufhin, daß Brechreiz und Übelkeit in geschlossenen Räumen und großen Menschenmengen nach dem klassischen Modell konditioniert wurden:

UCS – UCR
sauerstoffarme Luft bei evtl. verringerter körperlicher Belastbarkeit in der   Übelkeit
Vorpubertät

CS – CR
Kirche, Bus, in Menschenmengen eingeschlossen   Übelkeit

Die Übelkeit wurde in beiden berichteten Beispielen sozial bestraft und somit zusätzlich aversiv, so daß auch die die Übelkeit auslösenden Situationen zusätzlich aversiv wurden und damit Angst vor aversiver Übelkeit und „Strafe" auslösten.
Durch die Angstreaktion „produziert" die Patientin einen sehr aversiven körperlichen Zustand (z. B. kurz vor dem Erbrechen), der die Qualität eines UCS für Angst hat, so daß die Konditionierung der Angstreaktion bei jedem Auftreten bekräftigt wird. Außerdem wird die Angst durch Flucht- und Vermeidungsverhalten aufrechterhalten.
Im Verlaufe der Symptomgenese scheint es zu einer Reiz- und Reaktionsgeneralisierung gekommen zu sein:
Angstauslösend wurden nacheinander: Kirche, Bus, Theater, Kino, Kaufhaus, Hörsaal. Außerdem hat die Patientin nicht mehr nur Angst vor Erbrechen, sondern auch Angst vor Durchfall.

I.1.g. Schlußfolgerungen aus der Genese

Die Hinweise aus der Genese und deren funktionale Erklärung bestätigen die Hypothese, daß die Angst ein respondentes Verhalten ist.

I.1.h. Zusätzliche diagnostische Informationen

Zusätzliche diagnostische Informationen scheinen für die Analyse dieses Symptoms nicht notwendig zu sein.

I.1.i. Vorläufige prinzipielle Therapieplanung

Als mögliches Änderungsprinzip läßt sich aus dem funktionalen Bedingungsmodell eine Unterbrechung der CS-CR Verbindung (z. B. durch Gegenkonditionierung) ableiten.

B. *Angst beim Alleinsein*

I.1.a. Beschreibung des symptomatischen Verhaltens

Die Patientin wird unruhig, läuft häufig zum Fenster, um zu sehen, ob ihr Mann kommt.

Ihr wird heiß und kalt, und sie bekommt Schweißausbrüche. Gelegentlich wird sie ohnmächtig, oder es stellen sich Magenbeschwerden ein.

Sie befürchtet, die Polizei könne anrufen, um sie zu benachrichtigen, daß ihrem Mann etwas zugestoßen sei; sie selbst könne ohnmächtig werden oder sterben, ohne daß sich jemand um sie kümmern könne.

Die Angst tritt unter S^D-Bedingungen (siehe unten) regelmäßig und sehr heftig, unter veränderten Umgebungsbedingungen (siehe unten) verzögert und mit verringerter Intensität auf.

Angst zu haben, wenn der Ehemann zur verabredeten Zeit spät abends nicht zurückgekommen ist, ist ein durchaus „normales" Verhalten. Die Angstreaktion der Patientin muß daher vorläufig als Symptom des Typs 2 (zu häufiges Auftreten) beschrieben werden.

I.1.b. Vorausgehende und nachfolgende Reizbedingungen und Verhaltensweisen

Die Angst tritt tagsüber auf, wenn der Ehemann zur verabredeten Zeit nicht zurückgekommen ist. Abends setzt die Angst bereits bei Einbruch der Dunkelheit ein und steigert sich im Laufe der Zeit, vor allem kurz vor dem verabredeten Termin. Besonders massive Ängste treten auf, sobald die verabredete Zeit überschritten ist.

Sofern Besuch da ist, Nachbarn erreichbar sind oder Bekannte angerufen werden können, ist die Zeit bis zur Rückkehr des Mannes relativ angstfrei.

Wesentlich für das Auftreten der Angst sind somit zwei Aspekte. a) Relative soziale Isolierung (die sich abends zum Teil von selbst ergibt) und b) ein zuvor verabredeter Zeitpunkt, zu dem ihr Mann bei ihr sein wollte.

Die unter a) geschilderten Bedingungen führen zu schwächeren Angstreaktionen, die die Patientin durch konzentriertes Arbeiten im Haushalt oder für das Studium reduzieren kann. Kurz vor dem verabredeten Zeitpunkt versagen jedoch diese „Alternativreaktionen"; die Angst steigert sich und wird besonders schlimm, wenn der Ehemann nicht pünktlich eintrifft.

Nachfolgende Reizbedingungen: Beim unpünktlichen aber auch pünktlichen Eintreffen des Ehemannes hat die Angst ihren relativen Höhepunkt erreicht. Herr A. geht beruhigend und besonders liebevoll auf die Patientin ein und entschuldigt sich für sein Zuspätkommen. Gelegentlich ist jedoch seine Geduld erschöpft, und er wendet sich von ihr ab. Daraufhin steigert sich ihre Angstreaktion, bis er nachgibt und sich ihr wieder zuwendet.

Herr A. bemüht sich regelmäßig, pünktlich und so früh wie möglich zu Hause zu sein. In jedem Fall wird zuvor ein Termin verabredet. Seit einiger Zeit überlegt Herr A., ob er seine abendlichen Verpflichtungen aufgeben soll.

Die Angst der Patientin steigert sich somit solange, bis eine „liebevolle Zuwendung" seitens des Ehemannes erfolgt: Eine erste Steigerung tritt auf, wenn ihr Mann nicht pünktlich kommt, eine zweite, wenn Herr A. nach seiner Rückkehr nicht sofort verständnisvoll reagiert.

I.1.c. Organismus-Variable

I.1.d. Selbstkontrolle

Durch konzentriertes Arbeiten verzögert die Patientin die Angstreaktion. Relativ selten lädt sie Besuch ein; unter diesen Bedingungen tritt die Angst nicht auf.

I.1.e. Vorläufiges funktionales Bedingungsmodell

Trotz der zum Teil heftigen physiologischen Begleitzustände (Kriterium 1) und des regelmäßigen Auftretens der Angst unter den geschilderten Reizbedingungen (Kriterium 2) scheint diese Angst primär operant zu sein und durch die liebevolle Zuwendung des Mannes positiv verstärkt zu werden. Für eine operante Verstärkung (Kriterium 3) sprechen:

1. Die Angst *steigert* sich so lange, bis die positive Zuwendung des Mannes eintritt.
2. Bei einer Reise des Ehemannes tritt die Angstreaktion nicht auf, obwohl eine „relative Isoliertheit" gegeben ist.
3. Die relativ wirksame Selbstkontrolle, Einladen von Besuch, wird nur selten ausgeführt. Denn unter diesen Bedingungen bleibt zwar die sicherlich für die Patientin aversive Angst aus, doch der Ehemann reagiert dann auch nicht mit besonderer Zuwendung.

Neben der unmittelbaren, liebevollen Zuwendung seitens des Ehemannes könnte eine Verstärkung darin zu sehen sein, daß sich der Ehemann bemüht, pünktlich zurückzukommen und möglichst häufig zu Hause zu sein, so daß die Patientin abends seltener allein ist. Unter der Voraussetzung, daß das abendliche Alleinsein für die Patientin aversiv ist, kann die Angstreaktion demnach nicht nur als ein operantes Annäherungsverhalten, positiv verstärkt durch die liebevolle Zuwendung, verstanden werden, sondern darüber hinaus als ein operantes Vermeidungsverhalten: Sie reduziert die Häufigkeit und Dauer des abendlichen Alleinseins.

Demnach kann das folgende vorläufige Bedingungsmodell aufgestellt werden: Bei Eintreten der Dunkelheit kann die Patientin die noch schwache Angst durch Alternativreaktionen verhindern:

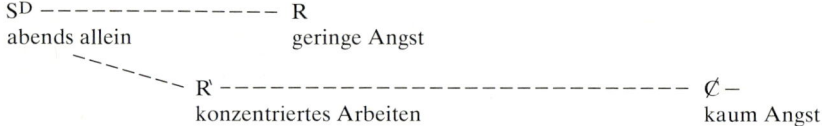

S^D — — — — — — — — — — — — R
abends allein   geringe Angst
                        R' — — — — — — — — — — — — — — — — — — — ¢ –
                        konzentriertes Arbeiten   kaum Angst

Rückt der vereinbarte Zeitpunkt näher, so ist das Alternativverhalten nicht mehr möglich:

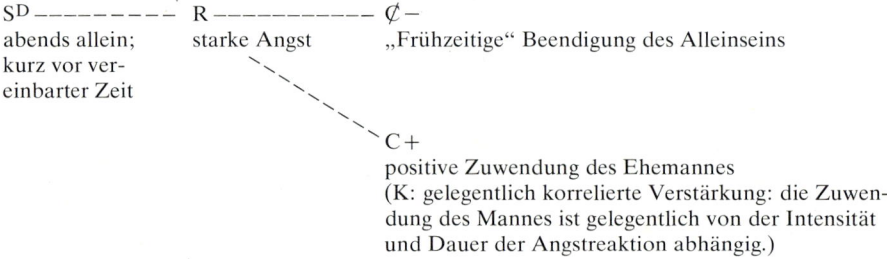

S^D — — — — — — — R — — — — — — ¢ –
abends allein;   starke Angst   „Frühzeitige" Beendigung des Alleinseins
kurz vor ver-
einbarter Zeit

                                        C +
                                        positive Zuwendung des Ehemannes
                                        (K: gelegentlich korrelierte Verstärkung: die Zuwen-
                                        dung des Mannes ist gelegentlich von der Intensität
                                        und Dauer der Angstreaktion abhängig.)

I.1.f. Genese

Konkrete Angaben zur Genese dieses Symptoms konnten nicht erhoben werden. Das von der Patientin berichtete Beispiel aus der Kindheit (Angst im leeren Haus) beschreibt eine für dieses Alter normale Reaktion. Hervorzuheben ist, daß die Symptomatik erst begann, als die Patientin häufiger allein war und vor allem keine Flurnachbarn hatte.

I.1.g. Schlußfolgerungen

Die wenigen Informationen über die Genese des Symptoms widersprechen zumindest nicht dem vorläufigen Bedingungsmodell. In Hamburg trat die Angst kaum auf, obwohl auch dort der Ehemann häufig fort war, doch die Patientin hatte damals viele Flurnachbarn. Daher ist anzunehmen, daß die Vermeidung von Alleinsein für die Aufrechterhaltung der Angst eine wichtige Rolle spielt.

I.1.h. Zusätzliche diagnostische Untersuchungen

Es sollte ein Gespräch mit dem Ehemann stattfinden. Dabei sollten vor allem seine Reaktionen auf die Angst der Patientin erfragt werden und eruiert werden, ob er häufiger abends fortbliebe, falls seine Frau angstfrei wäre.

I.1.i. Vorläufige prinzipielle Therapieplanung

Aufgrund der funktionalen Verhaltensanalyse wird deutlich, daß die Angstreaktion der Patientin als ein unangemessenes Verhalten (Symptom Typ 1) und nicht als eine nur zu häufig auftretende „normale" Angst beschrieben werden muß. Soweit es sich bei diesem Symptom um ein operantes Annäherungsverhalten handelt, ist die Anwendung des Prinzips der Löschung angebracht, d. h. der Ehemann sollte das Verhalten in Zukunft nicht verstärken. Da die Patientin durch dieses Symptom außerdem Alleinsein zu vermeiden scheint, sollte versucht werden zu erreichen, daß das Alleinsein nicht weiterhin aversiv ist, so daß eine Vermeidung nicht mehr notwendig wird.

C. Sexualangst (Vaginismus)

I.1.a. Beschreibung des symptomatischen Verhaltens

Wenn der Ehemann den Koitus versucht, verkrampft sich die Patientin, bekommt Angst vor Schmerzen und fühlt sich überfallen und eingeengt. Genauere Informationen wurden (noch) nicht erhoben.

I.1.b. Vorausgehende und nachfolgende Reizbedingungen und Verhaltensweisen

Das Symptom tritt auf, wenn der Ehemann versucht, den Penis einzuführen, und beim Gebrauch eines Spekulums im Rahmen einer gynäkologischen Untersuchung.
Nach Einsetzen der Verkrampfung gibt der Ehemann den Koitusversuch auf; beide sind verstimmt. Inzwischen beschränken sich die Ehepartner auf Petting.

I.1.c. Organismus-Variable

Die gynäkologische Untersuchung war bislang nicht möglich. Daher bleibt die Hypothese, daß bei der Patientin eine Dispareunia (Sportstudentin!) vorliegt, offen.

I.1.d. Selbstkontrolle

Eine effektive Selbstkontrolle des Symptoms liegt nicht vor. Bisherige Versuche wie Gespräche mit dem Ehemann und mit Freunden blieben ohne Erfolg. Das Ehepaar beschränkt sich auf Petting und vermeidet weitgehend Koitusversuche.

I.1.e. Vorläufiges funktionales Bedingungsmodell

Das vorläufige Bedingungsmodell wird unter der Voraussetzung aufgestellt, daß organische Grundlagen nicht nachzuweisen sind.

Es ist anzunehmen, daß es sich bei der symptomatischen Reaktion um ein respondentes Verhalten handelt:

1. Die muskulären Verkrampfungen erfolgen reflektorisch.
2. Die Verkrampfung setzt bei jeder Berührung durch Penis oder medizinische Instrumente unmittelbar ein.
3. Die nachfolgenden Konsequenzen sind eher als aversive Reize zu betrachten (Der Vorgang wird inzwischen fast völlig vermieden!). Daher können die nachfolgenden Reizbedingungen für die Aufrechterhaltung des Symptoms nicht verantwortlich sein.

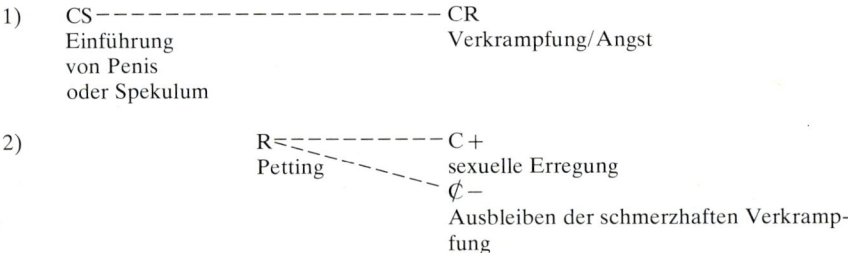

I.1.f. Genese

Die symptomatische Reaktion setzte bereits beim ersten Koitusversuch ein. Da die medizinische Untersuchung noch nicht durchgeführt werden konnte, bleibt ungeklärt, ob es sich bei der Verkrampfung um eine unkonditionierte Reaktion auf Schmerz oder Dehnungsreize (z. B. Dispareunia) oder um eine konditionierte (Angst-)Reaktion handelt.

Die Angaben zur Vorgeschichte des Symptoms sind zu unspezifisch, um einen eventuellen Konditionierungsprozeß aufweisen zu können.

I.1.g. Schlußfolgerungen aus der Genese

I.1.h. Zusätzliche diagnostische Untersuchungen

Die gynäkologische Untersuchung ist unbedingt erforderlich. Erst danach kann entschieden werden, ob weitere psychologisch-diagnostische Untersuchungen notwendig sind.

I.1.i. Vorläufige prinzipielle Therapieplanung

Sofern sich das Bedingungsmodell bestätigen läßt, wäre eine Auflösung der CS-CR Verbindung durch Gegenkonditionierung angebracht.

120

I.2. Zusammenhänge zwischen den Symptomen

Alle drei Symptome können als Angst beschrieben werden. Allerdings zeigt die Verhaltensanalyse, daß die Angst vor „Magen-Darm-Reaktion" und die „Sexualangst" respondent sind und die „Angst beim Alleinsein" operant ist. Trotz der topographischen Ähnlichkeit handelt es sich also bei diesen Ängsten auf Grund ihrer funktionalen Qualität um unterschiedliche Symptome. Weder in den bisher vorliegenden Informationen zur Genese noch in denen zur momentanen Situation finden sich Hinweise auf eine gegenseitige Abhängigkeit.

Da das Symptom „Angst beim Alleinsein" vermutlich durch positive Zuwendung seitens des Ehemannes aufrechterhalten wird, ist eine relative Deprivierung an positiver sozialer Zuwendung seitens des Ehemannes anzunehmen. Ob diese relative Deprivierung durch die Schwierigkeiten im Sexualbereich mitbedingt ist, kann auf Grund der bisher vorliegenden Informationen nicht entschieden werden.

II. Zielanalyse

II.1.a. Äußere Lebensbedingungen (Reizanalyse)

Die Patientin ist in einem kleinstädtischen Milieu, geprägt von katholischen Normen, aufgewachsen. Auffallen z. B. durch „Herausgehen aus der Kriche" oder „Unmoral" vor der Ehe widersprach gänzlich den Erwartungen und Ansprüchen der Eltern. Diese mußten als Geschäftsleute vor allem darauf achten, das Ansehen ihrer Familie und damit ihre Kunden zu behalten.

Verlassen des eher autoritären Elternhauses und Beginn des Studiums brachten für die Patientin einen Wechsel des Milieus mit sich. Als Studentin werden ihr eher eine gewisse Selbständigkeit und Freizügigkeit eingeräumt: Bedingungen, unter denen ein Rückgang der Symptomatik hätte erwartet werden können. Es ist jedoch fraglich, in wie weit die Patientin sich tatsächlich von den übernommenen Normen lösen konnte, zumal ihr Mann unter den gleichen Bedingungen aufgewachsen ist und sie sich bereits in ihrer Schulzeit kennengelernt haben. Außerdem mag sich die Patientin ihren Eltern gegenüber verpflichtet fühlen, da sie z. B. die angebotene finanzielle Unterstützung in Anspruch nimmt.

Auf dem Hintergrund dieser übernommenen Normen wird eventuell die relative Unselbständigkeit, in die sich die Patientin durch ihre Angst beim Alleinsein bringt, als weniger aversiv erlebt. Außerdem ist das „Auffallen" offensichtlich bis heute ein starker aversiver Reiz, der ihre Angst vor Magen-Darm-Reaktionen mit aufrecht erhält, obwohl in ihrer jetzigen Umgebung z. B. das vorzeitige Verlassen eines Hörsaals durchaus toleriert würde.

Ihre Symptome hindern die Patientin teilweise daran, neue, der veränderten Umgebung entsprechende Erfahrungen zu machen, so daß damit auch der Erwerb neuer Normen erschwert ist; somit tragen die Symptome zu ihrer eigenen Aufrechterhaltung bei.

II.1.b. Bedeutung der Symptome

Der Verhaltensspielraum der Patientin ist durch ihre Symptomatik sehr eingeschränkt. Auf Grund ihrer Angst vor Magen-Darm-Reaktionen kann sie sich außerhalb des Hauses nur begrenzt bewegen; der Aufenthalt in der Wohnung wird durch ihre „Angst beim Alleinsein" beeinträchtigt. Und selbst das sonst problemfreie Zusammensein mit ihrem Mann wird durch die „Sexualangst" belastet. Es muß daher davon ausgegangen werden, daß für die Patientin die Quellen für positive Verstärkung sehr eingeschränkt sind.

Die Bedingungen für das Anknüpfen neuer sozialer Kontakte sind vor allem aufgrund der „Angst vor Magen-Darm-Reaktionen" ungünstig. Außerdem ist der Spielraum gemeinsamer Aktivitäten mit ihren wenigen Bekannten eingeschränkt, da zum Beispiel Kinobesuch, Einkaufsbummel usw. möglichst vermieden werden. Auf diesem Hintergrund wird die Bedeutung ihres Mannes als fast einziger Quelle für soziale Verstärkung noch deutlicher und damit auch die relative Abhängigkeit vom Ehemann, die besonders in dem Symptom „Angst beim Alleinsein" zum Ausdruck kommt.

Auch der Verhaltensspielraum des Ehemannes ist sehr eingeengt. Seine Freizeit scheint völlig durch die Symptomatik der Patientin kontrolliert zu werden. Selbst die berufliche Tätigkeit wird durch die Ängste der Patientin beeinträchtigt; er erwägt sogar eine berufliche Veränderung.

II.2.a. Folgen einer Symptomveränderung

Der Abbau der Symptome hätte überwiegend positive Konsequenzen, da der Verhaltensspielraum beider Ehepartner erweitert würde, neue Kontaktmöglichkeiten geschaffen und die sexuelle Beziehung der Eheleute untereinander verbessert würde. Zu erwarten ist außerdem eine Zunahme der Selbstsicherheit und Selbständigkeit der Patientin, sofern davon ausgegangen werden kann, daß der Patientin nach einem erfolgreichen Abbau der Ängste ein selbstsicheres und selbständiges Auftreten in den bisher weitgehend vermiedenen sozialen Situationen möglich ist.

Da der Zusammenhalt der Eheleute momentan zu einem gewissen Teil durch die Symptome und die damit verbundene Kontrolle gekennzeichnet ist, kann nicht ausgeschlossen werden, daß die Beziehung zwischen den Partnern nach Abbau der Symptome in Frage gestellt ist. Dieser Gesichtspunkt muß im Verlauf der Therapie laufend mitberücksichtigt und zur gegebenen Zeit mit den Partnern besprochen werden.

II.2.b. Zielbestimmung

Für den Problembereich „Angst vor Magen-Darm-Reaktionen" ist als direkter therapeutischer Ansatzpunkt die *Angstreaktion* (Symptom) selbst zu wählen. Infolge des Abbaus dieser Angst kann auch ein Rückgang der Vermeidungsreaktionen erwartet werden.

Bei dem Problembereich „Angst beim Alleinsein" muß die *verstärkende Reaktion des Ehemannes* der primäre therapeutische Ansatzpunkt sein: Herr A. muß lernen, die Angstreaktion der Patientin nicht weiterhin positiv zu verstärken, gleichzeitig jedoch auf ein angstfreies Verhalten seiner Frau intensiver als bislang *positiv zu reagieren.*

Beim Problembereich „Sexualangst" ist – sofern sich das Bedingungsmodell bestätigen läßt – die *Verkrampfung (Angst)* der Patientin direkt zu behandeln.

Die Diskussion der „Folgen einer möglichen therapeutischen Veränderung" (II.2.a.) legt einerseits nahe, auch die *Interaktion und Kommunikation der Ehepartner* bzw. deren eventuelle Veränderung im Verlauf der Therapie zum Behandlungsgegenstand zu machen. Außerdem kann es notwendig werden, ein *selbstsichereres Verhalten* der Patientin in sozialen Situationen aufzubauen.

Somit ergeben sich folgende sechs Ansatzpunkte für eine direkte therapeutische Intervention:
1. (respondente) Angst vor Magen-Darm-Reaktionen (Abbau)
2. (operantes) Eingehen des Ehemannes auf die Angst (Abbau)
3. Positive Zuwendung des Ehemannes bei angstfreiem Verhalten (Frequenzsteigerung)
4. (vermutlich respondente) Sexualangst (Abbau)
5. (gegebenenfalls zusätzlich:) Interaktion und Kommunikation der Eheleute (qualitative Veränderung)
6. (Gegebenenfalls zusätzlich:) Selbstsicheres Sozialverhalten (Aufbau).

III. Therapieplanung

A. Angst vor Magen-Darm-Reaktionen

III.1.a. Prinzipielle Planung

Da dieser therapeutische Ansatzpunkt mit dem zuvor analysierten symptomatischen Verhalten identisch ist, kann die bereits oben (I.1.i.) erarbeitete prinzipielle Planung beibehalten werden.

III.1.b. Konkrete Planung

Es sollte eine systematische Desensibilisierung auf Vorstellungsebene durchgeführt werden. Für die „Angst vor Erbrechen" und „Angst vor Durchfall" sollte nur *eine* Angsthierarchie aufgestellt werden, da es sich um unterschiedliche Erscheinungsformen der „Angst vor dem Auffallen" handelt. Die Hierarchie sollte so gestaltet werden, daß die einzelnen Schritte anschließend in vivo geübt werden können.

III.1.c. Kontrollmessungen

Die Patientin sollte zunächst in Form eines Säulendiagramms eine Grundkurve (baseline) erstellen und während der Therapie fortführen, aus der folgende Daten ersichtlich werden:

1. Häufigkeit pro Tag,
2. Kennzeichnung der Intensität der Angstreaktion durch eine subjektive Skala von eins bis zehn,
3. Kennzeichnung, ob Angst vor Erbrechen oder Angst vor Durchfall aufgetreten ist.

Außerdem soll für jede neue Angstreaktion eine kurze Beschreibung der auslösenden Situation gegeben werden.

In einem zweiten Diagramm soll die Patientin die Häufigkeit und Art der Verhaltensweisen angeben, durch die sie belastende Situationen vermieden hat.

In einem dritten Diagramm soll die Patientin festhalten, wie häufig sie bislang belastende Situationen angstfrei bewältigen konnte. Dieses Diagramm wird vor allem im Zusammenhang mit dem in-vivo-Training wichtig.

B. *Verstärkungsverhalten des Ehemannes (Änderungspunkte 2 und 3)*

III.1.a. Prinzipielle Planung

Die Analyse des Symptoms „Angst beim Alleinsein" machte deutlich, daß der Ehemann der Patientin auf Angstäußerungen seiner Frau beim Nachhausekommen über kurz oder lang mit positiver Zuwendung reagiert und somit das Symptom verstärkt. Herr A. muß daher lernen, bei Anwesenheit dieses diskriminativen Reizes neutral zu reagieren, hingegen bei angstfreiem Verhalten besonders positive Zuwendung zu zeigen. Es ist daher ein operantes Unterscheidungslernen durchzuführen, durch das die S^D und S^Δ Bedingungen für sein Verstärkungsverhalten „umgekehrt" werden müssen.

Da die Patientin außerdem für ihre Angstreaktion durch die relativ gesteigerte Pünktlichkeit des Ehemannes negativ verstärkt wird, muß auch das „Pünktlichkommen" des Ehemannes verändert werden. Sein „Nachhausegehen" steht aufgrund der vorhergehenden Absprache mit seiner Frau unter enger Reizkontrolle, die gelockert werden muß.

III.1.b. Konkrete Planung

Da anzunehmen ist, daß nach erfolgreicher Behandlung der Ehemann für das veränderte Verstärkungsverhalten „natürlich" verstärkt wird (da die Angstreaktion seiner Frau ausbleibt), ist ein Verstärkungsplan für eine Übergangszeit aufzustellen. Eine unmittelbare Bekräftigung durch primäre Verstärker in der problematischen Situation dürfte kaum möglich sein. Es sollte daher ein token-Programm aufgestellt werden: Herr A. soll sich selber durch token verstärken, a) für ein neutrales Verhalten bei Angstreaktionen seiner Frau und b) für eine liebevolle Zuwendung bei Angstfreiheit seiner Frau. (Die genaue Planung des token-Programms ist erst nach Rücksprache mit Herrn A. möglich.)

Eventuell fällt es Herrn A. momentan sehr schwer, bei Angstäußerungen seiner Frau ruhig zu bleiben und neutral zu reagieren, und eventuell auch, bei bislang von ihm nicht besonders beachteten angstfreiem Verhalten Zuwendung zu zeigen. Beide Verhaltensweisen sollen gegebenenfalls im Rollenspiel aufgebaut und unter entsprechende Reizkontrolle gebracht werden.

Um die Reizkontrolle für das Nachhausegehen des Ehemannes zu lockern, sollte statt eines fest verabredeten Zeitpunktes eine allmählich immer größer werdende Zeitspanne vereinbart werden.

III.1.c. Kontrollmessung

Herr A. soll an jedem Tag folgendes aufschreiben:
1. vereinbarte Zeit bzw. Zeitspanne der Rückkehr,
2. Zeitpunkt der Rückkehr,
3. Einschätzung der Angstreaktion seiner Frau,
4. Beschreibung seiner eigenen Reaktion.

(Die Notizen zu 3. und 4. haben eine zusätzliche therapeutische Funktion im Sinne einer Unterstützung des Diskriminationslernens.)

Zusätzlich soll Herr A. den Erwerb von token in Diagrammform festhalten.

C. Sexualangst

III.1.a. Prinzipielle Therapieplanung

(vgl. S. 120)

III.1.b. Konkrete Planung

Es sollte eine systematische Desensibilisierung auf Vorstellungsebene durchgeführt werden. Gleichzeitig ist gemeinsam mit den Eheleuten eine Hierarchie ihres Sexualverhaltens aufzustellen, um zu gewährleisten, daß a) während der Therapie zunächst kein Koitusversuch unternommen wird und b) die Eheleute jeweils bei einem solchen Sexualverhalten bleiben, das bei der Patientin noch keinerlei Angst auslöst. Der Umfang des Sexualverhaltens sollte dann – parallel zur systematischen Desensibilisierung – schrittweise erweitert werden.

III.1.c. Kontrollmessung

Um das Aufkommen eines Leistungsdrucks zu verhindern, sollten die Ehepartner keine Aufzeichnungen machen, die den Fortschritt der Therapie dokumentieren. Zur Kontrolle sollten daher nur a) der Verlauf der Desensibilisierung und b) gründliche Berichte im Verlaufe der Therapiesitzungen herangezogen werden.

D. Zusätzliche Änderungspunkte

Für die gegebenenfalls zusätzlich durchzuführenden Behandlungen ist eine konkrete Planung momentan noch nicht möglich, da noch keine ausreichenden Informationen vorliegen.

III.2.a. Zusätzliche diagnostische Untersuchungen

1. Zur weiteren Analyse der Symptombereiche
   Für die „Angst vor Magen-Darm-Reaktionen" ist eine weitere Untersuchung nicht nötig.
   Im Zusammenhang mit der „Angst beim Alleinsein" sollte ein Gespräch mit dem Ehemann stattfinden, um seine Reaktionen auf die Angst seiner Frau zu erfragen und um festzustellen, wie weit sein Freizeitverhalten inzwischen durch die Symptomatik seiner Frau beeinflußt ist.
   Vor der Behandlung der Sexualangst ist eine gynäkologische Untersuchung unbedingt erforderlich, um abzuklären, ob eventuell eine Dispareunia vorliegt.
2. Zur Analyse der weiteren therapeutischen Ansatzpunkte
   Sowohl das Sozialverhalten der Patientin (in angstfreien Situationen) als auch die Interaktion und Kommunikation der Eheleute untereinander (Ablauf von Auseinandersetzungen und Streitigkeiten und Gründe dafür; gemeinsame und unterschiedliche Interessen und deren Verwirklichung; Formen der Kompromißfindung usw.) sollten bereits vor Beginn der Behandlung in groben Zügen abgeklärt und gegebenenfalls im Verlauf der Therapie näher analysiert werden.

III.2.b. Reihenfolge

In einem ersten Gespräch mit Patientin und Ehemann sind in groben Zügen die verschiedenen Bedingungsmodelle der Symptome vorzustellen und der gesamte Therapieplan zu diskutieren.
Da nicht auszuschließen ist, daß – wie unter „Zusammenhänge zwischen den Symptomen" auf S. 121 vermutet wurde – zwischen der „Angst beim Allein-

sein" und den Schwierigkeiten im Sexualbereich ein Zusammenhang besteht, sollte (nach der ärztlichen Untersuchung) mit der Therapie der Sexualangst begonnen werden. Zunächst ist das Entspannungstraining nach *Jacobson* zu üben, das für die beiden vorgesehenen Desensibilisierungen notwendig ist. Gleichzeitig sollte die geplante Besprechung mit den Eheleuten über ihr Sexualverhalten und dessen Veränderungen begonnen werden. Erst nachdem sich erste Fortschritte bei der Therapie der Sexualangst und damit vermutlich gleichzeitig Verbesserungen in ihrem Verhältnis zueinander eingestellt haben, sollte das Training des Ehemannes bezüglich seines Verstärkungsverhaltens aufgenommen werden.

Da die „Angst vor Magen-Darm-Reaktionen" in keinem Zusammenhang mit den anderen Symptomen zu stehen scheint, kann diese Behandlung parallel zu den anderen Maßnahmen durchgeführt werden. Sofern im Verlauf dieser Behandlung die unter „Folgen einer Symptomveränderung", S. 122, vermuteten Schwierigkeiten im Sozialverhalten auftreten, wäre nach weiteren Explorationen mit dem Aufbau eines selbstsicheren Sozialverhaltens zu beginnen.

Falls sich im Zusammenhang mit dem veränderten Verstärkungsverhalten des Ehemannes und der gesteigerten Selbstsicherheit der Patientin Spannungen zwischen den Eheleuten einstellen, sind diese gemeinsam mit den Ehepartnern zu analysieren, und gegebenenfalls müßte ein Kommunikationstraining durchgeführt werden. Andere Maßnahmen müßten dann gegebenenfalls zurückgestellt werden.

III.2.c. Erfolgsmessung

Zur Erfassung des Therapieerfolgs sollen neben den bereits beschriebenen, auf die einzelnen Symptome ausgerichteten Kontrollmessungen folgende diagnostische ante- und post-Erhebungen vorgenommen werden: Veränderungen im Sozialbereich könnten sich möglicherweise im MPI (Maudsley Personality Inventory), im SDS (Social Desirability Scale) und im FPI (Freiburger Persönlichkeitsinventar) darstellen. Außerdem könnten sich im MPI und FPI eine Zunahme der Selbstsicherheit ausdrücken. Inwieweit durch die Behandlung eine allgemeine Angstreduktion erreicht werden kann, soll vor allem durch den MAS (Manifest Anxiety Scale) erfaßt werden.

KAPITEL 6

Gesprächsführung bei verhaltenstherapeutischen Explorationen[1])

Peter A. Fiedler

Die Exploration ist in der Verhaltenstherapie gewöhnlich das erste Zusammentreffen zwischen Klient und Therapeut. Diese Situation ist für beide Seiten neu und prägend für den Erwerb von Interaktionsgewohnheiten. In dieser Situation sind sowohl der Klient als auch der Therapeut empfänglich für neue Reize – das trifft in besonderem Maße für den Klienten zu. Mit der Verhaltensexploration beginnend, baut sich eine an Ordnung zunehmende Wechselbeziehung zwischen Klienten und Therapeuten auf, die sich im wesentlichen aus dem Hin und Her von Aktion, Reaktion und Reaktion auf Reaktion zusammensetzt. Unter „Ordnung" wird hier verstanden, daß sich in Dyaden wie der Therapeut-Klient-Beziehung ein *stabiles Gleichgewicht* entwickeln kann: so stellten beispielsweise *Lennard* und *Bernstein* (1960) fest, daß therapeutische Zweiergruppen nach den ersten Sitzungen zu einem besonderen Interaktionsmuster übergingen, das dann für den Rest der Sitzungen konstant blieb.

In den letzten 15 Jahren wurden zahlreiche experimental-psychologische Untersuchungen über die verbale Interaktion durchgeführt, meist Experimente zum *verbalen* Konditionieren unter dem Gesichtspunkt der Abhängigkeit bzw. Beeinflußbarkeit des Sprachverhaltens von Versuchspersonen durch Versuchsleiter (*Krasner*, 1958, 1962; *Verplanck,* 1955): Vorher festgelegte verbale Reaktionen von Versuchspersonen werden durch den Versuchsleiter verstärkt durch verbale und/oder nichtverbale Reize (d. h. Verhaltensweisen des Versuchsleiters wie beispielsweise Lächeln, Zuwendungen, „Ah-ja" und „Hmm-hmm"-Äußerungen, „gut", „richtig" usw.). Dabei zeigen Personen in Zukunft jene Verhaltensweisen häufiger, die von einem angenehmen, befriedigenden bzw. bestätigenden Versuchsleiterverhalten begleitet werden oder denen ein solches Verhalten nachfolgt. Umgekehrt lassen sich bestimmte Merkmale des Sprachverhaltens löschen, oder es läßt sich zumindest deren

---

[1]) Für seine wichtigen Hinweise und Ergänzungen bei der Abfassung dieser Arbeit danke ich Dr. *Dietmar Schulte* sowie den Teilnehmern meines Verhaltenstherapie-Seminars im Sommer 1973 für viele wertvolle Anregungen.

Rate beträchtlich vermindern, wenn der Versuchsleiter auf diese Merkmale unbefriedigende Effekte bzw. keine bestätigenden Effekte folgen läßt. Einen zusammenfassenden Überblick über Forschungen zum verbalen Konditionieren gibt *Kanfer* (1968).

Zahlreiche Untersuchungen zur *klientenzentrierten Gesprächspsychotherapie* (*Tausch,* 1970; *Truax* und *Carkhuff,* 1965) zeigen, daß das Sprachverhalten von Klienten in funktionalen und inhaltlichen Merkmalen durch gewisse Verhaltens- und Sprachmerkmale von Versuchsleitern bzw. Psychotherapeuten deutlich beeinflußt und modifiziert werden kann (einer der Gründe, weshalb man bei dieser Therapierichtung die Bezeichnung „nicht-direktiv" wieder hat fallen lassen – vgl. *Rogers* und *Skinner,* 1956; *Truax,* 1966).

Generell kann aufgrund bisher vorliegender Untersuchungen zur Interaktion zwischen Therapeut und Klient von zwei Annahmen ausgegangen werden (vgl. *Krasner,* 1962):

1. Die therapeutische Begegnung ist ein in seiner Struktur und in seinem Ablauf weitgehend *voraussagbarer* und *direktiver Prozeß,* der einer lerntheoretischen Analyse zugänglich ist.

2. Die Variablen, die den Therapieprozeß beeinflussen, sind die gleichen wie bei anderen interpersonalen Situationen, in denen eine *Modifikation menschlichen Verhaltens* stattfindet.

Es erscheint angebracht, aufgrund dieser Annahmen auch für die Aktivitäten des Therapeuten in der Verhaltenstherapie – insbesondere für die Gesprächsführung – einige allgemeine Folgerungen abzuleiten, und dies um so dringlicher, als es noch weitgehend an Regeln und Prinzipien mangelt, nach denen Gespräche in der Verhaltenstherapie geführt werden sollen.

In der Praxis wird bisher noch recht uneinheitlich verfahren. Das mag daran liegen, daß dem Verhaltenstherapeuten zwar ein reiches Methodeninventar zur Behandlung der verschiedensten Symptome zur Verfügung steht und die Verhaltenstherapieforschung sich vornehmlich um eine Verfeinerung und Ergänzung dieses Methodeninventars bemüht. Verhaltenstherapie *als Gesprächssituation* ist dagegen bisher vernachlässigt worden. Es fehlt zwar nicht an plausiblen und aus der Erfahrung geschöpften Hinweisen und Ratschlägen für eine effektive Gesprächsführung (z. B. *Lazarus,* 1971). Dennoch hat jeder Verhaltenstherapeut offensichtlich sein persönliches Konzept, wie er seinen verschiedenen Klienten in der Therapie gegenübertritt.

Die Interaktion zwischen Klient und Therapeut *in der Verhaltenstherapie* unterscheidet sich grundsätzlich von der anderer Therapierichtungen. Das heißt nicht, daß nicht auch Aspekte des Therapeutenverhaltens in die Verhaltenstherapie Eingang finden könnten, wie sie von anderen Richtungen, z. B. der Gesprächspsychotherapie als optimal hinsichtlich der Ausformung und Modifikation ganz bestimmter Klientenverhaltensweisen angesehen werden

(z. B. *Marks* und *Gelder,* 1966; *Meyer* und *Crisp,* 1966). Mit der hier vorgenommenen Abgrenzung soll deutlich gemacht werden, daß das Kommunikationsverhalten zwischen Therapeut und Klient in der Verhaltenstherapie vom ersten Augenblick an durch die dieser Therapieform eigenen Ziele determiniert wird: Soll Verhaltenstherapie zeit- und zielökonomisch eingesetzt werden, ist es für den Therapeuten unablässig, vom ersten Zusammentreffen mit dem Klienten an ganz konsequent auf die *Erarbeitung einer Verhaltensanalyse* hinzuarbeiten; denn die für eine verhaltenstherapeutische Behandlung notwendige Angabe eines konkreten Behandlungszieles und damit das Festlegen des weiteren therapeutischen Vorgehens wird erst aufgrund der diagnostischen Verhaltensanalyse möglich (*Schulte,* 1973 a; *Kaminski,* 1970).

Drei Funktionen einer effektiven *Gesprächsführung bei verhaltenstherapeutischen Explorationen* lassen sich vorläufig unterscheiden:

1. *Diagnostische Funktion*
   Zeitökonomische und zielgerichtete Datenerhebung für Verhaltensanalyse und Therapieplanung.

2. *Motivierende Funktion*
   Modifikation der Therapieerwartungen des Klienten hinsichtlich der auf ihn zukommenden Aufgaben innerhalb der Verhaltenstherapie.

3. *Therapeutische Funktion*
   Aufbau und Erhöhung der Sicherheit des Klienten im Umgang mit dem Therapeuten, der therapeutischen Situation und den therapeutischen Maßnahmen; Sprach- und Verhaltenstraining des Klienten hinsichtlich einer möglichst frühzeitigen Selbstkontrolle des symptomatischen Verhaltens.

Unter besonderer Berücksichtigung dieser drei Gesichtspunkte soll der Versuch unternommen werden, den Prozeß der verhaltensanalytischen Gesprächsführung unter Zuhilfenahme lerntheoretischer Überlegungen zu durchleuchten. Dabei wird insbesondere die Rolle des Therapeuten als „*Social Reinforcing Machine*" (*Krasner,* 1962) zur Diskussion stehen, also der Therapeut als jemand, der die Therapiesituation im Wissen um die Möglichkeiten einer Anwendung von Lernprinzipien in der sozialen Situation manipuliert und kontrolliert (vgl. allgemein hierzu auch *Kanfer,* 1961; *Krasner,* 1962).

Die diagnostische Funktion der Gesprächsführung

Hauptziel einer verhaltenstherapeutischen Exploration ist es, auf möglichst ökonomische Weise Informationen zu erhalten, die die Identifizierung von symptomatischen Verhaltensweisen gestatten, eine funktionale Analyse des so aufgedeckten Verhaltens erlauben und die eine Ableitung prinzipieller und konkreter Maßnahmen aus dem hypothetischen Bedingungszusammenhang ermöglichen (auf Probleme der Erstellung einer Verhaltensanalyse und eines Therapieplanes soll hier nicht näher eingegangen werden; vgl. hierzu Kapitel 4 dieses Buches).

Die Verhaltensexploration dient also zunächst der *Erhebung verhaltensanalytisch verwertbarer Daten,* und an diesem Ziel wird sich die Art der Gesprächsführung primär orientieren. Es kann nicht davon ausgegangen werden, daß der Klient sein symptomatisches Verhalten dem Therapeuten hypothesengerecht unterbreitet. Der Klient wird vielmehr ganz bestimmte eigene Einstellungen, Erwartungen und Verhaltensmuster in die Therapie miteinbringen, die zum größten Teil mit dem interferieren, was den Klienten in der Verhaltenstherapie erwartet bzw. was von ihm an konkretem Verhalten erwartet wird. Zum anderen wird die Relevanz der erhaltenen Informationen entscheidend von der *Art des Fragens* durch den Therapeuten abhängen. Das Initialverhalten des Therapeuten sollte deshalb vom ersten Zusammentreffen an vornehmlich so angelegt sein, die Bedingungen für eine konkrete Verhaltensbeschreibung (einschließlich der verbalen Berichte über die symptomatischen Verhaltensweisen und ihre Bedingungszusammenhänge) möglichst optimal zu gestalten.

Unter dem diagnostischen Gesichtspunkt der Gesprächsführung steht also die Maximierung der *Brauchbarkeit der Einzelinformationen* für die zu erstellende Verhaltensanalyse im Vordergrund. Dabei ergeben sich im wesentlichen vier Anforderungen an die Aktivitäten des Therapeuten bezüglich seiner Einflußnahme auf das Verbalverhalten des Klienten, nämlich

1. die Konkretheit der Einzelinformationen zu erhöhen;
2. die Einzelinformationen in einen funktionalen Bezugsrahmen zu stellen;
3. die Gültigkeit der Einzelinformationen zu optimieren; sowie
4. das System sich ergänzender Einzelinformationen zu einem umfassenden Bedingungsmodell zusammenzufügen.

ad 1. Konkretheit

Der Therapeut wird versuchen, möglichst *konkrete Fragen* zu stellen, die der Klient zu beantworten in der Lage sein sollte. Günstig wird es sein, die Fragen *zunächst* „offen" zu halten, d. h. die Auswahl der Antworten dem Klienten frei zu überlassen. Denn zu Beginn einer Therapie besitzt man nur wenig Kenntnis von den möglichen Alternativen einer Antwort. „Offene" Fragen bieten zudem den Vorteil, daß der Therapeut die „spontanen Bezugssysteme" (vgl. *Maccoby* und *Maccoby,* 1957) des Klienten erfassen und diesen systematisch in Richtung auf ein verhaltensanalytisches Betrachten des eigenen Verhaltens anleiten kann (s. u.).

Sollte es dem Klienten schwerfallen, konkrete Antworten zu geben, kann der

Therapeut den gewünschten Abstraktionsgrad der Antworten vorgeben und mehrere Alternativen zur Wahl stellen. Um dabei die Gefahr einer allzu starken Lenkung und Beeinflussung des Klienten möglichst gering zu halten, ist es günstig, möglichst viele Alternativen zu nennen. Dadurch wird der Klient nicht gezwungen, sich auf zu ungenaue Beschreibungsbegriffe festzulegen. Da bei solchen „geschlossenen" Fragen die Gefahr der Suggestibilität stets sehr groß ist, sollten sie aber möglichst die Ausnahme sein.

Um die Sicherheit des Klienten im Umgang mit dem von ihm verlangten Verbalverhalten zu erhöhen, sollte ihm der Therapeut die *verhaltensanalytische Brauchbarkeit* seiner Äußerungen und Berichte (vornehmlich in der ersten Phase der Verhaltensexploration) unmittelbar zurückmelden. Konkrete Einzelinformationen sollten als solche deutlich gemacht und verstärkt werden (z. B. ... „Was Sie eben gesagt haben, läßt sich gut verwerten!" ... oder ... „Das sind genau die Informationen, die wir brauchen!" ... usw.). Der Therapeut sollte frühzeitig *zu allgemein gehaltene Aussagen* des Klienten löschen, indem er ihnen keine Beachtung schenkt, und *konkreter* nach Verhaltensweisen fragen.

ad 2. Funktionaler Bezugsrahmen

Die verhaltensanalytische Brauchbarkeit der Informationen orientiert sich weitgehend an der Beispielhaftigkeit, mit der das paradigmatische herausgegriffene Verhalten repräsentativ für den jeweils diskutierten Problembereich steht. Diese läßt sich nicht nur vom Gesichtspunkt der *Topographie* des zur Analyse anstehenden Verhaltens entscheiden; sie hängt auch unmittelbar vom *funktionalen Bezugsrahmen* ab, also von den Reizbedingungen, die dem Verhalten mehr oder weniger regelmäßig unmittelbar vorausgehen und unmittelbar folgen. Dazu gehören auch Verhaltensweisen, die im Zusammenhang mit dem Problembereich genannt werden und die in einem zeitlichen oder funktionalen Zusammenhang mit dem zunächst isolierten Verhalten stehen.

Kanfer und *Elwood* (1974) schlagen deshalb vor, von der ersten Begegnung an behavioristische Termini einzuführen und den Klienten gezielt an eine behavioristische Sprache und Sichtweise seiner Symptome zu gewöhnen. Die Realisierbarkeit einer solchen Forderung wird durch eine Untersuchung von *Jaffe* (1964; zit. nach *Argyle,* 1972) unterstützt: Dieser untersuchte psychotherapeutische Sitzungen und analysierte 40 000 Wörter, die in einer Serie von neun Sitzungen gesprochen wurden; er fand eine *Konvergenz des Vokabulars:* Therapeut und Patient lernten eine gemeinsame Sprache sprechen.

Hier wird es vornehmlich *zu Beginn* auf eine konsequente Unterstützung des Therapeuten ankommen, damit der Klient nicht zu frühzeitig den zur Analyse anstehenden Problembereich wechselt. Er wird durch Beispiele und Fragen immer sofort zu vorausgehenden und nachfolgenden Ereignissen hinführen müssen (z. B. ... „Wie hat X daraufhin reagiert?" ... oder ... „Können Sie genau beschreiben, wie Ihr Partner sich verhalten hat, bevor Sie Angst bekamen!" ... usw.), und deutlich machen, daß es auf die genaue Reihenfolge der Ereignisse und Reaktionen ankommt.

Es hat sich in diesem Zusammenhang als vorteilhaft erwiesen, vom Klienten *wenige spezifische Situationen* zu dem zu analysierenden Problembereich *exakt* schildern zu lassen, als zu viele global (*Kanfer,* pers. Mitteilung).

ad 3. Gültigkeit der Informationen

Standardisierte Instrumente (Fragebogen, Tests etc.), die die für eine Verhaltensanalyse charakteristischen funktionalen Informationen liefern, sind bisher recht wenige entwickelt worden (vgl. *Goldfried* und *Pomeranz,* 1968). Diese Tatsache ist unter Berücksichtigung der kurzen Zeit, in der funktionale Verhaltensanalysen angestellt werden, nicht verwunderlich. Herkömmliche psychologische Tests, die eine Klassifizierung von isolierten Verhaltensweisen und Eigenschaften leisten, sind für eine Verhaltensanalyse nur von begrenztem Wert. Normalerweise ist der Verhaltenstherapeut also gezwungen, bei seiner Informationsgewinnung auf Antworten und Berichte des Klienten zurückzugreifen.

Nun unterliegen aber verbale Berichte des Klienten verschiedenen Störungen, die

1. sich *aus der Symptomatik* des Klienten ergeben: Diese Störungen zeigen sich beispielsweise oft in der Angst, über Problembereiche und angstbesetzte Situationen zu kommunizieren. Die Ungenauigkeit der Mitteilungen über die eigenen Symptome ist von *Schachter* (1964) an der Klassifizierung eigener Emotionen sowie von *Leibowitz* (1968) an der Beschreibung eigenen aggressiven Verhaltens demonstriert worden;

2. sich *aus der sozialen Lerngeschichte* des Klienten herleiten lassen: Hierher gehört beispielsweise die Tendenz zur sozial erwünschten Antwort, wie sie von *McCord* und *McCord* (1961) im Interview-Verhalten von Eltern nachgewiesen wurde. Weiter werden positive oder negative Vorerfahrungen in früheren klinischen Gesprächen ebenfalls das Gesprächsverhalten des Klienten beeinflussen usw.;

3. *in der Befragungssituation* selbst liegen: So kann das Gesprächsverhalten des Klienten dadurch beeinflußt werden, in welchen Räumlichkeiten das Treffen mit dem Therapeuten stattfindet; oder durch sein Wissen, daß die Exploration über einen Einwegspiegel von weiteren Personen mitverfolgt wird usw.;

4. vom *Therapeuten* in die Gesprächssituation mit eingebracht werden (z. B. Persönlichkeitsvariablen wie Alter und Sprachdialekt; dann Eleganz und Nachlässigkeit des Äußeren; Vertrauenswürdigkeit und Kompetenz etc.)

Das Sprachverhalten des Klienten in der Exploration ist also in erster Linie als *verbale Reaktion* auf einen ganzen Set steuernder Reize anzusehen (incl. Fragestil und Fragen des Therapeuten), erst in zweiter Linie als ein verbaler Bericht über seine Symptome und deren Bedingungszusammenhänge. Die sich hierbei ergebende Diskrepanz zwischen verbaler Mitteilung und den berichteten Sachverhalten ist deshalb möglichst durch *zusätzliche diagnostische Maßnahmen* zu verringern bzw. aufzuheben. Zur *Validierung* der durch die Exploration erhobenen Daten bieten sich folgende Informationsquellen an (vgl. hierzu auch Kap. 7 u. 8):

1. Das nichtverbale Verhalten des Klienten während der Therapiestunden.
2. Die Beobachtung des Klienten im Rollenspiel.
3. Die Beobachtung des Klienten im Alltagsleben bzw. in der von ihm als problematisch bezeichneten Situation.
4. Die Konfrontation des Klienten mit Tonband- und Videoaufnahmen.
5. Das Gespräch mit Personen, die dem Klienten nahestehen, insbesondere, wenn sie direkt mit dem problematischen Verhalten zu tun haben.

Als Methode, die bereits unmittelbar während der Exploration eingesetzt werden kann, sei hier insbesondere das *Rollenspiel* genannt, das sich als zuverlässiges und ökonomisches Instrument bei einer Reihe von Verhaltensstörungen als Diagnostikum anbietet (z. B. Aggressivität, Kommunikationsstörungen etc.):

Der Klient wird zunächst aufgefordert, die für ihn schwierigen sozialen Situationen genau zu beschreiben, so daß sich der Therapeut ein möglichst exaktes Bild machen kann. Der Therapeut übernimmt dann die Rolle des Interaktionspartners und der Klient soll sein eigenes Verhalten so nachspielen, wie er es gewöhnlich in diesen für ihn typischen Problemsituationen zeigt. Im Anschluß an das Rollenspiel wird der Klient befragt, inwieweit die gespielte der realen Situation entsprach oder von dieser abwich; ergänzend kann der Klient auch mit den *Tonbandaufzeichnungen* konfrontiert werden. Zur Herstellung optimaler Realitätsbedingungen kann die gleiche soziale Situation auch im *Rollentausch* durchgeführt werden: Der Klient spielt seinen jeweiligen Interaktionspartner und der Therapeut die Rolle des Klienten. Dem Therapeuten wird so die Rolle des Interaktionspartners transparenter, und er kann in einer nochmaligen Wiederholung des ursprünglichen Rollenspiels (Therapeut als Interaktionspartner des Klienten) die Situation realer gestalten und genauere Informationen über den Ablauf des problematischen Sozialverhaltens des Klienten erhalten.

Dem Therapeuten fällt bei solchen Rollenspielen die Aufgabe eines am Interaktionsprozeß *teilnehmenden Beobachters* zu (vgl. *Jahoda, Deutsch* und *Cook,* 1968), der

— einmal entscheiden muß, wie und was beobachtet werden sollte, und der
— zum anderen ständig ein Augenmerk darauf zu richten hat, den Interaktionspartner des Klienten möglichst treffend zu realisieren.

Die Aufmerksamkeit des Therapeuten wird durch die zweite Funktion zu sehr in Anspruch genommen, als daß er noch handschriftliche Aufzeichnungen über das vom Klienten gezeigte Verhalten machen könnte.

Tonband- und Videoaufzeichnungen können hier wertvolle Hilfe leisten, zumal sie jederzeit rückspielbar sind und vom Klienten korrigiert werden können, falls das Rollenspiel allzu sehr von der Realsituation abweicht.

ad 4. System sich ergänzender Einzelinformationen

Zentraler Punkt der diagnostischen Funktion der Gesprächsführung ist die Zusammensetzung der Einzelinformationen zu einem zusammenhängenden Modell. Den Rahmen für ein solches Modell gibt beispielsweise das Verhaltensanalyseschema ab, das an anderer Stelle dieses Buches vorgestellt wurde (vgl. Kapitel 4). Ein solcher Rahmen soll die Möglichkeit eröffnen, ein hypothetisches Bedingungsmodell des symptomatischen Verhaltens zu erstellen, das als Grundlage für die therapeutische Intervention herangezogen wird. Dem Vorgehen in der Exploration stehen hierbei zwei verschiedene Wege offen: Der Therapeut hat prinzipiell zu entscheiden, ob er

1. viele verschiedene Gesichtspunkte der Probleme des Klienten mehr kursorisch erfassen oder ob er
2. einzelne Variablen sehr sorgfältig untersuchen möchte, um davon ausgehend das Bild von der Symptomatik des Klienten allmählich zu vervollständigen.

Diese beiden Möglichkeiten sollen hier in Anlehnung an *Cronbach* und *Gleser* (1965) als 1. *Breitband-* bzw. als 2. *Schmalband-Diagnostik* bezeichnet werden: Betrachtet man beispielsweise (in der Sprache der Informationstheoretiker) die Informationsübertragung in einem einzigen Kanal, so können in einer bestimmten Zeiteinheit entweder viele Botschaften oder einzelne langsam mit Wiederholungen übertragen werden. Im ersten Fall ist eine größere Bandbreite der Signale gegeben, es wird mehr Information übertragen. Aber die Unverfälschlichkeit der Information ist im zweiten Fall erheblich besser gewährleistet (vgl. auch *Michel* und *Mai,* 1968).

Bei der ersten Vorgehensweise geht es also darum, eine möglichst große Zahl von Einzelinformationen zu sammeln. Eine solche Breitbanddiagnostik hätte insofern den Vorteil, als der Therapeut sich nicht zu frühzeitig auf Hypothesen festlegen müßte, die unter Umständen zu einem falschen Bedingungsmodell führten. Man könnte dem Klienten offene Fragen stellen und ihn bitten, möglichst viele Beispiele zu nennen. Erst in einer späteren Phase der Exploration würden diese Daten dann mehr *induktiv* zu einem Modell zusammengetragen. Daß der Therapeut möglichst wenig lenkend eingreift, könnte sich andererseits aber auch nachteilig auswirken: Da dem Klienten sehr große Freiheiten bleiben, seinen verbalen Bericht zu gestalten und die Inhalte ohne allzu starke Intervention durch den Therapeuten auszuwählen, geht viel Zeit verloren. Es wird viel schwieriger werden, den Klienten an eine behavioristische Sichtweise und Sprache heranzuführen.

Demgegenüber ist bei der zweiten Vorgehensweise eine stärkere Führung des Klienten durch den Therapeuten angebracht. Bei dieser Art „Schmalband-Befragung" geht es zunächst nicht so sehr darum, möglichst viele Informationen zu erhalten, sondern einzelne vom Klienten genannte Variablen sorgfältig zu analysieren. Bereits nach wenigen Grundinformationen stellt der Therapeut erste Hypothesen über die möglichen Bedingungszusammenhänge der Symptome auf. Diese Hypothesen wird er dann zunächst weiterverfolgen und durch sorgfältige Abklärung des paradigmatisch herausgegriffenen Problembereiches zu überprüfen versuchen, bevor zu einem nächsten übergegangen wird.

Das letztgenannte Therapeutenverhalten ist vornehmlich durch ein *hypothesengeleitetes Fragen* charakterisiert. Obwohl es sich durch eine stärkere Lenkung des Klienten auszeichnet (was sich unter Umständen bei fälschlichen bzw. zu voreiligen Annahmen über Bedingungszusammenhänge nachteilig auf die Vollständigkeit der erhaltenen Informationen und ihre tatsächliche Repräsentanz für die eigentliche Problematik auswirken könnte), ist diesem explorativen Vorgehen im allgemeinen aus drei Gründen der Vorzug zu geben:

1. Das funktionale Bedingungsmodell wird aufgrund zeitiger Hypothesenbildung relativ früh festgelegt und kann somit schon während der Exploration durch stringentes Weiterfragen des Therapeuten einer *Überprüfung an ähnlichen Problemen* des Klienten unterzogen werden.
2. Auch aus diesem Grund handelt es sich hierbei (gegenüber der Breitbanddiagnostik) um ein relativ *zeitsparendes Vorgehen,* da nicht erst eine Vielfalt von verschiedenen Informationen zusammengetragen zu werden braucht, bevor es zur Hypothesenbildung kommen kann.
3. Es erfüllt gegenüber dem Klienten *didaktische Funktionen* insofern, als dieser durch eine hypothesengeleitete Symptomanalyse leichter an eine behavioristische Sichtweise seiner Probleme herangeführt werden kann.

Der Gefahr, daß sich der Therapeut voreilig und ohne Kenntnis weiterer wichtiger Informationen auf bestimmte funktionale Hypothesen festlegt, kann durch eine *systematische Hypothesenüberprüfung* bereits während des Gesprächs begegnet werden. Prinzipiell bieten sich dazu zwei Wege an (*Schulte,* 1973 c):

a) Der Therapeut sammelt zu dem Problembereich, auf den sich seine Hypothese bezieht, gezielt weitere Informationen („Verifizierungsfragen"). Anhand von Berichten des Klienten über konkrete Beispiele kann er die Gültigkeit seiner Hypothesen überprüfen.
b) Der Therapeut leitet aus seiner vorläufigen Hypothese Schlußfolgerungen

ab, deren Gültigkeit er durch eine gezielte Befragung des Klienten überprüft („Falsifizierungsfragen").

Falls beispielsweise der Therapeut zu der Hypothese gekommen ist, daß eine Angstreaktion
des Klienten nur bei Anwesenheit einer bestimmten Person A auftritt, dieser Person also die
Funktion eines auslösenden oder (sofern es sich um eine operante Angstreaktion handelt)
eines diskriminativen Reizes zukommt, so kann er sich weitere Beispiele berichten lassen und
überprüfen, ob in jedem Fall diese Person anwesend war (Verifizierungsfragen). Oder der
Therapeut folgert, daß bei Abwesenheit von A die Angst – sofern seine Hypothese stimmt –
nicht auftreten dürfte, und fragt den Klienten direkt, ob gelegentlich Angst auch bei Abwesenheit von A vorkommt (Falsifikation).

Die zweite Vorgehensweise hat gegenüber der ersten erhebliche Vorteile. Ein
oder zumindest wenige der Hypothese widersprechende Ereignisse liefern
bereits einen Hinweis, daß die vorläufige Hypothese in dieser Form in Frage
gestellt werden muß. Der Therapeut kann unmittelbar eine Alternativhypo-
these zu bilden versuchen, die auch die neuen Informationen berücksichtigt.
Bei einer „Verifizierungsstrategie" würde es eventuell sehr lange dauern, bis
der Klient zufällig ein Beispiel schildert, das die vorläufige Hypothese in
Frage stellt (vor allem dann, wenn Ereignisse, die die Hypothese falsifizieren
könnten, aus äußeren Umständen selten auftreten). Im ungünstigsten Fall gibt
der Klient spontan überhaupt keine Informationen, die die Unangemessenheit
der Hypothese sichtbar machen könnten. (Auf die wissenschaftstheoretischen
Probleme der Verifizierung von Hypothesen kann hier nicht eingegangen
werden; vgl. *Holzkamp,* 1968). Der Therapeut sollte erst dann eine inhaltliche
Präzisierung seiner Hypothese anstreben und sich weitere Beispiele schildern
lassen, wenn trotz mehrerer „Falsifizierungsfragen" die Beibehaltung der
Hypothese angebracht erscheint.
Neben den zuletzt genannten zeitlich-ökonomischen Vorteilen von „Falsifizierungsfragen" und der prinzipiellen wissenschaftstheoretischen Überlegenheit
kann ein solches Vorgehen den Klienten bereits von Anfang an auf kritische,
sein Verhalten steuernde Variablen aufmerksam machen, ohne daß der
Therapeut expressis verbis darauf hinweisen muß. Das fördert nicht nur die
Bereitschaft des Klienten zu einer konkreten Schilderung seiner Symptomatik,
sondern kann zudem die Motivation, aktiv mitzuarbeiten, erheblich steigern
(s. u.).
Die schnelle Entwicklung funktionaler Erklärungshypothesen im Verlauf
eines Gesprächs und die Ableitung von Falsifizierungsfragen gehören zu den
schwierigsten Aufgaben eines Therapeuten im Rahmen einer verhaltenstherapeutischen Exploration. Ein gezieltes Training dieser Fertigkeiten ist unbedingt notwendig.

Die motivierende Funktion der Gesprächsführung

Die Klienten kommen mit unterschiedlichsten Erwartungen und Einstellungen in die Therapie. Das Gespräch kann bewußt erwartet werden als befriedigender Kontakt mit einem Fachmann, als lästige Verpflichtung (weil man gar geschickt wurde) oder als eine gefährliche Möglichkeit, sich bezüglich eigener Fehler bloßzustellen. Klienten, welche schon öfter Kontakt zu klinischen Institutionen hatten, gelten als besonders schwierig, und der gegenwärtige Therapeut hat neben anderem die vom Klienten erlebten Positiva und Negativa seiner Vorgänger mitzuverarbeiten (*Schraml*, 1969).

Verhaltenstherapie aber bedeutet immer Mitarbeit und Anstrengungen seitens der Klienten, und das um so mehr, je weniger häufig sich Therapeut und Klient sehen (normalerweise ein- bis zweimal wöchentlich). Im Regelfall ist der Klient also den größten Teil der Woche auf sich allein gestellt; die durch die therapeutische Planung entwickelte Durchführung der Verhaltensänderung ist im wesentlichen seine Aufgabe. Daß der Klient diese nicht leichte Aufgabe schrittweise lösen kann und daß er die Kontrolle seiner problematischen Verhaltensweisen so früh wie möglich in die eigene Hand nimmt, ist Hauptziel des Arrangements der Therapieschritte des Therapeuten. Die schrittweise Einbeziehung des Klienten als ein sich selbst kontrollierendes Individuum beginnt aber nicht erst mit den therapeutischen Maßnahmen. Die diagnostische Phase schreibt dem Klienten bereits eine äußerst aktive Rolle zu (vgl. *Schulte,* 1973 b), nicht zuletzt bei der Festlegung der Therapieziele.

Ausgehend von dieser möglichen Diskrepanz zwischen Therapiemotivation und Therapieerwartungen der Klienten einerseits sowie der Rolle, die ihnen andererseits in einer Verhaltenstherapie zugedacht wird, ergeben sich für den Therapeuten vornehmlich zwei Aufgaben:

1. Der Therapeut muß von der ersten Stunde an sorgfältig darauf bedacht sein, das ihm immer noch anhaftende Image eines „Medizinmannes" abzubauen, der wunderwirkende Pillen verschreibt.
2. Der Klient sollte auf das auf ihn zukommende explorative Gespräch und auf die Verhaltenstherapie vorbereitet werden, indem ihm theoretische und methodische Aspekte der anstehenden Verhaltensexploration und der folgenden Therapie dargestellt werden.

ad 1. Das Therapeutenbild vom wunderwirkenden „Medizinmann" kann die Therapie über kurz oder lang in eine äußerst kritische Situation führen: Bleiben nämlich gehegte Hoffnungen des Klienten auf frühzeitige Heilung trotz spontaner Besserungen (die sich möglicherweise auf Placebo-Effekte zurückführen lassen – vgl. *Meyer* und *Chesser,* 1971) aus, so kann dies dazu führen, daß er nicht länger mitarbeitet, sondern die Therapie sabotiert oder gar abbricht. Um dieser Gefahr zu begegnen, muß der Therapeut dem Klienten von der ersten Stunde an seine Rolle und die Rolle des Therapeuten in der Therapie transparent machen. Der Therapeut sollte die vorhandene Machtkonstellation der therapeutischen Interaktion zu verändern trachten, indem er seine Gesprächsmöglichkeiten dazu einsetzt, die bestehenden Abhängigkeiten des Klienten vom Therapeuten zu verringern (*Keupp* und *Bergold,* 1972; *Fiedler,* 1972). Voraussetzung für diesen Prozeß ist die permanente Bereitschaft des Therapeuten, die therapeutische Situation und damit sich und sein Handeln selbst durch den Klienten in Frage stellen zu lassen.

ad 2. Da es den Klienten überfordern würde, sich in der ersten Stunde einen längeren Vortrag über die Möglichkeiten einer Verhaltenstherapie anhören zu müssen, sollten sich notwendige allgemeine Vorbemerkungen auf das Wesentlichste beschränken. So wird der Therapeut etwa die Unterschiede in der Gesprächsführung in der Verhaltenstherapie und beispielsweise der bekannteren Methode der Psychoanalyse (vielleicht auch dem „Mann auf der Couch") aufzuzeigen versuchen. Bezüglich der nun einsetzenden Befragung des Klienten sollte auf die Notwendigkeit genauer Informationen über das symptomatische Verhalten und auf den *Versuch einer lerntheoretischen Klärung* der Abhängigkeiten der Symptome von antezedenten und konsequenten Bedingungen hingewiesen werden.

Der Beginn der diagnostischen Phase sollte in jedem Fall sorgfältig vorbereitet werden. Zu Beginn der Therapie könnte nämlich beides – ein zu ausführlicher Vortrag über Verhaltenstherapie einerseits oder ein unmittelbares „Überfahren" des Klienten mit zahllosen Fragen zur Symptomatik andererseits – den Einstieg in die Therapie erschweren. Demgegenüber sind eine sinnvolle *Vorstrukturierung* der Therapie und eine sorgfältige Vorbereitung des Klienten wertvolle Hilfen bei der Modifikation störender Therapieerwartungen: *Orne* und *Wender* (1968) haben nachweisen können, daß wenig therapiemotivierte Klienten in der späteren Therapie um so schnellere Fortschritte machten, wenn man ihnen erklärte, was sie zu erwarten hatten und was man von ihnen erwartete. *Patterson, Cobb* und *Ray* (1972) verlangen von Eltern, die mit aggressiven Kindern um therapeutische Unterstützung nachsuchen, zu Beginn eines Verhaltenstherapietrainings die Lektüre einer leichtverständlichen Einführung in die Lerntheorie (*Patterson* und *Gullion,* 1968, 1971; vgl. im deutschen Sprachraum etwa *Florin* und *Tunner,* 1971).

Die therapeutische Funktion der Gesprächsführung

Gesprächsführung bei verhaltenstherapeutischen Explorationen wird nicht in ihrer diagnostischen und therapiemotivierenden Funktion erschöpft sein. Wie bisher aufgezeigt wurde, beeinflussen bereits subtilste Reize die inhaltlichen und funktionalen Charakteristiken des Verbalverhaltens einer Person. Dieses *verbale Konditionieren* zeichnet Gesprächssituationen zwischen zwei und mehr Personen generell aus, und es kann vom Therapeuten deshalb planmäßig zur Verhaltensmodifikation eingesetzt werden, so wie es bereits systematisch und erfolgreich von den verschiedensten Gesprächspsychotherapieschulen praktiziert wird (*Rogers*, 1951; *Wolberg*, 1954). Zum Teil wurden die ablaufenden therapeutischen Prozesse und stattfindenden Effekte lerntheoretischen Analysen unterzogen (vgl. *Tausch*, 1970; *Dollard* und *Miller*, 1950; *Truax*, 1966). Einen Überblick über die wichtigsten Ergebnisse der Gesprächspsychotherapieforschung und über den Einsatz von Gesprächsmethoden in der Verhaltenstherapie geben *Kanfer* und *Phillips* (1970).

Die Tatsache, daß auch Verhaltenstherapie in wesentlichen Teilen als *Kommunikation zwischen Klienten und Therapeuten* abläuft – als diagnostisches Gespräch und als Vermittlung von Therapietechniken im einfachsten Falle – unterstreicht die Notwendigkeit, daß sich der Therapeut mit den therapeutischen Möglichkeiten der Gesprächsführung vertraut macht. Im folgenden sollen zwei wichtige Aspekte der therapeutischen Funktion der Gesprächsführung in der Verhaltensexploration näher untersucht werden.

Die Erhöhung der Sicherheit des Klienten in der Interaktion mit dem Therapeuten

Das erste Zusammentreffen zwischen Klient und Therapeut ist von einer starken *Unsicherheit* auf seiten des Klienten begleitet bezüglich dessen, was er von der Therapie und dem Therapeuten zu erwarten hat und was von ihm in der Therapie erwartet wird. Nicht zuletzt aus ökonomischen Gründen wird es aber darum gehen, die *Interaktionssicherheit* des Klienten im Hinblick auf die bereits in der diagnostischen Phase notwendige aktive Mitarbeit zu erhöhen. In Anlehnung an *Argyle* (1972) sollen einige Punkte angeführt werden, durch die eine vom Therapeuten angeregte *Koordination des Gesprächsablaufs* realisiert werden könnte, so daß die dyadische Interaktion zwischen Therapeut und Klient möglichst schnell zu einem stabilen Interaktionsmuster findet.

1. Der Inhalt der Interaktion. Man muß sich darüber einig sein, welches Thema zur Diskussion stehen soll, oder es muß in anderer Hinsicht Übereinstimmung bestehen, was man tun will. Hierher gehört beispielsweise die

Aufklärung des Klienten über die Art der diagnostisch-therapeutischen Gesprächsführung sowie über die Möglichkeiten der Verhaltenstherapie, wie sie bereits im vorigen Abschnitt vorgeschlagen wurde.

2. Die Dimension der Beziehung. Therapeut und Klient müssen sich über die Rollenbeziehung zwischen ihnen einig sein. Auch hierüber ist im vorigen Abschnitt schon einiges gesagt worden. Zudem ist die Möglichkeit gegeben, daß Therapeut und Klient verschiedene Grade von Intimität anstreben. Dies kann zur Inkongruenz und zu Peinlichkeiten führen (*Argyle,* 1972), die nur durch einen Kompromiß neutralisierbar sind: Therapeut und Klient müssen sich auf eine gemeinsame Ebene einigen, die unter Umständen jedem von ihnen mehr oder weniger angenehm ist.

3. Die zeitliche Abstimmung des Sprechens. In einem therapeutischen Gespräch müssen die Äußerungen der Partner gut synchronisiert sein. Dabei fällt vornehmlich dem Therapeuten die Aufgabe zu, die Sprechzeiten des Klienten je nach verhaltensanalytischer Brauchbarkeit der Äußerungen durch seine eigenen Interventionen zu determinieren. Besondere Schwierigkeiten bereiten immer wieder längere *Gesprächspausen* der Klienten (*Tausch,* 1970), für die unterschiedliche Gründe gegeben sein können:
— Nachdenken des Klienten über die zur Analyse anstehenden Verhaltensweisen.
— Eine im Zusammenhang mit dem Gesprächsinhalt stehende Angst, die das Verbalverhalten des Klienten hemmt.
— Schwierigkeiten des Klienten, auf Äußerungen und Fragen des Therapeuten einzugehen, weil er diese nicht verstanden hat oder ihm eine Beantwortung in der gewünschten Form nicht möglich ist.
Der Therapeut sollte sein Verhalten auf die jeweils vorliegende Situation adäquat einstellen. Dazu gehört vor allem die Informierung des Klienten, sich durch Pausen nicht beeinträchtig zu fühlen. Weiter sollte der Klient dazu angeregt werden, dem Therapeuten seine Schwierigkeiten mitzuteilen, so daß dieser sein Verhalten entsprechend ändern kann. Belastend erscheinende Pausen und Pausen, die auf Ängste des Klienten zurückgeführt werden können, sollten vom Therapeuten beendet werden, indem er versucht, dem Klienten bei der Beantwortung der Fragen Hilfestellungen zu geben; beispielsweise
— indem er dem Klienten Antwortmöglichkeiten anbietet; das angstfreie Sprechen des Therapeuten über angstauslösende Bedingungen könnte zu einer stellvertretenden Löschung der Angst führen, über solch angstbesetzte Bedingungen zu sprechen („vicarious extinction"; vgl. *Bandura,* 1969);
— indem der Therapeut sich in solch belastenden Situationen dem Klienten verständnisvoll zuwendet und ähnlich wie in der Gesprächspsychotherapie

die emotionalen Erlebnisinhalte des Klienten aufzugreifen versucht, also ein Verhalten zeigt, das über Prinzipien der Gegenkonditionierung die Ängste des Klienten zu reduzieren versucht (*Tausch*, 1970).

4. Die nichtverbale Reaktivität. Mimik, Gestik und Haltung der Interaktionspartner bieten ergänzende Informationen über die jeweils anstehenden Inhalte der Kommunikation; als Ausdruckserscheinungen bestimmen sie entscheidend den Verlauf einer Interaktion (vgl. *Timaeus* und *Lück*, 1973). Einige frühe Untersuchungen befaßten sich mit der Verteilung und Länge von Sprechzeiten (z. B. *Lennard* und *Bernstein*, 1960). Andere (u. a. *Charney*, 1966) haben z. B. die Ähnlichkeit von Körperhaltungen von Therapeut und Klient in Zusammenhang mit den Sprachinhalten gebracht und auffällige Regelmäßigkeiten nachgewiesen. Für die konkrete Situation der Verhaltensexploration ergibt sich, daß der Therapeut dem Klienten beispielsweise seine Aufmerksamkeit signalisieren sollte, indem er Haltung, Mimik und Gestik verändert und durch ständige leichte Kopf-, Hand- und Gesichtsbewegungen auf verbale und nichtverbale Handlungen des Klienten reagiert.

5. Kongruenz im Verhalten des Therapeuten. Der Therapeut sollte in der Interaktion mit dem Klienten ein in sich nicht widersprüchliches Gesamtverhalten zeigen. Er sollte die Diskrepanz zwischen verbalen und nonverbalen Ausdrucksformen weitmöglichst aufzuheben versuchen in Richtung auf eine *Kongruenz* zwischen verbal geäußerten Inhalten und gleichzeitig ablaufenden nonverbalen Ausdrucksformen wie Mimik, Stimmqualität, Gestik usw. (*Stauß*, 1973; vgl. auch die von *Watzlawik, Beavin* und *Jackson*, 1972, für eine optimale Kommunikation geforderte Übereinstimmung zwischen dem *Inhalts- und Beziehungsaspekt einer Mitteilung*). Es handelt sich hierbei im weiteren Sinne um das Verhaltensmerkmal *Congruence*, das im Rahmen der klientenzentrierten Psychotherapie von *Rogers* (1957, 1972) entwickelt wurde. *Echtheit-Selbstkongruenz* und *Transparenz* von Psychotherapeuten aber mag nach *Tausch* (1970, S. 133) „... die am Anfang der Psychotherapie bei Klienten ... vorhandene ängstliche Ungewißheit vermindern; der Klient weiß mehr woran er ist, und faßt mehr Vertrauen."
Ein kongruentes Gesamtverhalten des Therapeuten ist auch zu fordern, weil dieser in der Therapie dem Klienten fortlaufend die Richtigkeit seines Handelns zurückmelden muß, beispielsweise die verhaltensanalytische Brauchbarkeit seiner Informationen – mit anderen Worten den Klienten für adäquates Verhalten verstärkt sowie unadäquates Verhalten löscht. Nur bei einem in sich nicht widersprüchlichem Verhalten ist zu erwarten, daß Verstärkung als Verstärkung wirkt und Löschung als Löschung (sowie gegebenenfalls Strafe als Strafe).

Die Erhöhung der Sicherheit des Klienten im Umgang mit seinen eigenen Symptomen

Verhaltenstherapie sollte den Klienten möglichst frühzeitig zur eigenständigen Kontrolle seiner Symptome führen. Für den Verhaltenstherapeuten heißt dies, den Klienten *von der ersten Therapiestunde an* zur Selbstkontrolle seiner Probleme sinnvoll anzuleiten, indem er
— Selbstkontrollversuche des Klienten verstärkt;
— Möglichkeiten der Selbstkontrolle aufzeigt;
— Selbstkontrolle mit dem Klienten einübt;
— ein Modell im Sinne des Imitationslernens für Selbstkontrolle darstellt.
Therapeutisches Handeln sollte die Therapie so früh wie möglich überflüssig werden lassen, indem der Klient die vermittelten Methoden zu Hause selbständig anwenden und einsetzen lernt (vgl. *Cautela,* 1969; *Hartig,* 1973); mit anderen Worten dem Klienten ist nur so lange zu helfen, bis er sich selber hilft. Eine solche Zielsetzung wird gerade im Hinblick auf die Fortentwicklung ausgefeilter Selbstkontrollprogramme ihren Niederschlag auch auf die Gesprächssituation finden: So dürfte es in naher Zukunft für viele Klienten (z. B. bei deviantem Eßverhalten; bei leichten Phobien; bei Leistungsstörungen etc.) möglicherweise ausreichen, *ein* größeres „Krisengespräch" mit dem Therapeuten zu führen. Sie bekommen dann ein Selbstkontrollprogramm mit nach Hause, das sie selbständig durcharbeiten und das von ihnen wöchentlich oder weniger häufig lediglich eine ganz kurze (telefonische) Rücksprache mit dem Therapeuten verlangt.

Der Therapeut als sozialer Verstärker

Bis hier ist versucht worden, die diagnostische, motivierende und therapeutische Funktion der verhaltensanalytischen Gesprächsführung herauszuarbeiten. Um diese drei Aspekte gezielt anwenden zu können, muß sich der Therapeut als sozialer Verstärker aufbauen (*Krasner,* 1962) und sich selbst und sein Verhalten in der therapeutischen Interaktion permanent als Verstärkungsinstrument einsetzen. Damit der Therapeut die Funktion eines positiven Verstärkers erhält (bzw. behält), wird er von vornherein grundsätzlich bemüht sein müssen, *aversive Reize zu vermeiden,* die „normalerweise" mit der Symptomatik einhergehen. Solche Reize können sein:
1. Die Schwierigkeiten und Symptome des Klienten werden von seiner Umgebung nicht wirklich ernst genommen, sondern als „Anstellerei" abgelehnt.
2. An den Klienten werden Forderungen gestellt, die allgemeinhin selbstverständlich sind, die dieser aber aufgrund seiner Symptomatik nicht erfüllen kann.

3. Die Ablehnung des Klienten aufgrund seiner Symptomatik kann in der natürlichen sozialen Umgebung generalisieren auf eine Ablehnung der Person des Klienten überhaupt, einschließlich der Seiten des Klienten, die tatsächlich positiv und begrüßenswert sind.

Gerade zu Beginn der Therapie ist deshalb davon auszugehen, daß der Klient seiner Symptomatik wegen starken sozialen Beschränkungen unterworfen ist. Diese Vorerfahrungen können das soziale Klima zwischen Therapeut und Klient in unerwünschter Weise beeinflussen, so daß für das Verhalten des Therapeuten gerade im Hinblick auf seine anzustrebende Verstärkerfunktion folgendes zu fordern ist:

1. Der Klient muß mit seinen Schwierigkeiten *akzeptiert* werden: d. h. der Therapeut muß durch sein Verhalten (kongruent) zum Ausdruck bringen, daß er die Schwierigkeiten des Klienten als tatsächlich existent ansieht und daß es diesem (bislang) nicht möglich war, sein Verhalten aus eigener Kraft zu ändern. Es ist zu erwarten, daß ein größeres Ausmaß an akzeptierendem Therapeutenverhalten im Sinne reziproker Affekte zu gewissen angenehmen, entspannten Gefühlen des Klienten führt (*Tausch,* 1970) und damit vermutlich zur leichteren Konditionierbarkeit des Klienten durch den Therapeuten.

2. Der Therapeut muß bei jeder Anforderung an den Klienten im voraus abschätzen, ob dieser den Anforderungen erfolgreich nachkommen kann. Das bezieht sich nicht nur auf Aufgaben im Rahmen der eigentlichen Behandlung (Prinzip der sukzessiven Annäherung), sondern auch auf Anforderungen beim Erstgespräch: Berichte und Antworten, die dem Klienten schwerfallen bzw. die er aufgrund der Symptomatik (noch) zu vermeiden sucht, sollten nicht erzwungen werden (vgl. auch Verhalten bei Pausen, s. o.). Ein in diesem Sinne *permissives Therapeutenverhalten* führt vermutlich zu geringerer Angst und Spannung des Klienten (vgl. *Dittes,* 1957).

3. Der Therapeut sollte dem Klienten deutlich machen, daß er zwischen den „Symptomen" (und den damit eventuell zusammenhängenden Beeinträchtigungen und seinem „Versagen") einerseits sowie den positiven Seiten und Fähigkeiten des Klienten diskriminieren kann. So fordern *Kanfer* und *Saslow* (vgl. Kap. 2), daß sich der Therapeut auch um eine *Herausstellung der positiven Seiten des Klienten* bemühen sollte, zumal diese Fähigkeiten im Rahmen der Therapie eingesetzt werden können.

4. Außerdem ist dem Klienten durch den Therapeuten klar zu machen, daß sich die Schwierigkeiten (in der Regel) nur auf bestimmte, umgrenzte Verhaltensbereiche beziehen und daß nur diese therapiert werden müssen und nicht die gesamte Persönlichkeit des Klienten. Das ist vor allem wichtig, weil der Klient eventuell die generalisierte Kritik und „Ver-

achtung" der Umwelt übernommen hat und selber entsprechend auf sein eigenes Verhalten reagiert. Eine *differentielle Verstärkung der positiven Eigenschaften* des Klienten bzw. der Berichte des Klienten über seine Fähigkeiten führt im allgemeinen zu einer Zunahme der *Selbstakzeptierung (Tausch,* 1970). Der Therapeut sollte beim Klienten ein Differenzierungslernen bezüglich positiver, selbstverstärkender und kritischer, selbstbestrafender Reaktionen ingangsetzen, welches für eine aktive Selbstkontrolle des Klienten Voraussetzung ist.

Neben der Vermeidung aversiver Reaktionen auf die Person und Symptomatik des Klienten kann der Therapeut seine Funktion als positiver Verstärker fördern, indem er möglichst häufig positiv verstärkendes Verhalten zeigt. Die Beeinflussung des Sprachverhaltens des Klienten während der Exploration (und während der gesamten Therapie) sollte daher möglichst durch positive Verstärkung sowie durch Löschung erfolgen, weniger durch negative Rückmeldungen. Auf die *Techniken der Verstärkung* im Rahmen der Gesprächsführung soll im folgenden zusammenfassend eingegangen werden (vgl. hierzu explizit *Krasner,* 1962).

Zunächst sind hier die Möglichkeiten *positiver Verstärkung* zu nennen, dem Klienten die Richtigkeit seiner Verhaltensweisen zurückzumelden. Der Therapeut kann sich hier die ganze Breite der generalisierten Verstärker zunutze machen: Nicken, Zuwenden, bestätigende Bemerkungen wie „ja", „richtig", „gut", „hmm- hmm" usw. Auch zustimmende längere Bemerkungen, Interpretationen des vom Klienten Gesagten, Wiederholungen von Gesprächsinhalten führen zur Erhöhung der Frequenz spezifischer Gesprächsbeiträge (*Krasner,* 1962).

Negative Rückmeldungen („Strafmaßnahmen" wie etwa „Das ist falsch!" („You are going wrong!" – *Kanfer* und *Karas,* 1959) sowie Kopfschütteln (*Mock,* 1957; zit. nach *Krasner,* 1962) führen zur Verminderung bestimmter Verbaläußerungen. Auch die Möglichkeit der *Vorenthaltung positiver Verstärkung* wie Schweigen des Therapeuten (*Saslow* und *Matarazzo,* 1959) führt zur *Löschung* bestimmter Verhaltensweisen beim Klienten.

Die *Wirkung der Verstärkung* hängt entscheidend davon ab, ob sie systematisch eingesetzt wird oder nicht. Der Therapeut muß sich stets sehr schnell entscheiden, ob das gezeigte Verbalverhalten des Klienten zu einer verstärkenswerten Reaktionsklasse gehört. Eine Fehlentscheidung kann – zumindest für diesen Moment – zu einer Löschung des erwünschten Verhaltens führen. Weiter muß vom Therapeuten ein *konsequentes Handeln* erwartet werden: Ein unkontrollierter Einsatz von positiven bzw. negativen Rückmeldungen kann zu Interaktionsgewohnheiten führen, die sich im weiteren Verlauf der Therapie nur sehr schwer wieder auflösen lassen.

Krasner (1962) berichtet über eine Arbeit von *Greenspoon,* in der der Therapeut immer dann seinen Stuhl umdrehte und dem Klienten den Rücken zukehrte, wenn dieser unbrauchbare Informationen lieferte, oder der in solchen Situationen einen Brief öffnete oder zum Telefonhörer griff und kurz telefonierte. Immer dann, wenn der Klient brauchbare konkrete Angaben zu seinem Verhalten machte, verstärkte dies der Therapeut, indem er sich vorlehnte, nickte und bestätigende Bemerkungen machte. Auf diese Weise ging das irrationale Reden zurück und die realistischen Berichte über die Krankheit nahmen zu.

Neben der Abhängigkeit vom richtigen Zeitpunkt ihres Einsatzes hängt die Wirkung der Verstärkungen noch von weiteren wichtigen Variablen ab, wie beispielsweise a) Persönlichkeitseigenschaften des Therapeuten, b) Erfahrung und Training des Therapeuten, c) Persönlichkeitseigenschaften des Klienten, d) Erfahrung des Klienten mit den vom Therapeuten in der Therapie eingesetzten Verstärkern sowie e) Erfahrungen mit und Einstellungen gegenüber der Therapie. Auf diese Punkte soll hier nicht näher eingegangen werden; sie finden sich ausführlich diskutiert bei *Krasner* (1962), *Bandura* (1969), *Meyer* und *Chesser* (1971).

Abschließende Bemerkungen

Kritischer Punkt der Interaktion zwischen Klient und Therapeut ist die stets aktuelle Entscheidung des Therapeuten, wann und wie er sein Verhalten als steuerndes und kontrollierendes Instrument sinnvoll in die Gesprächsituation einbringen soll.

Wie Abbildung 1 verdeutlicht, hängen die *Effektivitätsannahmen des Therapeuten* über die vermutlichen Auswirkungen des von ihm aktuell gezeigten Verhaltens auf das Klientenverhalten zunächst von seinen Persönlichkeitseigenschaften, seiner Therapieerfahrung, seinem Training sowie von den aktuellen Aspekten der Gesprächsituation (diagnostische, motivierende, therapeutische Funktion), unter denen die Interaktion ablaufen soll, ab.

Das *Gesprächsverhalten des Klienten* wird ebenfalls durch Persönlichkeitseigenschaften und durch Erfahrungen mit Verstärkern, Therapiemotivation und Einstellungsvariablen (gegenüber der Therapie, Persönlichkeit des Therapeuten etc.) sowie von seinem symptomatischen Verhalten beeinflußt. Es stellt weiter eine Reaktion auf das gerade vom Therapeuten gezeigte Gesprächsverhalten dar.

Am Gesprächsverhalten des Klienten nun wird der Therapeut überprüfen, ob seine Effektivitätsannahmen erfüllt sind oder nicht, und er wird je nach Entscheidung entweder im Sinne der Annahmen das Gespräch fortsetzen oder aufgrund veränderter Hypothesen eine Variation seines eigenen Verhaltens anzustreben versuchen, um so einen modifizierenden Einfluß auszuüben.

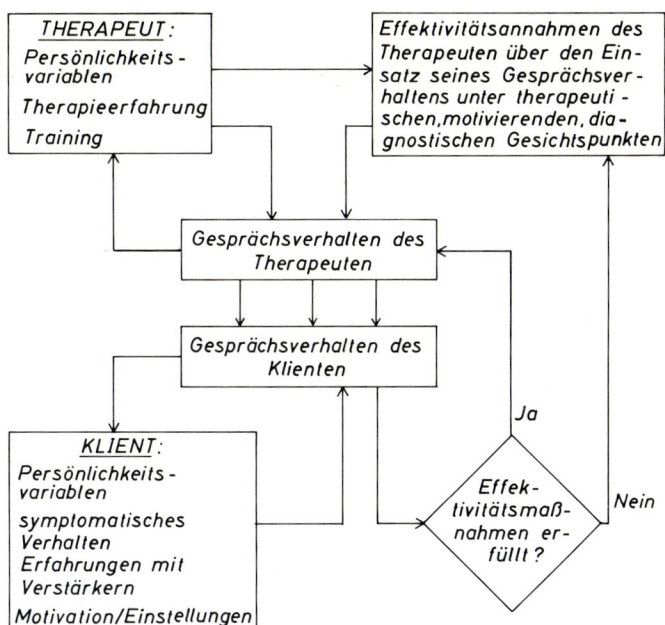

Abb. 1. Schematische Darstellung zum aktuellen Entscheidungsprozeß des Therapeuten über das jeweils einzusetzende effektivste Verhalten aufgrund des aktuellen Klientenverhaltens in der therapeutischen Gesprächssituation (Erläuterungen im Text).

(Dieses Schema soll kein Modell im engeren Sinne darstellen, sondern dient hier mehr didaktischen Zwecken.)

Es wurde davon ausgegangen, daß therapeutisches Handeln als methodisch kontrollierte Interaktion zwischen Therapeut und Klient spezifische Lernprozesse einleitet und damit den Klienten in eine ganz bestimmte Richtung lenkt. Die Probleme der Verhaltenssteuerung sind eng verbunden mit der Frage nach den *Therapiezielen:* Auch eine Verhaltensmanipulation mit dem Ziel, dem Klienten die Selbstkontrolle seines symptomatischen Verhaltens zu ermöglichen, birgt die Gefahr in sich, daß die Zielvorstellungen des Klienten Zielvorstellungen untergeordnet werden, die

1. den in Anwendung kommenden Methodenvariablen eigen sind und die als solche, wie *Stauß* (1972) zu zeigen versucht hat, keineswegs wertneutral und inhaltsfrei sind, sondern in genereller Weise die Zielsetzung der Klienten und Therapeuten determinieren; die

2. den impliziten und expliziten Persönlichkeitstheorien des Therapeuten entstammen; und die weiter,

3. wie *Kohler* (1972) gezeigt hat, abhängig vom Menschenbild insofern sind, als sie Richtung und Ausmaß der anzustrebenden Veränderungen nicht ohne Bezug auf gesellschaftliche Normen bestimmen lassen.

Da insgesamt zur Zielfindung noch keine verbindlichen Lösungen erarbeitet sind (vgl. *Helm,* 1972), sondern mehr von Tradition oder vom theoretischen Anschluß abhängige Therapieziele gestellt werden, scheint es zur Zeit angemessener, dieses Ziel *in operationaler Weise* zu bestimmen (vgl. das Verhaltensanalyse-Schema Kap. 4): Die operationale Bestimmung eines Therapiezieles ergäbe sich dann aus einer umfassenden Diagnostik, die den Klienten und seine Sozialpartner (soweit diese in die Therapie miteinbezogen werden) voll an der Zielfindung teilhaben läßt.

Zusammenfassung

In der vorliegenden Arbeit ist versucht worden, zum therapeutischen Vorgehen in der verhaltensanalytischen Gesprächsführung einige pragmatische Grundsätze aufzustellen. Ein besonderes Anliegen war dabei, herauszustellen, daß es beim ersten Zusammentreffen mit dem Klienten um mehr als die reine Datenerhebung zwecks Anfertigung von Verhaltensanalyse und Therapieplan geht. Die Verhaltensexploration hat auch bereits therapeutische und motivierende Funktionen zu erfüllen und sie muß weiter bereits unter ökonomischen Gesichtspunkten auf die zeitliche Verkürzung der Behandlungsdauer, also auf eine möglichst frühzeitige Eigenkontrolle des symptomatischen Verhaltens durch den Klienten abzielen.

Insgesamt lassen sich die aus diesen Funktionen und Zielen der Gesprächsführung ableitbaren Anforderungen an das Gesprächsverhalten des Therapeuten folgendermaßen zusammenfassen:

1. Äußeres Explorationsverhalten
1. Konkretheit des Fragens
2. Keine Suggestivfragen
3. Zeitliche Abstimmung des Sprechens, gegebenenfalls Beeinflussung
4. Positive Verstärkung als Steuerungsmittel des Gesprächsablaufs einsetzen
5. Differentielle Verstärkung brauchbarer Klientenäußerungen.

2. Hypothesengeleitetes Fragen
1. Fragen nach den Symptomen
2. Fragen nach den steuernden Umgebungsbedingungen
3. Schnelles Aufstellen von funktionalen Hypothesen
4. Falsifizierungsfragen
5. Falls notwendig: Verifizierungsfragen
6. Ergänzende Validierung der Informationen durch zusätzliche Maßnahmen (nonverbale Äußerungen des Klienten; Rollenspiel; Tonband- und Video-Aufzeichnungen etc.).

3. Transparenz
1. Inhaltliche Abstimmung
   a) Verhaltenstherapie und die Funktion der Verhaltensexploration erklären
   b) Sukzessive Gewöhnung des Klienten an eine behavioristische Sprache
   c) Heranführung des Klienten an eine behavioristische Sichtweise seiner Symptomatik
   d) Eventuelles Vortraining des Klienten

2. Abstimmung der Rollenverteilung
   a) Eigenes Vorgehen bzw. Fragen wenn notwendig begründen
   b) Kritik aufnehmen und darauf eingehen.
4. *Therapeut als Verstärker (Verstärkungsfunktion)*
   1. Symptomatik akzeptieren
   2. Permissives Therapeutenverhalten bei Explorationsschwierigkeiten des Klienten
   3. Positive Seiten des Klienten explorieren, herausstellen und verstärken
   4. Kongruenz zwischen verbalem und nonverbalem Verhalten des Therapeuten.

Literatur

Argyle, M.: Soziale Interaktion. Köln: Kiepenheuer und Witsch, 1972.

Bandura, A.: Principles of Behavior Modification. London: Holt, Rinehart and Winston, 1969.

Cautela, J. R.: Behavior therapy and self control: Techniques and implications. In: *Franks, C. M.* (Ed.): Behavior Therapy: Appraisal and Status. New York: McGraw-Hill, 1969, 323–340.

Charney, E. J.: Postural configurations in psychotherapy. Psychosom. Med. 1966, 28, 305–315.

Cronbach, L. J., Gleser, G. C.: Psychological Test and Personal Decisions. Urbana: University of Illinois Press, 1965 (2).

Dittes, J. E.: Galvanic skin response as a measure of patient's reaction to therapist's permissiveness. J. abnorm. soc. Psychol. 1957, 55, 295–303.

Dollard, J., Miller N. E.: Personality and Psychotherapy: An analysis in terms of learning, thinking, and culture. New York: McGraw-Hill, 1950.

Fiedler, P. A.: Kritisch-emanzipatorische Möglichkeiten therapeutischen Handelns und ihre Grenzen. Vortrag, gehalten auf dem 4. Verhaltenstherapiekongreß der GVT und des DBV. Münster 1972.

Florin, I., Tunner, W.: Behandlung kindlicher Verhaltensstörungen. München: Goldmann, 1971 (2).

Goldfried, M. R., Pomeranz, D. M.: Role of assessment in behavior modification. Psychol. Rep. 1968, 23, 75–87.

Hartig, M. (Hrsg.): Selbstkontrolle. München: Urban und Schwarzenberg, 1973.

Helm, J.: Psychotherapeutische Gespräche als Gegenstand der Forschung. In: *Helm, J.* (Hrsg.): Psychotherapieforschung. Berlin: Verlag der Wissenschaften, 1972, 27–48.

Holzkamp, K.: Wissenschaft als Handlung. Berlin: de Gruyter, 1968.

Jahoda, M., Deutsch, M., Cook, S. W.: Beobachtungsverfahren. In: R. König (Hrsg.): Beobachtung und Experiment in der Sozialforschung. Köln: Kiepenheuer und Witsch, 1968 (6), 77–96.

Kaminski, G.: Verhaltenstheorie und Verhaltensmodifikation. Stuttgart: Klett, 1970.

Kanfer, F. H.: Comments on learning in psychotherapy. Psychol. Rep., 1961, 9, 681–699.

Kanfer, F. H.: Verbal conditioning: A review of its current status. In: *T. R. Dixon, D. L. Horton* (Eds.): Verbal behavior and general behavior theory. Englewood Cliffs, N. J.: Prentice-Hall, 1968, 245–290.

Kanfer, F. H., Karas, S. C.: Prior experimenter-subject interaction and verbal conditioning. Psychol. Rep., 1959, 5, 345–353.

Kanfer, F. H., Phillips, J. S.: Learning Foundations of Behavior Therapy. New York: Wiley, 1970.

Keupp, H., Bergold, J. B.: Probleme der Macht in der Psychotherapie unter spezieller Berücksichtigung der Verhaltenstherapie. In: *C. H. Bachmann* (Hrsg.): Psychoanalyse und Verhaltenstherapie. Frankfurt/M.: Fischer, 1972, 105–140.

Kohler, C.: Die wissenschaftstheoretische Situation der Psychotherapie. In: *J. Helm* (Hrsg.): Psychotherapieforschung. Berlin: Verlag der Wissenschaften, 1972, 9–26.

Krasner, L.: Studies on the conditioning of verbal behavior. Psychol. Bull., 1958, 55, 148–170.

Krasner, L.: The therapist as a social reinforcement machine. In: *H. H. Strupp, L.*

Luborsky (Eds.): Research in Psychotherapy. Vol. II. Washington: APA, 1962, 61–94.

Lazarus, A. A.: Behavior Therapy and Beyond. New York: McGraw-Hill, 1971.

Leibowitz, G.: Comparison of self report and behavioral techniques of assessing aggression. J. cons. clin. Psychol., 1968, 32, 21–25.

Lennard, H. L., Bernstein, A.: The anatomy of psychotherapy. Columbia: University Press, 1960.

Maccoby, E. E., Maccoby, N.: Das Interview: Ein Werkzeug der Sozialforschung. In: *König, R.* (Hrsg.): Das Interview. Köln, 1954.

Marks, I. M., Gelder, M. G.: Common ground between behaviour therapy and psychodynamic methods. Brit. J. med. Psychol., 1966, 39, 11–23.

McCord, J., McCord, W.: Cultural stereotypes and the validity of interviews for research in child development. Child Developm., 1961, 32, 171–185.

Meyer, V., Crisp, A. H.: Some problems in behaviour therapy. Brit. J. Psychiat., 1966, 112, 367–381.

Meyer, V., Chesser, E. S.: Verhaltenstherapie in der klinischen Psychiatrie. Stuttgart: Thieme, 1971.

Michel, L., Mai, N.: Entscheidungstheorie und Probleme der Diagnostik bei *Cronbach* und *Gleser.* Diagnostica (Göttingen) 1968, 14, 92–121.

Orne, M. T., Wender, P. H.: Anticipatory socialization for psychotherapy: Method and rationale. Amer. J. Psychiat., 1968, 124, 88–98.

Patterson, G. R., Gullion, M. E.: Living with children: New methods for parents and teachers. Champaign, Ill: Research Press, 1968.

Patterson, G. R., Gullion, M. E.: A guide for the professional for use with: Living with children: New methods for parents and teachers. Champaign, Ill.: Research Press, 1971 (3).

Patterson, G. R., Cobb, J. A., Ray, R. S.: A social engineering technology for retraining the families of aggressive boys. In: *H. E. Adams, I. P. Unikel* (Eds.): Issues and trends in behavior therapy. Springfield, Ill.: Chas. C. Thomas, 1972.

Rogers, C. R.: Client-centered therapy. New York: Houghton-Mifflin Co, 1951.

Rogers, C. R.: The necessary and sufficient conditions of therapeutic personality change. J. cons. Psychol., 1957, 21, 95–103.

Rogers, C. R.: The interpersonal relationship: The core of guidance. Harward Educ. Rev., 1962, 42, 416–429.

Rogers, C. R., Skinner, B. F.: Some issues concerning the control of human behavior: A symposium. Science, 1956, 124, 1057–1066.

Saslow, G., Matarazzo, J. D.: A technique for studying changes in interview behavior. In: *E. A. Rubinstein, M. B. Parloff* (Eds.): Research in Psychotherapy. Washington: APA, 1959.

Schachter, S.: The interaction of cognitive and physiological determinants of emotional state. in: *L. Berkowitz* (Ed.): Advances in experimental social psychology. Vol. I. New York: Academic Press, 1964, 49–80.

Schraml, W. J.: Abriß der Klinischen Psychologie. Stuttgart: Kohlhammer, 1969.

Schulte, D.: Der diagnostisch-therapeutische Prozeß in der Verhaltenstherapie. In: *J. C. Brengelmann, W. Tunner* (Hrsg.): Behaviour Therapy – Verhaltenstherapie. München: Urban und Schwarzenberg 1973 a, 28–39.

Schulte, D.: Ein Beitrag zur Verständigung? Eine Antwort auf *Toman:* Klinische Psychotherapie vs. Verhaltenstherapie. Psychol. Rundschau 1973 b, 24, 128–133.

Schulte, D.: Gesprächsführung in der Verhaltenstherapie. Unveröffentlichtes Merkblatt. Münster 1973 c.

Stauß, H.: Versteckte anthropologische und gesellschaftliche Voraussetzungen der Verhaltenstherapie im Vergleich zur Gesprächspsychotherapie. Vortrag, gehalten auf dem 4. Verhaltenstherapiekongreß der GVT und des DBV, Münster 1972.

Stauß, H.: Unveröffentlichtes Arbeitspapier zur Einschätzung von Therapeutenverhalten einer Übung zur Gesprächspsychotherapie. Universität Münster 1973.

Tausch, R.: Gesprächspsychotherapie. Göttingen: Hogrefe, 1970 (4).

Timaeus, E., Lück, H. E.: Aspekte nichtverbaler Kommunikation in der Therapie. Gruppendynamik 1973, 4, 31–34.

Truax, C. B.: Reinforcement and nonreinforcement in Rogerian psychotherapy. J. abnorm. soc. Psychol., 1966, 71, 1–9.

Truax, C. B., Carkhuff, R. R.: Experimental manipulation of therapeutic conditions. J. cons. Psychol. 1965, 29, 119–124.

Verplanck, W. S.: The control of content conversation: Reinforcement of statements of opinion. J. abnorm. soc. Psychol., 1955, 51, 668–676.

Watzlawik, P., Beavin, J. H., Jackson, D. D.: Menschliche Kommunikation. Bern: Huber, 1972.

Wolberg, L. R.: The technique of psychotherapy. New York: Grune and Stratton, 1954.

KAPITEL 7

Systematische Beobachtung in der Verhaltenstherapie

Dietmar Schulte, Lilly Kemmler

> Wie lange können wir eine Situation tolerieren, bei der unsere Messungen nur 10% der verantwortlichen Varianz erklären? Wie lange können wir mit vergeblichen Versuchen fortfahren, diesen Wert zu verbessern? Wie lange wird es noch dauern bis wir entscheiden, daß es keinen billigen Weg des Studiums menschlichen Verhaltens gibt, und bis wir beginnen, das Verhalten selbst so direkt wie möglich zu betrachten? (*Peterson*, 1968, S. 141)

Die Forderung nach einer möglichst direkten und unmittelbaren Erfassung des Verhaltens ist eine Grundforderung der Verhaltenstherapie. Denn das Ziel der Tätigkeit des Verhaltenstherapeuten ist die Veränderung konkreter Verhaltensweisen und – zur Planung und Kontrolle dieser Veränderungen – deren Analyse. Die Methode, die dieser Forderung am besten entspricht, ist die direkte Verhaltensbeobachtung.

Schon die freie, unsystematische Beobachtung liefert in der Praxis oft äußerst wichtige Informationen, die durch andere diagnostische Instrumente kaum gewonnen werden können. Denn bei den herkömmlichen diagnostischen Verfahren erhält der Diagnostiker nicht unmittelbar Informationen über das Verhalten, sondern nur mittelbar, vermittelt durch den Patienten selber in retrospektiven Selbstberichten oder durch indirekte verbale oder motorische Äußerungen in Tests, deren Resultate mehr oder weniger sicher als Index für globale Verhaltensvorhersagen benutzt werden können, oder vermittelt durch den retrospektiven Bericht anderer Personen. In jedem Fall sind im Verlauf der Auswertung und Interpretation dieser diagnostischen Informationen die durch die Vermittlung entstandenen Verzerrungen auszugleichen (vgl. dazu Kapitel 1 dieses Buches).

Der Vorteil der klassischen Testverfahren liegt in ihrer Ökonomie und ihrer Objektivität. Bei einer Verhaltensbeobachtung ist der menschliche Beobachter selbst Teil des Meßverfahrens, behaftet mit allen „Nachteilen" einer subjektiv gefärbten Wahrnehmung.

Die Subjektivität zeigt sich bei einer freien, unsystematischen Beobachtung vor allem bei der Selektion von Verhaltensaspekten, die von einzelnen Beobachtern als kennzeichnend und bedeutungsvoll hervorgehoben und verbal dargestellt werden. Dieser Prozeß der Selektion und Strukturierung bei der freien Verhaltensbeobachtung soll im folgenden zunächst näher beschrieben werden, um dann in den folgenden Abschnitten die unterschiedlichen Verfahrensvorschriften zu schildern, mittels derer bei der systematischen Verhaltensbeobachtung eine Verbesserung der Objektivität erreicht werden soll.

In dieser Übersicht werden wir vor allem auf theoretische Fragen der Verhaltensbeobachtung und auf die speziellen Probleme der Verhaltensbeobachtung im Rahmen der Verhaltenstherapie eingehen. Allgemeine methodische Fragen sind in einer Reihe von Übersichtsreferaten bereits ausführlich behandelt worden (z. B. *Heyns* und *Lippitt*, 1954; *Hasemann*, 1964; *Wright*, 1967; *Weick*, 1969; *von Cranach* und *Frenz*, 1969; *Geertsma*, 1972).

Freie Verhaltensbeobachtung

Menschliches Verhalten bietet sich einem Beobachter als ein kontinuierlicher Ereignisfluß (*von Cranach* und *Frenz*, 1969) oder Verhaltensstrom (*Barker*, 1963) dar – der Mensch kann sich nicht nicht-verhalten. Doch in diesem Verhaltensstrom gibt es deutliche Veränderungen und Phasen, die sich in zumindest ähnlicher Form häufig wiederholen; der Verhaltensstrom ist für einen Beobachter zwar kontinuierlich, aber nicht unstrukturiert.

Die wissenschaftliche Untersuchung eines Gegenstandsbereichs setzt jedoch zeitliche oder/und räumliche Diskontinuitäten voraus, um einzelne Ereignisse von anderen unterscheiden und damit vergleichen zu können. Auch die Untersuchung von stetigen Veränderungen oder Schwankungen ist nur möglich, wenn der Gegenstand oder das Ereignis, das diese stetigen, kontinuierlichen Veränderungen zeigt, von anderen Gegenständen oder Ereignissen abzuheben und zu identifizieren ist.

Eine wissenschaftliche oder auch praktische (diagnostische oder therapeutische) Beschäftigung mit menschlichem Verhalten macht es daher notwendig, den Verhaltensstrom in Segmente oder Einheiten zu unterteilen.

Hutt und *Hutt* (1970) vertreten die Ansicht, daß die menschliche Wahrnehmung gewissermaßen automatisch Unterteilungen vornimmt, so daß „Verhaltens-Gestalten" (*Lorenz*, 1960; zit. nach *Hutt* und *Hutt*, 1970) unterscheidbar werden, von *Hutt* und *Hutt* gelegentlich auch als Verhaltenselemente bezeichnet. Die Identifizierung und Unterscheidung von Verhaltenselementen ist zum einen hinsichtlich der Morphologie des Verhaltens möglich. Grenzpunkte von Verhaltensgestalten sind solche Punkte, an denen sich eine Bewegungsrichtung des Körpers oder von Körperteilen ändert, eine Bewegung endet oder sich die Körperhaltung verändert.

Einen zusätzlichen Weg der Wahrnehmung von Verhaltensgestalten bieten nach *Hutt* und *Hutt* „funktionale Regelmäßigkeiten", d. h. die Auswirkungen von Verhaltensweisen auf die Umgebung.

Bei einer freien, unsystematischen Beobachtung spielen solche natürlichen Untergliederungen des beobachteten Gegenstandes eine entscheidende Rolle – zumindest für motorisches, nicht jedoch für verbales Verhalten –, denn der Prozeß des Beobachtens bzw. das Beobachterverhalten wird durch keine weiteren Bedingungen oder Instruktionen gesteuert. Bei einer systematischen Analyse kann sich der Wissenschaftler allerdings nur dann auf die natürliche Unterteilung der Wahrnehmung verlassen, wenn sie bei verschiedenen Beobachtern zur Abgrenzung von gleichen Verhaltenseinheiten führt.

Dickman (1963) hat diese Frage überprüft. 38 Versuchspersonen sahen zunächst einen Ausschnitt aus einem Spielfilm und hatten dann das Geschehen, das in 144 einzelne, sehr kleine „Verhaltenssegmente" (*Barker* und *Wright*, 1955) unterteilt auf einzelnen Zetteln beschrieben war, zu Episoden zu gruppieren. Es zeigte sich, daß nur bei 49% der möglichen Einteilungsstellen eine überzufällige Übereinstimmung erzielt wurde, d. h. zumindest acht oder mehr (von 38) Versuchspersonen beurteilten übereinstimmend diese mögliche Einteilungsstelle als Anfangs- bzw. Endpunkt einer Episode bzw. übereinstimmend nicht als Anfangs- oder Endpunkt. Noch ungünstiger waren die Ergebnisse, wenn nicht die Übereinstimmung in den zur Wahl vorgelegten und damit bereits eingeschränkten Einteilungsstellen betrachtet wird, sondern die Übereinstimmung von Episoden, d. h. Anfangs- *und* Endpunkte und damit die Ausdehnung der Episode müssen übereinstimmen.

Nur bei 23 (von 593) Episoden war eine (überzufällige) Übereinstimmung von sechs oder mehr Versuchspersonen nachzuweisen, bei 73 Epidosen stimmten zwei bis fünf Versuchspersonen überein, und 497 Episoden wurden jeweils nur von einer Versuchsperson unterschieden. Diese Ergebnisse zeigen deutlich, daß zumindest „komplexe Zeitabläufe weniger als prägnante Zeitgestalten perzipiert werden" (*von Cranach* und *Frenz*, 1969, S. 288). *Dickman* erklärt die großen interindividuellen Unterschiede in der Kategorisierung als Folge unterschiedlicher „Verhaltensperspektive" (*Barker* und *Wright*, 1955). Damit ist gemeint, daß Verhalten als zielgerichtetes Geschehen wahrgenommen wird. Je nachdem ob die Erreichung engerer oder mehr umfassenderer Ziele in dem beobachteten Verhalten „unterstellt" bzw. beobachtet wird, werden engere oder weitere Verhaltensepisoden unterteilt. Entscheidend für die Abgrenzung von Verhaltensepisoden ist demnach die (Verhaltens-) Perspektive des Beobachters. Entsprechend kommt *Barker* (1963, 1968) zu der Schlußfolgerung, daß der Verhaltensstrom eine „umschließend – umschlossene" (enclosing – enclosed) Struktur habe: Jede kleine Verhaltenseinheit ist als ein Bestandteil eingebettet in eine größere, umfassendere Verhaltenseinheit, und jede Verhaltenseinheit läßt sich auf kleinere, durch diese eingeschlossene

Verhaltenseinheiten aufteilen. Diese „umschließend – umschlossene" Struktur des Verhaltensstroms läßt sich nur dann darstellen, wenn möglichst kleine Verhaltenseinheiten registriert bzw. beschrieben werden. Im Rahmen der Auswertung können dann einzelne Verhaltenseinheiten bzw. genauer: einzelne verbale Darstellungen von Verhaltenseinheiten zu größeren Einheiten zusammengefaßt werden. Von daher fordert *Barker* (1963, S. 20), daß die Umgangssprache mit ihrer Vielfalt von Beschreibungsbegriffen das geeignete Mittel zur Beschreibung des Verhaltensstroms ist.

Doch die Abbildung eines Handlungsgeschehens in Sprache umfaßt bereits eine Abstraktion und Gewichtung, da der Beobachter unfähig ist, sämtliche Aspekte eines Geschehens zu registrieren (*von Cranach* und *Frenz,* 1969).

Auch wenn die reichhaltige Umgangssprache zur Darstellung benutzt wird, läßt sich kein in allen Aspekten getreues Abbild des Geschehens erreichen. Was *Barker* und *Wright* (1955) als Verhaltensperspektive bezeichnen, kann auch beschrieben werden als der Abstraktionsgrad der Verhaltensbeschreibung eines Beobachters, der durch die vorwissenschaftliche Interpretation des Verhaltens als auf bestimmte Ziele gerichtet bestimmt ist. Je abstrakter oder allgemeiner die unterstellten bzw. phänomenal sich darbietenden Ziele sind, desto abstrakter werden die gewählten Begriffe zur Beschreibung des Verhaltens ausfallen und desto größere und umfassendere Verhaltenseinheiten werden abgegrenzt werden. Und je abstrakter ein Beschreibungsbegriff für eine Verhaltenseinheit ist, desto mehr Verhaltensweisen, die sich mit Hilfe weniger abstrakter Begriffe noch unterscheiden ließen, werden unter diese Begriffe subsumiert werden können, d. h. desto umfassender ist die abgegrenzte und durch den Begriff „definierte" Verhaltenskategorie.

Bei einer freien Verhaltensbeobachtung im Rahmen einer Verhaltenstherapie sind in der Regel eine umschriebene Fragestellung und ein bestimmter theoretischer Hintergrund vorgegeben. Doch dieser Hintergrund ist für eine eindeutige Steuerung des Beobachtungsverhaltens nicht konkret genug, so daß Wahrnehmung und Bericht des Beobachters bei der freien Verhaltensbeobachtung als subjektiv einzustufen sind.

Trotzdem kommt der freien Verhaltensbeobachtung ein großer heuristischer Wert für die Verhaltenstherapie zu. Denn die auf zwar grobe, aber breite Registrierung ausgerichtete freie Verhaltensbeobachtung liefert oft erst die Hinweise auf einzelne Ereignisse – z. B. mögliche Verstärkungskontingenzen –, die dann im Rahmen einer kontrollierten Beobachtung einer systematischen Analyse unterzogen werden (vgl. dazu unten unter 6.1.).

Systematische Verhaltensbeobachtung

Für eine systematische Analyse des Verhaltens sind eine objektive Abgrenzung von Verhaltensweisen, deren Abstraktion, Klassifikation und Kodierung notwendig. Da unsere Wahrnehmung – wie gezeigt – nicht ohne weiteres in der Lage ist, solche objektiven Untergliederungen vorzunehmen, muß der Versuchsleiter bzw. Therapeut durch geeignete Maßnahmen für eine größere Objektivität Sorge tragen. Je nach Art dieser Maßnahmen lassen sich die verschiedenen Methoden der systematischen Verhaltensbeobachtung unterscheiden.

Wiggins (1973) nennt fünf Aspekte oder Dimensionen, anhand derer die Methoden der Verhaltensbeobachtung unterschieden werden können:

1. der äußere *Rahmen* (setting), in dem das Verhalten beobachtet wird;
2. die *Methoden* der Aufzeichnung;
3. die Verhaltens*attribute,* die Grundlage der Registrierung sein sollen;
4. die *Verhaltensstichprobe,* die beobachtet werden soll, und
5. die *Beobachter.*

Anhand dieser fünf Dimensionen sollen im folgenden die verschiedenen Methoden der systematischen Verhaltensbeobachtung und ihre Schwierigkeiten dargestellt und auf ihre Brauchbarkeit für eine Anwendung im Rahmen der Verhaltenstherapie überprüft werden.

1. Beobachtungsrahmen (setting)

Die Umgebungsbedingungen, unter denen eine Verhaltensbeobachtung durchgeführt wird, haben eine doppelte Auswirkung: Zum einen wird das Verhalten des Beobachteten durch die Umgebungsbedingungen wesentlich beeinflußt. *Raush* (1965) konnte beispielsweise in einer informationstheoretischen Analyse die Einflüsse unterschiedlicher Gruppen, unterschiedlicher Situationen und den Einfluß des unmittelbar vorhergehenden Verhaltens eines Gruppenmitgliedes auf das Verhalten aggressiver Kinder isolieren. Dabei zeigte sich, daß 23% der Varianz des Verhaltens durch das vorhergehende Verhalten erklärt werden konnten, 7% durch die Art der Gruppe, und 10% der Varianz ließen sich – bei Konstanthaltung der anderen Variablen – einzig aus der jeweiligen Situation erklären (vgl. auch *Barker*s (1968) Ansätze einer ökologischen Psychologie).

Neben der inhaltlichen Variation von Umgebungsbedingungen ist für die Verhaltensbeobachtung ein formaler Aspekt des Beobachtungsrahmens von besonderer Bedeutung: der Grad der Kontrolle des Beobachters über die Umgebungsbedingungen. Je nachdem, ob die Beobachtung in einer „natürlichen" Umgebung oder in einer „kontrollierten" Umgebung durchgeführt wird, sind die Möglichkeiten einer systematischen Beobachtung sehr unterschiedlich.

1.1. Verhaltensbeobachtung unter kontrollierten Bedingungen

Bei empirischen Untersuchungen der experimentellen Psychologie wird der Verhaltensspielraum der Versuchsperson durch die künstliche Versuchssituation so eingeschränkt, daß nur eine oder wenige klar definierte und unterscheidbare Verhaltensweisen auftreten können (vgl. dazu die Kritik von *Holzkamp,* 1970). Die Isolierung solcher diskreter Verhaltenseinheiten wird durch das direkte oder indirekte Eingreifen des Versuchsleiters in den Verhaltensstrom und seine Bedingungen erreicht. *Barker* (1963) bezeichnet solche Verhaltenssegmente als „Verhaltens-Mosaiksteine" (behavior tesserae) in Abgrenzung zu natürlichen „Verhaltenseinheiten" (behavior units), die inhärente Segmente des Verhaltensstroms darstellen und nicht durch Eingriffe des Experimentators zustande kommen (vgl. auch die Unterscheidung von „natural" vs. „imposed behavior elements" von *Heyns* und *Lippitt,* 1954).
Die Reduzierung des Verhaltensstroms auf einzelne Verhaltens-Mosaiksteine wird dadurch erreicht, daß andere Verhaltensweisen durch die Instruktion verboten werden, durch apparative Bedingungen ein anderes Verhalten unmöglich gemacht wird oder daß der Versuchsleiter bzw. seine Apparatur auf das Verhalten der Versuchsperson reagiert, dadurch das Verhalten begrenzt und z. B. erneut die Ausgangsbedingung hergestellt wird.
Die gezielte und „künstliche" Untergliederung des Verhaltensstroms während der Beobachtung geht in der Regel einher mit einer gezielten, das Verhalten beeinflussenden Bedingungsvariation, wie sie für das Experiment typisch ist.
Im Rahmen der Verhaltenstherapie greift der Therapeut oft direkt in das Geschehen ein (vgl. „Methoden der direkten Intervention" nach *Kanfer* und *Phillips,* 1969). In diesen Fällen bedeutet der Eingriff fast immer auch eine künstliche Unterteilung des Verhaltensstroms. Bei der systematischen Desensibilisierung, bei der Aversionstherapie, beim Überfluten usw. ist der Verhaltensspielraum des Patienten während der Therapie erheblich eingeschränkt, und bestimmte Merkmale des Geschehens werden gefördert und hervorgehoben und dienen dann zur Markierung bzw. Abgrenzung von Verhaltenseinheiten (z. B. ein Fingerzeig des Patienten bei der Desensibilisierung). Bei der Verhaltensbeobachtung zum Zweck der Therapiekontrolle sind die registrierten Verhaltenseinheiten also oft „Verhaltens-Mosaiksteine", die durch das Eingreifen des Therapeuten aus dem Geschehensfluß isoliert wurden.
Außer zur Therapiekontrolle wird Verhaltensbeobachtung unter kontrollierten Bedingungen auch zu diagnostischen Zwecken im engeren Sinn angewendet. *Lindsley* (1960) konnte mittels der Registrierung des Verhaltens-Mosaiksteins „Hebeldrücken" sog. psychotische Episoden schizophrener Patienten

registrieren. Bei diesem Vesuch sind die Versuchsbedingungen – entsprechend denen eines operanten Konditionierungsversuchs – so gestaltet, daß der Versuchsperson praktisch nur diese eine, automatisch registrierte Reaktionsweise möglich ist. Das entspricht dem Vorgehen der klassischen Testdiagnostik. Diese versucht nicht, das „natürliche" Verhalten zu erfassen, sondern Besonderheiten, Häufigkeiten, Intensitäten usw. von „Verhaltens-Mosaksteinen", die sich in einer künstlich eingeschränkten Testsituation beobachten und registrieren lassen. Trotzdem ist es das Ziel dieser Diagnostik, Aussagen über gegenwärtiges oder zukünftiges Verhalten unter natürlichen Bedingungen machen zu können. Durch Validitätsuntersuchungen wird darum gegebenenfalls überprüft, inwieweit von den künstlich isolierten Verhaltens-Mosaiksteinen (dem Testverhalten) auf das „normale" Verhalten geschlossen werden kann.

1.2. Verhaltensbeobachtung unter natürlichen Bedingungen

Während die herkömmliche Diagnostik ganz darauf abgestimmt ist, einzelne Verhaltensweisen genau und zuverlässig zu erfassen, die als Index für relativ bedingungsinvariante Persönlichkeitsmerkmale gelten, werden in einer verhaltenstherapeutisch ausgerichteten Diagnostik Informationen über die situativen (Stimulus-)Bedingungen eines symptomatischen Verhaltens gesucht. Genau genommen werden nicht Verhaltensweisen untersucht, sondern Reizbedingungen und deren Auswirkungen auf das Verhalten. Insofern ist der Verhaltenstherapeut genötigt, Verhalten unter normalen, natürlichen Bedingungen zu beobachten; unter künstlich reduzierten Testbedingungen treten eventuell gerade die Stimuli nicht auf, die das symptomatische Verhalten kontrollieren.

Vor allem bei kindlichen Verhaltensstörungen werden häufig Verhaltensbeobachtungen unter natürlichen Bedingungen durchgeführt. *Patterson* et al. (1969) haben ein Beobachtungssystem entwickelt (vgl. unten 2.2.2.), um die Interaktion der Familienmitglieder in der natürlichen, häuslichen Umgebung zu beobachten. Auf andere Ansätze der Verhaltensbeobachtung in Familien wird unten näher eingegangen.

Für die Beobachtung in Schulklassen sind eine Reihe von Beobachtungssystemen entwickelt worden (*Hall* et al., 1970; *Breyer* und *Calchera,* 1971; zusammenfassend: *Schulz, Teschner* und *Voigt,* 1970).

Für andere Situationen (z. B. Spielplatz) gibt es nur vereinzelt Beobachtungssysteme. Sofern eine systematische, objektive Verhaltensbeobachtung durchgeführt werden soll, ist die Beschränkung auf einzelne Situationen notwendig, da sonst der Spielraum möglicher Verhaltensweisen und Umgebungsbedingungen, die eventuell registriert werden müssen, zu groß wird, zumal der

Beobachter gerade bei einer Beobachtung unter natürlichen Bedingungen meist keine aufwendigen Hilfsmittel benutzen kann.

Im Rahmen der Verhaltenstherapie wird häufig der Patient oder ein Angehöriger des Patienten beauftragt, eine Verhaltensbeobachtung unter den täglichen Lebensbedingungen durchzuführen. Bei diesem Vorgehen können tatsächlich alle Lebensbereiche einer Beobachtung unterzogen werden. Auf die Schwierigkeit und Besonderheit dieser Form der Beobachtung wird unten (S. 179 ff.) näher eingegangen.

1.3. Verhaltensbeobachtung unter geplanten Bedingungen

Um die Möglichkeiten einer systematischen und objektiven Beobachtung zu verbessern, werden Beobachtungen sehr häufig in dazu eingerichteten Beobachtungsräumen durchgeführt. Technische Hilfsmittel wie Einwegscheibe, Tonübertragungsanlage, Video-Aufzeichnungsmöglichkeiten, Registriergeräte usw. erleichtern einerseits die Beobachtung und verhindern außerdem, daß der Beobachter seine Aufzeichnungen für die Beobachteten sichtbar machen muß. Andererseits kann die künstliche Atmosphäre eines Beobachtungsraumes – zumindest anfangs – das natürliche Verhalten des Beobachteten beeinflussen.

Die Beobachtung unter geplanten Bedingungen hat jedoch einen wesentlichen Vorteil: der Versuchsleiter oder Therapeut kann die Umgebungsbedingungen im voraus planen und gestalten und damit bestimmte Verhaltensweisen bei dem Beobachteten nahelegen. Im Gegensatz zur kontrollierten Beobachtung erstreckt sich jedoch der Einfluß des Versuchsleiters nur auf die vorherige Gestaltung der Umgebungsbedingung; ein Eingreifen in das Geschehen im Verlauf der Beobachtung wird nicht vorgenommen. Außerdem versucht der Therapeut nicht wie bei der Beobachtung unter kontrollierten Bedingungen den Verhaltensspielraum des Beobachteten künstlich auf eine oder wenige Verhaltensalternativen einzuschränken, sondern durch die Gestaltung der Umgebungsbedingungen eventuell zusätzliche Verhaltensweisen zu provozieren.

Findley (1966) hat einen Beobachtungsraum in Form einer Wohnung entwickelt, der die genaue Analyse des Verhaltens eines Menschen über Tage hinweg erlaubt. Fast alle Tätigkeiten der beobachteten Personen werden automatisch registriert. Bei diesem vollautomatisierten Beobachtungsraum greift der Versuchsleiter allerdings insofern in das Geschehen ein, als je nach (durch Tastendruck) gewählter Aktivität die Umgebungsbedingungen entsprechend verändert werden. *Findleys* Beobachtungsraum stellt einen Grenzfall zwischen kontrollierten und geplanten Beobachtungsbedingungen dar.

Im Rahmen einer Verhaltenstherapie ist eine Verhaltensbeobachtung unter geplanten Umgebungsbedingungen dann angezeigt, wenn

1. Hypothesen über den Einfluß bestimmter, bereits bekannter Reizbedingungen auf das Verhalten überprüft werden sollen, oder

2. Verhaltensweisen, die unter natürlichen Bedingungen nur sehr selten oder in für Beobachtungen unzugänglichen Situationen auftreten, provoziert werden sollen.

Die vorherige Planung der Umgebungsbedingungen kann sich entweder auf die äußerlichen Bedingungen richten, indem bestimmte Gegenstände oder Personen in den Beobachtungsraum gebracht werden, um die Reaktion des Beobachteten darauf zu beobachten.

Die Planung kann sich jedoch auch auf den Verlauf der Ereignisse während der Beobachtung erstrecken, indem der Versuchsleiter zuvor Interaktionspartnern des Beobachteten Instruktionen bezüglich ihres Verhaltens gibt. *Marschak* (1960) instruierte z. B. vorher die Eltern, welche Spiele sie mit ihren Kindern durchführen sollten.

Eine besondere Form der Beobachtung unter geplanten Bedingungen ist das in der Verhaltenstherapie auch häufig zu diagnostischen Zwecken durchgeführte Rollenspiel zwischen Patient und Therapeut. In diesem Fall kontrolliert der Therapeut die Reizbedingungen fast völlig und kann die Bedingungen laufend an dem Verhalten des Beobachteten ausrichten. Bei einem Rollenspiel ist die Situation naturgemäß sehr künstlich. Außerdem handelt es sich um eine „teilnehmende Beobachtung" (s. unten 5.3.), die den Therapeuten vor besonders schwierige Aufgaben stellt. Trotz dieser Nachteile ist die Verhaltensbeobachtung im Rahmen eines Rollenspiels oft eine ökonomische Informationsquelle, die verbalen Berichten des Patienten wichtige Detailinformationen hinzufügen kann.

2. Instrumente der Verhaltensbeobachtung

Bei einer Verhaltensbeobachtung unter natürlichen oder geplanten Bedingungen stellt sich erneut die Frage der Abgrenzung von Verhaltenseinheiten. Denn da Eingriffe des Beobachters in das Geschehen – im Gegensatz zu Beobachtungen unter kontrollierten Bedingungen – nicht oder nur begrenzt und indirekt möglich sind und darüber hinaus nicht einer Reduzierung des Verhaltensspielraums dienen, können bestimmte interessierende Verhaltensweisen auch nicht durch das Eingreifen des Therapeuten auf den Verhaltensfluß ausgegliedert werden. Da – wie oben gezeigt – auch unsere Wahrnehmung keine objektive, sondern höchst subjektive Untergliederungen des Verhaltensstroms unternimmt, muß nach einer dritten Möglichkeit gesucht werden, objektive Daten bei der Verhaltensbeobachtung zu erlangen. Diese Möglichkeit ist durch die besondere Gestaltung der Registrierung des Verhaltens gegeben.

2.1. Apparative Verhaltensregistrierung

In einer Skinner-Box sind dem Verhaltensspielraum des Versuchstiers physikalische Grenzen gesetzt. Innerhalb dieser Grenzen kann sich das Tier relativ frei bewegen, und trotzdem wird ein spezifisches Verhalten bzw. Verhaltenssegment für die Untersuchung abgegrenzt und herausgegriffen: das „Hebel-Drücken". Dieses Verhalten ist definiert durch eine bestimmte Auswirkung und von daher zu identifizieren. Genau genommen wird bei solchen Versuchen nicht ein Verhalten, sondern nur eine fest definierte Auswirkung von relativ unterschiedlichen Verhaltensweisen untersucht, nämlich eine meßbare Lageveränderung eines Hebels. Die Verhaltensweisen, durch die diese Lageveränderung erreicht wird, können – bei „genauerer Betrachtung" – recht unterschiedlich sein: das Tier kann mit der rechten oder linken Vorderpfote die Taste betätigen, es kann sich mit beiden Pfoten aufstützen usw. Entscheidend für die Isolierung eines Verhaltens ist bei diesem Versuch die Art der Registrierung, die nur auf bestimmte Verhaltensweisen „anspricht". Durch eine bestimmte Gestaltung der Registriervorrichtung wird aber nicht eine einzelne Verhaltensweise abgegrenzt, sondern eine begrenzte Menge relativ unterschiedlicher Verhaltensweisen, die alle bestimmten, durch den Versuchsleiter mittels der Registriervorrichtung festgelegten Kriterien genügen und von daher zu einer Verhaltensklasse oder Kategorie zusammengefaßt werden. Verhaltensweisen, die durch eine noch „feinere" Registrierung unterschieden werden könnten, fallen in eine Kategorie und werden als ein Verhalten bezeichnet.

Auch im Humanbereich findet diese Art der Abgrenzung von Verhaltensweisen bzw. diese Verhaltenskategorisierung häufig Anwendung. Bei der Ableitung eines EKG oder EEG erlaubt die Registriervorrichtung sogar die Isolierung von „Verhaltensweisen", die ohne diese Vorrichtung nicht wahrnehmbar wären. (Genau genommen wird bei diesem Versuch die spezifische „Reaktion" erst in der Phase der Auswertung abgegrenzt; z. B. ein Herzschlag wird definiert als das Geschehen zwischen zwei R-Zacken in der EKG-Aufzeichnung.) Durch die technischen Möglichkeiten der Telemetrie können solche apparativen Verhaltensregistrierungen auch außerhalb bestimmter Beobachtungsräume durchgeführt werden.

Castell (1970) benutzte einen speziell markierten Fußboden, um die Distanz zwischen Kindern und Erwachsenen genau beobachten zu können. *Bancroft* (1973) entwickelte einen Fußboden mit elektrischen Druckkontakten, so daß der Standpunkt einer beobachteten Person fortlaufend automatisch registriert werden kann.

Wiggins (1973) berichtete über einen „Automatic Vocal Transaction Analyzer" (*Cassotta* et al., 1964), der verbale Interaktionen aufzeichnet und nach

Lautstärke gruppiert. Verbale Reaktionen und Sprechdauer einzelner Personen können auch über Stimmschlüssel automatisch registriert werden.

Auch beim Experiment bzw. bei der Beobachtung unter kontrollierten Bedingungen werden oft ausgefeilte Registriergeräte benutzt. Doch bis diese Registrierung wirkt die Aufzeichnungsmethode auf die beobachtete Person bzw. deren Verhalten zurück. Bei der Verhaltensbeobachtung mittels apparativer Registrierung wird der Verhaltensspielraum der Beobachteten in der Regel nicht stärker beeinflußt als bei einer Beobachtung unter geplanten Bedingungen. Die Registriervorrichtung erlaubt nur die automatische Isolierung und Registrierung von interessierenden Verhaltensweisen bzw. Aspekten von Verhaltensweisen.

Voraussetzung für die Anwendung dieser apparativen Verhaltensregistrierung ist jedoch, daß nur eine oder wenige, vorher genau bestimmte Verhaltensweisen hinsichtlich ihrer Frequenz, Dauer, Intensität oder Abhängigkeit von bestimmten Reizbedingungen untersucht werden sollen. Außerdem können in der Regel durch apparative Registrierungen nur topographische Aspekte des Verhaltens erfaßt werden, nicht jedoch die „funktionale Qualität" eines Verhaltens (s. dazu unter 3.2.). Die Anwendung solcher apparativer Verhaltensregistrierung im Rahmen der Verhaltenstherapie beschränkt sich daher auf die Therapiekontrolle und die Überprüfung und Präzisierung bestimmter Hypothesen über Reiz-Reaktions-Zusammenhänge.

2.2. Kodiersysteme

Bei der Verhaltensbeobachtung im engeren Sinn wird als „Registrierinstrument" der menschliche Beobachter eingesetzt, und das Medium der Registrierung ist die Sprache, eventuell ein spezifisches sprachliches Zeichensystem.
Die Sprache ist so mannigfaltig, daß die verschiedensten Verhaltensweisen nach den verschiedensten Verhaltensaspekten bezeichnet und dadurch abgegrenzt werden können. Dieser Vorteil der Vielfältigkeit der menschlichen Sprache bildet jedoch gleichzeitig eine große Schwierigkeit für die systematische Verhaltensbeobachtung. Denn eine Hauptforderung für die systematische Verhaltensbeobachtung ist die eindeutige Definition und Abgrenzung von Beobachtungseinheiten (*von Cranach* und *Frenz,* 1969).

Wie bereits oben geschildert, bestimmt bei der freien Verhaltensbeobachtung die individuelle und subjektive Verhaltensperspektive die Wahl der Beschreibungsbegriffe und damit die Breite der Beobachtungseinheiten. Um bei der systematischen Verhaltensbeobachtung Einheiten objektiv festzulegen, müssen die Beschreibungsbegriffe für die Beobachter vorgegeben sein; die Abgrenzung von Verhaltenskategorien erfolgt in erster Linie durch die Festlegung von bestimmten Beschreibungsbegriffen, die die Kategorien „definieren". Da diese Begriffe eine Gruppe ähnlicher Verhaltensweisen beschreiben, handelt es sich um deskriptive Konstrukte (*Herrmann*, 1969).

Um eine eindeutige Zuordnung von Verhaltensweisen und Beschreibungsbegriffen zu ermöglichen, müssen die verschiedenen deskriptiven Konstrukte von annähernd gleichem Abstraktionsniveau sein. Das Abstraktionsniveau, auf dem bei einer systematischen, objektiven Verhaltensbeobachtung die Beschreibung erfolgt, wird bestimmt durch die Zielsetzung der Beobachtung und damit durch die theoretischen Vorannahmen, mit denen explizit oder implizit an diese Beobachtung herangegangen wird. *Barker* (1963) drückt dies folgendermaßen aus: „Die ausgewählten (Verhaltens-)Einheiten sind Konstrukte von größerer oder geringerer begrifflicher Ausgefeiltheit, die im Kontext einer Theorie definiert sind" (S. 6). (*Barker* teilt diese Ansicht allerdings nicht.)

Neben diesem „rationalen" oder „deduktiven" (*Byrne*, 1964; *Strauss*, 1964; *Weick*, 1969; zit. nach *von Cranach* und *Frenz*, 1969) Weg der Gewinnung von Beobachtungseinheiten, bei dem aus einer Theorie deskriptive Konstrukte für die Verhaltensbeschreibung abgeleitet werden, gibt es eine „induktive" oder „empirische" Methode der Gewinnung von Beobachtungseinheiten. Bei diesen Verfahren werden zuerst „Verhaltensweisen sozusagen im Schrotschußverfahren der Beobachtung unterzogen, und erst dann, wenn der Untersucher überzeugt ist, damit irgendein bedeutsames Phänomen zu erfassen, bildet er ein theoretisches Konzept" (*von Cranach* und *Frenz*, 1969, S. 289).

Doch auch diese Methode ist nicht „theoriefrei", da bei der anfänglichen Verhaltensbeobachtung „im Schrotschußverfahren" bereits eine Auswahl aus den vielen unterschiedlichen Aspekten des Verhaltensstroms, die Grundlage jeder kategorialen Beschreibung sind, getroffen werden muß, und da durch den Abstraktionsgrad der bei dieser anfänglichen Beobachtung benutzten Beschreibungsbegriffe die Komplexität der erfaßten Verhaltensweisen weitgehend determiniert ist.

Es gibt statistische Methoden, die es erlauben, den Abstraktionsgrad verschiedener Beschreibungsbegriffe zu überprüfen. So können beispielsweise mittels des Sortierverfahrens von *Miller* (1969) die Distanzen zwischen einzelnen Begriffen geschätzt werden. Auf Grund solcher Distanzberechnungen lassen sich mittels der hierarchischen Clusteranalyse von *Johnson* (1967) Begriffscluster bzw. Kategorien schaffen, die bei einer vorgegebenen Distanz unterschiedliche Verhaltensbereiche abdecken.

Auf das Abstraktionsniveau, das für Verhaltensbeobachtungen angemessen ist, wird unten (unter 3.1.) näher eingegangen.

Nach *Medley* und *Mitzel* (1963) lassen sich drei Kodiersysteme unterscheiden (vgl. auch *von Cranach* und *Frenz*, 1969; *Wiggins*, 1973): 1. Zeichen-Systeme, 2. Kategorien-Systeme und 3. Schätz-Skalen (Rating-Verfahren).

2.2.1. Zeichen-Systeme

Bei Zeichen-Systemen wird nicht versucht, den gesamten Ablauf einer Beobachtungsphase zu kodieren, sondern der Beobachter hat die Aufgabe, nur das Auftreten eines oder mehrerer, vorher festgelegter Ereignisse zu registrieren. Dabei kann ein großer Teil des Verhaltensstroms für diese Beobachtung irrelevant sein und nicht kodiert werden; der Beobachter wird nur tätig, wenn eines der vorher definierten Ereignisse auftritt.

Zeichen-Systeme sind dann angemessen, wenn Ziel der Beobachtung die Analyse einzelner, vorher bestimmbarer Ereignisse bzw. Verhaltensweisen ist. Der Verhaltenstherapeut bedient sich der Zeichen-Systeme vor allem bei der *Therapiekontrolle:* Im Labor werden die Anzahl und Verteilung der angstanzeigenden Fingerzeichen des Patienten bei der Desensibilisierung registriert oder die Anzahl bestimmter selbstsicherer verbaler Äußerungen beim Rollenspiel. Auch Diagramme, die ein Patient außerhalb der Therapiesitzung führen soll (vgl. dazu Kap. 9 dieses Buches), sind Zeichen-Systeme mit genau explizierten zu registrierenden Ereignissen.

Das zu registrierende Ereignis muß nicht in einer einzelnen Verhaltensweise bestehen, sondern kann sich auch auf „Reiz-Reaktions-Kontingenzen" beziehen. So legen beispielsweise *Bernal* et al. (1968) als zu registrierende Ereignisse unter anderem „Gehorchen" und „Nicht-Gehorchen" fest. Diese Begriffe bezeichnen eine kontingente Abfolge zweier Verhaltensweisen von Mutter und Kind. In einer Untersuchung von *Wolf, Risley* und *Mees* (1964) wird im Rahmen der Therapiekontrolle die Häufigkeit von „Trotzverhalten, gefolgt von time out" registriert.

Außer zur Therapiekontrolle werden Zeichen-Systeme in der Verhaltenstherapie auch als *diagnostisches Instrument* zur Vorbereitung der Therapie benutzt. Die notwendigen Vorinformationen zur Spezifizierung der zu registrierenden Ereignisse werden dabei Interviewdaten oder einer vorgeschalteten freien Verhaltensbeobachtung entnommen. Die darauf folgende systematische Beobachtung spezifizierter Ereignisse kann folgenden Zielen dienen:

1. Erstellung einer Grundkurve (baseline) der symptomatischen Verhaltensweisen;

2. Erfassung verhaltenskontingenter Verstärker. Zu diesem Zweck werden sowohl die symptomatischen Verhaltensweisen, beispielsweise des Kindes, als auch mögliche verstärkende Reaktionen der Mutter registriert. Außerdem muß die Registrierung die zeitliche Aufeinanderfolge der verschiedenen Verhaltensweisen mit erfassen;

3. Suche nach möglichen, in der Therapie einsetzbaren Verstärkern, wobei in der Regel entsprechend dem *Premack* (1959) -Prinzip aus der Auftrittshäufigkeit eines Verhaltens auf dessen Verstärkungsqualität geschlossen wird (z. B. *Ayllon* und *Azrin,* 1965).

Wird die Beobachtung durch den Patienten selbst durchgeführt oder durch Bezugspersonen des Patienten, die bislang das symptomatische Verhalten durch ihre Reaktionen verstärkten (z. B. Eltern), kommt dieser Verhaltensbeobachtung zusätzlich eine *therapeutische Funktion* zu (vgl. 5.4.).

2.2.2. Kategorien-Systeme

Ein Kategorien-System ist so angelegt, daß jede mögliche Verhaltensweise, die im Rahmen der Beobachtungsphase auftritt, registriert, d. h. einer der zur Verfügung stehenden Kategorien zugeordnet werden kann. Mit Hilfe eines Kategorien-Systems kann also ein lückenloses Abbild des Geschehens erstellt werden.

Je mehr Kategorien dem Beobachter zur Verfügung stehen, desto konkreter und detaillierter kann die Beschreibung des Verhaltens erfolgen. Das wohl bekannteste Kategorien-System, die Bales-Skalen (*Bales,* 1956), enthält zwölf Kategorien, die die Interaktion innerhalb von Kleingruppen erfassen. *Moustakas, Sigel* und *Schalock* (1956) haben ein Kategorien-System mit 91 Kategorien zur Kodierung der Interaktion von Kindern mit Erwachsenen entwickelt. Ein solches Kategorien-System erlaubt zwar eine bedeutend detailliertere Beschreibung des Verhaltens als die Bales-Skalen, doch der Beobachter ist vor eine fast unlösbare Aufgabe gestellt, 91 Kategorien gegenwärtig zu haben und im richtigen Moment zu kodieren.

Kategorien-Systeme zur Analyse der Interaktionen von Erwachsenen und Kindern sind außer von *Moustakas, Sigel* und *Schalock* (1956) noch von mehreren anderen Forschern entwickelt worden (z. B. *Merrill,* 1946; *Longabaugh,* 1963). Für die Verhaltenstherapie von besonderer Bedeutung ist der Kodierplan von *Patterson* et al. (1969), der für die Kodierung von Verhaltenssequenzen eingerichtet ist und daher u. a. die Analyse von Verstärkungskontingenzen innerhalb einer Familie erlaubt. Tabelle 1 gibt die primären und die sekundären Kategorien in einer Übersetzung von *Engberding* (1972) wieder. (Die sekundären Kategorien werden verwendet, wenn keine der spezifischeren, primären Kategorien zutreffend ist.)

In jeder Beobachtungsphase von 5 Minuten steht ein Familienangehöriger im Zentrum der Beobachtung. Das Verhalten der anderen Familienmitglieder wird während dieser Zeit in bezug auf das Verhalten der „Zentralperson" kodiert.
Die 5-Minuten-Phase ist in zehn 30-Sekunden-Perioden aufgeteilt, die durch einen akustischen Zeitgeber angekündigt werden. Während einer einzelnen Periode hat der Beobachter 5 Verhaltenssequenzen zu kodieren, bestehend jeweils aus einem Verhalten der „Zentralperson" und einer darauf folgenden Reaktion eines oder mehrerer Familienmitglieder. Im Verlauf einer Phase werden also $10 \times 5 = 50$ Verhaltenssequenzen bzw. mindestens 100 einzelne Verhaltensweisen registriert. Vor die zwei Großbuchstaben zur Kennzeichnung des Verhaltens (vgl. Tabelle 1) setzt der Beobachter noch eine Ziffer zur Kennzeichnung der jeweiligen Person.

Tabelle 1. Die Verhaltenskodes des Kategorien-Systems von *Patterson* et al. (1969) in der Übersetzung von *Engberding* (1972).

1. Primäre Verhaltensweisen
a) verbal
AB   Ablehnung (negativism)
AF   Aufforderung (command)
KR   Kränken (humilitate)
LA   Lachen (laugh)
NA   negative Aufforderung (command negative)
QU   Quengeln (whine)
WE   Weinen (cry)
SCH   Schreien (yell)
b) nicht-verbal
HR   Hohe Rate störenden Verhaltens (high rate)
IG   Ignorieren (ignore)
PN   Physischer Kontakt negativ (physical negative)
PP   Physischer Kontakt positiv (physical positive)
ZS   Zerstörungswut (destructiveness)
c) verbal und/oder nicht-verbal
AH   Abhängigkeit (dependancy)
AK   Anerkennung (approval)
AR   Arbeit (work)
ÄR   Ärgern (tease)
BF   Befolgen (compliance)
MB   Mißbilligung (disapproval)
NB   Nicht-befolgen (non-compliance)
SP   Spiel (play)
VW   Verwöhnendes Verhalten (indulgence)
2. Sekundäre Verhaltensweisen
a) verbal
RE   Reden (talk)
b) nicht-verbal
AN   Annehmen (receive)
BR   Berührung (touch)
NO   Normales Verhalten (normative)
NR   nicht reagieren (no-response)
c) verbal und/oder nicht-verbal
SS   Selbststimulation (self stimulation)

Während ein Zeichen-System u. a. zur *Überprüfung* bestimmter Hypothesen über Reiz-Reaktionszusammenhänge dienen kann, bietet die Verhaltensbeobachtung mittels eines Kategorien-Systems die Möglichkeit, Hypothesen über Verhaltenskontingenzen *aufzustellen* bzw. solche Kontingenzen unmittelbar aus der Aufzeichnung zu entnehmen. Im Vergleich zur freien Verhaltensbeobachtung oder zur Exploration, den anderen Verfahren zur Gewinnung von Informationen zur Hypothesenbildung, hat die systematische Beobachtung mittels eines Kategorien-Systems den Vorteil größerer Objektivität. Außerdem kann ein Kategorien-System im Gegensatz zu einem für einen bestimmten Patienten erstellten Zeichen-System immer wieder angewendet werden, so daß Vergleiche und relative Bewertungen möglich sind.

Ein Kategorien-System muß zwar nicht für jeden Patienten erneut erstellt werden und bedarf daher weniger Vorbereitungsarbeit, doch die Durchführung einer Beobachtung nach einem Kategorien-System ist für den Beobachter bedeutend anstrengender, da der gesamte Ablauf erfaßt werden muß.

Außerdem ist die Brauchbarkeit eines Kategorien-Systems bei einer bestimmten Fragestellung davon abhängig, ob die im Einzelfall interessierenden Verhaltensweisen als gesonderte Kategorien kodiert werden oder nur ein Beispiel einer umfassenderen, abstrakteren Kategorie sind. In solch einem Fall würde die Verwendung des Kategorien-Systems keine exakte Bedingungsanalysen erlauben, da beispielsweise Ereignisse, die mit einer bestimmten Wahrscheinlichkeit der interessierenden Verhaltenskategorie vorausgehen oder nachfolgen, nicht unbedingt mit der kritischen, konkreten Verhaltensweise dieser Kategorie gepaart sein müssen.

Kategorien-Systeme hinreichender Konkretheit bei gleichzeitiger Begrenzung der Kategorien-Anzahl können nur bei Beschränkung der Gültigkeit auf bestimmte Umgebungsbedingungen (settings), die nur jeweils bestimmte Verhaltensweisen erlauben, erstellt werden. Die Entwicklung solcher Kodier-Systeme scheint uns eine der wichtigsten Forderungen für die verhaltenstherapeutische Diagnostik zu sein.

2.2.3. Schätz-Skalen (Rating-Verfahren)

Während Zeichen- und Kategorien-Systeme dazu dienen, eine unmittelbare Beschreibung des Verhaltensablaufs zu liefern, dienen Schätz-Skalen in der Regel dazu, die Eindrücke eines Beobachters im Anschluß an die Beobachtung zu erfragen und zudem zu quantifizieren. Der Beobachter muß also Ereignisse nicht unmittelbar registrieren, sondern im nachhinein ein Urteil über eine Reihe von Ereignissen abgeben.

Nach *Guilford* (1954) können folgende Typen von Schätz-Skalen unterschieden werden: Numerische Schätz-Skala, bei der der Ausprägungsgrad durch eine Zahl angegeben wird; graphische Schätz-Skalen, bei denen die geometrische Anordnung der Skalenpunkte den Ausprägungsgrad repräsentiert; Zwang-Wahl Schätz-Skalen, bei denen jeweils eine Alternative zweier Polarbegriffe angekreuzt werden muß; und schließlich kumulative Schätz-Skalen, bei denen alle zutreffenden Begriffe einer Liste angekreuzt werden müssen, wobei jeweils mehrere (verstreute) Begriffe eine Dimension repräsentieren.

Für eine funktionale Verhaltensanalyse zur Vorbereitung einer Verhaltenstherapie sind Rating-Verfahren in der Regel unangemessen. Denn es werden nicht Häufigkeiten von Ereignissen und Verhaltensweisen oder deren zeitliche Relation zu anderen Ereignissen erfaßt, die eine funktionale Interpretation erlauben würden, sondern der Ausprägungsgrad bestimmter Eigenschaften eines oder mehrerer Ereignisse. Im Rahmen der Therapiekontrolle kann einem Schätzverfahren jedoch eine wichtige Funktion zukommen: Ein Ehepartner kann beispielsweise die Aggressivität der Äußerungen seines Partners fortlaufend einschätzen (*Mandel* und *Mandel,* 1971), der Therapeut verfolgt mittels einer Schätz-Skala die Zunahme der „Freundlichkeit" in den Äußerungen einer Mutter ihrem Kind gegenüber, oder der Patient schätzt selber sein eigenes Verhalten anhand einer vorgegebenen Skala ein – z. B. seine Angst bei der Desensibilisierung.

Pritchard (1963) entwickelte ein Rating-System mit 14 Skalen zur Beurteilung des Verhaltens von Kindern in der Klinik. Die in der Regel 7-Punkte-Skalen sind: A. Sprechen – quantitativ; B. Sprechen – abnorm; C. Motorisches Verhalten – quantitativ; D. Motorisches Verhalten – abnorm; E. Bezug zur Umgebung; F. Stimmungslabilität; G. Vorherrschende Stimmung; H. Manifeste Angst; I. Soziale Beziehung zu anderen Kindern; J. Soziale Beziehung zu Erwachsenen; K. Angriffslust; L. Ärger; M. Eßverhalten (Füttern); N. Anziehen. Schätz-Skalen dieser Art können dazu dienen, Verbesserungen durch eine Therapie nachzuweisen.

Lazarus (1971) hat eine Reihe von Schätz-Skalen vorgestellt, mittels derer der Patient nach einer Therapiestunde diese bewerten soll. Diese Skalen erfragen u. a. den globalen Eindruck von der Stunde, die Hoffnungen und Erwartungen, die durch diese Stunde geweckt wurden, welche Gefühle in dieser Stunde aufkamen, wie der Therapeut sich verhalten hat und so weiter. Diese so gewonnenen Daten sind zwar sehr global, können jedoch eventuell dem Therapeuten Hinweise auf die Gestaltung folgender Therapiestunden geben.

3. Verhaltensattribute

Schätz-Skalen erfassen nicht „Verhaltensweisen", sondern bestimmte Charakteristika oder Attribute des Verhaltens einer Person. Doch letztlich ist auch bei Zeichen- und Kategorien-Systemen und auch bei der apparativen Verhaltensregistrierung ein bestimmtes Verhaltensattribut maßgebend für die Registrierung. So unterscheiden beispielsweise *Patterson* und Mitarbeiter (1968; vgl. oben Tabelle 1) allein neun unterschiedliche, rein verbale Verhaltensweisen. Bestimmte Aspekte des beobachtbaren Geschehens bestimmen, welche Kategorie in speziellem Fall notiert werden muß. Das gleiche gilt für die Abgrenzung und Definition der Zeichen bei einem Zeichen-System, und auch die apparative Verhaltensregistrierung spricht nur auf bestimmte mechanische oder elektrische Veränderungen an, die spezifische Aspekte des Verhaltens widerspiegeln.

3.1. Abstraktionsgrad der Verhaltensbeschreibung in der Verhaltenstherapie

Bei einem Kodiersystem und der apparativen Verhaltensregistrierung wird ein unmittelbar beobachteter Aspekt des Geschehens als Grundlage für die Beschreibung gewählt, während bei den Rating-Verfahren der Beobachter die Aufgabe hat, verschiedene Einzelaspekte eventuell recht verschiedener Verhaltensweisen anhand einer vorgegebenen, theoretisch sinnvollen Skala zusammengefaßt zu beurteilen.

Wenn beispielsweise ein Beobachter bei der klientenzentrierten Gesprächspsychotherapie die „emotionale Wärme" (*Truax* und *Carkhuff,* 1967) des Therapeuten oder eine Krankenschwester die „vorherrschende Stimmung" eines Kindes (*Pritchard,* 1963) beurteilen soll, so setzt dies eine Abstraktion mehrerer beobachtbarer Einzelinformationen voraus. Eine solche abstrahierende Verhaltensbeurteilung ist von seiten der Verhaltenstheorie häufig als zu wenig konkret kritisiert worden.

„Doch kein Abstraktionsgrad einer Analyse sollte als mehr oder weniger ‚fundamental' oder ‚angemessen' als ein anderer betrachtet werden, denn die Stellung auf dem Informations-Kontinuum ist nicht in sich ein Maß für Adäquatheit. Die Angemessenheit eines Abstraktionsgrades ist determiniert durch das aktuelle Problem, den Zweck der Analyse (Vorhersage, Erklärung oder In-Gang-Setzung von Veränderungen) und die besonderen, relevanten Umstände" (*Gewirtz,* 1969, S. 11).

Verhaltensbeobachtung oder Verhaltensanalyse zur Vorbereitung einer Verhaltenstherapie dienen dazu, relevante Informationen für die „In-Gang-Setzung von Veränderungen" zu erhalten. Theoretische Konstrukte, denen über die Beschreibung beobachtbarer Sachverhalte hinaus ein theoretischer Erklärungswert zukommt, werden von der funktionalen Verhaltenstheorie weitgehend vermieden. Denn durch theoretische Konstrukte werden „Wirkgrößen" bezeichnet, die „inferabel" (*Bischof* und *Scheerer,* 1970), d. h. „nur" erschlossen und nicht direkt beobachtbar und damit auch nicht (z. B. im Rahmen einer Therapie) direkt veränderbar sind. Insofern kommt theoretischen Konstrukten zwar ein beträchtlicher *Erklärungs*wert zu, doch das praktische therapeutische Handeln zum Zweck der *„In-Gang-Setzung von Veränderungen"* wird durch die Einführcung von „inferablen Wirkgrößen" nicht *direkt* gefördert. Eine rein deskriptive Sprache ist der Sprache praktischer Handlungsanweisungen näher.

Die Beschränkung auf die Registrierung beobachtbarer Sachverhalte gilt nicht nur für die Erfassung kritischer Verhaltensweisen, sondern auch für die Registrierung der relevanten Umgebungsbedingungen, denen ein steuernder Einfluß für dies Verhalten zukommt (vgl. unten 3.2.). Denn *globale* Kategorien zur Beschreibung von Umgebungsbedingungen – bei gleichzeitiger Verwendung *konkreter* Kategorien zur Beschreibung des Verhaltens –"... sind relativ unempfindlich für aufeinanderfolgende Details von Wechselwirkungs-daten (zwischen Verhalten und Umwelt), die das Studium des direkten Einflusses der Reizbedingungen auf das... Verhalten ermöglichen, und sie sind daher alles andere als optimale Anhaltspunkte für Überlegungen zu Verhaltensänderungen, die für eine Prozeßtheorie wie die des Lernens wesent-lich sind" (*Gewirtz,* 1969, S. 16).

3.2. Funktionale Verhaltensbeobachtung

Welche der beobachtbaren Aspekte eines Geschehens als Grundlage für die kategoriale Beschreibung gewählt werden, ist ebenfalls abhängig von der zugrundeliegenden Theorie und dem Zweck der Beschreibung. „In-Gang-Set-zung von Veränderungen" erfordert – entsprechend den Annahmen der Verhaltenstheorie – die Analyse von Reiz-Reaktionskontingenzen (funktio-nale Verhaltensbeschreibung).

Ferster (1967) unterscheidet in Anlehnung an *Skinner* (1938) statische und dynamische Faktoren des Verhaltens. Eine statische oder topographische Analyse beschreibt was geschieht, während eine dynamische oder funktionale Analyse das Verhalten in Relation zu der kontrollierenden Umgebung zu beschreiben sucht. *Ferster* erläutert diese Unterscheidung an der Beschrei-bung des Verhaltens eines Mannes, der schnell einen Korridor entlang läuft. Dieser Mann kann laufen, weil ihn jemand verfolgt (Flucht vor einem aver-siven Reiz) oder weil in Kürze sein Zug abfährt (limited-hold schedule of rein-forcement) oder weil er einen Preis gewonnen hat (Laufen als Ausdruck eines emotionalen Zustands). „All diese Verhaltensweisen sind sich topographisch sehr ähnlich, doch sie sind Beispiele für extrem unterschiedliche Arten der Verhaltenskontrolle" (*Ferster,* 1967, S. 10).

Eine Abgrenzung von Verhaltenseinheiten nur nach topographischen Gesichtspunkten würde diese unterschiedlichen Arten des Laufens vermutlich der gleichen Kategorie zuordnen und mit dem gleichen Begriff beschreiben. Doch eine solche Beschreibung würde keinerlei Informationen erbringen, die für eine (mögliche) Verhaltensänderung nützlich wären. Eine brauchbare Verhaltensbeschreibung liegt dann vor, wenn die Umgebungsbedingungen, die dieses Verhalten steuern und aufrecht erhalten, mit erfaßt werden.

Für eine Verhaltensbeobachtung zur diagnostischen Hypothesenbildung ergibt sich allerdings die Schwierigkeit, daß während der Beobachtung noch nicht bekannt ist, welche Umgebungsbedingungen (einschließlich der Reak-tionen anderer Personen) das Verhalten des Beobachteten kontrollieren, also welche Umgebungsbedingungen registriert werden sollten. Die *Wechselwir-kung* von Verhalten und Umwelt ist nicht im Einzelfall beobachtbar, sondern kann nur aus der Häufigkeit bestimmter Verhaltens-Umwelt-Konstellationen erschlossen oder – im günstigsten Fall – aus einer beobachtbaren Kovarianz von Verhaltens- und entsprechenden Umgebungsänderungen ersichtlich werden. Ein Kategorien-System zum Zweck der Hypothesenbildung über funktionale Reaktions-Umwelt-Beziehungen muß daher so angelegt sein, daß *mögliche* Wechselwirkungen erfaßt werden, unabhängig davon, ob die nachfolgende Auswertung solche funktionalen Bewertungen bestätigt. Folgende Forderungen sind zu stellen:

1. Umgebungsbedingungen, vor allem Reaktionen von anderen Personen, müssen in bezug auf das Verhalten des Beobachteten beschrieben werden. So fordern beispielsweise *Patterson* und Mitarbeiter (1968), daß das Verhalten von Familienmitgliedern, das „offensichtlich" in keinem Bezug zu dem vorhergehenden Verhalten der Zentralperson steht, als „nicht reagieren" registriert wird, selbst wenn eine spezifische inhaltliche Kategorie zur Kennzeichnung dieses Verhaltens zur Verfügung steht.

2. Die Kategorien sollten nicht in erster Linie hinsichtlich des Inhalts oder der Topographie von Verhaltensweisen abgegrenzt und definiert werden, sondern hinsichtlich *möglicher* Auswirkungen auf andere Personen; sie müssen also den „Beziehungsaspekt" (*Watzlawik* et al., 1969) bzw. den Zweck (*von Cranach* und *Frenz,* 1969) wiedergeben, unabhängig davon, ob eine andere Person tatsächlich auf dieses Verhalten reagiert, dem Verhalten also im konkreten Einzelfall ein steuernder (funktionaler) Wert zukommt.

Bei der Anwendung solcher Kategorien- oder Zeichen-Systeme hat der Beobachter die schwierige Aufgabe, ein beobachtetes Verhalten entsprechend seinem Zweck bzw. entsprechend seinem „Beziehungsaspekt" einer der Kategorien zuzuordnen. Hinweise auf den Beziehungsaspekt können einerseits topographische Merkmale des Verhaltens geben (z. B. eine bestimmte Sprachmelodie bei „Aufforderung" im Gegensatz zu „Fragen") oder der Reaktion anderer Personen auf dieses Verhalten entnommen werden (z. B. ein Lächeln als Reaktion auf das Verhalten „Loben"). Bei der Definition der Kategorien sollten diese topographischen Merkmale expressis verbis angegeben werden, um zu verhindern, daß ein Beobachter (oder mehrere Beobachter übereinstimmend) mehr als vermeidbar eine Kategorisierung des Verhaltens aus ihrer subjektiven Sicht vornehmen.

3.3. Abgrenzung von Beschreibungseinheiten

Für eine Verhaltensbeobachtung zum Zweck einer funktionalen Verhaltensanalyse ist zu fordern, *daß alle Verhaltensweisen einer Kategorie funktional äquivalent sind,* d. h. in der gleichen Art und Weise durch die Umgebungsbedingungen kontrolliert werden bzw. diese steuern. Durch diese Bedingung ist der für eine Verhaltensbeschreibung im Rahmen der Verhaltenstherapie angemessene Abstraktionsgrad nach oben abgegrenzt. So ist beispielsweise das

Kategorien-System von *Bales* (1956) für eine funktionale Verhaltensanalyse zu global. Die Kategorie „5" von *Bales* lautet z. B.: „*Äußert Meinung, bewertet, analysiert, drückt Gefühle oder Wünsche aus*". Eine solche Meinungsäußerung oder Bewertung kann sachlich zustimmend oder kritisierend ausfallen; und den Verhaltensweisen, die unter dieser Bezeichnung subsummiert werden, kommt daher vermutlich eine sehr unterschiedliche funktionale Qualität zu.

Die Festlegung einer unteren Grenze der Breite von Beschreibungs-Kategorien ist bedeutend schwieriger. Für *Barker* und *Wright* (1955) ist eine natürliche Grenze der Unterteilung des Verhaltensstroms dort gegeben, wo eine weitere Unterteilung die Handlung in „Aktone" zerbrechen würde. Aktone sind Elemente, die keine Zielgerichtetheit mehr erkennen lassen (vgl. *Koffka,* 1935).

„Zielgerichtetheit" oder auch „Zweck" läßt sich prinzipiell operationalisieren anhand der Auswirkungen (Konsequenzen) des Verhaltens. Die Registrierung von Verhaltenselementen, die für sich genommen keinerlei (verstärkende bzw. aufrechterhaltende) Konsequenzen bewirken, wäre für eine funktionale Verhaltensanalyse nicht sinnvoll.

Theoretisch ist zu erwarten, daß die Auftrittshäufigkeit solcher – künstlich abgegrenzter – „Verhaltenswcisen" zurückginge, da eine Verstärkung ausbleiben würde.

Premack (1959) definiert entsprechend die „kleinste mögliche Verhaltenseinheit" (smallest possible unit; SPU) folgendermaßen: „SPU ist definiert als die Einheit, bei der die gleiche Reaktionsrate auftritt wie bei einem freien, ungehinderten Reagieren, obwohl der Organismus durch Reizeinschränkungen gezwungen wird, (nur) mit ‚SPU' zu reagieren" (S. 230).

(*Premack* leitet diese Definition allerdings aus seinem eigenen verhaltenstheoretischen Ansatz ab.) Diese Definition kann für Tierversuche praktische Relevanz haben; eine entsprechende empirische Abgrenzung von Verhaltenseinheiten ist bei der Beobachtung von Humanverhalten in der Regel kaum zu realisieren.

4. Beobachtungsstichprobe

Der Verhaltensstrom ist durch die geschilderten Maßnahmen bereits erheblich eingeschränkt worden. Durch die Art der Registrierung und Auswahl bestimmter Verhaltensattribute als Merkmale für die einzelnen Kategorien wurde der Geschehensfluß entsprechend theoretischer Vorannahmen und konkreter Fragestellungen strukturiert. Durch die Auswahl und eventuelle Gestaltung der Umgebungsbedingungen wurde indirekt auf das Verhalten des Beobachteten Finfluß genommen und die Anzahl möglicher Reaktionsweisen reduziert. Doch trotz dieser Einschränkungen ist eine kontinuierliche Beobachtung praktisch nicht möglich. Der Beobachter ist gezwungen, eine Auswahl aus dem Geschehen zu treffen, die möglichst repräsentativ ist. In der Literatur wird über verschiedene Stichprobentechniken berichtet, durch die eine möglichst repräsentative und unverzerrte Verhaltensbeschreibung ermöglicht werden soll. Hier soll nur auf die besonders wichtigen Techniken der „Zeit-Stichprobe" (time-sampling) und der „Ereignis-Stichprobe" (event-sampling) näher eingegangen werden (vgl. *Wright,* 1967).

4.1. Zeit-Stichprobe (time-sampling)

Beim time-sampling (vgl. *Arrington,* 1943; *Wright,* 1967) werden zufällige Stichproben des Verhaltensstroms einer Beobachtung unterzogen, indem die Beobachtungszeiten unabhängig von den jeweiligen Ereignissen systematisch festgelegt werden. Diese Festlegung bezieht sich einerseits auf die Zeitdauer (und Anzahl) von Beobachtungsphasen und auf die Pausen zwischen den einzelnen Beobachtungsphasen. Für die Dauer einer Beobachtungsphase gibt es keine Richtlinien. *Challman* (1932) wählte Beobachtungsphasen von 5 Sekunden, während *Barker* und *Wright* (1951) das Protokoll einer kontinuierlichen Beobachtung eines Jungen über einen Tag hinweg veröffentlicht haben. Ebenso kann die Pause zwischen einzelnen Beobachtungsphasen wenige Sekunden oder Jahre betragen. Diese große Variabilität macht ein Grundproblem der Stichprobentechnik deutlich: Über die Grundgesamtheit oder das Universum, aus dem die Stichprobe gezogen wird, sind keine Informationen gegeben (*von Cranach* und *Frenz,* 1969), so daß aufgrund solcher Stichprobenverfahren keine Aussagen über die generelle Auftrittshäufigkeit eines Verhaltens gemacht werden können. Die Ergebnisse repräsentieren bestenfalls den Verhaltensstrom bzw. ausgewählte Aspekte und Verhaltensweisen des Verhaltensstroms über einen gewissen Zeitraum, obwohl auch dabei z. B. durch die Unkenntnis und mangelnde Kontrolle wichtiger, das Verhalten beeinflussender Variablen, Fehler unvermeidbar sind.

Das Verfahren der Zeit-Stichprobe ist in der Verhaltenstherapie vor allem bei Beobachtungen zum Zweck der Therapieplanung von Bedeutung. Ökonomische Gesichtspunkte zwingen dabei allerdings den Therapeuten häufig, die Anzahl der Stichproben klein zu halten und vor allem die Zeitspanne, über die die einzelnen Beobachtungsphasen verteilt werden, nicht zu groß zu wählen. Zu kurze Beobachtungseinheiten (von wenigen Sekunden) sind im Rahmen der Verhaltenstherapie kaum sinnvoll, da – wie oben gezeigt – Ereignis*folgen* registriert werden müssen, um eine funktionale Analyse zu ermöglichen.

4.2. Ereignis-Stichprobe (event-sampling)

Eine Verhaltensbeobachtung zum Zweck der Therapiekontrolle zentriert sich in der Regel auf Veränderungen der Frequenz, Intensität oder der Reizkontrolle einzelner Verhaltensweisen, die mittels eines Zeichen-Systems (s. o.) näher definiert werden. Die Verhaltensstichprobe ist in diesem Fall nicht formal durch die Zeit bestimmt, sondern inhaltlich durch die Art des zu registrierenden Ereignisses (Ereignis-Stichprobe; vgl. *Wright,* 1967). Der Beobachter wird immer dann und nur dann tätig, wenn das bezeichnete Ereignis eintritt.

Die Unterscheidung von Zeit- und Ereignis-Stichproben ist allerdings nur graduell. Denn auch bei den Zeit-Stichproben kann der Beobachter nur ausgewählte Aspekte des Verhaltensstroms registrieren, und eine Beobachtung nach dem Verfahren der Ereignis-Stichprobe erfolgt nur während bestimmter Phasen. Eine systematische Beobachtung setzt jeweils die Beachtung beider Stichprobenmerkmale voraus: Zeit und Ereignis. Der Unterschied liegt vor allem in den Richtlinien für die Tätigkeit des Beobachters: Die Folge von Pausen und Aktivitäten des Beobachters wird beim time-sampling vor allem durch die Zeit, beim event-sampling in erster Linie durch die Ereignisse selbst bestimmt. Die Entscheidung für eines der Verfahren ist vom Zweck der Untersuchung abhängig: Eine Registrierung möglichst vieler Ereignisse zu festgesetzten, repräsentativen Zeiten ist angebracht, wenn ein möglichst umfassendes Bild von den Verhaltensweisen der Individuen (unter bestimmten Bedingungen) gewonnen werden soll (z. B. Verhaltensweisen eines Kindes in der Familie; *Patterson* et al., 1969). Die Beobachtung einzelner, umschriebener Ereignisse über längere Zeit hinweg dient primär der genaueren Analyse dieser Ereignisse (z. B. Untersuchung aggressiven Verhaltens von Schulkindern durch *Winder* und *Wiggins,* 1964, oder von Trotzverhalten durch *Kemmler,* 1957).

5. *Beobachter*

Bei der Verhaltensbeobachtung ist der menschliche Beobachter (außer bei der apparativen Registrierung) Bestandteil des Meßinstrumentes. Die Güte der gewonnenen Daten ist also zum großen Teil abhängig von der Genauigkeit, mit der der Beobachter arbeitet. Alle bislang besprochenen Maßnahmen stellen ein System von Verfahrensvorschriften und Hilfen für den Beobachter dar, doch auch mit ihrer Hilfe sind Beobachtungsfehler nicht völlig zu vermeiden.

5.1. Beobachtungsfehler

Normalerweise wird die Tätigkeit eines Beobachters auf dem Hintergrund kognitiver Theorien beschrieben (vgl. etwa *von Cranach* und *Frenz,* 1969). Hier soll versucht werden, das Verhalten eines Beobachters als Diskriminationsaufgabe zu beschreiben: Auf bestimmte Aspekte des Geschehens muß der Beobachter mit einem spezifischen Verhalten reagieren.

Diskrimination setzt zum einen eindeutig voneinander abgehobene Reizklassen voraus, zum anderen die eindeutige Zuordnung einer einzigen Reaktion zu jeder dieser Reizklassen. Die Reizklassen werden − wie oben unter 3. gezeigt − bei der Verhaltensbeobachtung aufgrund bestimmter Verhaltensattribute voneinander abgetrennt. Diese Verhaltensattribute sind jedoch keine diskreten Ereignisse, sondern sie treten in mehr oder weniger starker Ausprägung auf, zusammen mit anderen Verhaltensaspekten, die für andere Kategorien kennzeichnend sein können. Ein Ausschnitt aus dem Verhaltensstrom beinhaltet also immer mehrere Aspekte, die für verschiedene Kategorien bzw. Reaktionsweisen eines Beobachters bestimmend sind. Entsprechend der relativen Gewichtigkeit dieser verschiedenen Aspekte der Reizsituation sind beim Beobachter mehrere, hinsichtlich ihrer Auftretenswahrscheinlichkeit hierarchisch geordnete Reaktionsbereitschaften anzunehmen; es kommt also gelegentlich zu Fehlkodierungen. Solche Fehlkodierungen können vor allem dann vorkommen, wenn Vorinformationen über die Beobachteten bereits bestimmte Reaktionstendenzen beim Beobachter gefördert haben (Rosenthal-Effekt; *Rosenthal,* 1966; *Skindrud,* 1971). Hinzu kommt, daß die Stärke und Eindeutigkeit der Kontrolle eines bestimmten Kodierverhaltens durch ein bestimmtes, beobachtetes Ereignis (Reizkontrolle) abhängig ist vom Ausmaß der vorangehenden differenziellen Verstärkung (*Terrace,* 1966). Da die im Rahmen einer systematischen Beobachtung angestrebte Eindeutigkeit der Kodierung über die im Alltag des Beobachters erforderliche Genauigkeit der Beschreibung von Verhalten anderer Personen hinausgeht, wird die Reizkontrolle des Kodierverhaltens nicht sehr groß sein (bzw. der Generalisationsgradient flach sein), so daß es zu Interferenzen verschiedener Reaktionstendenzen kommen kann.

Die Reaktion des Beobachters kann auch mit beeinflußt werden durch das zeitlich vorhergehende Ereignis. Dieser Effekt wird vor allem dann von Bedeutung sein, wenn auf ein Ereignis ein „unerwartetes" zweites Ereignis folgt, wenn also der Beobachter die beiden Ereignisse bislang nur selten in dieser zeitlichen Folge beobachtet hat. Das erste Ereignis wird für ihn aufgrund seiner Vorerfahrungen ein anderes Ereignis ankündigen, so daß es zu Interferenzen zwischen der „erwarteten" und „tatsächlich notwendigen" Reaktion kommen kann.

Schließlich haben die Verhaltensweisen des Beobachteten für den Beobachter nicht nur die Funktion diskriminativer Reize, sondern auch die Funktion auslösender Reize für bestimmte emotionale Reaktionen. Die emotionalen Reaktionen des Beobachters auf das beobachtete Verhalten können die Kodierung vor allem dann entscheidend beeinflussen, wenn – wie das oben für die Verhaltenstherapie gefordert wurde – der „Beziehungsaspekt des Verhaltens" erfaßt werden soll. Wenn eine beobachtete Person überwiegend Verhaltensweisen zeigt, auf die der Beobachter beispielsweise emotional positiv reagiert, so wird die beobachtete Person selbst allmählich – relativ unabhängig von dem jeweils realisierten Verhalten – zu einem konditionierten Reiz (höherer Ordnung) für eine positive emotionale Reaktion seitens des Beobachters, so daß dieser bei der Kodierung grundsätzlich eher eine positive Beschreibung wählen wird. Dieser Halo-Effekt, der „Erzfeind der objektiven Beobachtung" (*Medley* und *Mitzel,* 1963; zit. nach *von Cranach* und *Frenz,* 1969), nimmt mit zunehmender persönlicher Bekanntschaft zu (*von Cranach* und *Frenz,* 1969).

Die Beziehung zwischen Beobachtetem und Beobachter beeinflußt nicht nur das Verhalten des Beobachters, sondern auch des Beobachteten. Entsprechend diesem Einfluß wird unterschieden zwischen „nicht-teilnehmender" und „teilnehmender Beobachtung" (und dem für die Verhaltenstherapie wichtigen Sonderfall der „Selbstbeobachtung"). Auf die besonderen Probleme dieser Verfahren soll im folgenden näher eingegangen werden.

5.2. Nicht-teilnehmende Beobachtung

Bei Beobachtung zu Forschungszwecken oder auch im Rahmen der Klinischen Psychologie verhalten sich die Beobachter normalerweise passiv, das heißt, sie treten in keine Interaktion mit den beobachteten Personen; der Geschehensablauf wird durch sie nicht direkt und aktiv beeinflußt. Doch bereits die Anwesenheit eines Beobachters kann einen gewichtigen Einfluß auf das Verhalten des Beobachteten haben. *Bechtel* (1967; zit. nach *Patterson* und *Harris,* 1968) konnte zeigen, daß sich Besucher eines Museums anders verhalten, wenn sie merken, daß sie beobachtet werden: sie bewegen sich weniger und versuchen, möglichst bald den Raum zu verlassen. *Patterson* (*Patterson* und *Reid,* 1970; *Patterson* und *Harris,* 1968) interpretiert die Anwesenheit eines Beobachters als einen milden aversiven Reiz, auf den die Beobachteten mit Flucht und Vermeidung reagieren. Darüber hinaus konnte *Patterson* nachweisen, daß sich z. B. die Art der Interaktion innerhalb von Familien bei Beobachtung ändert: Personen, die normalerweise wenig mit anderen Familienmitgliedern interagieren, steigern ihre Interaktionen, während die Häufigkeit der Interaktionen solcher Familienmitglieder, die normalerweise häufig interagieren, abnimmt. Eine gleiche „Tendenz zum Mittelwert" zeigt sich auch bei der Auftrittshäufigkeit unangemessenen sozialen Verhaltens innerhalb einer Familie (*Patterson* und *Harris,* 1968).

Bei Beobachtung in der natürlichen Umgebung läßt sich die Anwesenheit eines Beobachters kaum verbergen. Die Gewöhnung an einen Beobachter scheint sehr lange zu dauern. *Littman, Pierce-Jones* und *Stern* (1957; zit. nach *Patterson* und *Harris,* 1968) konnten nachweisen, daß einige Familien selbst nach 6 Stunden noch nicht völlig an den Beobachter gewöhnt waren.

Bei Beobachtung unter geplanten Bedingungen werden meist technische Hilfsmittel wie Einwegscheibe oder Fernsehkameras benutzt, so daß der Beobachter nicht anwesend sein muß. Doch solange diese Hilfsmittel sichtbar sind, ist auch in solchen Fällen ein Beobachtungseffekt nicht auszuschließen.

Einige unsystematische Erfahrungen der Autoren legen die Vermutung nahe, daß der Beobachtungseffekt dann relativ gering ist und schnell verschwindet, wenn bei der Interaktion der beteiligten Personen problematische und belastende oder sehr interessante Situationen provoziert werden. Bei der Erledigung von Hausaufgaben durch Mutter und Kind kommt es beispielsweise häufig zu heftigen Auseinandersetzungen, die vermuten lassen, daß sowohl das Kind als auch die Mutter völlig vergessen haben, daß sie beobachtet werden. Inwieweit jedoch ein repräsentatives Bild vom Interaktionsgeschehen gewonnen werden kann, bleibt fraglich.

5.3. Teilnehmende Beobachtung

Der Beobachtungseffekt kann vermindert werden, wenn der Beobachter nicht als Beobachter, sondern als normaler Interaktionspartner akzeptiert wird (*Kluckhohn,* 1962, *Friedrichs* und *Lüdtke,* 1973²). Die Methode der teilnehmenden Beobachtung wird in der Soziologie häufig angewandt, da sie fast die einzige Methode ist, um über größere soziale Systeme umfassende Informationen zu gewinnen. Im Rahmen der Verhaltenstherapie wird eine Form der teilnehmenden Beobachtung benutzt, wenn Personen, die normalerweise in der Umgebung des Patienten leben, z. B. Krankenschwestern, Lehrer, Eltern, Freunde usw., mit der Beobachtung des Patienten beauftragt werden. Durch dieses Verfahren können oft Informationen über selten auftretende Ereignisse gewonnen werden, die für den Therapeuten praktisch nicht beobachtbar sind.

Die teilnehmende Beobachtung hat jedoch eine Reihe von Nachteilen. Der Beobachter hat die schwere Aufgabe, gleichzeitig Interaktionspartner und Beobachter zu sein. Eine unmittelbare Aufzeichnung ist daher nicht möglich, so daß nur retrospektive Berichte oder globale Schätzurteile gewonnen werden können. Außerdem sind die Genauigkeit und Objektivität der Berichte eines teilnehmenden Beobachters gering, da der Beobachter in der

Regel mit einer bestimmten Erwartung an die Beobachtung herangeht (Rosenthal-Effekt) und da er die beobachtenden Personen näher kennt (Halo-Effekt). Sofern sich die Tätigkeit des Beobachters nur auf die Registrierung äußerer (topographischer) Aspekte eines oder weniger fest umschriebener Ereignisse beschränkt – z. B. Registrierung der Häufigkeit des Einnässens und des Verhaltens des Kindes in diesem Zusammenhang (*Stegat,* 1973) – kann jedoch auch eine teilnehmende Beobachtung objektive Daten ergeben.

5.4. Selbstbeobachtung

Die Rückwirkung der Beobachtung auf das Verhalten des Beobachteten ist dann extrem groß, wenn Beobachter und Beobachteter ein und dieselbe Person sind. *Kanfer* (1970) spricht daher nicht von Selbstbeobachtung, sondern von „self-monitoring", das mit „Selbst-Prüfung" übersetzt werden kann. In der klinischen Praxis dient die Selbstbeobachtung oft einem doppelten Zweck: sie versorgt einerseits den Therapeuten mit den notwendigen, oft anderweitig nicht faßbaren Daten für die Verhaltensanalyse und etabliert andererseits eine selbstbeobachtende Reaktion, an die andere Reaktionen angekettet werden können und führt so zum Diskriminationslernen. Dabei gehen Selbstbewertungs- und Selbstverstärkungselemente immer in den totalen Prozeß ein. Absichtliche Selbstbeobachtung kann ein Reaktionsfeedback von einem solchen Ausmaß an Klarheit liefern, wie man ihm sonst im täglichen Leben nicht oft begegnet. Auf solche Weise ist die Selbstbeobachtung im Gegensatz zur Fremdbeobachtung fast immer bereits ein Stück des therapeutischen Eingreifens, da durch diese Beobachtung bereits Weisen der Selbstkontrolle des gestörten Verhaltens in Gang kommen.

Selbstberichte können über äußerlich beobachtbares Verhalten abgegeben werden oder über Ereignisse, zu denen nur die selbstbeobachtende Person Zugang hat. Sie sind um so wichtiger, je weniger eine Dauerbeobachtung durch einen Versuchsleiter möglich oder wünschenswert ist. Über die exakte Durchführung und Anleitung zur Selbstbeobachtung ist noch kaum etwas bekannt (*McFall,* 1970). Sind die gemessenen Ereignisse auch *äußerlich* beobachtbar, so läßt sich die Beobachterzuverlässigkeit ziemlich leicht bestimmen (z. B. Anzahl der Zigarettenstummel im Aschenbecher). Aber auch bei Beobachtung von durch andere nicht zugänglichen innerpsychischen Ereignissen ist eine Zuverlässigkeitsprüfung dann möglich, wenn die Selbstbeobachtung in Beziehung gesetzt werden kann zu den Konsequenzen, die ihre Manipulation auf äußerlich beobachtbares Verhalten hat. Damit könnten nach *Kanfer* (1970) die ewigen Probleme, die mit der Introspektion in der Psychologie verbunden sind, gelöst werden. Die methodischen Probleme ähneln z. B. denen der Wahrnehmungspsychologie, d. h. allen Messungen, die einen verbalen Bericht erfordern (vgl. *Natsoulas,* 1967; *Schulte,* 1974).

Das eigentliche Problem bei der Selbstbeobachtung ist die Rückkoppelungswirkung (reactivity of the measure), das Ausmaß, in welchem die messende Operation das beobachtete Ereignis beeinflußt, da die Rolle des Beobachters und des Beobachteten zusammenfallen. (Ursprünglich hatte man naiverweise angenommen, durch Selbstbeobachtung die Effekte, die durch die Anwesenheit des Beobachters hervorgerufen werden, vermeiden zu können.)

Es ist fast unmöglich, die Veränderungen des Ereignisses aufgrund der Messung von Veränderungen aufgrund der Therapie zu unterscheiden. Wird die Selbstbeobachtung *vor* dem Auftreten des störenden Ereignisses (z. B. Gang zur Kneipe) vorgenommen, so kann es sein, daß die Verhaltenssequenz unterbrochen wird. *Während* des störenden Verhaltens kann die Selbstbeobachtung Kontrollfunktion bekommen, die dann wiederum durch den Therapeuten oder den Klienten selbst verstärkt werden kann. (So berichten Klienten oft, daß nach Einsetzen der Selbstbeobachtung das störende Symptom nicht mehr auftritt, wie z. B. beim Anstellen eines Tonbandgerätes bei Beginn eines Ehekrachs.) Die Selbstbeobachtung *nach* dem Ereignis hat alle Qualitäten eines verstärkenden feedbacks.

Diese Wechselwirkungen kann man z. B. durch die Theorie der kognitiven Dissonanz (*Festinger,* 1957) zu erklären versuchen. Wenn die Auffassungen einer Person mit den Daten der Selbstprüfung in Konflikt treten, kann diese Selbstwahrnehmung in einer Verhaltensänderung resultieren. So wird die Selbstprüfung *vor* dem kritischen Verhalten zu einer ungeeigneten Beobachtungsprozedur, aber zu einer geeigneten Therapieform. Die „social comparison theory" (*Bandura,* 1969; *Festinger,* 1954) betont die Rolle, die solch einem Setzen von Standards beim selbstbewertenden Verhalten zukommt; es unterstützt das Verhalten durch Selbstverstärkung (self generated reinforcement).

Die meisten verhaltenstherapeutischen Techniken kombinieren die Selbstprüfung (self-monitoring) mit all den Merkmalen der Selbstregulation, um die Bedingungen für Verhaltensänderungen zu optimieren. Bei sexuellen Störungen, Gewichtskontrolle, Senkung des Zigarettenkonsums wurde diese Methode bisher besonders häufig angewandt. Selbstbeobachtung sollte nur dann Verwendung finden, wenn man sich über die Unzulänglichkeiten (die kontrollierenden Variablen sind noch gar nicht erforscht) klar ist. (Auf technische Hilfsmittel für die Selbstbeobachtung wird in Kap. 8 eingegangen.)

6. Zur praktischen Anwendung der systematischen Beobachtung in der Verhaltenstherapie

In fast allen Untersuchungen aus dem Bereich der Verhaltenstherapie werden einzelne Verhaltensweisen und deren Veränderungen direkt beobachtet und registriert. Diese Registrierung dient meist ausschließlich der Therapiekontrolle; sie beschränkt sich auf die Dokumentation der Frequenzveränderungen der als abhängige Variablen ausgesuchten Verhaltensweisen.

In einigen Anwendungsbereichen der Verhaltenstherapie dient die Beobachtung darüber hinaus auch zur Klärung diagnostischer Fragen. Auf zwei dieser Anwendungsbereiche soll hier näher eingegangen werden:

Eltern-Kind-Therapie und Verhaltenstherapie in Psychiatrischen Kliniken.

6.1. Verhaltensbeobachtung bei der Eltern-Kind-Therapie

Für die große Bedeutung der Verhaltensbeobachtung im Bereich der Eltern-Kind-Therapie sind verschiedene Gründe anzuführen. Die klassischen diagnostischen Verfahren wie Interview und Persönlichkeitstests sind bei Kindern nur mit Einschränkungen durchzuführen. Im Rahmen der Entwicklungspsychologie wurde schon früh begonnen, die systematische Verhaltensbeobachtung als für Kinder adäquate Forschungsmethode anzuwenden (vgl. zusammenfassend *Lytton*, 1971).

Ein Nachteil der systematischen Beobachtung, die Beschränkung auf eine oder wenige Umgebungsbedingungen, unter denen die Beobachtung durchgeführt wird, ist bei der Eltern-Kind-Therapie weniger gravierend, da das Kind noch in einer relativ begrenzten, eng umschriebenen Umwelt aufwächst. Hinzu kommt, daß eine Vielzahl kindlicher Verhaltensstörungen durch soziale Verstärkung, sehr häufig von seiten der Eltern, aufrecht erhalten wird und diese Verstärkung in der Interaktion von Eltern und Kind direkt beobachtet werden kann. Die Beobachtung solcher Interaktionen gibt meist objektive und valide Informationen, die die Berichte der Mütter in wesentlichen Punkten ergänzen (*Smith*, 1958; *Antonovsky*, 1959).

Von 16 zufällig ausgewählten Veröffentlichungen aus den Jahren 1964 bis 1973 (vgl. Tabelle 2, S. 183 ff.) zum Problembereich „Verhaltenstherapie bei Kindern" bzw. konkreter „Schulung von Eltern als Therapeuten" wurde nur in einer Arbeit die Verhaltensbeobachtung nicht systematisch eingesetzt (*Russo*, 1964). In 6 von 15 Arbeiten diente die Verhaltensbeobachtung nur zur *Therapiekontrolle*.

Zu diesem Zweck wurde die Frequenz des symptomatischen Verhaltens des Kindes bzw. des aufzubauenden Zielverhaltens und deren Veränderung in Relation zu den therapeutischen Maßnahmen fortlaufend registriert. In 5 der 6 Arbeiten wurde außerdem zu Beginn eine Basislinie erhoben. In 3 Arbeiten wurde – entsprechend der ABA-Technik – die therapeutische Intervention für eine kurze Zeit wieder ausgesetzt und registriert, ob sich die Frequenz des untersuchten Verhaltens wieder dem Niveau der ursprünglichen Basislinie annäherte. In einer Arbeit (*Christopherson* et al., 1972) wurde zur Therapiekontrolle das Prinzip der multiplen Basislinien verwendet (*Baer, Wolf* und *Risley*, 1968; *Hall* et al., 1970; *Barton* et al., 1970). Diese Forschungstechnik beruht im wesentlichen auf einer fortlaufenden Registrierung mehrerer Verhaltensweisen, so daß gleichzeitig verschiedene Basislinien erstellt werden. Dann wird mit der Modifikation nur des ersten Verhaltens begonnen, bis eine Veränderung erkennbar ist, dann mit der Änderung des zweiten Symptoms usw. Die Wirksamkeit der Modifikationstechnik gilt dann als erwiesen, wenn sich die einzelnen Verhaltensweisen erst dann ändern, wenn sie direkt angegangen werden. Es lassen sich drei Typen von multiplen Basislinien-Techniken unterscheiden: Variation über die Situation, über Individuen und über verschiedene Verhaltensweisen eines Individuums.

Dient die Verhaltensbeobachtung und -registrierung nur der Therapiekontrolle, so wird die Beobachtung in der Regel von der Mutter selbst zu Hause durchgeführt (in 4 der 6 Arbeiten).

In 9 der 15 hier referierten Arbeiten diente die Beobachtung zusätzlich diagnostischen Zwecken. Dieses Vorgehen unterscheidet sich von einer Beobachtung nur zur Therapiekontrolle in mehreren Punkten. Der wesentlichste Unterschied ist darin zu sehen, daß nicht nur das (symptomatische) Verhalten des Kindes registriert wird, sondern auch das Verhalten der Mutter bzw. anderer Interaktionspartner des Kindes. In allen 9 Arbeiten wurde versucht, die kontingente Folge bestimmter Verhaltensweisen der Mutter auf das Kindverhalten zu registrieren.

In einigen dieser Arbeiten diente die Registrierung der Abfolge von Kind- und Mutterreaktionen bereits der Analyse möglicher Verstärkungsbedingungen für das symptomatische Kindverhalten (z. B. *Bernal* et al., 1968). Diese Verhaltensabfolge ist abhängig von der äußeren Situation und der dadurch wesentlich bestimmten Art der Interaktion von Mutter und Kind. *Hanf* (1968) hat aufgrund von Interviewdaten 9 Standardsituationen der Interaktion von Mutter und Kind unterschieden (Mutter ist beschäftigt, Kind spielt allein; Mutter verläßt das Kind; eine dritte Person betritt den Raum usw.). In einer späteren Arbeit (*Hanf* und *Kling*, 1973) werden nur noch zwei Standardsituationen unterschieden: gemeinsames Spiel von Mutter und Kind a) nach den Vorschlägen und Regeln des Kindes (childs play) und b) nach den Vorschlägen und Regeln der Mutter (mothers play).

In den meisten Fällen ist der Beobachtungsrahmen jedoch nur unwesentlich festgelegt. In 6 der 9 Untersuchungen erfolgt die Beobachtung in der Klinik bzw. Beratungsstelle in einem Beobachtungsraum (Beobachtung unter geplanten Bedingungen), in drei Untersuchungen in der Familie (Beobachtung unter natürlichen Bedingungen). Im Gegensatz zu der Beobachtung nur zur Therapiekontrolle wird hier die Beobachtung durch die Therapeuten bzw. deren Helfer durchgeführt (in 8 der 9 Arbeiten). In allen 9 Arbeiten wurde ein spezielles Zeichensystem verwendet, um das Verhalten von Mutter und Kind zu registrieren. Die Entwicklung eines solchen Zeichensystems erfolgte in der Regel aufgrund der Ergebnisse unsystematischer Vorbeobachtungen. Danach werden die Beobachter in der Verwendung des Zeichensystems geschult. Ein solches Training hat – wie etwa *King* (1952) zeigen konnte – einen großen Einfluß auf die Güte der Beobachtung. In 7 der 9 Untersuchungen wurde sodann die Beobachterübereinstimmung berechnet.

Die Anzahl der verwendeten Kategorien schwankt in den 9 referierten Untersuchungen zwischen 3 und maximal 12 Kategorien (Median: 4). Da die Zeichensysteme jeweils für den speziellen Untersuchungszweck entwickelt wurden, unterscheiden sie sich zum Teil erheblich. Das gilt weniger für den Abstraktionsgrad der Beschreibung, sondern vielmehr für die Inhalte der einzelnen Kategorien. Bezüglich des registrierten Kindverhaltens lassen sich kaum Übereinstimmungen feststellen, da im wesentlichen das zu modifizierende Verhalten registriert wurde. In jeweils 3 Arbeiten wurden u. a. die Kategorien „Gehorchen", „Nichtgehorchen" und „Interaktion mit der Mutter" verwendet.

Bezüglich der Beschreibung des Mutter-Verhaltens sind in den 9 Arbeiten größere Übereinstimmungen festzustellen. Folgende Kategorien wurden überwiegend übereinstimmend in mehreren Arbeiten verwendet:

Auffordern (5mal); „Verstärken" (5mal); Aufmerksamkeit/Zuwendung (3mal); Nachgeben (3mal); Ignorieren (2mal); Strafen/Schlagen (2mal). Die anderen Kategorien richteten sich auch bezüglich des Mutter-Verhaltens nach dem spezifischen Untersuchungs- bzw. Therapieziel. Die in jedem Einzelfall neue Entwicklung eines Zeichensystems aufgrund meist langwieriger Voruntersuchungen und definitorischer Abgrenzungen, die damit verbundene Schulung von Beobachtern usw. ist ein recht aufwendiges Vorgehen, das in den referierten Arbeiten vermutlich nur im Hinblick auf die beabsichtigte Publikation durchgeführt wurde. Ein auf längere Zeit ökonomischeres Vorgehen ergibt sich durch die Verwendung eines umfangreicheren Kategoriensystems, das alle relevanten Kategorien für Mutter-Kind-Interaktionen enthält. Das von *Patterson* entwickelte Kategoriensystem für die Analyse der Interaktionen in Familien wurde oben (2.2.2.) bereits geschildert.

Wird die Verhaltensbeobachtung durch die Mütter bzw. andere Interaktionspartner des Kindes durchgeführt, so kommt ihr – geplant oder ungeplant – auch eine therapeutische Funktion zu. (In 7 der 15 referierten Arbeiten wurde die Mutter allein oder neben anderen mit der Durchführung der Beobachtung beauftragt.)

Herbert und *Baer* (1972) haben die therapeutische Funktion der (Selbst-) Beobachtung systematisch eingesetzt. Sie beauftragten Mütter, ihre Aufmerksamkeit bzw. Zuwendung bei angemessenem Verhalten ihres Kindes zu regi-

Tabelle 2. Übersicht über die Verwendung der systematischen Verhaltensbeobachtung in fünfzehn zufällig ausgewählten Arbeiten über „Eltern-Kind-Therapie".

Nr.	Autoren	Patient (Alter u. Geschl.)	Diagnose bzw. Zielverh.	Vor-beob-acht.	Anz. der Kateg.	Beob-ach-ter	Ort	Basis-linie	Kon-trolle	Reli-abili-tät	Bemerkungen
				A) Beobachtung nur zur Therapiekontrolle							
1.	Wolf et al., 1964	3 m	Autist	ja	5	H	K	–	–	–	Sukzessive Behandlung von 5 Sympt.
2.	Wetzel et al., 1966	6 m	Autist	ja	1	H	K	ja	ABA	–	Gegen Ende der Therapie Beob. u. Behandl. von Trotz durch M.
3.	O'Leary et al., 1967	3 m 6 m	Streit d. Geschwist.	ja	3	Th H	H	ja	ABA	.78	
4.	Clement, 1970	7 m	Schlafwandeln	–	1	M	H	ja	–	–	
5.	Christophersen et al., 1972	5 m 8 w 9 m	„Ungehorsam"	–	–	V+ M	H	ja	mult. Basislinien	84% bis 91%	Die Kinder kamen aus einer Familie–Vorgehen bei einer 2. Fam. entsprechend.
6.	Hall et al., 1972	8 m	Tragen einer Zahn-Prothese	–	2	M (+V)	H	ja	ABA	100%	Selbständige Verhaltensmodifikation durch Eltern, die an einem entsprechenden Schulungskurs teilnahmen.
		10 w	Hilfe im Haushalt	–	8	M (+N)	H	ja	ABA	100%	
		4 m	Weinen usw.	–	1	M (+V)	H	ja	ABA	85,5%	
		5 w	langsames Anziehen	–	1	M (+S)	H	ja	ABA	100%	

Tabelle 2. Fortsetzung

Nr.	Autoren	Patient (Alter u. Geschl.)	Diagnose bzw. Zielverh.	Vor-beob-acht.	Anz. der Kateg.	Beob-ach-ter	Ort der Beob.	Basis-linie	Kon-trolle	Reli-abili-tät	Bemerkungen
			B) Beobachtungen auch als diagnostisches Instrument (Registrierung von Mutter- und Kindverhalten)								
1.	Wahler et al., 1965	6 m, 4 m, 4 m	kontroll. Eltern, abhängig, unkooperat.	ja	3	Th + H	K	ja	ABCA	>90 %	Grundlagenstudie bezüglich Verstärkung durch Mütter
2.	Allen und Harris, 1966	5 m	selbst-zerstör. Verhalt.	ja	4	M	H	-	-	-	
3.	Bernal et al., 1968	8 m	„Ungehorsam"	ja	7 (4)	H	K	ja	-	ca. 95 %	Es wurden mehrere Beobachtungsverfahren verwendet
4.	Gardner et al., 1968	6 m	schizophren	ja	10	H	K	ja	ABA	.69 bis .93	
5.	Hanf, 1968	10 Fam. 2-8 Jahre	verschiedene schwere Störungen	ja	8	Th	K	ja	-	-	Verwendung standardisierter Beobachtungssituationen
6.	Zeilberger et al., 1968	5 m	aggressiv, ungehorsam	ja	4	Th	H	ja	ABA	90 % bis 100 %	
7.	Johnson und Brown, 1969	3 m	Überaktivität	(ja)	4	Th	K	ja	-	-	Vorbeobachtung bei anderen, ähnlichen Fällen

Tabelle 2. Fortsetzung

Nr.	Autoren	Patient (Alter u. Geschl.)	Diagnose bzw. Zielverh.	Vor-beob-acht.	Anz. der Kateg.	Beob-ach-ter	Ort der Beob.	Basis-linie	Kon-trolle	Reli-abili-tät	Bemerkungen
8.	*Herbert* und *Baer*, 1972	5 m 5 w	Über-aktivität	(ja)	(70) 4	Th	H	ja	ABA	>80 %	Zunächst „specimen description"; Schriftl. Protokoll wurde zu 70 Kategorien/ 4 Hauptkategorien zusammengefaßt
9.	*Hanf* und *Kling*, 1973	28 Kind. 2–7 Jahre 21 m, 7 w	massiver Ungehors.	(ja)	12	Th + H	K	ja	–	>92	Verwendung standardisierter Beobachtungs-/ Therapiesituat.

Abkürzungen: Th = Therapeut
H = Helfer
M = Mutter
V = Vater
N = Nachbar
S = Schwester

Ort der Beobachtung: K = Klinik/Beratungsstelle
H = Haushalt der Familie

185

strieren und erzielten allein durch diese Instruktion eine signifikante Steigerung sowohl des Aufmerksamkeitsverhaltens als auch des angemessenen Kind-Verhaltens. Die Instruktion, die Aufmerksamkeit bei unangemessenem Kindverhalten zu registrieren und möglichst zu reduzieren, brachte keinen Erfolg.

6.2. Systematische Beobachtung im Rahmen verhaltenstherapeutischer Programme in Kliniken

Systematische Beobachtungen an psychiatrischen Patienten scheinen (bei einer Stichprobe zufällig ausgewählter Arbeiten) im Rahmen der Verhaltenstherapie nur zur Erfassung von Verstärkungszusammenhängen und zur Effizienzkontrolle therapeutischer Maßnahmen eingesetzt worden zu sein, aber keine eigentlichen diagnostischen Zwecke zu verfolgen. Vielleicht aus diesem Grunde erscheinen die Darstellungen der Beobachtungen eher knapp und meist zu unvollständig, um sie wiederholen zu können. *Schaefer* und *Martin*s ausführliche Hinweise für eine exakte Protokollierung von Beobachtungsdaten in ihrem Buch „Behavioral Therapy" wurden erst 1969, also nach der Veröffentlichung von sechs der hier betrachteten Arbeiten publiziert. Bei einer der Arbeiten dagegen (*Florin* et al., 1973) dient die Beobachtung auch zur Erprobung des Kategoriensystems und der Registriertechnik.

In sechs der sieben Arbeiten wurde zu Beginn der Untersuchung eine Basislinie erhoben. In drei der Arbeiten wurde – entsprechend der A-B-A Technik – die therapeutische Intervention wieder ausgesetzt und festgehalten, ob sich die Häufigkeit des beobachteten Verhaltens wieder der Ausgangslage des ursprünglichen Verhaltens annähert. In einer Arbeit (*Browning,* 1967) wurde gerade versucht, das ABA-Schema (und dessen therapeutisch ungünstige Folgen) durch ein Schema der zeitlichen Kombination unterschiedlicher Therapiemaßnahmen zu ersetzen.

$$A - \begin{matrix} B \\ C \\ D \end{matrix} - B \ oder \ C \ oder \ D$$

Dieses Schema erlaubt auch eine Abschätzung der jeweiligen therapeutischen Wirkung. (B, C und D repräsentieren unterschiedliche therapeutische Maßnahmen.)

Die Verhaltensbeobachtung wird zumeist von Schwestern oder Erziehern durchgeführt, nur in einem Fall von Psychologen.

Bei einer der referierten Arbeiten (*Ayllon* et al., 1965) wurde zunächst durch die Erhebung einer Basislinie festgestellt, daß bestimmtes bizarres Verhalten (mit einem Besen in der Hand im Raum stehen) bei einer älteren schizophrenen Patientin sicher nicht festzustellen war. Dann wurde dieses Verhalten

Tabelle 3. Übersicht über die Verwendung der systematischen Verhaltensbeobachtung in sieben zufällig ausgewählten Arbeiten über Verhaltenstherapie in Kliniken.

Nr.	Autoren	Patient (Alter u. Geschl.)	Diagnose bzw. Zielverh.	Vorbeobacht.	Anz. der Kateg.	Beobachter	Ort	Basislinie	Kontrolle	Reliabilität	Bemerkungen
1.	*Ayllon*, 1963	47 w	Schizophrenie; Stehlen von Essen; „Hamstern"; Überbekleidung	–	3	Sch	K(exp.)	ja	–	–	Sukzessive Behandlung von 3 Symptomen
2.	*Ayllon* und *Haughton*, 1964	47 57 65 w	paranoides V., psychosomatisches Klagen	ja	?	Sch+H	K(exp.)	ja	ABA	–	
3.	*Lovaas* et al., 1965	9	Autismus, selbstzerstörendes Verhalten	–	1	H	K	ja	ABAB	–	Erfassen von Verstärkungszusammenhängen
4.	*Ayllon* und *Azrin*, 1965	$\bar{x}$ 47 N = 8 w	Schizophrenie; Dauer bei der Arbeit	–	1	–	K	–	–	–	Für „Beobachtung" eher unergiebig
5.	*Ayllon* et al., 1965	54 w	Schizophrenie; experimentell hervorgerufenes bizarres Verhalten	ja	3	Sch	K	ja	ABA	–	Das „psychotische Verhalten" wurde erst konditioniert, dann wieder gelöscht.

Tabelle 3. Fortsetzung

Nr.	Autoren	Patient (Alter u. Geschl.)	Diagnose bzw. Zielverh.	Vor-beob-acht.	Anz. der Kateg.	Beob-ach-ter	Ort	Basis-linie	Kon-trolle	Reli-abili-tät	Bemerkungen
6.	*Browning,* 1967	9 m	Neurose, „Prahlen"	–	2	E	Heim	ja	B – A– C– B/C/D – D	–	Versuch, das ABAB-design zu ersetzen
7.	*Florin* et al., 1973	x̄ 55 m+w N = 18	Schizophrenie; Sozialverhalten	ja	15	Psy	K(exp.)	ja	–	83% bis 96%	Es geht um die Interaktion Patient-Patient. 3 experimentelle Variationen

Sch = Schwestern; H = Helfer; E = Erzieher; Psy = Psychologen; K = Klinik; K(exp) = Klinik mit spezifischen Experimentierräumen hervorgerufen und systematisch verstärkt, bis es über Stunden anhielt. Psychoanalytisch geschulte Psychiater erklärten das Verhalten dieser Patientin aus unbewußten Motiven. Danach wurde das experimentell induzierte Verhalten wieder gelöscht.

In drei der Untersuchungen fanden die Beobachtungen in einer Klinik, einmal in einem Erziehungsheim und dreimal in spezifisch ausgestatteten Experimentierräumen von Kliniken statt.

Mehrmals sind in den Arbeiten die Art der Registrierung und die Kategorien nicht beschrieben oder die Registrierung besteht in einem einfachen Aufschreiben des beobachteten Verhaltens. Zweimal werden Datenregistriergeräte und Einwegscheiben benutzt. Bei einer dieser Beobachtungen (*Florin* et al., 1973) wird ein seit langem in Erprobung stehendes Kategoriensystem mit 15 Kategorien verwendet. Nur in dieser Untersuchung wird die Beobachtungsübereinstimmung exakt festgehalten (vgl. Tabelle 3, S. 187).

Zusammenfassung

Verhaltensbeobachtung ist eine für die Verhaltenstherapie besonders angemessene Methode der Informationsgewinnung, da das Verhalten unmittelbar erfaßt wird. Bereits die freie, unsystematische Verhaltensbeobachtung liefert oft wichtige Informationen, die durch andere Techniken der Informationserhebung nicht gewonnen werden können. Für eine wissenschaftliche Verwendung ist die freie Verhaltensbeobachtung allerdings nicht brauchbar, da der Beobachter den sich ihm darbietenden Verhaltensstrom subjektiv untergliedert, je nach der von ihm unterstellten bzw. wahrgenommenen Zielgerichtetheit des beobachteten Verhaltens.

Bei der systematischen Verhaltensbeobachtung werden eine Reihe von Verfahrensvorschriften aufgestellt, um die Objektivität der Datenerfassung zu verbessern. Die Vorschriften richten sich zum einen auf die Gestaltung des Beobachtungsrahmens (setting). Bei einer Beobachtung unter kontrollierten Bedingungen greift der Beobachter direkt in das Geschehen ein und erreicht dadurch eine künstliche Abgrenzung einiger weniger „Verhaltens-Mosaiksteine". Da den Verhaltenstherapeuten aber primär die Beziehung zwischen Verhalten und den steuernden Umgebungsbedingungen interessiert, ist eine Beobachtung unter natürlichen Bedingungen angemessener. Allerdings kann der Beobachter in diesem Fall kaum technische Hilfsmittel zur Verbesserung der Objektivität benutzen. Bei einer Beobachtung unter geplanten Bedingungen ist die Verwendung dieser Hilfsmittel leicht möglich, ohne daß der Verhaltensspielraum des Beobachteten wesentlich eingeschränkt wird.

Bei der Beobachtung unter natürlichen oder geplanten Bedingungen erfolgt die Abgrenzung von Verhaltenseinheiten durch die Art der Registrierung.

Eine „apparative Verhaltensregistrierung" ist für die Verhaltenstherapie nur begrenzt anwendbar, da nur topographische Merkmale des Verhaltens apparativ erfaßt werden können. Normalerweise erfolgt die Verhaltensregistrierung durch Sprache. Drei Arten sprachlicher Kodiersysteme lassen sich unterscheiden: Bei Verwendung von *Zeichen-Systemen* werden nur einzelne, den Beobachter interessierende Ereignisse zuvor definiert und durch entsprechende Kode-Begriffe registriert. Zeichen-Systeme werden in der Verhaltenstherapie zur Erstellung von Basislinien, zur Überprüfung von Hypothesen über Reiz-Reaktions-Kontingenzen, zur Suche nach in der Therapie verwendbaren Verstärkern und zur Therapiekontrolle verwendet.

Zur Definition der einzelnen, relevanten Zeichen werden spezifische Vorinformationen über den Einzelfall benötigt. Das ist bei der Verwendung eines *Kategorien-Systems* nicht notwendig, da in diesem Fall alle auftretenden Verhaltensweisen registriert, d. h. einer der zur Verfügung stehenden Kategorien zugeordnet werden. Dabei hängt die Konkretheit der Beschreibung von der Anzahl der Kategorien ab. Die Verwendung von Kategorien-Systemen erlaubt in der Verhaltenstherapie die Erstellung von funktionalen Erklärungsmodellen.

Schätz-Skalen sind für die Verhaltenstherapie weniger relevant. Denn durch sie wird nicht die Auftrittshäufigkeit von spezifischen Ereignissen registriert, sondern der Beobachter hat die Aufgabe, anhand vorgegebener, theoretisch sinnvoller Skalen die Person bzw. deren Verhalten im Nachhinein zu beurteilen. Diese Beurteilung ist meist sehr abstrakt.

Welche *Attribute* des Verhaltens als Kriterien für die Zuordnung zu einem sprachlichen Zeichen oder einer Kategorie Verwendung finden sollen, hängt wesentlich von der Fragestellung und der zugrunde liegenden Theorie ab. Da in der Verhaltensanalyse funktionale Reiz-Reaktions-Kontingenzen erfaßt werden sollen, ist es notwendig, Zeichen und Kategorien im Hinblick auf den Zweck bzw. den „Beziehungsaspekt" eines Verhaltens zu definieren. Alle Verhaltensweisen, die einer Kategorie zugeordnet werden sollen, müssen „funktional äquivalent" sein, d. h. in der gleichen Art und Weise durch die Umgebungsbedingungen kontrolliert werden bzw. diese steuern.

Eine weitere Verhaltensvorschrift der systematischen Verhaltensbeobachtung bezieht sich auf die Auswahl von Stichproben des zu registrierenden Verhaltens. Beim Verfahren der Zeit-Stichprobe werden zuvor die Dauer und Anzahl von Beobachtungsphasen und die Zeit zwischen den einzelnen Phasen festgelegt. Bei dem Verfahren der Ereignis-Stichprobe wird zuvor definiert, welche Ereignisse registriert werden sollen. Der Beobachter wird bei diesem Verfahren nicht aufgrund von Zeitbegrenzungen, die vom beobachteten Verhalten unabhängig sind, tätig, sondern die Ereignisse selbst bestimmen, wann er zu beobachten hat und wann nicht.

Weiterhin hat die Beziehung zwischen Beobachtetem und Beobachter einen wesentlichen Einfluß auf die Objektivität der Beobachtungsdaten. Bei der teilnehmenden Beobachtung ist der Beobachter sowohl Interaktionspartner des bzw. der Beobachteten und gleichzeitig Beobachter; eine simultane Verhaltensregistrierung ist unter diesen Umständen kaum möglich. Dafür ist der „Beobachtungs-Effekt" bei einer teilnehmenden gegenüber einer nicht-teilnehmenden Beobachtung geringer bzw. völlig ausgeschlossen.

Für die Verhaltenstherapie ist der Sonderfall der Selbstbeobachtung von besonderem Interesse, da die Beobachtung des eigenen Verhaltens fast immer Selbststeuerungsprozesse in Gang setzt und somit bereits als therapeutische Methode anzusehen ist.

Zum Abschluß wird ein Überblick über die praktische Anwendung von Beobachtungsverfahren bei der Eltern-Kind-Therapie und bei der Verhaltenstherapie in psychiatrischen Kliniken gegeben.

Literatur

Allen, K. S., Harris, F. R.: Elimination of a child's excessive scratching by training the mother in reinforcement procedures. Behav. Res. Ther., 1966, 4, 79–84.

Antonovsky, H. F.: A contribution to research in the area of mother-child relationship. Child Developm., 1959, 30, 37–51.

Arrington, R. E.: Time sampling in studies of social behavior: A critical review of techniques and results. Psychol. Bull., 1943, 40, 81–124.

Ayllon, T.: Intensive treatment of psychotic behaviour by stimulus satiation and food reinforcement. Behav. Res. Ther., 1963, 1, 53–61.

Ayllon, T., Azrin, N. H.: The measurement and reinforcement of behavior of psychotics. J. exp. Anal. Behav., 1965, 8, 357–383.

Ayllon, T., Azrin, N. H.: Token Economy: A Motivational System for Therapy and Rehabilitation. New York: Appleton-Century-Crofts, 1968.

Ayllon, T., Haughton, E.: Modification of symptomatic verbal behaviour of mental patients. Behav. Res. Ther., 1964, 2, 87–97.

Ayllon, T., Haughton, E., Hughes, H. B.: Interpretation of symptoms: fact or fiction. Behav. Res. Ther., 1965, 3, 1–7.

Baer, D. M., Wolf, M. M., Risley, T. R.: Some current dimensions of applied behavior analysis. J. appl. Behav. Anal., 1968, 1, 91–97.

Bales, R. F.: Die Interaktionsanalyse: Ein Beobachtungsverfahren zur Untersuchung kleiner Gruppen. In: *R. König* (Hrsg.): Beobachtung und Experiment in der Sozialforschung. Köln: Kiepenheuer & Witsch, 1956, 148–167.

Bancroft, J. H. J.: Film und Vortrag auf dem „Third Annual Congress of the European Association of Behaviour Therapy". Amsterdam, 1973.

Bandura, A.: Principles of Behavior Modification. New York: Holt, Rinehart & Winston, 1969.

Barker, R. G.: The stream of behavior as an empirical problem. In: *R. G. Barker* (Ed.): The Stream of Behavior. New York: Appleton-Century-Crofts, 1963, 1–22.

Barker, R. G.: Ecological Psychology. Stanford: Stanford University Press, 1968.

Barker, R. G., Wright, H. F.: One Boy's Day. New York: Harper, 1951.

Barker, R. G., Wright, H. F.: Midwest and its Children. New York: Harper, 1955.

Barton, E. S., Guess, D., Garcia E., Baer, D. M.: Improvement of retardate's mealtime behaviors by time out procedures using multiple baseline techniques. J. appl. Behav. Anal., 1970, 3, 77–84.

Bechtel, R. B.: The study of man: Human

movement and architecture. Transaction, May 1967, 53–56.

Bernal, M E., Duryee, J. S., Pruett, H. L., Burns, B. J.: Behavior modification and the brat syndrome. J. cons. clin. Psychol., 1968, 32, 447–455.

Bischof, N., Scheerer, E.: Systemanalyse der optisch-vestibulären Interaktion bei der Wahrnehmung der Vertikalen. Psychol. Forsch., 1970, 34, 99–181.

Breyer, N. L., Calchera, D. J.: A behavioral observation schedule for pupils and teachers. Psychology in the School, 1971, 8, 330–337.

Browning, R. M.: A same-subject design for simultaneous comparisons of three reinforcement contingencies. Behav. Res. Ther., 1967, 5, 237–243.

Byrne, D.: Assessing personality variables and their alternation. In: *P. Worchel, D. Byrne* (Eds.): Personality Change. New York, 1964.

Cassotta, L., Jaffe, J., Feldstein, S., Moses, R.: Operating Manual: Automatic Vocal Transaction Analyzer. New York: William Alanson White Institute, 1964.

Castell, R.: Physical distance and visual attention as measures of social interaction between child and adult. In: *S. J. Hutt, C. Hutt* (Eds.): Behaviour Studies in Psychiatry. Oxford: Pergamon, 1970, 91–102.

Challman, R. L.: Factors influencing friendships among preschool children. Child Developm., 1932, 3, 146–158.

Christophersen, E. R., Arnold, C. M., Hill, D. W., Quiltich, H. R.: The home point system: Token reinforcement procedures for application by parents of children with behavior problems. J. appl. Behav. Anal., 1972, 5, 485–497.

Clement, P. W.: Elimination of sleepwalking in a seven-year-old boy. J. cons. clin. Psychol., 1970, 34, 22–26.

Cranach, M. von, Frenz, H.-G.: Systematische Beobachtung. In: *C. F. Graumann* (Hrsg.): Sozialpsychologie. Handbuch der Psychologie, Bd. 7, 1. Halbband. Göttingen: Hogrefe, 1969, 269–331.

Dickman, H. R.: The perception of behavioral units. In: *R. G. Barker* (Ed.): The Stream of Behavior. New York: Appleton-Century-Crofts, 1963, 23–41.

Engberding, M.: Leitfaden für die Kodierung von Familien-Interaktionen. (Übersetzung des Kodiersystems von *Patterson, Ray, Shaw, Cobb,* 1969.) Unveröffentlichtes Arbeitspapier. Münster, 1972.

Ferster, C. B.: Classification of behavioral pathology. In: *L. Krasner, L. P. Ullmann* (Eds.): Research in Behavior Modification. New York: Holt, Rinehart & Winston, 1967, 6–26.

Festinger, L.: A theory of social comparison processes. Hum. Relat., 1954, 7, 117–140.

Festinger, L.: A Theory of Cognitive Dissonance. Stanford: Stanford University Press, 1957.

Findley, J. D.: Programmed environments for the experimental analysis of human behavior. In: *W. K. Honig* (Ed.): Operant Behavior: Areas of Research and Application. New York: Appleton-Century-Crofts, 1966, 827–848.

Florin, I., Cohen, R. Meyer-Osterkamp, S.: Eine Untersuchung zum operanten Konditionieren sozialen Verhaltens bei chronisch Schizophrenen. Göttingen: Hogrefe, 1973.

Friedrichs, J., Lüdtke, H.: Teilnehmende Beobachtung. Weinheim: Beltz, 1973².

Gardner, J. E., Pearson, D. T., Bercovici, A. N., Bricker, D. E.: Measurement, evaluation, and modification of selected social interactions between a schizophrenic child, his parents, and his therapist. J. cons. clin. Psychol., 1968, 32, 537–542.

Geertsma, R. H.: Observational methods. In: *R. Woody, J. Woody* (Eds.): Assessment in Counseling and Psychotherapy. New York, 1972.

Gewirtz, J. L.: Levels of conceptual analysis in environment-infant interaction research. Merrill-Palmer Quarterly of Behavior and Development, 1969, 15, 7–47.

Guilford, J. P.: Psychometric Methods. New York: McGraw-Hill, 1954².

Hall, R. V., Axelrod, S., Tyler, L., Grief, E., Jones, F. C., Robertson, R.: Modification of behavior problems in the home with a parent as observer and experimenter. J. appl. Behav. Anal., 1972, 5, 53–64.

Hall, R. V., Cristler, C., Cranston, S. S., Tucker, B.: Teachers and parents as researchers using multiple baseline designs. J. appl. Behav. Anal., 1970, 3, 247–255.

Hanf, C.: Modifying problem behaviors in mother-child interaction: standardized laboratory situations. Paper, presented at the meeting of the Association of Behavior Therapies, Olympia, Washington, 1968.

Hanf, C., Kling, J.: Facilitating parent-child interaction: A two stage training model. Vorveröffentlichung 1973. Crippled Children's Division: University of Oregon, Medical School, Portland, Oregon.

Hasemann, K.: Verhaltensbeobachtung. In: *R. Heiss* (Hrsg.): Psychologische Diagnostik. Handbuch der Psychologie, Bd. 6. Göttingen: Hogrefe, 1964, 807–836.

Herbert, E. W., Baer, D. M.: Training parents as behavior modefiers: Self-recording of contingent attention. J. appl. Behav. Anal., 1972, 5, 139–149.

Herrmann, Th.: Lehrbuch der empirischen Persönlichkeitsforschung. Göttingen: Hogrefe, 1969.

Heyns, R. W., Lippitt, R.: Systematic observation techniques. In: *G. Lindzey* (Ed.): Handbook of Social Psychology, Vol. I. Reading: Addison-Wesley, 1954, 370–404.

Holzkamp, K.: Zum Problem der Relevanz psychologischer Forschung für die Praxis. Psychol. Rundschau, 1970, 21, 1–22.

Hutt, S. J., Hutt, C.: Direct Observation and Measurement of Behavior. Springfield: Thomas, 1970.

Johnson, S. C.: Hierarchical clustering schemas. Psychometrika, 1967, 32, 241–254.

Johnson, S. M., Brown, R. A.: Producing behavior change in parents of disturbed children. J. clin. Psychol. Psychiat., 1969, 10, 107–121.

Kanfer, F. H.: Self-monitoring: Methodological limitations and clinical applications. J. cons. clin. Psychol., 1970, 35, 148 bis 152

Kanfer, F. H., Phillips, J. S.: A survey of current behavior therapies and a proposal for classification. In: *C. M. Franks* (Ed.): Behavior Therapy: Appraisal and Status. New York: McGraw-Hill, 1969, 445–475.

Kemmler, L.: Untersuchungen über den frühkindlichen Trotz. Psychol. Forsch., 1957, 25, 279–338.

King, G. F., Ehrmann, J. C., Johnson, D. M.: Experimental analysis of the reliability of observations of social behavior. J. soc. Psychol., 1952, 35, 151–160.

Kluckhohn, F.: Die Methode der teilnehmenden Beobachtung. In: *R. König* (Hrsg.): Beobachtung und Experiment in

der Sozialforschung. Köln: Kiepenheuer und Witsch, 1962², 97–114.

Koffka, K.: Principles of Gestalt Psychology. London: Routledge & Kegan Paul, 1935.

Lazarus, A. A.: Behavior Therapy and beyond. New York: McGraw-Hill, 1971.

Lindsley, O. R.: Characteristics of the behavior of chronic psychotics as revealed by free-operant conditioning methods. Deseases of the Nervous System, Monograph Supplement, Vol. XXI, 1960. Neudruck in: *T. R. Sarbin* (Ed.): Studies in Behavior Pathology. New York: Holt, Rinehart & Winston, 1967, 74–88.

Littman, R., Pierce-Jones, J., Stern, T.: Child-parent activities in the natural setting of the home: Results of a methodological pilot study. Unpublished manuscript, 1957.

Longabaugh, R.: A category system for coding interpersonal behavior as social exchange. Sociometry, 1963, 26, 319–344.

Lorenz, K.: Methods of approach to the problem of behavior. Harvey Lectures (1958–1959), 1960, 60–103.

Lovaas, I., Freitag, G., Gold, V., Kassorla, J.: Experimental studies in childhood schizophrenia: Analysis of self-destructive behavior. J. exp. Child. Psychol., 1965, 2, 67–84.

Lytton, H.: Observation studies of parent-child interaction: A methodological review. Child Developm., 1971, 42, 651–684.

Mandel, A., Mandel, K. H.: Einübung in Partnerschaft durch Kommunikationstherapie und Verhaltenstherapie. In: *A. Mandel, K. H. Mandel, E. Stadter, D. Zimmer* (Hrsg.): Einübung in Partnerschaft durch Kommunikationstherapie und Verhaltenstherapie. München: Pfeifer, 1971.

Marschak, M.: A method for evaluation child-parent interaction under controlled conditions. J. genet. Psychol., 1960, 97, 3–22.

McFall, R. M.: Effects of self-monitoring on normal smoking behavior. J. cons. clin. Psychol., 1970, 35, 135–142.

Medley, D. N., Mitzel, H. E.: Measuring classroom behavior by systematic observation. In: *N. L. Gage* (Ed.): Handbook of Research on Teaching. Chicago: Rand McNally, 1963, 247–328.

Merrill, B.: A measurement of mother-childinteraction. J. abnorm. soc. Psychol., 1946, 41, 37–49.

Miller, G. A.: A psychological method to investigate verbal concepts. J. mathem. Psychol., 1969, 6, 169–191.

Moustakas, C. E., Sigel, I. E., Schalock, D.: An objective method for the measurement and analysis of child-adult interaction. Child Developm., 1956, 27, 109–134.

Natsoulas, T.: What are perceptual reports about? Psychol. Bull., 1967, 67, 249–272.

O'Leary, K. O., O'Leary, G., Becker, W. C.: Modification of a deviant sibling interaction pattern in the home. Behav. Res. Ther., 1967, 5, 113–120.

Patterson, G. R., Harris, A.: Some methodological considerations for observation procedures. Paper, presented at the meeting of the American Psychological Association, San Francisco, 1968.

Patterson, G. R., Ray, R. S., Shaw, D. A., Cobb, J. A.: Manual for coding of family interaction. Manuscript, 1969.

Patterson, G. R., Reid, J. B.: Reciprocity and coercion: Two facets of social systems. In: C. Neuringer, J. Michael (Eds.): Behavior Modification in Clinical Psychology. New York: Appleton-Century-Crofts, 1970, 133–177.

Peterson, D. R.: The Clinical Study of Social Behavior. New York: Appleton-Century-Crofts, 1968.

Premack, D.: Toward empirical laws. I. Psychol. Rev., 1959, 66, 219–233.

Pritchard, M.: Observation of children in a psychiatric in-patient-unit. Brit. J. Psychiat., 1963, 109, 572–578.

Raush, H. L.: Interaction sequences. J. person. soc. Psychol., 1965, 2, 487–499.

Rosenthal, R.: Experimenter Effects in Behavioral Research. New York: Appleton-Century-Crofts, 1966.

Russo, S.: Adaptations in behavioral therapy with children. Behav. Res. Ther., 1964, 2, 43–47.

Schaefer, H. H., Martin, P. L.: Behavioral Therapy. New York: McGraw-Hill, 1969.

Schulte, D.: Feldabhängigkeit in der Wahrnehmung. Ein methodenkritischer Beitrag zur differentiellen Psychologie. Meisenheim: Hain, 1974.

Schulz, W., Teschner, W. P., Voigt, J.: Verhalten im Unterricht. Seine Erfassung durch Beobachtungsverfahren. In: K. In-genkamp, E. Parey (Hrsg.): Handbuch der Unterrichtsforschung, Teil I. Weinheim: Beltz, 1970, 637–852.

Skindrud, K.: A preliminary evaluation of observer bias in multivariate field studies of social interaction. Unpublished manuscript. Oregon Research Institut, Eugene, 1971.

Skinner, B. F.: The Behavior of Organisms. New York: Appleton-Century-Crofts, 1938.

Smith, H. T.: A comparison of interview and observation measures of mother behavior. J. abnorm. soc. Psychol., 1958, 57, 278–282.

Stegat, H.: Enuresis. Behandlung des Bettnässens. Berlin: Springer, 1973.

Strauss, M. A.: Measuring families. In: A. T. Christensen (Ed.): Handbook of marriage and the family. Chicago, 1964.

Terrace, H. S.: Stimulus control. In: W. Honig (Ed.): Operant Behavior: Areas of Research and Application. New York: Appleton-Century-Crofts, 1966, 271–344.

Truax, C. B., Carkhuff, R. R.: Toward Effective Counseling and Psychotherapy: Training and Practice. Chicago: Aldine, 1967.

Wahler, R., Winkel, G., Peterson, R., Morrison, D.: Mothers as behavior therapists for their own children. Behav. Res. Ther., 1965, 3, 113–124.

Watzlawick, P., Beavin, J. H., Jackson, D. D.: Menschliche Kommunikation. Bern: Huber, 1969.

Weick, K. E.: Systematic observational methods. In: G. Lindzey, E. Aronson (Eds.): Handbook of Social Psychology, Vol. II. Reading: Addison-Wesley, 1969.

Wetzel, R. J., Baker, J., Roney, M., Martin, M.: Outpatient treatment of autistic behavior. Behav. Res. Ther., 1966, 4, 169–177.

Wiggins, J. S.: Personality and Prediction: Principles of Personality Assessment. Reading: Addison-Wesley, 1973.

Winder, C. L., Wiggins, J. S.: Social reputation and social behavior: a further validation of the Peer Nomination Inventory. J. abnorm. soc. Psychol., 1964, 68, 681 bis 684.

Wolf, M. M., Risley, T., Mees, H.: Application of operant conditioning procedures to the behavior problems of an autistic child. Behav. Res. Ther., 1964, 1, 305–312.

Wright, H.: Observational child study. In: *P. Mussen* (Ed.): Handbook of Research Methods in Child Development. New York, 1967, 71–139.

Zeilberger, J., Sampen, S., Sloane, H. N.: Modification of a child's problem behaviors in the home with the mother as therapist. J. appl. Behav. Anal., 1968, 1, 47–53.

KAPITEL 8

Therapiebegleitende Diagnostik

Rainer Lutz, H. Jochen Windheuser

Einführung

Jede Form von Therapie impliziert begleitende diagnostische Prozesse. Solche diagnostischen Schritte können in unterschiedlichem Ausmaß expliziert werden. Der Therapeut kann sich Auffälligkeiten merken und auf diese in den folgenden Sitzungen besonders achten; eine die Therapie begleitende Diagnostik kann aber als Bestandteil der Therapie systematisch in ihren Ablauf integriert sein. Allgemein kann man unter therapiebegleitender Diagnostik die fortlaufende Aufzeichnung von Daten verstehen, die den Verlauf einer Therapie beschreiben. Der Therapieverlauf wird dadurch ständig beobachtet und kontrolliert. Das gibt dem Therapeuten Aufschluß über die Auswirkungen seines Vorgehens; in einen verhaltenstherapeutischen Therapieplan integriert, unterstützt eine therapiebegleitende Diagnostik den Patienten.

Je nach Therapieart können sich die aufgezeichneten Daten auf sehr komplexe Sachverhalte beziehen, wie z. B. auf die Einschätzung des Wohlbefindens des Patienten bzw. des Eindrucks des Therapeuten vom Fortgang der Therapie; andererseits können sehr spezielle Aspekte einer Therapie berücksichtigt werden, z. B. Anzahl der gerauchten Zigaretten oder Länge der beim Studium verbrachten Zeit. Die Daten können vom Therapeuten, dem Patienten selbst oder von einem Beobachter (z. B. Krankenschwester) erhoben werden. Man erhält die Daten durch Beobachtung, Ausfüllen von Rating-Skalen bzw. Fragebogen, Messung physiologischer Größen sowie verschiedenste Mittel zur Feststellung von Frequenzen (z. T. automatisiert). Die Datenerhebung kann in sehr verschiedenen Umgebungen erfolgen, z. B. in den Therapiesitzungen, in der häuslichen Umgebung, in speziell vorbereiteten Situationen, etc. Die auf diese Weise erhaltenen Aufzeichnungen haben ein unterschiedliches Datenniveau: qualitativ beschreibende Protokolle und zusammenfassende Aufzeichnungen, Summenscores und Skalenwerte sowie Verlaufskurven in Form von Diagrammen.

Therapiebegleitende Diagnostik in nicht verhaltenstherapeutisch orientierten Therapien

In jedem Bericht über einen Therapieverlauf wird auch über therapiebegleitende Diagnostik berichtet. So enthalten die klassischen Fallbeschreibungen von *Freud* neben theoretischen Abhandlungen Berichte über die Veränderung einzelner Symptome. Diese Datensammlung über den Therapieverlauf ist gekennzeichnet durch die analytische Theorie (Auswahl der beobachteten Daten, Interpretation), durch den Therapeuten als Beobachter, durch den qualitativen Charakter der Aufzeichnung und dadurch, daß die Beobachtungsdaten dem Patienten nicht unmittelbar mitgeteilt werden. Sie dienen vielmehr dem Therapeuten als Anhaltspunkte, nach denen er sein Verhalten in der Therapie ausrichtet; z. B. zu einem bestimmten Zeitpunkt eine bestimmte Deutung zu geben. Die Indikationsstellung therapeutischer Maßnahmen aufgrund von diagnostischen Überlegungen scheint mit zunehmender Straffung des Therapieverlaufs an Bedeutung zu gewinnen, wie die Fokaltherapie zeigt (z. B. *Balint* et al., 1973; *Malan,* 1972).

Neben ihrer Bedeutung für die klinische Forschung hat die Entwicklung von Schätzskalen (Fremd- und Selbsteinschätzung) bei der klienten-zentrierten Gesprächstherapie dazu geführt, daß die Therapie in ihrem Verlauf und in ihrer Effektivität besser beobachtet und kontrolliert werden kann (*Truax* und *Carkhuff,* 1967). Dabei werden einzelne als wichtig angesehene Variablen herausgegriffen und isoliert beobachtet. Im Gegensatz zu einem verhaltenstherapeutischen Ansatz sind sie meist auf einem sehr abstrakten bzw. komplexen Niveau definiert.

Auch in einigen Formen der Gruppentherapie ist es möglich, therapierelevante Variablen zu kontrollieren, die eindeutig und unmittelbar in Form von Beobachtungseinheiten definiert und damit weniger komplex sind, z. B. Anzahl definierter Äußerungen, Aufzeigen, Soziogramme (*Ullmann* et al., 1961; *Liberman,* 1970; *Pohlen,* 1972).

Ein frühes Beispiel für therapiebegleitende Diagnostik

Für eine therapiebegleitende Diagnostik in der Verhaltenstherapie ist es kennzeichnend, daß das therapeutische Vorgehen systematisch von diagnostischen Schritten begleitet wird. Das soll an einem Beispiel erläutert werden.

Mary Cover Jones (1924) faßt die Angstbehandlung bei dem Kind Peter als Experiment an einem Patienten auf und beschreibt die folgenden diagnostischen Maßnahmen. Sie verfolgt die Tagebuchaufzeichnungen der Klinik und fertigt systematische „Laboraufzeichnungen" an. Sie beschreibt die Reaktionen von Peter auf Objekte in vorstrukturierten Situationen z. B.:[1]

Spielzimmer und (Lauf-)Stall...

    wählte Spielzeug aus, kam ohne Protest in den (Lauf-)Stall

Fellteppich wurde über den Rand des (Lauf-)Stalles gehängt...

    weinte, bis er entfernt wurde.

Dieser „base-line" folgt die Aufzeichnung des Therapiefortschrittes, bezeichnet als „Zunahme der Toleranz" gegenüber dem phobischen Objekt, die in wichtigen Aspekten einer Angsthierarchie gleicht.

    z. B.: c) Kaninchen 4 Fuß entfernt im Käfig toleriert.

         f) Kaninchen frei im Raum, toleriert.

         g) läßt Kaninchen an seinen Fingern knabbern.

Diese „Tolerierungsgrade" werden von *Jones* im Verlauf der Therapie konzipiert. Sie werden durch Experteneinschätzung dahingehend überprüft, ob sie tatsächlich einen Therapiefortschritt dokumentieren. In einem Diagramm stellt sie den Fortschritt bzw. Rückfall dar und kann den Kurvenverlauf durch die eingeleiteten Maßnahmen und Ereignisse außerhalb der Therapiesitzung (Tagebuch) interpretieren.

Dieses Vorgehen kann auch heute als Modell gelten, wenn therapeutische Maßnahmen speziell für eine Symptomatik entwickelt und auf ihre Wirksamkeit geprüft werden. Immer dann, wenn die therapeutischen Maßnahmen bereits erprobt sind, wird man systematischer vorgehen können.

Bezüge zur Verhaltenstherapie

Bereits in den Zeiten von *Mary Jones,* als es das Stichwort „Verhaltenstherapie" noch gar nicht gab, haben inhaltlich analoge Vorgehensweisen ganz natürlich alle wichtigen Merkmale therapiebegleitender Diagnostik hervorgebracht. Erst sehr viel später wurden die theoretischen Standpunkte expliziert, nach denen eine solche therapiebegleitende Diagnostik sich zwingend ergibt. In besonderem Maße wird dies aus dem theoretischen Standpunkt von *Shapiro* (zuletzt 1966) und *Yates* (1970) abgeleitet, die die Behandlung eines Patienten als Einzelfallexperiment ansehen. Unterschiedlichen Standpunkten von Verhaltenstherapeuten gemeinsam ist eine Orientierung an den Prinzipien der empirischen bzw. experimentellen Forschung und die sich daraus ergebende Forderung nach Kontrolle einzelner Variablen.

Dafür lassen sich ganz verschiedene Beispiele anführen, wie etwa die Kontrolle von Münz-Ökonomie-Programmen (*Ayllon* und *Azrin,* 1968; *Schäfer* und *Martin,* 1969), die Beschreibung unterschiedlicher Therapiever-

---

[1] Übersetzung aus *Hofer* und *Weinert,* 1973.

läufe bei Phobien (*Wolpe*, 1963), die qualifizierende Beschreibung inhaltlich sehr verschiedener Vorgänge in einzelnen Therapiestunden durch Fragebogen und Prüflisten (*Lazarus*, 1971) oder auch die therapeutisch wirksamen Häufigkeitsdiagramme in Selbstkontrollverfahren (*Watson* und *Tharp*, 1972.)

Die Isolierung einzelner Verhaltensweisen für eine verhaltenstherapeutische Behandlung und die Kontrolle durch eine therapiebegleitende Diagnostik entsprechen deutlich der Vorgehensweise der empirischen Psychologie. Das darf aber nicht zu dem Mißverständnis führen, als handele es sich dabei um eine traditionsbezogene Pflichtübung. Weiter unten sind einige Überlegungen aufgeführt, in denen ein solches Vorgehen aus einem – von allgemeinen Empirieüberlegungen unabhängigen – verhaltenstherapeutischen Therapiekonzept abgeleitet wird. Zunächst jedoch soll die Verwandtschaft zur experimentellen Psychologie dargestellt werden.

Nähe zur experimentellen Psychologie

Die Orientierung der Verhaltenstherapie an den Grundsätzen der empirischen bzw. experimentellen Psychologie stellt sie vor die Verpflichtung, sich den dort entwickelten methodischen Kriterien zu stellen. Es entstehen dabei die gleichen Probleme wie bei der Übertragung der psychologischen Methodologie auf die klinische Psychologie überhaupt (vgl. *Bastine*, 1970; *Chassan*, 1967; *Gottschalk* und *Auerbach*, 1966; *Kiesler*, 1971; *Paul*, 1969). Insbesondere muß sie sich mit denjenigen methodischen Schwierigkeiten auseinandersetzen, die überall in der klinischen Forschung entstehen, wenn es sich um die Behandlung eines *Einzel*falls handelt (*Davidson* und *Costello*, 1969; *Holtzman*, 1963).

Spezielle Probleme wie Beobachtungs- und Beurteilungsfehler, Stichprobenermittlung, Verlaufsstatistik, Profilinterpretation etc., müßten in zunehmendem Maße berücksichtigt werden (*Harris*, 1964).

Die Ähnlichkeit in der Vorgehensweise erleichtert es der Verhaltenstherapie, für ihre therapiebegleitende Diagnostik Anregungen und methodische Vorbilder in der gesamten empirischen Psychologie zu suchen. Solche Anregungen können dann leicht übernommen werden, wenn das in einem Experiment untersuchte Verhalten identisch ist mit dem therapeutischen Ansatzpunkt bzw. Zielverhalten (target response) einer Therapie oder mit diesem in einen theoretischen Zusammenhang zu bringen ist. Weiterhin können einzelne Meßmethoden und/oder das jeweilige Arrangement zur Messung der Variablen als Anhaltspunkt zur Konzipierung verhaltenstherapeutischer Maßnahmen dienen.

So bieten sich die Entwicklungs- und die Pädagogische Psychologie wegen der Ähnlichkeit des Gegenstandes unmittelbar an. Als Beispiel kann das Training sozialer Verhaltensweisen oder konstruktiven Verhaltens als Alternative zu aggressivem Verhalten (*Koch,* 1965; *Davitz,* 1952) genannt werden. Dies gilt auch für die Behandlung spezieller Defizite: „Intelligenzschwäche" (*Klauer,* 1964); Sprachverbesserung (*Irwin,* 1972; *Reynolds* und *Risley,* 1968). In Erfolgskontrolluntersuchungen zur Wirkung der Desensibilisierung wurden bei Prüfungsängsten die Noten in den jeweiligen Prüfungsfächern als Außenkriterien benutzt (*Cohen,* 1969; *Guerney,* 1969).

Aus der Sozialpsychologie bieten sich bei bestimmten Fragestellungen bereits entwickelte Zeichen- oder Kategoriensysteme sowie instrumentelle Hilfen bei der Beobachtung an (vgl. *Hare,* 1962; *Lindsay* und *Aronson,* 1969). Die Messung physiologischer Maße erscheint für eine therapiebegleitende Diagnostik von besonderer Bedeutung, da hierbei das kritische Verhalten selbst nicht tangiert wird. Eine Diskussion der Problematik und Anwendungsbeispiele solcher Verfahren finden sich bei *Birbaumer* (1973), *Fahrenberg* (1967) und *McAllister* (1971).

Begründung der therapiebegleitenden Diagnostik aus der Verhaltenstherapie

Jede einzelne Verhaltenstherapie beginnt mit einer diagnostischen Phase. Behandlungsrelevante Verhaltensweisen und deren jeweilige Abhängigkeit werden isoliert, und es wird eine Entscheidung darüber getroffen, welche Verhaltensweise als therapeutischer Ansatzpunkt gilt und in der Therapie zunächst angegangen wird. In der darauffolgenden, therapiebegleitenden Diagnostik hingegen wird die Veränderung dieses Verhaltens im Zeitverlauf kontrolliert.

In der anfänglichen, rein diagnostischen Phase können die Informationssuche und die Art der Aufzeichnungen qualitativ sein (vgl. Tagebuch- und Laboraufzeichnungen bei *Jones*). Diese eher qualitativen Aufzeichnungen werden auch in der Phase der therapiebegleitenden Diagnostik fortgesetzt. Dadurch können etwa Veränderungen im Leben des Patienten diagnostisch erfaßt werden, die u. U. entscheidend für den Therapiefortgang sind.

Im Vordergrund steht jetzt aber die gezielte Registrierung und – meist graphische – Darstellung therapierelevanter Größen, die im Zuge der Analyse der Zielverhaltensweisen festgelegt und isoliert werden. Auf die Kontrolle dieser als Zielverhalten isolierten Verhaltensweisen durch therapiebegleitende Diagnostik wird nun näher eingegangen.

Wie Verhaltensdiagnostik allgemein, so dient auch die isolierte Betrachtung der einzelnen Verhaltensweisen zunächst dazu festzustellen, ob eine Therapie erfolgreich verlaufen ist. Der Vergleich zwischen dem Ausgangsniveau (baseline) und dem Endwert (outcome) erlaubt eine Gesamtaussage über den Erfolg der Therapie (Kontrollmessung). Wichtiger bei der therapiebegleitenden Diagnostik ist jedoch der Bericht über den Fortgang der Therapie: Welche Veränderung erbringen die angesetzten Maßnahmen? Die Veränderung im zeitlichen Verlauf wird also in Abhängigkeit von den therapeutischen Maßnahmen gesehen. Man erhält Rückmeldung, ob eine bestimmte Maßnahme sinnvoll war und fortgesetzt werden kann, ob sie im folgenden verändert oder eine andere Maßnahme eingeleitet werden muß.

Die Bedeutung der therapiebegleitenden Diagnostik liegt einmal in der Rückmeldung für den Therapeuten, der danach sein eigenes Verhalten und die Therapieschritte modifizieren kann; zum anderen im Informationsgehalt für den Patienten, was unmittelbar oder über Selbstkontrollverhalten zur Verhaltensmodifikation beiträgt.

Bedeutung für den Therapeuten

1. Zur Feinsteuerung benutzt der Therapeut Daten aus der therapiebegleitenden Diagnostik dann, wenn er die konzipierten Therapieschritte wiederholt, abschwächt oder forciert; zur Grobsteuerung, wenn gänzlich andere Therapieschritte eingeleitet werden.

   Ein Beispiel für eine Feinsteuerung wäre, wenn aufgrund diagnostischer Daten (z. B. Ankreuzen auf einer subjektiven Angstskala) zwar eine Desensibilisierung als Therapiekonzept beibehalten, jedoch die Angsthierarchie verändert wurde (leichtere, schwerere, andere Angstinhalte). Ein Beispiel für eine Grobsteuerung wäre, wenn von einer Desensibilisierung abgegangen und ein Selbstsicherheitstraining eingeleitet würde.

   Systematisch lassen sich solche Veränderungen der Therapiestrategie folgendermaßen abstufen:

   — Es wird die identische Symptomatik angegangen und man bleibt beim identischen Veränderungsprinzip. Man verwendet aber eine andere Methode, z. B. statt Desensibilisierung: Reizüberflutung.

   — Man bleibt bei der identischen Symptomatik, man verwendet aber ein anderes Veränderungsprinzip und damit eine andere Methode, z. B. statt Desensibilisierung ein Selbstsicherheitstraining.

   — Man entscheidet sich, ein anderes Zielverhalten anzugehen. Damit werden meist auch ein anderes Veränderungsprinzip sowie eine andere Methode eingeführt; z. B. statt einer Herzsymptomatik wird ein ebenfalls bestehender Zwang behandelt.

2. Aus der therapiebegleitenden Diagnostik erhält der Therapeut Informationen über den Einfluß von Größen, die von seinem Therapieplan i. e. S. unabhängig sind. Diese Größen können unmittelbar erhoben oder aus anderen Veränderungen erschlossen werden.

Der Therapeut kann routinemäßig nach solchen Größen fragen (z. B. wegen plötzlicher Veränderung oder Stagnation des Fortschritts).

Solche Größen können z. B. sein:

– Unbeabsichtigte Einflüsse des Therapeutenverhaltens (z. B.: Angstbehandlung hilft nicht, weil der Therapeut Angstberichte verbal verstärkt).
– Einflüsse von bisher nicht erfaßtem oder inzwischen verändertem Verhalten der Patienten (z. B.: Ein Fettleibiger beginnt viel Wasser zu trinken).
– Einflüsse dritter Größen (z. B.: die neue Freundin).

3. Die Informationen aus der therapiebegleitenden Diagnostik dienen dem Therapeuten zur Erfahrungsbildung. Er bereichert sein Wissen, inwieweit definierte Maßnahmen zu bestimmten Veränderungen geführt haben, und kann daher im Laufe seiner Tätigkeit Maßnahmen zielsicherer einsetzen.

Er sammelt Erfahrungen über seine eigenen Verhaltenstendenzen a) bei einzelnen therapeutischen Maßnahmen oder b) in seinem eher unspezifischen Therapeutenverhalten (z. B. unfreundlich sein bei selbstbewußten Patienten). Aufgrund dieser Erfahrungen kann er Therapieeffekte sicherer gegen Placeboeffekte abgrenzen.

In konsequenter Fortsetzung dieser Überlegungen müßte das Therapeutenverhalten ständig überprüft werden. Dies kann durch Selbstkontrolle oder Fremdkontrolle geschehen (Tonband, Video, Beisitzer usw.).

4. Durch die weiter unten skizzierten Maßnahmen der therapiebegleitenden Diagnostik kann der Therapeut den Therapieverlauf und seine Erfahrung besser mitteilen. Dies kann wichtig werden bei allen Formen der Supervision, bei der Delegation von therapeutischen Maßnahmen und zur weiteren Bearbeitung unter Forschungsgesichtspunkten.

5. Bei all diesen Überlegungen darf nicht vergessen werden, daß die therapeutische Interaktion auch für den Therapeuten verstärkend sein sollte. Die Rückmeldung über den Therapiefortschritt kann den Therapeuten für sein Verhalten unmittelbar verstärken und damit seine Therapiemotivation erhöhen.

Bedeutung für den Patienten

Typisch für die Verhaltenstherapie ist, daß die Daten der therapiebegleitenden Diagnostik weitgehend dem Patienten zur Verfügung gestellt werden und nicht allein der Wissensbereicherung des Therapeuten dienen.

1. Damit setzt sich während der Therapie das schon in der Planung der Therapie verwirklichte Anliegen der Verhaltenstherapie fort, dem Patienten die Therapie und ihre einzelnen Maßnahmen so durchsichtig wie möglich zu machen (Transparenz). Therapiebegleitende Diagnostik ist ein Hilfsmittel bei der Erreichung des verhaltenstherapeutischen Zieles, daß der Patient lernt, sich von seiner Symptomatik zu distanzieren, um sie in einem beobachtbaren, nach registrierbaren Gesetzen verlaufenden Bedingungszusammenhang zu sehen.

2. Das ist eine Voraussetzung dafür, daß der Patient die Therapie selbständig weiterführen kann. Dazu gehört es, daß er die Fortführung der Diagramme selbst übernimmt (Selbstbeobachtung als Voraussetzung der Selbstkontrolle: *Kanfer,* 1967).

3. Mit der isolierten Aufzeichnung von meist nur wenigen Größen wird im Zusammenhang mit der Therapieplanung ein bestimmtes Ziel verfolgt: der Patient soll sich seinerseits ebenfalls auf ein Ziel konzentrieren und erfahren, daß er in einem umgrenzten Gebiet seiner Symptomatik rasch weiterkommen kann. Daraus folgt unmittelbar ein enger Zusammenhang zwischen der Therapiemotivation und der therapiebegleitenden Diagnostik. Die Datenerhebung muß so geartet sein, daß sie dem Therapeuten erlaubt, den Patienten auf Fortschritte aufmerksam zu machen und zu verstärken. Dabei ist impliziert, daß der Patient durch die Verdeutlichung des Therapieverlaufs die Möglichkeit zur Selbstverstärkung erhält.

Einschränkungen

– Transparenz: Patienten oder Dritte können dann nicht die vollständigen Informationen erhalten, wenn diese zu einem „Schock", Ablehnen der Therapie o. ä. führen können. Deshalb kann mitunter nur das mitgeteilt werden, was die Therapiemotivation erhöht. Um den zu vermittelnden Effekt – der Patient übernimmt seine Therapie selbst – tatsächlich erreichen zu können, soll eine solche Einschränkung nur bei spezieller Indikation vorgenommen werden.
– Die Verdeutlichung durch eine therapiebegleitende Diagnostik ist dann wenig sinnvoll, wenn sie keine wichtige Funktion für die Therapie oder für den Therapeuten hat. Dies ist z. B. gegeben, wenn der Patient damit nichts anfangen kann, wenn Kurztherapien bzw. Beratungen durchgeführt werden oder wenn im Verhältnis zur Therapieunterstützung der Aufwand zu groß ist.

Methoden der therapiebegleitenden Diagnostik

Der schematisierte Ablauf einer Therapiekontrolle („Zwei-Punkte-Erfolgs-messung", *Bastine,* 1970) besteht aus

1. Messung von Verhalten vor der Therapie (Bestimmung des Ausgangsniveaus)
2. Therapie
3. Messung von Verhalten nach der Therapie (Bestimmung des Endwertes).

Dieser Ablauf ‚Messen-Behandlung-Messen' findet sich zwar auch in der therapiebegleitenden Diagnostik während einer Verhaltenstherapie wieder, ist aber spezifisch modifiziert. Dies geschieht zunächst durch die Besonderheiten der verhaltenstherapeutischen Therapieplanung (Bestimmen eines Zielverhaltens, Ableitung der Maßnahme, sequentielles Vorgehen etc.). Die Zeitpunkte, an denen Verhalten registriert wird, folgen bei einer therapiebegleitenden Diagnostik in sehr kurzen Abständen; das Messen erfolgt in Abhängigkeit von einzelnen Maßnahmen und nicht nur vor und nach einer gesamten Therapie. Insofern könnte man davon ausgehen, daß dieser Ablauf während einer Verhaltenstherapie viele Male wiederholt wird. Das gilt dann nicht mehr, wenn Behandlung und Registrierung gleichzeitig erfolgen (z. B. physiologische Messungen) oder die Registrierung von Verhaltensweisen selbst die therapeutische Maßnahme ist (z. B. Selbst-Beobachtung).

Entsprechend diesen vielfältigen Möglichkeiten sind der Zahl der möglichen diagnostischen Verfahren keine Grenzen gesetzt. Hier soll besonders eingegangen werden auf unmittelbare Aufzeichnung von Verhaltenshäufigkeiten und Situationsaspekten, meist in Form von Verlaufsdiagrammen, Fragebogen, Schätzskalen und Prüflisten, sowie Messung von Verhalten in kritischen Situationen, sog. „Verhaltensexperimente".

Als diagnostische Instrumente, die die Daten auf der adäquaten Verhaltensebene erheben und gleichzeitig ökonomisch und praktisch verwendbar sind, kommen in erster Linie Diagramme und kurze Schätzskalen, z. T. auch Verhaltensexperimente in Frage. Zeit-Häufigkeits-Diagramme sind für die Verhaltenstherapie eine typische Form der therapiebegleitenden Diagnostik. Sie sollen als erste behandelt werden.

Diagramme

Ein Diagramm wird meist in der Form eines Koordinatensystems geführt. Kernpunkt ist die Aufzeichnung der Häufigkeitsverteilung des Symptoms in der Zeit. Dieses Grundmodell stammt aus den Konditionierungsexperimenten an Tieren.

Empfehlungen für den Gebrauch von Diagrammen lassen sich nur in Form einiger Erfahrungsregeln geben. Es gibt kaum Literatur, die sich mit der praktischen Konstruktion und Verwendung von Diagrammen beschäftigt, höchstens mit deren Effekt auf die Therapie (*Rutner* und *Bugle,* 1969; *Tharp* und *Wetzel,* 1969; *McFall,* 1970). Zum Teil haben diese Regeln ein unterschiedliches Gewicht, je nachdem ob der Therapeut, ein mehr oder weniger trainierter Beobachter (Krankenschwester, Angehörige usw.) oder der Patient selbst das Diagramm führt. Dies wiederum hängt davon ab, welche Absichten bei der Einführung des Diagramms im Vordergrund stehen und natürlich von den intellektuellen Möglichkeiten des Patienten sowie technischen Voraussetzungen. Je stärker der Therapeut die Daten zu seiner eigenen Information nutzen will, um so mehr wird er sich bemühen, sie selbst oder durch einen trainierten Beobachter zu erheben und aufzuzeichnen. Je stärker sie zur Information des Patienten dienen, also therapeutisch wirksam werden sollen, um so eher werden sie vom Patienten, unter Anleitung des Therapeuten, aufgezeichnet. Für den letzteren Fall geben *Watson* und *Tharp* (1972) Anleitungen, wobei man jedoch die methodischen Probleme der Selbstbeobachtung berücksichtigen muß (*Kanfer,* 1970b) (vgl. Kap. 7). Technische Regeln und Probleme bei der Verhaltensaufzeichnung durch Krankenhauspersonal sind bei *Schaefer* und *Martin* (1969) zusammengefaßt.

Die Erfahrungsregeln beziehen sich auf drei Aspekte: *was* aufgezeichnet wird, quasi der Inhalt der Aufzeichnung, *wie* aufgezeichnet wird, also Fragen der Aufzeichnungstechnik, sowie die *Motivierung* des Patienten zur Führung des Diagramms.

Reaktionseinheit

Ziel ist es, möglichst konkretes Verhalten möglichst genau zu messen. Daher muß die Reaktionseinheit klein und genau definiert sein. Z. B. muß bei fließenden Übergängen zwischen einzelnen Zwangsgedanken die Angabe der Häufigkeit durch die eindeutigere Angabe der Dauer ersetzt werden. Ereignisse zu zählen bzw. ihre Dauer zu messen ist sicherer, als nachträglich, über eine längere Zeitspanne, beides einzuschätzen. Es sollte deshalb u. U. auf die Registrierung während großer Zeitabschnitte, etwa ganzer Tage, verzichtet und stattdessen eine gezielte Stichprobe von zeitlichen Ausschnitten erhoben werden. Diese Auswahl muß zufällig sein oder systematisch die kritischen Situationen erfassen (Zeit-Stichprobe oder Ereignis-Stichprobe).

Kontingenzen

Verhaltenstherapie befaßt sich nicht nur mit Symptomen, sondern vor allem mit den steuernden Bedingungen von Symptomen. Man wird daher versuchen, in einem Diagramm nicht nur die Häufigkeit von Reaktionen, sondern auch die auslösenden bzw. diskriminativen und reaktionskontingenten Reize zu erfassen. Hier steht man aber regelmäßig vor dem Problem, nicht alle möglicherweise relevanten Variablen erfassen zu können, also vor dem Problem der ökonomisch begründeten Auswahl von Variablen. Ein über die gesamte Dauer der Therapie mitlaufendes Diagramm kann nicht so viele Variable umfassen wie ein kurzfristiges, zu mehr explorativen Zwecken am Anfang der Therapie erhobenes Diagramm. Normalerweise wird man nicht mehr als drei bis fünf Variable gleichzeitig in einem Diagramm erfassen können.

Sinnfälligkeit

Rein technisch kann man viel durch eine falsche Einteilung der Zeitachse verderben. Die Säule der kumulativen Häufigkeit, abgetragen auf der Abszisse, muß möglichst in jeder Zeiteinheit größer als null sein. Ebenso wichtig ist eine sinnfällige und genaue Definition der Notationssymbole. Die einzelnen Variablen müssen unterscheidbar, nicht zu abstrakt (Abkürzungen), aber auch nicht zu unübersichtlich eingetragen werden.
Diese Forderung ist unerläßlich, wenn der Patient das Diagramm führt. Es ist ja fast immer die therapeutische Absicht des Diagramms, dem Patienten seinen Therapiefortschritt vor Augen zu führen und ihn so für die Einhaltung des Therapieplans zu verstärken.

Verstärkereffekt

Die Notation soll die positive Seite der Veränderung hervorheben (also die *Zunahme* der selbstsicheren Äußerungen, die *Abnahme* der Gewichtskurve, das *Nicht*-Auftreten der Angst usw.). Wenn im Falle von Verhaltenslücken neue Verhaltensweisen ausgeformt werden, müssen schon erste Anzeichen in Richtung des erwünschten Verhaltens vermerkt werden (Reaktionsausformung).

Einschränkungen

Der Patient kann natürlich nicht in allen kritischen Situationen sein Verhalten unmittelbar aufschreiben. Man wird deshalb um der Selbstkontrolle willen manchmal auf die Einhaltung anderer Regeln (z. B. Häufigkeiten zu zählen statt abzuschätzen) verzichten müssen. Mit einiger Phantasie läßt sich wohl immer ein schriftliches und dennoch leicht handhabbares Notationssystem finden.

Übernahme der Aufzeichnung durch den Patienten

Die Forderung an den Patienten, ein Diagramm über seine Symptomatik und die Durchführung der Therapieschritte zu führen, geht oft an der Erwartung des Patienten hinsichtlich der Therapie vorbei. Deshalb kann die Begründung für ein solches aktives Verhalten des Patienten nicht ausdrücklich genug sein. Die Technik des Diagramms muß dem Patienten sehr ausführlich erklärt werden und in einer Übergangsphase das Diagramm evtl. gemeinsam mit ihm erstellt werden. Häufig drohen ein Selbstkontrollverfahren und die dazu erforderliche vollständige Aufzeichnung der Häufigkeiten daran zu scheitern, daß der Patient sein Symptom nicht bemerkt. In dem Fall muß der Einführung eines Diagramms ein Training voraufgehen, in welchem anfängliche Aspekte der symptomatischen Verhaltenskette zu Signalreizen aufgebaut werden. Damit kann ein entscheidender therapeutischer Schritt getan werden. Mitunter besteht der Anfang von Selbstkontrollverfahren darin, daß überhaupt auf bestimmte Verhaltensweisen geachtet wird und diese mitgeteilt werden.

Die Voraussetzungen zur Übernahme von Aufzeichnungen durch Patienten sind so trivial, daß man sie leicht übersieht. Die Aufzeichnungsmethode muß den Gegebenheiten des Patienten bzw. der Symptomatik angepaßt werden; der Schwierigkeitsgrad muß sich danach bestimmen, was der Patient an Voraussetzungen zur Mitarbeit mitbringt (z. B.: Ist er an den Umgang mit Papier und Stift gewöhnt?) und was ihm seine Symptomatik zur Mitarbeit erlaubt (z. B.: In welchem Maße ist er entmutigt bzw. „depressiv"?).

Kontrolle der Aufzeichnung durch den Therapeuten

Die Daten, die für eine Aufzeichnung herangezogen werden, dürfen nicht überflüssig sein oder erscheinen. Wenn der Therapeut die Angaben wenig berücksichtigt, ist kein Patient zu einer Mitarbeit zu motivieren. Vielmehr soll das erste Treffen, nachdem Aufzeichnungen durch den Patienten verabredet wurden, möglichst bald stattfinden. Oft genügt ein kurzes Treffen oder eine telefonische Verständigung. Allein dieses Nachfragen mag für den Patienten verstärkend sein. In jedem Fall müssen die Aufzeichnungen *regelmäßig* durchgesprochen werden, Schwierigkeiten schnell abgebaut werden und Anregungen und Abänderungsvorschläge des Patienten nach Möglichkeit aufgenommen werden.

Ist eine Vereinbarung über das Führen eines Diagramms getroffen worden, dann können schwache aversive Reize gesetzt werden, wenn der Patient diese Vereinbarung nicht eingehalten hat (z. B. in einem solchen Fall kein Treffen oder das Treffen abkürzen).

Objektivität, Reliabilität und Validität

In welcher Form und in welchem Umfang die an psychologische Tests angelegten Gütekriterien bei dieser Form der Datenerhebung anzuwenden sind, bedarf noch der künftigen Diskussion. Forschungsdaten zu diesem Problem liegen jedenfalls noch nicht vor.

Nahezu alle oben aufgeführten Erfahrungsregeln dienen dazu, Objektivität herzustellen. Prüfen läßt sich die Objektivität aber nur dann, wenn man – und das sollte ausgenutzt werden – dieselben Verhaltensdaten von mehreren Personen (dem Ehepartner, mehreren Krankenschwestern, dem Kotherapeuten) erheben lassen kann.

Ist für Objektivität gesorgt, bereitet die Reliabilität kein großes theoretisches Problem. Es muß lediglich die Vergleichbarkeit der Erhebungen zu verschiedenen Zeitpunkten gesichert sein, indem die Bedingungen der Erhebung konstant bzw. kontrolliert sind. Anders als beim klassischen Modell der Reliabilität muß hier von vornherein mit der Veränderung der Reiz-Reaktions-Frequenzen gerechnet werden. Die Hauptgefahr ist darin zu sehen, daß sich beim Aufzeichnenden die Kriterien für das Vorliegen eines Verhaltens verschieben. Dem muß durch präzise Definition der aufzuzeichnenden Ereignisse entgegengewirkt werden.

Die Validität von Diagrammen ist in den meisten Fällen trivial, weil bestimmte Verhaltensweisen lückenlos oder in Stichproben direkt aufgezeichnet werden. Natürlich muß die Instruktion präzise sein und eingehalten werden. Ob allerdings im Diagramm festgehaltene Daten z. B. eine Symptomatik adäquat erfassen, ist nicht mehr eine Frage der Validität des Diagramms, sondern der Richtigkeit der funktionalen Hypothesen.

Beispiele

Bei der Enuresis-Behandlung sind Protokollbogen üblich, an Hand derer Diagramme aufgestellt werden können (*Bergold,* 1970; *Sieber* et al., 1973). Dabei werden relativ viele Informationen gleichzeitig registriert. Das ist ohne Bedenken möglich, da Patient und Protokollant nicht identisch sind. Damit entfallen zwar wesentliche Funktionen von Diagrammen; die Mutter in der Rolle einer Kotherapeutin erhält aber klare Hinweise über den Fortgang der Behandlung und damit auch für ihr Verhalten dem Kind gegenüber.

Weitere Beispiele finden sich bei *Schaefer* und *Martin* (1969); *Watson* und *Tharp* (1972) und bei *Guilbert* und *Miller* (1973). Im folgenden soll die Möglichkeit der Diagrammführung bei Übergewicht eingehender besprochen werden, die vom Patienten selbst vorgenommen werden kann. Dabei werden zwei Größen normalerweise aufgezeichnet: Gewichtskurve und Kalorienaufnahme pro Tag. Die kausale Verknüpfung verdeutlicht, was zur Abnahme und was zum Zunehmen führt. Diese beabsichtigte Wirkung kann dann scheitern, wenn die Bestimmung der Kalorien für den Patienten zu schwierig ist oder der Patient sich seine Unzulänglichkeit dadurch beweist, daß die Gewichtskurve nicht absinkt. Im ersten Fall wird man auf das Aufzeichnen der Kalorienzufuhr, im zweiten Fall auf die des unmittelbaren Effekts, der Gewichtsveränderung, verzichten. Eine Alternative besteht darin, daß der Patient registriert, ob er bei den Mahlzeiten bescheiden oder üppig gegessen hat. Hat er sich kontrolliert und weniger als sonst gegessen, dann kreuzt er das an:

	Mo.	Di.	Mi.	Do.	Fr.	Sa.	So.
Frühstück							
Zwischenmahlzeit eingenommen							
Mittagessen							
Zwischenmahlzeit eingenommen							
Abendessen							
Nach dem Abendessen gegessen							
getrunken							

Weiterhin können dem Übergewicht entgegenwirkende Aktivitäten wie Bewegung, Sport aufgezeichnet werden, was sich nach den Gegebenheiten des Falls richtet. In vielen Fällen werden neue Gewohnheiten aufgebaut, deren Ausführung verstärkend sein können.

	Mo.	Di.	Mi.	Do.	Fr.	Sa.	So.
Schwimmen							
Radfahren							
Tischtennis							
Zur Arbeit gelaufen							
Nach Hause gelaufen							
Spaziergang gemacht							

Einschränkungen

Das Führen solcher Diagramme und die bewußte Kontrolle von Verhaltensweisen ist kein Selbstzweck: es sind Maßnahmen, um ein Ziel zu erreichen. Sie müssen überflüssig werden, wenn das Ziel erreicht ist. Es ist nicht wünschenswert im Sinne einer Verhaltenstherapie, wenn ein Verhalten ständig kontrolliert werden muß, z. B. wenn ein Raucher seinen Zigarettenkonsum durch Aufzeichnen auf einer bestimmten Rate hält. Solche Selbstkontrollverfahren können zu aufwendigen Ritualen werden, auf die die Umwelt in subtiler Weise reagieren wird. Diese Einschränkung muß wiederum eingeschränkt werden: um zu erreichen, daß „normales" Verhalten in einer wünschenswerten Spielbreite bleibt, wird man sich gegebenenfalls immer wieder kontrollieren müssen, und die Aufzeichnung kann sich zu einem effektiven Selbstkontrollverhalten entwickelt haben.

Tests, Fragebogen, Ratingskalen und Prüflisten

Testverfahren von ganz unterschiedlicher Beschaffenheit werden z. T. vor der Therapie als Ergänzung zur Exploration oder zur Erfolgskontrolle nach einer Therapie verwendet. Die sich dabei ergebenden Probleme sind jedoch nicht wesentlich von den hier besprochenen verschieden.

Unproblematisch ist der Einsatz von Tests dann, wenn das in der Therapie geförderte und das in der Testsituation geforderte Verhalten als Stichprobe derselben Verhaltensklasse aufzufassen sind. Dafür typisch ist das Vorgehen von *Klauer* (1964), der den Effekt eines Schulreifetrainings mit Veränderungen im HAWIK beschrieb. Das läßt sich auf verhaltenstherapeutische Fälle übertragen, z. B. wenn man die an verschiedenem Material verhaltenstherapeutisch gesteigerte Konzentrationsfähigkeit mit gängigen Konzentrationstests prüft.

Verwendung herkömmlicher Tests

Die meisten Leistungstests und Persönlichkeitsfragebogen stehen theoretisch auf anderer Grundlage als die Verhaltenstherapie, die in Begriffen der funktionalen Verhaltenstheorie formuliert ist (vgl. Kapitel 1). Daher lassen sie sich für eine therapiebegleitende Diagnostik im Prinzip nicht verwenden, weil eine Veränderung ihrer Werte bei der Wiederholungsmessung aus den verhaltenstherapeutischen Maßnahmen selbst funktional nicht begründet werden kann. (Die Annahme der „Generalisierung" des Therapieerfolgs ist in theoretischer Hinsicht kaum mehr als ein Flickbegriff.) Wenn ein Patient verbales Verhalten gegenüber Autoritäten erfolgreich trainiert hat, kann daraus keine funktionale Erklärung unmittelbar hergeleitet werden, warum hinterher in einem entsprechenden Test etwa Selbst- und Idealbild kongruenter geworden sind. Die verhaltenstherapeutischen Grundtheoreme kennen keine Eigenschaftskontinua, auf denen Personen beschreibbar wären, und demzufolge hat für eine Therapie ein Skalen-Gesamtwert keine rechte Aussagekraft. Nur ein Rekurs auf die einzelnen Items, soweit sie Verhaltensdaten abfragen, ermöglicht eine sinnvolle Aussage auf der Verhaltensebene. Neben diesen theoretischen Schwierigkeiten stehen der Verwendung von Leistungstests und Persönlichkeitsfragebogen zur therapiebegleitenden Diagnostik die zum Ausfüllen benötigte Zeit sowie Reliabilitätsprobleme bei häufiger Testwiederholung im Wege. Zur Bestimmung des Therapieerfolgs wird man Persönlichkeitsinventare und andere herkömmliche Fragebogen gern einsetzen: um den Nachweis zu erbringen, daß die Verhaltenstherapie keineswegs nur das Symptom kuriert, sondern auch weitergehende Veränderungen der „Persönlichkeit" herbeiführt; d. h. spezifische, gezielt ausgewählte Verhaltensänderungen ermöglichen eine Veränderung von Verhaltensweisen auf ganz anderen als nur den angezielten Bereichen. Therapiebegleitende Diagnostik i. e. S. läßt sich mit diesen Verfahren jedoch nicht betreiben.

Verhaltenstherapeutische Testverfahren

Innerhalb der Verhaltenstherapie selbst sind bisher relativ wenige und methodisch unzulängliche Fragebogen bzw. Prüflisten entwickelt worden (vgl. Anhang). *Kanfer* (1970a) stellte anläßlich einer Umfrage unter amerikanischen Verhaltenstherapeuten fest, daß von vielen Therapeuten Meßinstrumente entwickelt wurden, aber meist nur für den „Hausgebrauch", oft sogar nur für einzelne Fälle. Am meisten verbreitet sind Reizlisten, wobei der Patient den Intensitätsgrad seiner Reaktion auf diese Reize verbal einschätzen soll. Vor allem wurden verschiedene Fassungen von Angst-Reiz-Listen entwickelt, faktorenanalysiert und Korrelationsstudien unterworfen (eine Auswahl: *Lang* und *Lazovik,* 1963; *Wolpe* und *Lang,* 1964; *Geer,* 1965; *Wolpe* und *Lazarus,* 1966; *Spiegler* und *Liebert,* 1970; *Braun* und *Reynolds,* 1969; *Rubin* et al. 1968, 1969; für Kinder: *Scherer* und *Nakamura,* 1968). Entsprechende Listen, die zugleich als Hierarchien in der Therapie verwendbar sind (wie ja auch umgekehrt Desensibilisierungshierarchien in schriftliche Kontrolllisten umzufunktionieren sind), gibt es auch für sexuelle Reaktionen (z. B. *Bentler,* 1968). Für die Planung operanter Verstärkungsprogramme gibt es nur eine Liste von Gegenständen, Situationen usw., die der Patient hinsichtlich seiner Vorliebe einschätzen soll – sie werden dann hypothetisch als Verstärker betrachtet (*Cautela* und *Kastenbaum,* 1967; *Cautela* und *Wisocki,* 1971; *Cautela,* 1972; *Windheuser* und *Niketta,* 1972). Darüber hinaus scheint es keine veröffentlichten, in der therapiebegleitenden Diagnostik verwendeten verhaltenstherapeutischen Fragebogen zu geben. Zwar hat *Lazarus* (1971) eine Reihe von Skalen entwickelt, auf denen der Patient nach jeder Therapiestunde eine Reihe von Eindrücken über die Therapie und den Therapeuten skaliert; diese sind aber oft auf demselben komplexen Niveau definiert wie die (ganz ähnlichen) Kontrollfragebogen der Gesprächspsychotherapie.

Überhaupt setzt das funktionale Modell sehr restriktive Bedingungen für verhaltenstherapeutische Fragebogen, wie sich am Beispiel der Angstskalen zeigen läßt. Viele Autoren (z. B. *Marks,* 1969; *Birbaumer,* 1973) betonen den Unterschied zwischen dem verbal-berichtenden, dem physiologischen und dem motorischen (Annäherung, Flucht, Vermeidung) Aspekt der Angst. Maße dieser verschiedenen Aspekte korrelieren nicht unbedingt hoch miteinander. Eine spezifische Therapie affiziert u. U. nur eine Angstkomponente (*Bandura* et al., 1969). Daher ist der Schluß von der Veränderung im Fragebogen (verbales Niveau) auf beobachtbares Verhalten nicht nur vorschnell, sondern meist theoretisch nicht stringent: dann nämlich, wenn die drei Komponenten der Angst als getrennte therapeutische Ansatzpunkte aufgefaßt werden, deren Änderungen jeweils eigener Hypothesen und Therapiemaßnahmen bedürfen.

Objektivität, Reliabilität und Validität

Die genannten verhaltenstherapeutischen Fragebogen sind durchweg von hoher Objektivität. Die Reliabilität ist schwer zu definieren, sobald man die Fragebogen nicht mehr als konventionelle Tests betrachtet, sondern hinsichtlich ihrer Funktion in der Verhaltenstherapie. Vor allem die „innere Konsistenz" scheidet als Reliabilitätsmaß aus. Eine hohe Stabilität ist für die Angstfragebogen mehrfach bestätigt worden; bei anderen Daten (z. B. Verstärkern) kann man nur beschränkt mit Stabilität des erfaßten Verhaltens rechnen.

Mit gewissem Erfolg wurde versucht, verhaltenstherapeutische Fragebogen mit den Mitteln der Konstruktvalidierung zu validieren. Diese Versuche gehen eigentlich am Charakter verhaltenstherapeutischer Fragebogen vorbei. Es ist eine sinnvollere Fragestellung, z. B. Angst-Reiz-Listen an beobachtbarem Verhalten zu validieren (*Fazio,* 1969). Schließlich wird man den Begriff der Validität durch so etwas wie Brauchbarkeit im therapeutischen Gesamtprozeß ersetzen können; Validität bzw. Brauchbarkeit bestätigt sich durch den Ausgang der Therapie (*Schulte* et al., 1972). Demgemäß wäre eine Verstärkerliste validiert, wenn die Items, entsprechend ihrer verbalen Einschätzung als Verstärker eingesetzt, tatsächlich Häufigkeiten von Verhalten verändern.

Einschränkungen

Kanfer (1970a) versucht eine Antwort darauf zu geben, warum die verhaltenstherapeutische Fragebogentechnik so wenig entwickelt ist. Die Gesetzmäßigkeiten, von denen die Verhaltenstherapie ausgeht, seien noch nicht zu dem zusammengewachsen, was man eine funktionale Persönlichkeitstheorie nennen könnte. Erst ein umfassendes Modell individuellen Verhaltens *und* der Therapiemethoden würde die Auswahl einer sinnvoll begrenzten Anzahl kritischer Meßwerte erlauben, um Verhaltensänderungen aufgrund therapeutischer Interventionen stringent vorauszusagen. Solange es also noch keine Theorien über Zusammenhänge zwischen Veränderungs*prinzipien* und *abstrakten* Reiz-Reaktions-Mustern gibt, müßten Reiz-Reaktions-Fragebogen zu breit angelegt sein, um allen Notwendigkeiten therapiebegleitender Diagnostik nachzukommen.

Überprüfung symptomatischer Verhaltensweisen in kritischen Situationen

Die Überprüfung symptomatischer Verhaltensweisen in kritischen Situationen, quasi ein Verhaltensexperiment, besteht darin, daß sich der Patient allein oder zusammen mit dem Therapeuten in eine Situation begibt, in der die symptomatischen Verhaltensweisen auftreten. Solche Situationen können labormäßig geschaffen werden (z. B. *Jones,* 1924), die Beobachtung kann aber auch in der natürlichen Umgebung stattfinden (z. B. *Patterson* und *Gullion,* 1968, vgl. auch Kapitel 7).

Klagt ein Student z. B. über Unfähigkeit, sich auf eine Prüfung vorzubereiten und in die Prüfung zu gehen, dann ist es sinnvoll, daß er allein oder zusammen mit dem Therapeuten den Prüfungsraum aufsucht und über seine internen Reaktionen berichtet; der Therapeut hat darüber hinaus Gelegenheit, seine motorischen Reaktionen zu beobachten. Dieses Vorgehen sollte im Verlauf der Therapie wiederholt werden. Ist das aus technischen Gründen nicht möglich, dann sollte während der Interviewsituation beim Patienten die Realsituation plastisch vorgestellt oder z. B. durch Abfragen des Prüfungs- stoffs imitiert werden (zur Systematik von Beobachtungssituationen, vgl. *Wiggins,* 1973, S. 303 und Kapitel 7 dieses Buches).

Eine Konfrontation mit einer kritischen Situation ist aus verschiedenen Gründen angezeigt. Nicht immer können Patienten eine angemessene Schilde- rung ihrer Symptomatik liefern. Das gilt einmal für Kinder und sehr schwer gestörte Patienten. Zum anderen muß ein Bericht über eine symptomatische Verhaltensweise nicht mit ihrem tatsächlichen Auftreten übereinstimmen; das Benennen kann vom Benannten erheblich abweichen (*Szewczyk,* 1970). Nicht unproblematisch ist die Konfrontation mit einer kritischen Situation dann, wenn die Differenz zwischen Benennen und Benanntem die Sympto- matik selbst darstellt (z. B. wahnhafte Verkennungen). Durch die Überprü- fung in Realsituationen soll vermieden werden, daß in der Therapie vorrangig mit dem Erklärungsmodell des Patienten (dessen „Rationalisierung") gear- beitet wird. Häufig ist ein solches Konstrukt ein Ergebnis von Meidungsver- halten des Patienten, auf das nur bei speziellen Indikationen eingegangen werden soll.

Nur durch Erproben in einer Realsituation kann sichergestellt werden, ob das als Zielverhalten festgelegte Verhalten der realen Lebenssituation angemessen ist und damit sinnvollerweise das Ziel der Therapie sein soll. So kann der Patient zu hohe Ansprüche an sich stellen bzw. die soziale Umwelt unange- messene Forderungen an den Patienten. Dann müßten entweder die Ansprüche bzw. Erwartungen gesenkt werden oder die Therapie in der Umwelt und nicht beim Patienten ansetzen (vgl. *Harris, Wolf* und *Baer,* 1964); nur eine Beseitigung des häuslichen Elends sichert eine Individualthe- rapie (*Jones,* 1924); es sind die Umweltbedingungen, die korrigiert werden müssen (Mental Health programm reports, 1968; *Dörner,* 1967).

Durch eine Verhaltensthrapie bestimmter symptomatischer Verhaltenswei- sen werden nicht ausschließlich und isoliert diese allein verändert. Wenn man also eine symptomatische Verhaltensweise gezielt verändert, wird die Veränderung nicht auf diesen einen Reiz-Reaktions-Zusammenhang beschränkt bleiben. Vermittelt durch die veränderte Rückmeldung der Umwelt (*Guthrie, 1938*, S. 128) und modifizierte Selbstbewertung (*Kanfer, 1971*; *Meichenbaum, 1971*) werden auch andere Aspekte des Gesamtverhaltensrepertoires modifiziert (Schneeballeffekt). Dies muß nicht in der gewünschten Weise geschehen. Die Tatsache, daß entsprechend den Anweisungen eines Selbstsicherheitstrainings eine Handlung ausgeführt wird (z. B. 20 Paar Schuhe anprobieren), kann dazu führen, daß unangemessene Ansprüche ("das steht mir zu"), Starrheit der Forderung, Unfreundlichkeit gegenüber Sozialpartnern gleichzeitig entstehen. Solche Veränderungen im Gefolge einer gezielten Verhaltensmodifikation können am sichersten durch wiederholte Beobachtung in kritischen Situationen kontrolliert werden.

Der Erfolg in einer kritischen Situation ist eine optimale Indikation, um einen weiteren Therapieschritt einzuleiten, und eine überzeugend motivierende Rückmeldung für den Patienten über den erreichten Fortschritt. Um diese beiden Kriterien erreichen zu können, ist die kritische Situation dem Stand der Therapie anzupassen: bei der Behandlung einer schweren Schlangenphobie wurde die therapiebegleitende Diagnostik wie auch die Therapie nach Schwierigkeit gestaffelt. Schrittweise wurde in der therapiebegleitenden Diagnostik die Annäherung an vier "schwieriger" werdende Bilder, an ein Schlangenpräparat und eine sich bewegende Schlangenattrappe festgehalten. Bei diesem Fall wurde vor jeder 2. Therapiesitzung die Patientin mit der kritischen Situation konfrontiert. Der sichtbare Erfolg motivierte und war damit

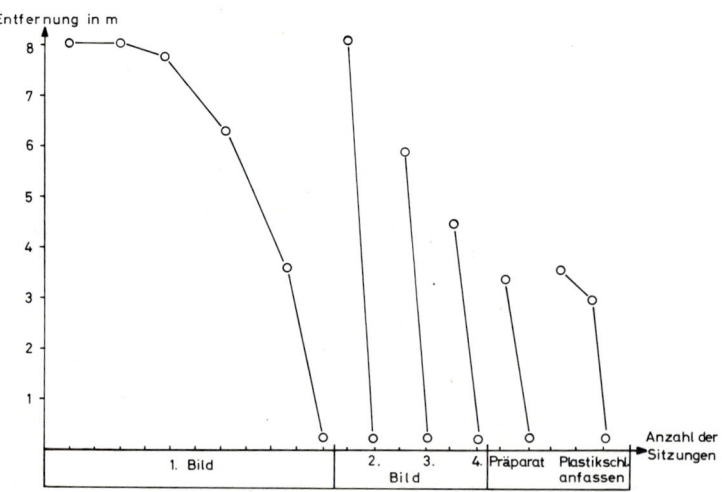

Abb. 1. Räumliche Annäherung einer Patientin mit einer Schlangenphobie an verschiedene Angstreize im Verlauf der Therapie.

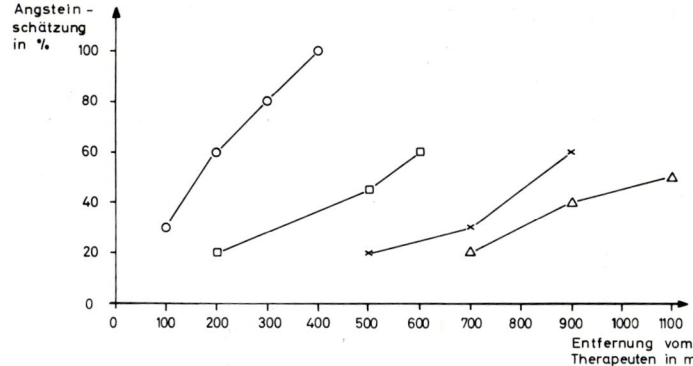

Abb. 2. Subjektive Angst eines Patienten bei Entfernung vom Therapeuten (vgl. Text).

ein Therapeutikum. Der konsequente Einsatz dieses Effektes führt dazu, daß die als diagnostisch konzipierte Situation zur Therapie selbst wird.

Ein Patient klagt darüber, daß ab einer bestimmten Entfernung von einem für ihn sicheren Punkt (Bekannte, Telefon) Angst und die Befürchtung entstehen, sein Herz könne versagen. Seine Schätzungen wurden im Behandlungsraum erhoben und in ein Diagramm übertragen (O−O , vgl. Abb. 2); darauf wurde seine tatsächliche subjektive Angst in einer kritischen Situation, einem einsamen Waldweg, erhoben: (□−□). Es zeigt sich, daß die Entfernung vom Therapeuten wesentlich größer sein kann, als vom Patienten vermutet wurde.

Da eine Desensibilisierung fehlschlug, wurde die diagnostische Anordnung zur Therapiemethode: der Patient wurde schrittweise immer größeren Distanzen ausgesetzt. Auf einem einsamen Waldweg mußte der Patient immer größere Entfernungen allein zurücklegen. Die hier dargestellte 3. und 4. Konfrontation (x–x; △ − △) brachte einen merklichen Fortschritt. Die größeren Entfernungen bei geringerer erlebter Angst motivierten diesen Patienten. Er unternahm allein immer längere Ausflüge von seiner Wohnung.

Schlußbemerkung

Der Meinung, therapiebegleitende Diagnostik sei ein Luxus, den man aus Gründen der Reputierlichkeit für Publikationen betreibt, soll ganz entschieden entgegengetreten werden. Die therapiebegleitende Diagnostik ist so eng mit dem verhaltenstherapeutischen Vorgehen verknüpft, daß eine andere Benennung, nämlich „Therapieintegrierende Diagnostik" zu rechtfertigen wäre. Diese Tatsache ist bereits den ersten beschriebenen Verhaltenstherapien (*Jones,* 1924) zu entnehmen. Die Notwendigkeit von therapiebegleitender

Diagnostik ergibt sich aus den Notwendigkeiten der Praxis der Verhaltenstherapie: es wird expliziert, was bei jeder Therapie, insbesondere der Verhaltenstherapie impliziert ist.

Wir hoffen gezeigt zu haben, daß mit recht einfachen und zeitlich wenig aufwendigen Mitteln therapiebegleitende Diagnostik betrieben werden kann. Leider muß aber auch festgestellt werden, daß es zu wenig Literatur auf diesem Gebiet gibt. Sicherlich gibt es eine Reihe weiterer Verfahren und Techniken, die an verschiedenen Institutionen angewendet werden. Als Hinweis darauf mag die Tatsache gewertet werden, daß nach unserem Wissen vier Übersetzungen der Cautela-Liste existieren, diese aber mit einer Ausnahme nicht öffentlich vorgestellt wurden. Es ist zu wünschen, daß der Austausch von Ideen und Anregungen intensiviert wird.

Literatur

Ayllon, R., Azrin, N. H.: The Token Economy: A Motivational System for Therapy and Rehabilitation. New York, 1968.

Balint, M., Ornstein, P. H., Balint, E.: Fokaltherapie. Frankfurt, 1973.

Bandura, A., Blanchard, E. B., Ritter, B.: The relative efficacy of desensitization and modeling approaches for inducing behavioral, affective, and attitudinal changes. J. Person. soc. Psychol., 1969, 13, 173–199.

Bastine, R.: Forschungsmethoden in der klinischen Psychologie. In: *W. J. Schraml* (Hrsg.): Klihische Psychologie. Bern, Stuttgart, Wien, 1970, 523–562.

Bentler, P. M.: Heterosexual behavior assessment I: Males. Behav. Res. Ther., 1968, 6, 21–25.

Bergold, J. B.: Einige verhaltenstherapeutische Hinweise zur Behandlung der Enuresis nocturna. Mitteilungen d. GVT 1970, 1, 12–18.

Birbaumer, N. (Hrsg.): Neuropsychologie der Angst. München, Berlin, Wien, 1973.

Braun, P. R., Reynolds, D. J.: A factor analysis of a 100-item fear survey inventory. Behav. Res. Ther., 1969, 7, 399–402.

Cautela, J. R.: Reinforcement survey schedule: Evaluation and current application. Psychol. Rep. 1972, 30, 683–690.

Cautela, J. R., Kastenbaum, R.: A reinforcement survey schedule for use in therapy, training, and research. Psychol. Rep. 1967, 20, 1115–1130.

Cautela, J. R., Wisocki, P. A.: The use of the reinforcement survey schedule in behavior modification. In: *R. Rubin* (Ed.): Advances in Behavior Therapy. New York, 1971, 29–36.

Chassan, J. B.: Research Design in Clinical Psychology and Psychiatry. New York, 1967.

Cohen, R.: The effects of group interaction and progressive hierarchy presentation on desensitization of test anxiety. Behav. Res. Ther., 1969, 7, 15–26.

Davidson, P. O., Costello, C. G.: N = 1: Experimental Studies of Single Cases. New York, 1969.

Davitz, J. R.: Die Auswirkungen eines Trainingsprogrammes auf das Verhalten nach einer Frustrationssituation. In: *O. M. Ewert* (Hrsg.): Entwicklungspsychologie Bd. I. Köln, 1972, 193–200.

Dörner, K.: Die Hochschulpsychiatrie. Stuttgart, 1967.

Donner, L., Guerney, B. G.: Automated group desensitization for test anxiety. Behav. Res. Ther., 1969, 7, 1–17.

Fazio, A. F.: Verbal and overt-behavioral assessment of a specific fear. J. cons. clin. Psychol., 1969, 33, 705–709.

Fahrenberg, J.: Psychophysiologische Persönlichkeitsforschung. Göttingen, 1967.

Geer, J. H.: The development of a scale to measure fear. Behav. Res. Ther., 1965, 3, 45–53.

Gottschalk, L. A., Auerbach, A. H.: Methods of Research in Psychotherapy. New York, 1966.

Guilbert, P., Miller, W. H.: The use of behavior therapy with an hyperactive child. In: *J. C. Brengelmann, W. Tunner* (Hrsg.): Behaviour Therapy – Verhaltenstherapie. München, Berlin, Wien, 1973, 192–202.

Guthrie, E. R.: The Psychology of Human Conflict. New York, 1938.

Hare, A. P: Handbook of Small Group Research. New York, 1962.

Harris, C. W. (Ed.): Problems in Measuring Change. Madison, 1963.

Harris, F. R., Wolf, M. M., Baer, D. M.: Effects of adult social reinforcement on child behavior. Young children, 1964, 20, 1.

Hofer, H., Weinert, F. H. (Hrsg.): Pädagogische Psychologie 2. Frankfurt, 1973.

Holtzman, W. H.: Statistical models for the study of change in the single case. In: *C. W. Harris* (Ed.): Problems in Measuring Change. Madison, 1963.

Irwin, O. C.: Kindersprache: Die Auswirkungen systematischen Vorlesens. In: *O. M. Ewert* (Hrsg.), Entwicklungspsychologie, Bd. I. Köln, 1972, 311–314.

Jones, M. C.: A laboratory study of fear: The case of Peter. Pedagog. Sem., 1924, 31, 308–315.

Kanfer, F. H.: Self-regulation: Research, issues, and speculations. Paper pres. on the Ninth Ann. Instit. for Res. in Clin. Psychol., „Behav. Mod. in Clin. Psychol.". Kansas, 1967.

Kanfer, F. H.: Report on outcome measures in behavior therapy. Cincinnati, 1970 (a) (unveröff.).

Kanfer, F. H.: Self-monitoring: Methodological limitations and clinical applications. J. cons. clin. Psychol., 1970 (b), 35, 148–152.

Kiesler, D. J.: Experimental design in psychotherapy research. In: *A. E. Bergin, S. L. Garfield* (Eds.): Handbook of Psychotherapy and Behavior Change. New York, 1971, 36–69.

Klauer, K. J.: Über den Effekt eines Schulreifetrainings für die Behandlung der Intelligenzschwäche. Z. exp. angew. Psychol., 11, 1964, 443–454.

Koch, J.: Training sozialen Verhaltens im Kindergarten. In: Bericht über den 1. Kongreß der Gesellschaft für Psychologie in der DDR. Berlin, 1965, 146–151.

Lang, P., Lazovik, A.: The experimental desensitization of a phobia. J. abnorm. soc. Psychol., 1963, 66, 519–529.

Lazarus, A. A.: Behavior Therapy and beyond. New York, 1971.

Liberman, R.: A behavioral approach to group dynamics. Behav. Ther., 1970, 1, 141–175.

Lindzey, G., Aronson, E. (Eds.): The Handbook of Social Psychology. Reading, Mass., 1969.

Malan, D. H.: Psychoanalytische Kurztherapie. Hamburg, 1972.

Marks, I. M.: Fears and Phobias. London, 1969.

McAllister, H.: Physiological indices of therapeutic change. In: Dublin Conference on Behavioral Modification, September 1969, Dublin, 1971, 44–52.

McFall, R. M.: Effects of self-monitoring on normal smoking behavior. J. cons. clin. Psychol., 1970, 35, 135–142.

Patterson, G. R., Ray, R. S., Shaw, D. A.: Manual for coding of family interactions, fifth revision, Oregon Research Institute, Eugene, 1968.

Paul, G. L.: Behavior modification research: Design and tactic. In: *C. M. Franks* (Ed.): Behavior Therapy: Appraisal and Status. New York, 190, 29–62.

Pohlen, M.: Gruppenanalyse. Göttingen, 1972.

Rachman, S.: Phobias: Their Nature and Control. Springfield, Ill., 1968.

Reynolds, D. J., Risley, T.: The role of social and material reinforcers in increasing talking of a disadvantaged preschool child. J. appl. Behav. Anal. 1968, 1, 253–262.

Rubin, B. M., Katkin, E. S., Weiss, B. W., Efran, J. S.: Factor analysis of a fear survey schedule. Behav. Res. Ther., 1968, 6, 65–75.

Rubin, S. E., Lawlis, G. F., Tasto, D. L., Namenek, T.: Factor analysis of the 122 item fear survey schedule. Behav. Res. Ther., 1969, 7, 381–386.

Rutner, I. T., Bugle, C.: An experimental procedure for the modification of psychotic behavior. J. cons. clin. Psychol., 1969, 33, 651–653.

Schaefer, H. H., Martin, P. L.: Behavioral Therapy. New York, 1969.

217

Scherer, M. W., Nakamura, C. Y.: A fear-survey schedule for children (F. S. S. F. T. C.): A factor analytic comparison with manifest anxiety (CMAS). Behav. Res. Ther., 1968, 6, 173–182.

Schulte, D., Eller, F., Meermann, R., Wind-heuser, H. J.: Einführung in die Grundlagen der Verhaltenstherapie: Eine Anleitung zum Selbststudium. Münster, 1972 (unveröff.).

Shapiro, M. B.: The single case in clinical-psychological research. J. gen. Psychol., 1966, 74, 3–23.

Sieber, G., Sieber, R., Sieber, U., Müller, H.: Zur dokumentarischen Standardisierung der Therapieforschung. In: *J. C. Brengel-mann, W. T. Tunner* (Hrsg.): Behaviour Therapy – Verhaltenstherapie. München, Berlin, Wien, 1973, 276–279.

Spiegler, M. D., Liebert, R. M.: Some corre-lates of self-reported fear. Psychol. Rep., 1970, 26, 691–695.

Szewczyk, H.: Zur Validität der Exploration in der klinischen Psychologie. In: *H. D. Rösler, H. D. Schmidt, H. Szewczyk* (Hrsg.): Persönlichkeitsdiagnostik. Berlin, 1970, 199–217.

Tharp, R. G., Wetzel, R. J.: Behavior Modi-fication in the Natural Environment. New York, London, 1969.

Truax, Ch. B., Carkhuff, R. R.: Toward Effective Counseling and Psychotherapy: Training and Practice. Chicago, 1967.

Ullmann, L. P., Krasner, L., Colins, B. J.: Modification of behavior through verbal conditioning: effects in group therapy. J. abnorm. soc. Psychol., 1961, 62, 128–132.

Watson, D. L., Tharp, G.: Self-directed Behavior. Monterey, California, 1972.

Windheuser, H. J., Niketta, R.: Eine deut-sche Form der „Reinforcement Survey Schedule" von *Cautela* und *Kastenbaum.* Vortr. 4. Kongr. f. Verhaltenstherapie, Münster, 1972.

Wiggins, J. S.: Personality and Prediction: Principles of Personality Assessment. Reading, Mass., 1973.

Wolpe, J.: Quantitative relationships in the systematic desensitization of phobias. Amer. J. Psychiat., 1963, 119, 1062–1068.

Wolpe, J., Lang, P. J.: A fear survey schedule for use in behavior therapy. Behav. Res. Ther., 1964, 2, 27–30.

Wolpe, J., Lazarus, A. A.: Behavior Therapy Techniques: A Guide to the Treatment of Neuroses. New York, 1966.

Yates, A. J.: Behavior Therapy. New York, 1970.

C. OPERANTE VERFAHREN ALS DIAGNOSTISCHE INSTRUMENTE

In den Teilen A und B dieses Buches wurde Diagnostik zur Planung und Kontrolle von Verhaltenstherapie dargestellt. Ziel dieser Diagnostik ist in der Regel die Analyse von Reiz-Reaktions-Zusammenhängen bzw. der Nachweis von reaktionskontingenten Verstärkern.

In dem nun folgenden Artikel von *Weiss* wird ein völlig anderer Aspekt der Diagnostik vorgestellt, der jedoch für die Verhaltenstherapie ebenfalls von großer Bedeutung ist und in Zukunft sicher an Bedeutung gewinnen wird. Wurde oben betont, daß es einer verhaltenstheoretischen Diagnostik nicht um die Erfassung von Persönlichkeitsmerkmalen gehe, sondern um den Nachweis verhaltensteuernder Reize, so macht *Weiss* in seiner Arbeit deutlich, daß auch aus der Sicht der Lernpsychologie bestimmte „Persönlichkeitsvariablen" (oder „O-Variablen", wie *Weiss* sie bezeichnet) von großem Interesse und praktischem Nutzen für die Verhaltenstherapie sind. Solche O-Variablen sind beispielsweise (operante) Konditionierbarkeit, Reaktionsbereitschaft auf soziale Verstärker, Geschicklichkeit des Verstärkens u. a. Als Instrumente zur Erfassung dieser Variablen werden operante Konditionierungsversuche durchgeführt.

Durch Konditionierungsversuche kann darüber hinaus der individuelle Verstärkungswert bestimmter Reizklassen erfaßt werden. Dabei zeigt sich eine mögliche Verbindung zwischen Persönlichkeitskonstrukten der klassischen differentiellen Psychologie und einer lerntheoretischen Betrachtungsweise: Personen mit beispielsweise erhöhten Werten auf Aggressions-Skalen zeigen eine erhöhte Reaktionsbereitschaft auf als Verstärker dargebotene Items mit aggressivem Inhalt. Persönlichkeits- oder O-Variablen werden also verstanden als individuelle Reaktionstendenzen auf bestimmte Reizklassen. Diese Reaktionstendenzen haben sich aufgrund individueller Lernerfahrungen herausgebildet.

Eine operante Diagnostik im Sinne von *Weiss* kann eventuell in Zukunft einen wichtigen Beitrag zur Prognose und Indikation spezifischer verhaltenstherapeutischer Techniken liefern.

D. Schulte

KAPITEL 9

Operante Methoden in der psychologischen Diagnostik[1])

Robert L. Weiss

Diagnostik im weiteren Sinn ist von unmittelbarer Wichtigkeit für Psychologen, die sich für „O-Variablen" interessieren: jene realen oder postulierten differentiellen Variablen, die in der S-O-R-Formel die nicht immer eindeutigen Beziehungen zwischen S und R erklären sollen.[2]) Durch eine solche Erweiterung der Bedeutung des Begriffs „Diagnostik" wird eine Hauptfrage der Theorie der Diagnostik verdeutlicht: die Frage nach Ursprung und Art der individuellen differentiellen Variablen, die wir in unser Verhaltensmodell einführen. Jener Satz der Erkenntnistheorie – daß die Form unserer Fragen in weitem Maße die Antworten vorherbestimmt – bildet den Hintergrund für die Diskussion operanter Methoden in Beziehung zu anderen diagnostischen Verfahren. Das Wort „andere" wurde mit Bedacht gewählt, denn mit der vorliegenden Darstellung soll eine Grundlage für die Entscheidung geschaffen werden, in welchem Ausmaß operante Methoden als objektive Tests zu gebrauchen sind (*Loevinger*, 1957).

Die Gründe für die Idee, daß operante Verfahren eine diagnostische Funktion haben könnten, stammen aus einer Betrachtung der oben gestellten Frage – nämlich nach Ursprung und Art der differentiellen Variablen oder der, wie sie hier genannt werden, „O-Variablen". Nur scheinbar ist diese Frage dahingehend zu beantworten, daß diese Variablen aufgrund von Konstrukten aus umfassenden Persönlichkeitstheorien eingeführt werden. Tatsächlich geschieht das jedoch höchst selten, denn wir haben keine umfassende Persönlichkeitstheorie, die Konstrukte mit empirischen Konsequenzen formuliert. Die O-Variablen scheinen eher auf drei in der Hauptsache empirischen

---

[1]) In: *P. W. Reynolds* (Hrsg.): Advances in Psychological Assessment. Palo Alto 1969, 169–190. Originaltitel: Operant conditioning techniques in psychological assessment. Übersetzt von H. J. Windheuser.

[2]) Unter O-Variable wird hier nicht die Organismus-Variable im Sinne *Kanfers* (Kap. 2) verstanden, also die unabhängige Variable „organisch-physiologische Auffälligkeiten", die das Verhalten mit beeinflussen. Für *Weiss* ist O-Variable eine intervenierende Variable, die zur besseren Erklärung der S-R-Zusammenhänge aufgestellt wird. Sie bezeichnet relativ überdauernde Merkmale der Persönlichkeit des Individuums bzw. bestimmte Lernerfahrungen des Individuums. (Anmerkung des Herausgebers.)

Wegen in unsere Verhaltensmodelle zu gelangen: a) Diagnostische Verfahren werden aufgrund praktischer Bedürfnisse unserer Gesellschaft entwickelt, und die durch diese Verfahren gebildeten Klassen individueller Unterschiede entsprechen direkt diesen praktischen Bedürfnissen. b) Die Psychologie hat häufig Konstrukte von anderen Gebieten der Wissenschaft und Technik übernommen und dann diagnostische Mittel entwickelt, um die mit diesen Konstrukten zusammenhängenden O-Variablen zu erfassen. c) Manche aus Tests abgeleiteten Verhaltensdispositionen haben sich aus der diagnostischen Technik selbst ergeben. – Viele dieser empirisch gefundenen Konstrukte haben bereits Einfluß auf klinische oder persönlichkeitspsychologische Theorien gehabt. Doch inwieweit waren sie unserer Sache dienlich?

Der Erklärungswert solcher analogen Konzepte – meist verbunden mit dem „medizinischen Modell" – wurde von vielen Seiten in Frage gestellt (siehe z. B. *Ferster*, 1965; *Kanfer* und *Saslow*, 1965; *Milton*, 1965; *Sarbin*, 1967). Die Nützlichkeit dispositioneller Konstrukte sui generis wurde von *Wallace* (1966) bezweifelt, der Konstrukte fordert, die die Fähigkeit zu einer Reaktion umschreiben. *Levy* (1961) hat beispielsweise gezeigt, daß das Vorgehen eines Psychologen eher durch ein diagnostisches Verfahren als durch das psychologische Problem selbst gesteuert wird. Der Rückschluß von Testverhalten auf O-Variablen wurde im Zusammenhang mit Persönlichkeitsfragebogen allenthalben kritisiert (siehe z. B. *Hase* und *Goldberg*, 1967; *Norman*, 1963; *Rorer*, 1965; *Weiss* und *Moos*, 1965; *Weiss*, 1966b). So bemerkt *Loevinger* in Hinblick auf die Selektion von Testitems: „Das Problem ist, zusammenhängende Verfahrensregeln zu finden, die die Nutzbarmachung des Inhalts in Verbindung mit empirischen Überlegungen erlauben" (1957, S. 658). Offensichtlich haben wir in den darauffolgenden Jahren immer differenziertere diagnostische Methoden entwickeln können, doch ohne nennenswerten Fortschritt hinsichtlich umfassend anwendbarer O-Variablen.

Wenn es wahr ist, daß viele unserer Konstrukte auf mehr oder weniger empirischer Grundlage in die Psychologie gelangen, dann könnte es möglich sein – in dem Sinne, wie *Cronbach* (1957) es vor einiger Zeit vorschlug –, die Bemühungen unserer experimentellen (S-R) und korrelativen (R-R) Forschung mit Aussicht auf Gewinn zu kombinieren. Die operante Methodik liefert eine empirische Strategie, die experimentelle Kontrolle mit der Möglichkeit vereinigt, differentielle Effekte zu untersuchen. Indem sie die funktionale Beziehung des Verhaltens zu Verstärkungskontingenzen betont, eröffnet sie ein Mittel, Anpassungsverhalten als einen fortlaufenden Prozeß zu untersuchen. In diesem Sinn soll die Anwendbarkeit operanter Verfahren für die diagnostische Methodik hier angesprochen werden.

Das vorliegende Kapitel ist in drei Hauptabschnitte eingeteilt: Im einleitenden Abschnitt werden einige allgemeine Vergleiche zwischen operanten Verfahrensweisen und diagnostischer Methodik gezogen, um die Möglichkeit von Anwendungen abzuklären. In einer Reihe von Arbeiten des zweiten Abschnitts sollen einige der diagnostischen Möglichkeiten operanter Strategien bestimmt werden, besonders die Zulässigkeit des Rückschlusses auf O-Variable. Im letzten Abschnitt wird eine Auswahl von Ergebnissen aus Arbeiten dargestellt, die der Verfasser auf dem Gebiet „Mitteilung von Übereinstimmung" durchgeführt hat. Damit soll die Nützlichkeit einer empirisch hergeleiteten O-Variable veranschaulicht werden, die durch operante Verfahren diagnostiziert werden könnte.

Der Rahmen des hier zusammengetragenen Materials ist auf die klinische und die Persönlichkeitspsychologie begrenzt, aber die Darstellung könnte über diese Gebiete hinaus relevant sein. Der Leser wird gebeten, sich bei dieser Darstellung der operanten Verfahrensweise als objektive Testmethode auf eine neuartige Betrachtungsweise einzustellen.

Vergleich zwischen operanten und diagnostischen Methoden

Dieser Abschnitt gibt einen allgemeinen Hintergrund für das in den letzten beiden Abschnitten dargestellte Material. Wir werden hier Vorschläge anderer Autoren für die Nutzbarmachung operanter Verfahren – besonders für die klinisch-psychologische Anwendung – betrachten und danach Ähnlichkeiten und Unterschiede zwischen operanter und diagnostischer Methodik abwägen. Der mit den neueren Perspektiven des operanten Blickwinkels nicht vertraute Leser kann sich folgender hilfreicher Quellen bedienen: allgemeinerer Werke wie *Ulrich, Strachnik* und *Mabry* (1966) sowie *Verhave* (1966); für klinische Anwendungen *Sidman* (1962) sowie *Bachrach* und *Quigley* (1966).

Frühere Vorschläge zur Anwendung

Psychologen, die einen „operanten Blickwinkel" einnehmen, gehen davon aus, daß Verhaltensverläufe durch Beschreibung der Reizkontrolle der Reaktionen „erklärt" werden. Sowohl *Skinner* (1963) als auch *Weingarten* und *Mechner* (1966) weisen darauf hin, daß die „Ursachen" des Verhaltens in den Kontingenzen zu suchen sind, die Verhalten kontrollieren – d. h. in den Wirkungen der den Reaktionen nachfolgenden Ereignisse. *Skinner* betont die Bedeutung der operanten Technik für die Abgrenzung der Wirkung zahlreicher anderer Variablen auf Verhalten – Variablen wie physiologische Dimensionen oder Wirkungen erbbedingter Unterschiede (1963). Zumindest wird operanten Verfahren grundsätzlich nachgesagt, daß sie eine breite Anwendbarkeit bei der Bestimmung der Wirkungen verschiedener unabhängiger Eingriffe auf das Verhalten besitzen.

Sidman (1962) beginnt in seinem Kapitel über „Operante Verfahren" die Diskussion möglicher klinischer Anwendungen der operanten Technik mit dem Hinweis, sie ermögliche die Generierung von Prinzipien des Verhaltens und damit eine Neugruppierung von Klassen abnormen Verhaltens. Nach seinen Überlegungen würde eine Diagnose „pathologischen" Verhaltens explizit auf funktionaler Verhaltensanpassung gründen. *Kanfer* und *Saslow* (1965) formulieren diese Idee in ihrem Entwurf einer „Verhaltensanalyse" deutlich aus (vgl. Kap. 2). Ihr wesentlicher Punkt: „... bei einem effektiven diagnostischen Verfahren könnten die jeweiligen therapeutischen Methoden direkt aus der Information abgeleitet werden, die man über eine ständige Erfassung des momentanen Verhaltens des Patienten und der zugehörigen Kontrollreize erhält" (1965, S. 533). *Kanfer* und *Saslow* sehen die Ähnlichkeit ihrer Position zu der von *Ferster* (1965), der dafür plädiert, die Verstärkungskontingenzen, die Verhalten aufrechterhalten, unbedingt genau aufzuschlüsseln. *Ferster* weist auch darauf hin, daß man durch bloße Beobachtung der Reaktionshäufigkeit nichts über den funktionalen Zusammenhang mit der Umwelt erfährt; wir müssen zusätzlich die Verstärkungsgeschichte oder die Schemata der bisherigen Kontingenzen kennen.

Ein weiterer ausdrücklicher Vorschlag einer klinischen (in diesem Fall diagnostischen) Anwendung stammt von *George Stone* (1966). *Stone* erfand eine Aufgabe für operantes Lernen (ganz ähnlich einem zeitlichen Labyrinth), das nachweislich empfindlich auf Änderungen im Anpassungsverhalten von Patienten, gemessen mittels nachfolgendem Rating durch Personal, reagiert. An diesem Punkt können *Stones* Überlegungen zum Gebrauch operanter Verfahren sinnvoll darin einmünden, Gegensätze zu anderen diagnostischen Methoden herauszuarbeiten.

Stone bemerkt, daß Instruktionen in einer operanten Konditionierungsaufgabe in die Versuchsperson „hineintrainiert" werden und daß in jeder Phase des Ablaufs für Motivation gesorgt wird (aufgrund der reaktionskontingenten Verstärkung). Operante Konditionierungsaufgaben sehen Testversuche gewöhnlich zu mehr als einem Zeitpunkt vor und ermöglichen darüber hinaus ein Maß für Verhaltensänderungen als Funktion der Verstärkungskontingenzen. „In einer Situation mit operanter Konditionierung gibt es zwei oder mehr Reaktionsklassen, die unverzüglich zu Reizveränderungen führen, die durch ihren Wert für die Versuchsperson unterscheidbar sind" (*Stone* 1966, S. 2). Die Ergebnisse (die reaktionskontingenten Reizveränderungen) lassen sich nach den Präferenzen der Versuchspersonen ordnen; diese Präferenzen werden durch das Wahlverhalten der Versuchspersonen angezeigt.

Diese Skizze operanter Anwendungsmöglichkeiten zeigt uns, daß dem Funktionalismus dieses Ansatzes der Grundgedanke der Kontingenz (die „Wenndann"-Beziehung) zugrunde liegt. Verhalten unterliege der Kontrolle durch

Kontingenz, und reaktionsabhängige Ereignisse können in ausgefeilten zeitlichen Kombinationen den Reaktionen nachfolgen. Präferenzen für Reaktionen, die mit besonderen Klassen abhängiger Ereignisse zusammenhängen, können unter diagnostischen Gesichtspunkten instruktiv sein. Im Unterschied zu anderen Testverfahren sorgen die operanten Techniken für unmittelbares „Wissen um die Ergebnisse" (Verstärkung), was andererseits momentanes Verhalten verändern soll. Natürlich unterscheidet sich dieses Vorgehen völlig von den meisten objektiven diagnostischen Verfahren.

Diese Hintergrundinformationen machen deutlich, warum wir die operanten Techniken eingangs für ein mögliches Mittel hielten, um Verhaltenseffekte für mehr oder weniger diagnostische Zwecke zu bestimmen. Wir kommen nun zu einem Vergleich operanter und diagnostischer Methoden und beleuchten dadurch leicht zu übersehende Ähnlichkeitsmerkmale zwischen den beiden.

Gegensätze zwischen operanten und diagnostischen Methoden

Individuelle Unterschiede wurden (vielleicht mit Ausnahme der genannten diagnostischen Anwendungen) vom skinnerianischen oder operanten Ansatz traditionsgemäß nicht hervorgehoben. Im Gegenteil: wie schon gesagt, ist dieser Ansatz der Annahme verpflichtet, daß alle Formen des Verhaltens mit den Begriffen der Reizkontrolle erklärbar sind. Der Begriff der Vorhersage, wie man ihn in der Theorie der Diagnostik benutzt, hat im empirischen Funktionalismus der operanten Methodik keinen Platz. Intervenierende oder postulierte O-Variable, so heißt es, fügen weder der Kontrolle des Verhaltens noch der Analyse seiner funktionalen Beziehung zur Umgebung etwas hinzu.

Dennoch ist die operante Methodik aufgrund ihrer empirischen Ausgangsposition tatsächlich ausnehmend gut geeignet, sich mit individuellen Unterschieden zu befassen. Dies impliziert etwa folgender Satz: „Ob irgendein Ereignis für einen bestimmten Organismus unter bestimmten Bedingungen ein Verstärker ist, läßt sich nur aufgrund eines direkten Tests entscheiden" (*Skinner,* 1953, S. 73). Gewiß, für eine Vorhersage braucht man im operanten Ansatz nur zu wissen, was das Verhalten kontrolliert. Es widerspricht jedoch dieser Position keineswegs, in einem zweiten Schritt die Reizkontrolle in anderen Situationen vorherzusagen. In diesem Sinne ist eine gemessene „Empfänglichkeit für Verstärkungen" eine O-Variable, die prädiktive Bedeutung haben könnte. Was es mit diesen O-Variablen auf sich hat, wird nach weiterer Vergleichen mit der Testdiagnostik deutlicher.

In der Testdiagnostik unterscheidet man gewöhnlich zwischen zwei Arten von Testverhalten: es kann *Anzeichen* (sign) für das Kriteriumsverhalten sein oder *Stichprobe* (sample) desselben (siehe *Loevinger,* 1957; *Cronbach,* 1960). Es handelt sich um eine Unterscheidung zwischen Testverhalten, das als solches repräsentativ für das Kriteriumsverhalten ist (z. B. arithmetische Probleme lösen als Stichprobe intelligenter Tätigkeit), und solchem Testverhalten, das keine intrinsische oder notwendige Beziehung zum Kriterium hat (z. B. die meisten empirischen Fragebogen, wie das Strong Vocational Interest Blank). Testverhalten, welches nach dem thematischen Inhalt bewertet wird, ist „topographisch" dem daraufhin vorausgesagten Kriteriumsverhalten nicht ähnlich. So kann auch bei der operanten Methodik das analysierte Verhalten vom Beobachter als „Anzeichen" wie auch als „Stichprobe" interpretiert werden.

In der *Stone*schen Anwendung der Methode des operanten Konditionierens (siehe oben; detaillierter im nächsten Abschnitt) wurde das Verhalten im zeitlichen Labyrinth diagnostisch als *Anzeichen* irgendeiner angenommenen Störung gewertet. Des weiteren wurde die Reaktionsbereitschaft auf *soziale Verstärkung* (siehe *Krasner* und *Ullmann*, 1965) häufig sowohl als Analogie (Stichprobe) für andere interpersonale Situationen aufgefaßt und untersucht (z. B. *Williams*, 1964; *Krasner*, 1965) wie auch als aus der Reaktion abgeleitete Vorhersagevariable (Anzeichen) für anderes interpersonales Verhalten (*Patterson*, 1965a; *Weiss, Ullmann* und *Krasner*, 1960; *Sarbin, Allen* und *Rutherford*, 1965; *Johannsen* und *Campbell*, 1964). Natürlich werden wir um so weniger Allgemeingültigkeit und Validität annehmen, je mehr sich diese Vorhersagevariablen vom Inhalt des Verhaltens entfernen (je mehr sie also den Charakter von Anzeichen haben). *Norman* (1963) hat zum Beispiel gezeigt, wie die Vorhersagbarkeit des Kriteriumverhaltens deutlich ansteigt, wenn sich der Inhalt der Items den in der Situation beobachtbaren Ereignissen annähert (siehe auch *Peterson*, 1965; *Wallace*, 1967).

Die Unterscheidung zwischen Anzeichen und Stichproben ist natürlich noch für ein anderes Problem der diagnostischen Methodologie von Bedeutung: für das Problem der Datenquelle. *Leary* führte zum Beispiel bei der Erstellung der Interpersonal Check List ausdrücklich den Begriff der „Verhaltensebene" ein. Er wollte damit zwischen den zahlreichen möglichen *Quellen* der Daten über eine Person unterscheiden (*Leary* und *Coffey*, 1955). Selbsteinschätzungen (*als* Verhalten) sollten unterschieden werden von Einschätzungen (*von* Verhalten) durch andere. Wenn wir die Quelle von Verhaltensdaten weiter von der Verhaltensstichprobe entfernen, führen wir mehr mögliche Quellen von Fehlervarianz ein. Es ist schwieriger, die Validität von Anzeichen nachzuweisen als die von Stichproben. In einer Untersuchungsreihe über Einschätzungsmethoden (*Norman* und *Goldberg*, 1966; *Passini* und *Norman*, 1966) betont *Norman*, wie der Einschätzende „die Daten erzeugt", denn auf sein Verständnis der einzuschätzenden Dimensionen (z. B. Eigenschaften) kommt es letztlich an; und wir können nur annehmen, daß der Einschätzende die für das Rating notwendigen Beobachtungen des Einschätzungsobjekts gemacht hat. Beobachter können jedoch eine bemerkenswerte Übereinstimmung ihrer Einschätzungen selbst *unbekannter* Personen erreichen, und zwar aufgrund ihrer „impliziten Persönlichkeitstheorie" oder aufgrund jenes „what goes with what" (*Norman* und *Goldberg,* 1966). Man kann auch zeigen, daß sich klar definierte soziale Verhaltensweisen mit Hilfe von Selbsteinschätzungen fast genauso gut vorhersagen lassen wie mit ausgefeilten Persönlichkeitsinventaren (*Hase* und *Goldberg,* 1967). Verhalten, das man bei operantem Vorgehen erfaßt, stammt immer von einer einzigen Quelle: der Versuchsperson selbst.

Diagnostische Mittel aller Art müssen sich natürlich dem Problem der Reliabilität stellen (*Tryon,* 1957). Bei Tests, die aus einzelnen Items zusammengesetzt wurden, reichen die gewöhnlichen Definitionen der Reliabilität aus. Bei den operanten Verfahren liegen die Daten jedoch eher in Form von Veränderungswerten vor, die die Abweichungen von einer Grundrate des Verhaltens als Funktion von Verstärkung darstellen. Die Repräsentativität des Grundraten-Verhaltens bzw. seine Stabilität ist hier das Hauptproblem (siehe *Patterson,* 1965a; *Parton* und *Ross,* 1965). Weil die Reaktionen in einer operanten Situation unter der Kontrolle aperiodischer Verstärkungskontingenzen stehen könnten (anderer also als der 1:1-Verstärkung jeder „richtigen" Reaktion), wäre es nicht richtig, Verhaltensblöcke für die Reliabilitätsbestimmung zu verwenden. Wie *Patterson* bemerkte (1965a), könnte die beobachtete Person ihre Reaktionsstrategie ändern und es dadurch sogar noch schwieriger machen, eine Reaktionsrate mit einer besonderen zeitlichen Stichprobe von Kontrollreizen in Verbindung zu bringen. Obwohl es sehr schwierig sein dürfte, für bestimmte Formen operanten Verhaltens Reliabilitätskoeffizienten anzugeben, befassen sich doch viele Wissenschaftler zunehmend mit der dazu notwendigen Methodologie. Man kann mit einer Verfeinerung statistischer Techniken rechnen für operante Vorgehensweisen, die auf Vorhersage abzielen.

Ein operanter Versuch zwingt die Versuchsperson, sich seinen ständig sich verändernden Anforderungen anzupassen. Vor allem deshalb scheint die operante Methodik deutlicher als andere diagnostische Techniken Situationsvariablen zu berücksichtigen. Dies bedeutet eine weitere Verfeinerung der Unterscheidung zwischen Anzeichen und Stichprobe, wie sie weiter oben geschildert wurde. Der springende Punkt ist die Möglichkeit, Verhalten im Kontext von Versuchsanforderungen zu betrachten und so eine breite Palette von Verhaltensweisen zu erfassen, die diesen genügen. *Wallace* (1967), der mit einem Modell des sozialen Lernens durch Erwartung arbeitet (etwa nach *Rotter,* 1960), kommt zu sehr ähnlichen Schlüssen über operante Versuche. Nach *Wallace* zeigen individuelle Unterschiede in der Wirksamkeit von Verstärkern eine *Fähigkeit zur Reaktion* an – ein Begriff, durch den er das in

226

der Persönlichkeitsforschung gängigere Konstrukt der *Reaktionsdisposition* ersetzen will. Bevor man nun von Anzeichen auf Persönlichkeits-„Strukturen" schließen will, muß man wissen, ob bestimmte Verhaltensweisen tatsächlich zum Repertoire einer Person gehören; hier wären operante Analysen besonders nützlich. *Wallace* erstellt eine Liste von Möglichkeiten für operante Diagnostik: individuelle Unterschiede im Aufschub von Belohnung, unterschiedliche Reaktionen bei operanter Löschung sowie auf „Nicht-Verstärkung, eingebettet in eine Bestrafungsserie" (1967, S. 59).

Beim Vergleich operanter mit anderen diagnostischen Techniken muß schließlich deren formale Gestaltung erwähnt werden. Operante Methoden sind typischerweise neue, maßgeschneiderte Fabrikationen; sie sind gewöhnlich in Laboratorien entstanden. Sollten wir ihre Weiterverbreitung erwägen, angesichts der relativen Einfachheit von Paper-and-Pencil-Tests? Offensichtlich ist dies ein praktisches Problem mit Faktoren wie Kosten und Verfügbarkeit der Mittel. Die Vorteile, die die operante Methodik gegenüber den traditionellen Formen des objektiven Testens bietet, werden, so hoffen wir, in den nächsten Abschnitten deutlicher, in denen über Studien zur operanten Diagnostik berichtet wird.

Zusammenfassend möchten wir sagen: die operante Methodik ist gegenwärtig mit einem Modell der individuellen Unterschiede vereinbar. Die typische Versuchssituation beim operanten Konditionieren befaßt sich nur mit unmittelbarer Reizkontrolle; aber die Reaktionsbereitschaft auf Verstärkungskontingenzen hat, wie wir sahen, große prädiktive Bedeutung. Wir wiesen im Zusammenhang mit Testverhalten auf die Unterscheidung zwischen Anzeichen und Stichproben hin und kamen zu dem Schluß, daß in der operanten Methodologie, in der die situative Abhängigkeit des Verhaltens von den Testbedingungen ungewöhnlich groß ist, Stichproben eine größere Rolle spielen als Anzeichen. Wir konnten schließlich feststellen, daß durch die operante Technik eine Fülle von Möglichkeiten eröffnet wird und verwiesen auf die Notwendigkeit, bei dieser Form von Diagnostik Reliabilitätsfragen weitere Aufmerksamkeit zu schenken.

Die Studien im nächsten Abschnitt sollen illustrieren, welche Arten von O-Variablen durch operante Methoden dargestellt werden und für Probleme der Persönlichkeitsforschung wichtig sind.

Studien zur operanten Diagnostik

Das Paradigma des operanten Vorgehens in der Diagnostik besagt, daß in aufeinanderfolgenden Trials die Häufigkeiten von Willkürbewegungen gemessen werden, welche von einem Programm reaktionsabhängiger Ereignisse abhängen (Verstärkungsschema). Veränderungen in der Reaktionshäufigkeit oder in der Bevorzugung von Reaktionen im Vergleich zu ursprünglichen Häufigkeiten (oder Reaktionstendenzen) können, als Verhaltensstichprobe, das Verhalten in anderen Situationen vorhersagen oder erlauben die differentielle Klassifikation von Personen in Gruppen.

Weil sich in der Literatur eine sehr große Anzahl von Studien findet, die sich mit der Anwendung des operanten Konditionierens in der einen oder anderen Form befassen, sind Kriterien zu ihrer Auswahl vonnöten. Man kann unterscheiden zwischen Studien, die den Effekt unabhängiger Variablen auf operant konditionierte Formen von Verhalten aufweisen, und Studien, in denen aufgrund von Konditionierbarkeit oder Reaktionsbereitschaft auf Verstärkung an sich das Verhalten in besonderen Situationen vorausgesagt wird. Im ersten Fall ist Reaktion auf Verstärkung die abhängige, im zweiten die Vorhersage- (oder auch klassifikatorische) Variable.

Wenn Reaktion auf Verstärkung die *abhängige Variable* ist, dann soll in den entsprechenden Studien gezeigt werden, daß eine bestimmte Klasse von Reaktionen konditioniert werden kann und/oder daß eine bestimmte Technik oder Klasse von Verstärkern eine Verhaltensänderung herbeiführen kann. Kurz: diese Studien repräsentieren die Lehre vom Konditionieren menschlichen Verhaltens, einen zusammenfassenden Katalog, dessen Darstellung den Rahmen dieses Kapitels sprengen würde. Systematische Teilübersichten dieser Literatur finden sich bei *Bijou* und *Baer* (1966), *Kanfer* (1966), *Krasner* (1965, 1966), *Greenspoon* (1962) sowie *Williams* (1964). In einigen Fällen schließen Forschungen dieser Art Erklärungen für Verhaltensprozesse ein, die durch unabhängige Variablen kontrolliert oder widergespiegelt werden. (Arbeiten hierzu werden unten zitiert.)

Studien, in denen die Reaktionsbereitschaft auf Verstärkungskontingenzen nicht die abhängige Variable, sondern *Voraussagevariable für andere Verhaltensklassen* (oder dieselbe Klasse in anderen Situationen) ist, haben eher unmittelbare Relevanz für diagnostische Absichten. Viele dieser Studien folgen jedoch dem Grundgedanken der *Generalisierung* oder des *Transfers von Wirkungen*. All die neuen Studien zur Therapie oder Verhaltensmodifikation müssen zu dieser Kategorie gerechnet werden, weil angenommen wird, daß das veränderte Verhalten (als Funktion der Reaktion auf schematisierte Verstärkung) auf nachfolgende Situationen generalisiert. Auch von diesen Studien gibt es sehr viele; Übersichten finden sich bei *Bachrach* und *Quigley* (1966), *Eysenck* und *Rachman* (1965), *Kalish* (1965), *Ulrich* et al. (1966) sowie *Ullmann* und *Krasner* (1965). Während sie gewiß dem Modell der Vorhersagediagnostik logisch entsprechen, so muß doch gesagt werden, daß die Verfechter des operanten Ansatzes bei der Verhaltensmodifikation *nicht* zwischen Diagnostik und „Behandlung" unterscheiden. *Kanfer* und *Saslow* (1965) nehmen hier einen gemäßigten Standpunkt ein: sie heben deutlich hervor, daß ein Zyklus, bestehend aus Diagnostik und Verhaltensänderung, ein fortlaufender Prozeß ist, so daß eine Vorhersage (in unserem Sinne) sehr begrenzt ist und nur den nächsten Schritt in der therapeutischen Beeinflussung umfaßt.

In der Literatur wird der Begriff der Vorhersage aufgrund der Reaktion auf Verstärkungskontingenzen noch in einem anderen Sinne gebraucht. Es gibt Arbeiten (gewöhnlich sind es Gruppenstudien), die einen Generalisierungs- oder Transfereffekt im gewöhnlichen Sinne des Wortes zeigen sollen. Generalisiert die Wirkung eines gegebenen Konditionierungsvorgangs auf ein Verhalten in der Situation (oder Aufgabe) X? Auch hier schwillt die Literatur an und ist äußerst komplex. Sie spielt alle Variationen von Vorgehensweise und Stichprobe durch und läßt direkte Vergleiche zwischen den Studien schwierig und wohl von wenig unmittelbarem Nutzen erscheinen. Eine umfassende Sammlung der Studien auf diesem Gebiet bringen die Artikel von *D'Zurilla* (1966), *Neuringer, Myers* und *Nordmark* (1966), *Lanyon* (1967), *Kanfer* (1966), *Greenspoon* (1962) sowie *Stollak* (1966). In den meisten Studien, die sich mit dem Transfer-Paradigma befassen, wird mit verbalem operantem Konditionieren gearbeitet. Nun wird in einer Reihe von ihnen nicht über spezielle Konditionierbarkeitswerte berichtet, so daß man bei der Behauptung, man habe keine Generalisierung gefunden, nie recht wissen kann, ob das nicht darauf zurückzuführen ist, daß man gar keine Konditionierung erreicht hat – d. h. auf Fehler beim Prädiktorversuch selbst.

Bei der nun folgenden Besprechung der Artikel wollen wir uns zunutze machen, daß die Reaktionsbereitschaft auf Verstärkungskontingenzen zwei Aspekte haben kann, nämlich a) abhängige oder b) Prädiktorvariable zu sein. In einem dritten Abschnitt werden wir Forschungen über Reaktionsbereitschaft besprechen, die beide Aspekte beinhalten (dies ist in einem eigenen Abschnitt leichter möglich).

Reaktionsbereitschaft auf Verstärkung als abhängige Variable

In diesem Abschnitt wollen wir einige Arbeiten betrachten, die zeigen, wie die Reaktionsbereitschaft auf Verstärkungskontingenzen Informationen über die jeweilige unabhängige Variable erbringt: Informationen mit Bedeutung für die Annahme und Diagnostik der O-Variablen.

Dispositionelle Konstrukte

Reaktionsbereitschaft auf soziale Verstärkung kann von besonderen organismischen Variablen abhängen. Drei Studien mögen dies verdeutlichen: *Cairns* (1959), *Goldman* (1965) sowie *Noblin, Timmons* und *Kael* (1966). Bei *Cairns* und bei *Goldman* diente „Angst vor Abhängigkeit" als Vorhersagevariable für die unterschiedliche Wirksamkeit positiver und negativer Verstärkung bei der Konditionierung von Verhalten. Bei *Cairns* unterzogen sich jugendliche Delinquenten einem Versuch mit verbalem operantem Konditionieren. Es zeigte sich, daß Verstärkung durch den Untersucher nur bei der Gruppe mit wenig Angst vor Abhängigkeit wirksam war, während sie bei den Versuchspersonen mit hoher Angst vor Abhängigkeit eine schädliche Wirkung auf das Verhalten hatte. Auch *Goldman* fand bei schizophrenen Patienten diese Wechselwirkung zwischen der Qualität der Verstärker und dem Lernen. Er benutzte Lob und Strafe (getrennt) bei Lernaufgaben mit Assoziationspaaren, und er fand, daß Patienten mit Angst vor Abhängigkeit unter Bestrafung *besser* lernten als unter Belohnung.

Noblin et al. benutzten als unabhängige Variable die psychoanalytischen Konstrukte des „oralen" und „analen" Charakters (wie sie der Blacky-Test definiert). Das Konditionierungs-Paradigma nach *Taffel* wurde benutzt; mit der wichtigen Modifikation (um zu verhindern, daß die Kontingenz durchschaut wird), daß die Versuchspersonen nur nach einem 75-Prozent-Schema statt nach einem 100-Prozent-Schema verstärkt wurden. (7 von 48 Versuchspersonen durchschauten das System und wurden durch andere Versuchspersonen von ähnlichem Charaktertyp ersetzt.) Unter positiver Verstärkung durch den Untersucher („mhm", „gut") wurden die „Oralen" konditioniert, während die „Analen" den vorhergesagten Abfall in der beobachteten Verhaltensklasse zeigten. Unter Bestrafung („Sie können es besser", „tja, nicht ganz") sanken die „Oralen" ab, und die „Analen" zeigten einen signifikanten Anstieg. (Übrigens sollte man festhalten, daß die Vorhersagen für die „oralen" und „analen" Typen ganz ähnlich waren wie die für die *Goldman*schen Patienten mit niedriger bzw. hoher Angst vor Abhängigkeit.)

Daß man von Reaktionsbereitschaft auf soziale Verstärkung auf O-Variable schließen kann, wurde auch von solchen Forschern vertreten, die von *Rotters* Theorie des sozialen Lernens beeinflußt wurden (z. B. *Getter,* 1966; *Baron,* 1966). *Getter* konnte zeigen, daß Versuchspersonen, die durch Konditionierung lernten, signifikant höher in externaler Kontrolle (nach *Rotters* I-E-Skala, siehe *Rotter,* 1966) lagen als andere Kombinationen von Lernenden – Nichtlernenden. Folglich sind Versuchspersonen, die durch Konditionierung lernen, Personen, deren „generalisierte Erwartung es ist, daß ihre Verstärkungen weitgehend von Kräften verursacht werden, die außerhalb ihrer Kontrolle liegen wie etwa Schicksal, Glück oder Zufall" (*Getter,* 1966, S. 397).

Diese Experimente zeigen uns: wenn Reaktionsbereitschaft auf Verstärkung als diagnostische Technik von Nutzen ist, dann wird es wichtig sein, die Verstärkungsgeschichte des einzelnen Probanden besser zu kennen. Angst vor Abhängigkeit, psychoanalytischer Charaktertyp und Art der Kontrolle mögen

O-Variablen sein, die aus ganz verschiedenen theoretischen Modellen stammen; aber die gerade referierten Ergebnisse mit sozialer Verstärkung deuten darauf hin, daß wir den gemeinsamen Nenner in den früheren Erfahrungen mit Verstärkung finden müßten.

Persönlichkeitseigenschaften

Frühere Erfahrung mit Verstärkung kann direkt diagnostiziert werden, indem man einfach feststellt, ob spezielle Klassen von verstärkenden Konsequenzen tatsächlich ein bestimmtes Verhalten aufrechterhalten. Durch die Art der Materialien, welche in einem operanten Versuch als verstärkende Reize ausgewählt werden, erhält man eine Stichprobe der früheren Erfahrung einer Person mit Verstärkung.

Brown (1964, 1965) gelang eine ziemlich direkte klinische Anwendung operanter Methoden, indem er die relative Wirksamkeit dreier Klassen von Verstärkern bei einem Patienten bestimmte, von dem man annahm, er habe homosexuelle Neigungen. In einer Versuchsanordnung ähnlich einem Ergographen wurden heterosexuelle, homosexuelle und neutrale Szenen gezeigt. Der Patient wurde gebeten, durch Ziehen an einer beschwerten Schnur so oft wie möglich einen Verschluß zu öffnen, wodurch er auf das jeweils dargebotene Bild blicken konnte. Die Häufigkeit, mit der der Verschluß bei jedem Bild jeder Reizkategorie geöffnet wurde, diente als Maß für die Richtung des sexuellen Interesses. Nach *Brown* hatte der Bildertyp einen hochsignifikanten Einfluß auf die Reaktionsrate. Die homosexuellen Bilder waren die wirkungsvollsten Verstärker. *Browns* Versuch könnte durch Einführung eines Verstärkungsschemas verbessert werden (vgl. *Brown*, 1965), z. B. eines VI- oder VR-Schemas. Damit hätte man ein empfindlicheres Maß für den Verstärkungseffekt, ohne Einfluß der Länge der Beobachtungszeit.

Patterson hat eine diagnostische Vorgehensweise entwickelt, die er als „operanten MMPI" beschreibt (*Patterson,* 1967 a). Ausgehend von der Annahme, daß individuelle Unterschiede in der Reaktionsbereitschaft auf Verstärker Unterschiede in der Verstärkungsgeschichte widerspiegeln, benutzte *Patterson* Zeichnungen von aggressivem Verhalten als reaktionsabhängige Reize. Belohnt nach einem FI-Schema drückten Kindergartenkinder eine Taste, wodurch die Zeichnungen sichtbar wurden. Die Studie sollte eine (negative) Beziehung zwischen der „Häufigkeit der Aggression gegenüber dem Kind" und der Rate des Tastendrückens aufzeigen für den Fall, daß die instrumentelle Reaktion durch aggressiv getönte Bilder verstärkt wurde. Die Kriteriumsvariable – Häufigkeit der Aggression gegenüber dem Kinde – wurde während einer fünfwöchigen Beobachtung im Kindergarten erhoben. Die Gesamthäufigkeit der Angriffe gegen jedes einzelne Kind während dieser fünf Wochen diente als Schätzmaß.

Hypothesengemäß waren die partiellen Korrelationskoeffizienten zwischen der Reaktionshäufigkeit auf „verstärkte" Trials und den Kriteriumswerten signifikant (.52 und .70 für zwei Kindergärten; es wurde partiell korreliert, um die Unterschiede in der operanten Knopfdruck-Rate statistisch zu kontrollieren). Kinder mit höheren Kriteriumswerten zeigten eine größere *Unterbrechung* des Tastendrückens, wenn aggressive Bilder die Verstärker waren. Die aggressiven Bilder waren für die Aggressoren unter den Kindern positiv verstärkend. Aggressive Kinder erhöhten die Frequenz des Tastendrückens, wenn die aggressiven Bilder reaktionskontingent gemacht wurden (*Patterson,* pers. Mitt.).

In einer zweiten Arbeit dieser Serie (*Patterson,* 1967 b) wurde die Hypomanie-Skala (Ma) des MMPI als Grundlage für einen operanten MMPI genommen. Wie in der vorher zitierten Arbeit mit aggressiv getönten Bildern wurde auch hier angenommen, daß Items aus der Ma-Skala als Verstärker für Versuchspersonen wirken, die sich selbst als hypomanisch beschrieben. In *Pattersons* Auffassung des Verstärkereffekts gelten die Ma-Items als diskriminative Reize, die mit (belohnenden) Aktivitäten hypomanischer Art assoziiert sind – d. h. mit Aktivitäten, die durch die Items selbst angedeutet werden („Ich sorge gern für etwas Aufregung"). Die Darbietung der Items in Abhängigkeit von der Rate des Tastendrucks sei sekundär verstärkend und steigere demnach die Frequenz der instrumentellen Reaktion (also des Tastendrükkens). Weil in *Munsingers* (1964) Arbeit gezeigt wurde, daß sinnvolle Wörter intrinsische Verstärker sind, mußte zunächst die Verstärkerwirkung der Wörter abgeschätzt werden, die in den Ma-Items vorkommen. In Voruntersuchungen wurden Versuchspersonen für Tastendrücken verstärkt, indem sie Dias mit Wörtern in Zufallsreihenfolge sahen – d. h. die Ma-Items in zufälliger Wortfolge. Einem Ma-Item sollte dann Verstärkerwirkung zugeschrieben werden, wenn die motorische Reaktionsrate für die richtige Wortfolge höher lag als die Durchschnittsrate der Versuchspersonen im Vorversuch. (*Patterson* stellte fest, daß im Vorversuch zwischen Ma-Wert und Frequenz des Tastendrucks keine signifikante Beziehung bestand; hohe Werte auf der Ma-Skala ließen nicht auf höhere Frequenz des operanten Drückens schließen).

Bei zwei Stichproben von Studentinnen und Schülerinnen betrug die Korrelation zwischen Ma-Wert und erhöhter Reaktionsfrequenz auf Ma-Items (in der richtigen Wortfolge dargeboten) .67 bei den Studentinnen ($p < .05$) und .40 bei den Schülerinnen ($p < .10$).

Zusammengenommen stützen diese beiden provozierenden Arbeiten die Hypothese, daß individuelle Differenzen in der Reaktionsbereitschaft auf Klassen von Verstärkern Unterschiede in der Verstärkungsgeschichte reflektieren, die etwas mit individuellen Unterschieden zu tun haben könnten, wie sie für die Persönlichkeitstheorie von Interesse sind. Reaktionsbereitschaft auf

Verstärker könnte die Brücke sein zwischen Selbstbericht und beobachtbarem Verhalten.

Ob man bedürfnisbezogene Bilder, aggressive Inhalte oder Hypomanie-Items des MMPI wählt, man muß die Beschaffenheit der sozial verstärkenden Reize betrachten, wenn man Verbindungslinien zu Ereignissen des täglichen Lebens ziehen will. Mit Eltern und Gleichaltrigen als Verstärkungsquellen konnte *Patterson* (1965 a, 1965 b; *Patterson, Littmun* und *Hinsey,* 1964) nachweisen, daß zwischen Reaktionsbereitschaft auf soziale Verstärkung und Verhalten im Sinne von Persönlichkeits-„Eigenschaften" eine Beziehung besteht. Er sagt: „Wir müssen davon ausgehen, daß die Kultur – in diesem Fall Eltern, Lehrer und Gleichaltrige – in einem bestimmten Ausmaß darauf eingestellt ist, auf ein bestimmtes Verhalten des Kindes durchgängig mit Zustimmung zu reagieren und ebenso durchgängig anderes zu bestrafen" (*Patterson,* 1965 a, S. 175). Die speziellen Eigenschaftsdimensionen wurden in diesen Arbeiten durch faktorielle Einschätzskalen, die aus *Cattells* Items entwickelt wurden, definiert (Faktoren waren z. B. „Ablehnung der Umwelt", „innere Ruhe" und „Aggression"). Es wurde behauptet, daß die Reaktionsbereitschaft eines Kindes auf soziale Verstärkungsquellen (Eltern und Gleichaltrige) die Ausbildung solcher Persönlichkeitszüge, die von diesen Personen geschätzt wurden, erleichtert. Demgemäß war es das eine Ziel von *Pattersons* Arbeiten, die Beziehung zwischen Reaktionsbereitschaft auf soziale Verstärkung einerseits und Einschätzungen der Persönlichkeitseigenschaften durch Lehrer andererseits zu bestimmen. Das Korrelationsmuster zwischen Reaktionsbereitschaft auf den Vertreter einer Bezugsgruppe und bestimmten Verhaltensmustern wirft somit ein Licht auf das von den Bezugsgruppen (Eltern vs. Gleichaltrige) geschätzte Verhalten.

Die Reaktionsbereitschaft auf soziale Verstärkung wurde durch einen Meß-wert bestimmt, der in einem Murmelspiel, in dem das Kind zwischen zwei Löchern wählen konnte, den Trend in der Wahl des weniger bevorzugten Loches angab (*Patterson,* 1965 a). Die verstärkenden Bezugspersonen sagten, in Abhängigkeit vom Verhalten des Kindes, nach Anweisung des Versuchsleiters „gut", „großartig", „ja" usw.

Eine Auswahl der gesamten Befunde soll hier zur Illustration der Nützlichkeit dieses Ansatzes dienen. Die Korrelationen zwischen Persönlichkeitseigenschaften und Reaktionsbereitschaft auf soziale Verstärker wurden für Jungen und Mädchen und getrennt für Eltern und Gleichaltrige berechnet. Bei den Mädchen waren diese Korrelationen weit häufiger signifikant, wenn die *Eltern* die Verstärker waren. Bei den Jungen war die Reaktionsbereitschaft auf Verstärkung durch *Gleichaltrige* häufiger mit den Lehrereinschätzungen auf den Persönlichkeitsskalen korreliert. Diejenigen Mädchen, die auf die elterlichen Verstärkungen reagierten, wurden von ihren Lehrern so beschrieben, wie es „nahezu dem Erwachsenen-Stereotyp des gut-angepaßten Mädchens entspricht" (*Patterson,* 1965 a, S. 169). Auf den Faktorskalen waren diese Mädchen nämlich niedrig in „Ablehnung der Umwelt" (also warm, glücklich, liebenswürdig usw.), hoch auf dem „Innere Ruhe"-Faktor (entspannt, stabil, nicht furchtsam usw.) und niedrig auf dem „Aggressions"-Faktor (anspruchslos, selbstkritisch, nicht trotzig usw.). Diejenigen Jungen, die auf Verstärkung durch Gleichaltrige reagierten, wurden von ihren Lehrern als hoch auf den Faktoren Aggression und Dominanz eingeschätzt.

Diese Daten und andere, die sich auf häusliche Erziehungsmethoden beziehen, stützen die Ansicht, daß man mit der Reaktionsbereitschaft auf soziale Verstärkung die Arten von zwischenmenschlichen Situationen, denen ein Mensch ausgesetzt war und durch die er verstärkt wurde, operant diagnostizieren kann. Die Quellen der sozialen Verstärkung (Eltern und Gleichaltrige) formen die von ihnen hochgeschätzten Verhaltensklassen aus – dies meinen wir mit dem Begriff „Sozialisationsprozeß". Fehlschläge in diesem Prozeß zeigen sich in eingeschränkter oder geringer Reaktionsbereitschaft auf soziale Verstärkung, so daß eine verminderte Reaktionsbereitschaft sehr wohl Verhaltensstörungen vorhersagen kann. *Sarbin* et al. (1965) fanden, daß *Goughs* Sozialisationsmaß (So) bei jugendlichen Delinquenten und einer Kontrollgruppe von Nichtdelinquenten mit Konditionierbarkeit korrelierte. Während *Sarbin* et al. ursprünglich zeigen wollten, daß diese beiden Versuchspersonen-Gruppen sich in der Reaktion auf soziale Verstärkung (in einem Versuch mit verbaler operanter Konditionierung) unterschieden, machte ein versehentlicher Stichprobenfehler diese Absicht zunichte. Die Befunde zeigten jedoch unabhängig von der Versuchspersonen-Gruppe (Delinquenten oder Kontrollgruppe), daß die Versuchspersonen mit hohem Sozialisationswert einen signifikanten Konditionierungseffekt zeigten, während bei den Versuchspersonen mit niedrigem Sozialisationswert tatsächlich die Frequenz der kritischen Reaktionsklasse zurückging. Wie schon bei *Pattersons* Arbeiten erwähnt, ist auf diese Weise die Kluft zwischen Verstärkungsgeschichte und Persönlichkeitseigenschaften überbrückt.

Klassifikation

Kann man mit Hilfe operanter Methoden Personengruppen nach dem heute gebräuchlichen diagnostischen System kategorisieren? Angesichts der Unzufriedenheit mit nosologischen Systemen (siehe *Kanfer* und *Saslow,* 1965) wäre ein diesbezüglicher Erfolg operanter Methoden nur ein taktischer Gewinn. Die hier zitierten Arbeiten sollen zeigen, was man auf diesem Gebiet unternommen hat. (Im nächsten Abschnitt wird über Versuche berichtet, psychologische *Prozesse,* die bei gestörtem Verhalten eine Rolle spielen, zu beleuchten.)

Aus Beschreibungen der psychopathischen Persönlichkeit läßt sich als eine charakteristische Eigenschaft der Mangel an Reaktionsbereitschaft auf soziale Verstärkung ableiten (*Johns* und *Quay,* 1962). In manchen Arbeiten werden Methoden des operanten Lernens benutzt, um die unterschiedliche Reaktionsbereitschaft von Personen, die als Psychopathen (oder Soziopathen) bezeichnet werden, und von „Normalen" auf soziale Verstärkung aufzuzeigen. *Johns* und *Quay* (1962) sowie *Quay* und *Hunt* (1965) benutzten einen faktoriell konstruierten Fragebogen, um aus einer Gruppe von Insassen eines Militärgefängnisses Stichproben von Psychopathen und Neurotikern zu gewinnen. Bei der experimentellen Gruppe wurde nach dem Taffel-Schema der Gebrauch der Fürwörter *ich* und *wir* durch ein „Gut!" des Versuchsleiters verstärkt. In beiden Gruppen – Neurotiker und Psychopathen – wurden die Kontroll-Versuchspersonen nicht verstärkt. Wie bei den Kontrollgruppen, so kam es bei den Psychopathen zu keiner Konditionierung, während bei den Neurotikern deutlich eine Konditionierung stattgefunden hatte. In einer Nachfolgearbeit konnten *Quay* und *Hunt* (1965) diese Befunde replizieren: Neurotiker zeigten im Gegensatz zu Psychopathen einen signifikanten Konditionierungseffekt. In der Wiederholungsstudie wurde ein geringer, aber signifikanter negativer Zusammenhang über alle Versuchspersonen zwischen der Maudsley-Extraversions-Skala und *Ich-Wir*-Konditionierbarkeit festgestellt (r = –.25); der Zusammenhang mit der Maudsley-Neurotizismusskala war nicht signifikant. *Bryan* und *Kapche* (1967) gingen bei der Stichprobenauswahl und im Konditionierungsversuch ähnlich vor wie *Quay* und *Hunt* und berichten von einem Erfolg bei der Konditionierung von Psychopathen; genauer gesagt, zeigen die Resultate einen signifikanten Versuchseffekt für alle Versuchspersonen als eine Gruppe. Da nun die Mittelwerte der Versuchsblöcke bei Psychopathen und Nichtpsychopathen vergleichbar waren, schlossen *Bryan* und *Kapche,* daß die erste Gruppe konditionierte, obwohl kein Mittelwertstest durchgeführt wurde.

Es würde schwerfallen, eindeutig zu sagen, ob psychiatrische Patienten, die als schizophren diagnostiziert wurden, Reaktionsbereitschaft auf soziale Verstärkung zeigen oder nicht (siehe *Weiss, Krasner* und *Ullmann,* 1963). Vergleichbare Arbeiten sind *Beech* und *Adler* (1963), *Ebner* (1965) sowie *Slechta, Gwynn* und *Peoples* (1963), die alle mit verbalem operantem Konditionieren arbeiteten. (Andere Arbeiten, die die Generalisierung einer Konditionierung bei Schizophrenen prüfen, werden unten genannt.) Ähnlich wie die Trennung von Psychopathen und einer Kontrollgruppe tragen auch die Befunde bei Schizophrenen wohl nicht viel zum Klassifikationsproblem bei. Arbeiten jedoch, die Verhaltensabläufe bei gestörtem Verhalten untersuchen, dürften hier mehr Klärung bringen.

Reaktionsbereitschaft auf Verstärkung als Vorhersagevariable

In diesem Abschnitt wird dargelegt, welchen *Vorhersagewert* die Reaktionsbereitschaft auf Verstärker besitzt. In manchen Fällen scheint die jeweilige Arbeit etwas willkürlich in diesen Abschnitt statt in den vorigen genommen worden zu sein, der sich mit Reaktionsbereitschaft als abhängiger Variable befaßte – ist es in einer Korrelationsstudie doch möglich, die Konditionierungsvariable mit Hilfe einer Variable eines diagnostischen Tests „vorherzusagen". Das Ziel ist aber nunmehr, Arbeiten zusammenzufassen, die am besten die heute möglichen Ansätze beleuchten.

Diagnostisch relevante Verfahren

Zahlreiche Studien mit operanter Methodik wurden durchgeführt, um die Funktionen hospitalisierter psychiatrischer Patienten zu diagnostizieren. In den Arbeiten von *Ogden Lindsley* (1960, *Mednick* und *Lindsley,* 1958, *Nathan, Schneller* und *Lindsley,* 1964) ging es darum, mit Hilfe der Reaktionsrate (gewöhnlich eine einfache motorische Reaktion) kurzfristige Veränderungen des psychotischen Zustandes des Patienten anzuzeigen. Die Rate des Knopfdrückens unter Verstärkung z. B. sank, wenn verbales halluzinatorisches Verhalten zunahm (*Lindsley,* 1960); und bei „chronisch psychotischen" Patienten hing die Testfähigkeit mit herkömmlichen psychometrischen Meßmethoden mit der operanten Reaktionsrate zusammen (*Mednick* und *Lindsley,* 1958). *King, Merrell, Loevinger* und *Denny* (1957) fanden jedoch eine kurvilineare Beziehung zwischen Schwere der Psychose und operanter Reaktionsrate; die höchste operante Frequenz wurde bei mittleren Werten auf der Psychoseskala beobachtet. (Neuere Arbeiten über die Erklärung psychologischer Funktionen durch „freie Operanten" finden sich bei *Honig* (1966); Pharmakareaktionen bei Menschen werden von *Bullock* (1960) diskutiert.)

Operante Techniken sind oft bei der Feststellung von Nutzen, ob eine Versuchsperson (gewöhnlich ein psychiatrischer Patient) die Fähigkeit besitzt, soweit zu diskriminieren, daß Verstärkungskontingenzen tatsächlich ihr Verhalten kontrollieren können. Bei vielen Versuchen soll geprüft werden, ob ein Individuum rudimentäre Anpassungsreaktionen auf neue Reize machen kann. *Sidman* (1962) zitiert eine Arbeit mit akuten Psychotikern, die das Erlernen einer „Umschalt"-Reaktion an den Schaltern eines Lindsley-Apparates erforderte (*Stoddard, Sidman* und *Brady,* 1962). Durch vielfältige Verstärkungsschemata im Rahmen desselben Versuchsaufbaus konnte eine Aufgabe geschaffen werden, die eine unterschiedliche Auszahlungsfunktion pro Reaktion hatte, je nachdem ob die Umschaltreaktion (welche diese Funktion änderte) ausgeführt wurde. D. h. die Versuchspersonen konnten durch entsprechende Wahl des Schalters ihre Anzahl von Token-Verstärkern erhöhen.

Im allgemeinen konnten Nichtpatienten, in seltenen Fällen auch einige Patienten, das sequentiell zusammengesetzte Schema lernen; d. h. sie konnten ihr Verhalten auf die Maximierung der Verstärkungen einstellen. Die meisten Patienten waren hingegen nicht imstande, ihr Umschaltverhalten anzupassen – diese Tatsache nahmen die Autoren als Beweis, daß eine grundlegende Variable (das Verstärkungsschema) das Verhalten der Patientengruppe nicht kontrollierte.

Ein anderer Ansatz der Diagnostik gestörten Verhaltens, der ebenfalls von mangelnder Reaktion auf die verstärkende Rückmeldung in einem operanten Versuch ausgeht, wurde kürzlich von *George Stone* (1966) und seinen Mitarbeitern am Langley-Porter-Institut für Neuropsychiatrie entwickelt. In einem zeitlichen Labyrinth mit 10 Einheiten von Links-rechts-Reaktionen (Schalterstellungen an einem Lindsley-Gerät), welches bereits erwähnt wurde, gab *Stone* sowohl positive Verstärkungen (Aufleuchten einer roten Lampe oberhalb des Schalters) für eine „richtige" Wahl und aversive Rückmeldung (das „scharfe Geräusch eines zurückspringenden Relais") für eine „falsche" Wahl. Jede Reaktion führte also entweder unmittelbar zum Aufleuchten eines Lichts, das mit *richtig* assoziiert war, oder zu einem besonderen Geräusch, assoziiert mit *falsch*. (Man erinnere sich, daß der serielle Aufbau der Wahlreaktionen in einem zeitlichen Labyrinth den Richtungsänderungen in einem räumlichen Labyrinth entspricht.) Erste Ergebnisse bei Einzelfällen, welche auf der Fehlerfrequenz aufbauen, deuten an, daß die größten Möglichkeiten dieses Verfahrens bei Hirnorganikern liegen, einschließlich solchen Verhaltens, bei dem medikamentöse Effekte eine Rolle spielen (*Stone,* 1966).

Generalisierung und Vorhersage

Die interessanteste diagnostische Aufgabe ist die Vorhersage von noch nicht beobachtetem Verhalten. Wenn man zeigen könnte, daß operante Techniken mit ihren Reaktionsmaßen eine solche Vorhersage ermöglichen, dann wäre ihnen höchste Beachtung gesichert. Wenn man auf die oben zitierten Generalisierungs- und Transfer-Studien schaut, dann scheint dort bezüglich der oben getroffenen Unterscheidung zwischen „Anzeichen" und „Stichproben" einige Verwirrung zu herrschen. Eine Arbeit von *Wimsatt* und *Vestre* (1963) wird in der Literatur häufig als Beweis angeführt, daß verbales Konditionieren keine „grundlegenden Persönlichkeitsvariablen" beeinflussen oder jedenfalls keinen Transfereffekt erzielen kann. Weil diese Arbeit vielen anderen ähnelt, soll sie hier Aspekte der Methodologie, die für diese Art Diagnostik wichtig sind, beleuchten.

In den typischen Generalisierungsstudien werden die Versuchspersonen mit Items aus einer Skala eines Persönlichkeitsfragebogens konfrontiert, und ihrer Zustimmung zu dem Item folgt eine anerkennende Äußerung des Versuchsleiters. *Wimsatt* und *Vestre* arbeiteten mit psychiatrischen Patienten und verstärkten Reaktionen auf Items der Si-Skala (Soziale Introversion) des MMPI. Für die eine Gruppe wurden „introvertierte" Antworten verstärkt, für die andere Gruppe „extravertierte" Reaktionen; eine Kontrollgruppe erhielt keine Verstärkungen für ihre Reaktionen. Danach wurde die Generalisierung auf Skalen des Guilford-Zimmerman-Temperament-Survey, von denen man wußte, daß sie bei einer normalen Stichprobe signifikant mit Si korrelieren, geprüft. Weil für die Mehrzahl der Versuchspersonen Si-Werte schon vorlagen, hatte man für Gruppenvergleiche ein noch nicht auf Konditionierung beruhendes oder „operantes" Maß für Si.

Der Konditionierungseffekt, gemessen durch Mittelwertsunterschiede zwischen den Gruppen, war sehr gering. Die experimentellen Gruppen unterschieden sich nicht signifikant von der Kontrollgruppe, obwohl sich die experimentellen Gruppen voneinander unterschieden: „introvertierte" bzw. „extravertierte" Wahlen nahmen unter Verstärkung zu. Die Autoren berichten, daß die Korrelation zwischen den während des Experiments gewonnenen Si-Werten und der Guilford-Zimmerman-Soziabilitäts-Skala als Prüfstein der Generalisierung – .83 betrug, so daß ein hoher Introversionswert während der Konditionierung mit einem niedrigen Soziabilitätswert nach der Konditionierung einherging. Der negative Korrelationskoeffizient bezieht sich auf die gesamte Stichprobe, obwohl bei der Hälfte der Versuchspersonen „extraversive" Wahlen verstärkt wurden. Versuchspersonen, die während der Konditionierungsversuche bei ihren introversiven Wahlen blieben, hatten nach dem Versuch niedrige Werte in Soziabilität. Ohne das operante Ausgangsniveau der Si-Werte vor der Konditionierung zu kennen, können wir nicht wissen, ob *konditionierbare* Versuchspersonen im Generalisationsmaß, also der Soziabilitätsskala, hoch oder niedrig liegen. *Wimsatt* und *Vestre* haben es unterlassen, etwas über die Beziehung zwischen der Konditionierbarkeit oder Reaktionsbereitschaft auf Verstärkung und dem nachher erhobenen Soziabilitätsmaß zu berichten. Das Ergebnis ist angesichts des insgesamt geringen Konditionierungseffekts nicht überraschend: introvertierte Patienten haben ja auch keine hohen Werte auf einem Soziabilitätsmaß.

Wenn wir diese Art des Verfahrens mit derjenigen vergleichen, die wir im Zusammenhang mit *Pattersons* operantem MMPI beschrieben haben, so fallen einige interessante Unterschiede ins Auge. In *Pattersons* Ansatz diente ja der Iteminhalt selbst zur Verstärkung einer motorischen Reaktion; man hat angenommen, daß der Iteminhalt für spezielle Versuchspersonen verstärkend wirkte, und zwar für solche, die die durch das Item repräsentierte Eigenschaft in hohem Maße zeigten. In der Studie von *Wimsatt* et al. – wie bei jeder, die dieses Paradigma der Verstärkung von Itemantworten erfüllt, – bezog sich die Reaktionsbereitschaft nicht auf den Iteminhalt, sondern auf die soziale

Zuwendung seitens des Versuchsleiters. Es wäre vorsichtiger, hier von dem Transfereffekt auf einen anderen Versuch mit Versuchsleiter-Zustimmung als vom Iteminhalt (also von einer „Stichprobe" anstelle eines „Anzeichens") zu sprechen. Selbst wenn *Wimsatt* und *Vestre* deutlichere Zeichen von Konditionierung erhalten hätten, wäre das immer noch kein Beispiel dafür, daß der Inhalt des Konditionierungsvorgangs als „Anzeichen" andere Verhaltensweisen vorhersagt. Wie bereits gesagt, ist die Validierung von Vorhersagen auf der „Anzeichen"-Ebene immer schon äußerst schwierig gewesen.

In einer früheren Arbeit demonstriert *Vestre* (1962) die Nützlichkeit des „Stichproben"-Ansatzes für eine operante Diagnostik. Reaktionsbereitschaft auf Versuchsleiter-Zustimmung (ein Konditionierungsmaß) diente zur Vorhersage der Werte der Versuchspersonen auf den EPPS-Skalen (*Edwards,* 1954). *Vestre* arbeitete bei hospitalisierten schizophrenen Patienten mit einer veränderten Fassung des Taffel-Verfahrens. Während des operanten Versuchsabschnitts wurde die Rangreihe im Gebrauch von Fürwörtern festgehalten, und im experimentellen Abschnitt wurden die Fürwörter in den Rängen drei und vier (bei sechs Rängen insgesamt) mit „gut" verstärkt. (Dies weicht von der üblichen Art, Glieder einer homogenen verbalen Reaktionsklasse zu verstärken, ab.) Nach der Konditionierbarkeit der Vpn wurden zwei Gruppen gebildet. Gemäß seiner Hypothese erhielt *Vestre* bei der konditionierbaren Gruppe im Verhältnis zu den Nicht-Konditionierbaren niedrigere Werte auf folgenden Skalen: Leistungsmotivation (n ach), Autoritarismus (n aut) und Dominanz (n dom), sowie höhere Werte in Nachgiebigkeit (n def), Geselligkeit (n aff) und Demütigkeit (n aba). Die Annahmen höherer Werte in Zuwendungsbedürfnis (n nur) und niedriger in Aggression (n agg) für die Konditionierbaren bestätigten sich nicht.

Vestre weist darauf hin, daß der konditionierbare Patient in seiner Studie durch „Willfährigkeit" und „Abhängigkeit" gekennzeichnet ist. Somit scheinen Reaktionsbereitschaft auf Versuchsleiter-Zustimmung und Willfährigkeit im Selbstbericht (bei hospitalisierten psychiatrischen Patienten) zwei Aspekte desselben Verhaltensbereichs zu sein. (*Weiss, Ullmann* und *Krasner* (1960) zeigten eine signifikante Beziehung zwischen Konditionierbarkeit und einem Fragebogenmaß der Hypnotisierbarkeit auf. (Siehe auch oben *Getter,* 1966, und seine Ergebnisse mit der I-E-Skala.)

Denselben Gesichtspunkt arbeiten *Johannsen* und *Campbell* (1964) in ihrer Studie mit „chronisch schizophrenen" Patientinnen heraus. Der Versuch sollte zeigen, ob Patientinnen, die weiterhin sozialen Kontakt hatten, gleichzeitig stärker auf Versuchsleiter-Zustimmung in einem Konditionierungsversuch nach *Taffel* reagieren. Das Pflegepersonal schätzte das soziale Verhalten aller Patientinnen ein, und zwar mit Beobachtungen von „Freundlichkeit", „Isolation" usw. Nach dem operanten Versuchsdurchgang wurden nach einem faktoriellen Design (Reaktionsbereitschaft x Verstärkungstyp) die Fürwörter *ich* und *wir* entweder verstärkt („gut") oder bestraft („nicht so gut"). Das Hauptergebnis: eine Konditionierung wurde bei der hoch reaktionsbereiten Gruppe unter positiver Verstärkung erreicht. Das Ergebnis war für die Fürwörter *ich* vs. *wir* unterschiedlich: die Konditionierung erfolgte nur für die *ich*-Komponente des Wortpaares. Als wichtigen Gesichtspunkt haben wir hier die relative Ähnlichkeit zwischen den Verhaltensweisen: soziale Reaktionsbereitschaft gegenüber Patienten und Reaktionsbereitschaft gegenüber Versuchsleiter-Zustimmung, eine Ähnlichkeit in den Verhaltensstichproben.

Schließlich hat noch ein Bericht von *Salzinger* und *Portnoy* (1964) direkt mit der Vorhersage zukünftigen Verhaltens aus der Reaktionsbereitschaft auf Versuchsleiter-Verstärkung zu tun. *Salzinger* und Mitarbeiter (*Salzinger* und *Portnoy,* 1964; *Salzinger, Portnoy* und *Feldman,* 1966) haben verschiedene Anwendungen des operanten Konditionierens auf das verbale Verhalten hospitalisierter Schizophrener untersucht. Ihr Ansatz war, eigenbezogene affektive Äußerungen während eines Interviews zu verstärken. Sowohl die Spontanrate eigenbezogener affektiver Äußerungen als auch deren Änderung als Funktion der Versuchsleiter-Verstärkung dienten als Vorhersagevariable für den Hospitalisierungsgrad sechs Monate später. Weder die Spontanrate noch die Konditionierbarkeit differenzierten bei einer Nachuntersuchung nach sechs Monaten zwischen den noch hospitalisierten (In) und den inzwischen entlassenen (Out) Patienten. Wenn die verschiedenen Phasen des Interviews (operante Phase, Konditionierung, Löschung) *innerhalb* der In- und Out-Gruppe getrennt verglichen wurden, fand sich ein signifikanter Konditionierungseffekt nur in der Out-Gruppe. Weitere Analysen zeigten, daß sich in der Out-Gruppe signifikant mehr Patienten fanden, deren eigenbezogene affektive Äußerungen *sowohl* unter Verstärkung zunahmen *als auch* unter Löschungsbedingungen abnahmen. Wenn die Reaktionsbereitschaft eines Patienten auf soziale Verstärkung trotz der inneren Unruhe aufgrund einer Hospitalisierung fortbesteht, dann neigt er eher zu Verhaltensweisen, die zur Entlassung führen.

Operante Diagnostik dyadischen Verhaltens

In diesem Abschnitt werden operante Methoden mit *gegenseitiger* Verstärkung als Mittel dargestellt, um Reaktionsbereitschaft in dyadischen Beziehungen zu diagnostizieren. Bei der gegenseitigen Verstärkung bestimmt die Reaktionsrate der Versuchsperson die Stärke, Deutlichkeit und Genauigkeit einer ständig verfügbaren Reizquelle. Ein Rückgang der Reaktionsrate führt unmittelbar zu einer Herabsetzung der Reizdarbietung; ein Anwachsen der Reaktionsrate führt unmittelbar zu einer Wiederherstellung der Reizdarbietung.

Lindsley (1962) gebrauchte als erster einen geschlossenen Fernsehkreislauf, um unabhängig Zuschauen, Zuhören und Sprechen in psychotherapeutischen Sitzungen zu messen. In dieser frühen wie auch in nachfolgenden Anwendungen (*Nathan* et al. 1964; *Nathan* 1965, 1966) interagierten die beiden Glieder einer Dyade (z. B. Patient/Therapeut, Krankenschwester/Supervisorin) mit Hilfe eines geschlossenen audiovisuellen Kreislaufsystems. Ob das eine Glied jedoch die audiovisuellen Signale vom anderen Glied empfängt, hängt davon ab, ob es eine feste Reaktionsrate aufrechterhält. Tut es das in einem der kontrollierten Verhaltensbereiche nicht, führt dies zu einem variablen Deutlichkeitsverlust (Bild oder Ton) bis hin zum vollständigen Ausfall des Signals.

Durch getrennte Messung von Zuschauen, Zuhören und Sprechen zum Partner läßt sich die Verstärkerwirkung einer Person auf eine andere kontinuierlich erfassen. Durch allmähliches Heraufsetzen der Reaktionsrate, die notwendig ist, um die Ton- und Videosignale von der anderen Person aufrechtzuerhalten, kann der Wert der Reaktion festgesetzt werden. In der Arbeit von *Nathan* et al. (1964) wurden 16 Neuaufnahmen eines staatlichen Krankenhauses mit Hilfe eines geschlossenen TV-Kreislaufsystems interviewt, und eine anfängliche Reaktionsrate von 30 pro Minute wurde festgesetzt; einige der besser angepaßten Patienten erreichten eine Rate von bis zu 120 Reaktionen pro Minute. Die Autoren weisen darauf hin, daß sich in diesem wie auch in anderen Versuchen aus dem Laboratorium von *Lindsley* mit psychiatrischen Patienten eine negative Beziehung zwischen Schwere der Verhaltensstörung und operanter Reaktionsrate zu ergeben scheint; je schwerer gestört der Patient, um so niedriger seine Reaktionsrate (siehe *Matarazzos,* 1965a, inverse Beziehung zwischen Sprechdauer und Schwere der „Krankheit"; auch *Pattersons,* 1965a, Diskussion der Reaktionsbereitschaft auf Verstärkung).

Die klinische Anwendung gegenseitiger Verstärkung bei *Lindsley* sowie *Nathan* spricht nicht nur auf die Schwere der Störung, sondern auch auf den thematischen Inhalt an. Wenn eindeutig affektive Inhalte über vorangegangene Ereignisse ihres Krankenhausaufenthaltes diskutiert wurden, verminderten die Patienten ihre Reaktionsrate und mithin ihre Möglichkeiten zum Zuschauen oder Zuhören.

Nathan berichtet über zusätzliche Versuche mit Sitzungen von Pflegeschülerinnen und Supervisorinnen (*Nathan* 1965, 1966; *Nathan* et al. 1965). Wöchentliche Sitzungen über eine Periode von 6 bis 13 Wochen wurden mit Hilfe des TRACCOM (Televised Reciprocal Analysis of Conjugate Communication) aufgezeichnet. Die Ergebnisse einer der Arbeiten sollen jetzt betrachtet werden.

Nathan (1965) erfaßte sowohl den *Sende-* als auch den *Empfangs*aspekt der dyadischen Interaktion zwischen drei Pflegeschülerinnen und ihrer Supervisorin. Der *Empfangs*aspekt: die Versuchspersonen hielten eine Reaktionsrate aufrecht, die die Möglichkeit, den Partner zu sehen und zu hören, kontrollierte. *Senden* meint hier: seine Stimme (aktives Darbieten) und/oder sein Bild (passives Darbieten) dem Partner zu übermitteln. Um dies zu tun, hatte der Sender eine spezifische Reaktionsrate auf einer oder beiden manipulierten Variablen aufrechtzuerhalten. Indem er den schriftlichen Bericht der Supervisorin über ihre Beziehung zu den Schülerinnen als Kriterium nahm, konnte *Nathan* Änderungen – in a) der Senderate, b) der Empfangsrate und c) dem Wert der kombinierten Rate – mit der „Verlaufsänderung" (S. 942) der Interviews in Verbindung bringen. Der kombinierte Wert operanter Kommunikation zeigt, daß Menschen allgemein in höheren Raten mit anderen kommunizieren, zu denen sie „bedeutsame Beziehungen" haben. Während die Reaktionsrate der (trainierten) Supervisorin über die Sitzungen hinweg – sowohl sendend wie empfangend – nahezu gleich blieb, variierten die Schülerinnen in einer der beiden Richtungen. Als die Supervisorin angab, bei der Schülerin sei ein wesentlicher „Fortschritt" zu verzeichnen, da ergab sich, daß die kombinierte Rate über 13 Sitzungen angestiegen war; das Gegenteil war der Fall – d. h. die Rate ging zurück –, als die Erfahrung als wenig nützlich für die Schülerin eingeschätzt wird.

Wenn dieser Ansatz von allgemeinerem Nutzen für die Erklärung wichtiger Aspekte der interpersonalen Interaktion sein soll, dann ist eine weitergehende statistische Verarbeitung der Daten nötig. Man erkennt einen Kreislauf wechselseitiger Verstärkung in den Sende- und Empfangsfunktionen dieses operanten kommunikativen Verhaltens; noch fehlen scharfe sequentielle Analysen, um diese Hypothese zu testen. *Nathans* Anwendungen sind viel zu wichtig und zu genial, als daß sie auf der qualitativen Ebene der Falldarstellungen bleiben sollten.

Zu einer Diagnostik der interpersonalen Übereinstimmung

In diesem Abschnitt werden die diagnostischen Implikationen einer Reihe von Arbeiten des Verfassers dargestellt, die sich mit der Mitteilung von Übereinstimmung befassen. Unter „Mitteilung von Übereinstimmung" wird hier jegliches Willkürverhalten verstanden, wodurch in interpersonalen Situationen Verständnis, Interesse, Zustimmung oder Aufmerksamkeit mitgeteilt wird. Aus dem Überblick im vorigen Abschnitt über Arbeiten zur sozialen Verstärkung (z. B. *Patterson* sowie *Nathan*) ergibt sich eindeutig, daß die motivationale Wirkung von sozialer Verstärkung in der experimentellen Situation von ihrer Bedeutung im täglichen Leben herrührt (*Weiss*, 1965b). Die ökologische Validität der Reaktionsbereitschaft auf soziale Verstärkung im Laboratorium wird des weiteren bezeugt durch deren Zusammenhang mit verschiedenen diagnostischen Maßen der Soziabilität. Wir stellen hier eine Methode dar, mit der man Stichproben verstärkenden Verhaltens in der Laborsituation erhält, wodurch individuelle Unterschiede in Situationen außerhalb des Labors vorhergesagt werden können.

Der Grundgedanke des Ansatzes

Bei der Mitteilung von Übereinstimmung haben wir es mit *verstärkendem* Verhalten zu tun. Die Behandlung verstärkender Reaktionen als operantes Verhalten ist eine ungewöhnliche, aber notwendige Position für das Studium derjenigen alltäglichen Verhaltensweisen, durch die man Interesse, Verständnis usw. mitteilt. Überraschenderweise gibt es wenig empirische Daten, die zeigen, wie Individuen das Verhalten anderer aufrechterhalten. (*Jones* (1964) behandelt eine verwandte Art dieses Verhaltens, das „Sich-beliebt-Machen".)

Bei der Behandlung interpersonaler Zustimmung als verstärkendem Verhalten haben wir folgende Annahmen gemacht: a) Verstärkendes Verhalten ist keine triviale Verhaltensform. Individuelle Unterschiede im Verstärken anderer sind das Ergebnis „formender Erfahrungen"; d. h. man wird für Verhalten verstärkt, das seinerseits andere verstärkt. b) Es gibt zuverlässige individuelle Unterschiede in der Frequenz und „Geschicklichkeit", mit der Personen sich verstärkend verhalten. c) Intraindividuelle Konsistenz des verstärkenden Verhaltens versetzt die Menschen in die Lage, dieses Verhalten als Grundlage für diskriminative Urteile über das Verhalten anderer zu nehmen. Bewertende Urteile – A versteht B oder ist an B interessiert usw. – gründen sich auf individuelle Unterschiede, verstärkendes Verhalten zu zeigen.

Verstärkendes Verhalten hat enge Beziehungen zur Sozialisation, weil wir uns über die Frequenz solchen Verhaltens hinaus mit seiner „Angepaßtheit" beschäftigen. Die „Grammatik der Verstärkung" (*Weiss,* 1964) umfaßt die Gelegenheiten für verstärkende Reaktionen, die weitgehend unter sozialer Reizkontrolle stehen, und könnte erfaßt werden, indem man das verstärkende Verhalten einer Gruppe unter entsprechenden Instruktionsbedingungen erfaßt. In einer Situation, in welcher es Sprecher und Zuhörer gibt, könnte etwa die zuhörende Gemeinschaft instruiert werden, die „aufmerksame Verbindung" mit einer sprechenden Person „aufrechtzuerhalten". Die Instruktionen werden zusammen mit den vom Sprecher ausgehenden Reizen die „Aufmerksamkeits"-Reaktionen der Zuhörer kontrollieren – d. h. man kontrolliere die *Gelegenheiten,* zu denen verstärkende Reaktionen gezeigt werden, und nicht nur deren Frequenz; letztere dürfte eine Variable der individuellen Unterschiede sein.

Die angenommene Struktur verstärkenden Verhaltens wurde in einer Reihe von Experimenten des Verfassers (*Weiss,* 1964, 1965a, 1966a) geprüft. Im restlichen Teil dieses Abschnitts werden wir unsere Technik der Erfassung interpersonaler Übereinstimmung als Beispiel für operant konzipierte Verfahren darstellen, um Individuen hinsichtlich zwischenmenschlicher Übereinstimmung zu diagnostizieren.

Das Erfassen verstärkenden Verhaltens

Die grundlegende Methode, die entwickelt wurde, um eine Stichprobe sowohl der Frequenz als auch der „Geschicktheit" verstärkenden Verhaltens zu bekommen, könnte folgendermaßen skizziert werden: die Versuchspersonen werden gebeten, im Rollenspiel eine Situation zu spielen, in der ein Sprecher zu jedem Zuhörer spricht, und der Zuhörer soll die Verbindung mit dem Sprecher aufrechterhalten. Der Zuhörer soll so reagieren, wie er es normalerweise täte, wenn er es einer anderen Person leicht machen will, zu ihm zu sprechen. („Verstärkung" wird in den Anweisungen für die Zuhörer nicht erwähnt.) Alle Reaktionen, stimmlich oder durch Gesten, die mit der Anweisung, „die aufmerksame Verbindung aufrechtzuerhalten", übereinstimmen, werden in eine einfache motorische Reaktion, einen Knopfdruck, übersetzt. Ein geräuschloser Knopf in der Hand jedes Zuhörers, der vom Nachbarn nicht gesehen werden kann, wird in dem Augenblick gedrückt, wenn der Zuhörer eine Reaktion zeigt, die helfen soll, den Rapport aufrechtzuerhalten. Die Zuhörer führen diese verstärkenden Reaktionen aus, *während* der Sprecher spricht und nicht hinterher im Rückblick.

Als „Sprecher" fungierten jeweils vorher aufgezeichnete Monologe mit offen geäußerten Gedanken, Gefühlen, Interessen und Zukunftsplänen von Studenten und psychiatrischen Patienten (siehe *Weiss,* 1966a).

Die grundlegenden Reaktionsmaße bestehen in der Häufigkeit des Knopfdrückens durch jede Versuchsperson und im Zeitpunkt jeder Reaktion relativ zu dem, was der Sprecher gerade sagte. Das Aufzeichnungsgerät wurde an anderer Stelle beschrieben (z. B. *Weiss,* 1966a) und wird hier nur kurz erwähnt.

Ein Mehrkanal-Registriergerät zeichnet das Knopfdrücken jedes Zuhörers graphisch auf einen fortlaufenden Papierstreifen. Eine Kette von Signalen zur Zeitmarkierung ist mit dem Sprecher-Tonband synchronisiert und wird automatisch auf dem Streifen aufgezeichnet. Frequenz und Zeitpunkt der Reaktionen jeder Versuchsperson werden registriert, während der Sprecher redet, so daß man durch Übertragung der Zeitmarkierungen auf eine genaue Abschrift des Sprechermonologs bestimmen kann, auf welche Redestelle der Zuhörer reagiert hat. Wenn die Zahl von Zuhörern, die während eines festgesetzten Intervalls (z. B. zwei Sekunden) reagierten, die Zufallserwartung überschreitet, ist auf diese Weise eine Stelle definiert, an der man „angemessen" oder im Einklang mit vielen anderen den Sprecher verstärkt. Die Wahrscheinlichkeit, zumindest *j* Zuhörer zu finden, die in einem Intervall *i* reagieren, kann ohne weiteres approximiert werden (*Weiss* und *Reichard*, 1967), wenn man die mittlere Anzahl der Reaktionen, die Dauer des Monologs und die Zahl der Zuhörer in der Stichprobe kennt. Ein Maß für die Verstärker-„Geschicklichkeit" jedes Zuhörers wurde definiert, indem statistisch die „Treffer" an den „passenden" Stellen mit den individuellen Unterschieden in der absoluten Reaktionshäufigkeit gewichtet wurden. Die *erwartete* Trefferzahl eines Zuhörers wurde aus der Regression der Treffer auf die Reaktionen abgeleitet; die Differenz zwischen *beobachteter* und *erwarteter* Trefferzahl definierte die Geschicklichkeit, andere zu verstärken. Ein geschickter Zuhörer überschreitet die Trefferzahl, die für seine Reaktionsrate zu erwarten wäre, während die beobachteten Werte eines ungeschickten Zuhörers unter der Erwartung bleiben.

Individuelle Unterschiede in Verstärkungshäufigkeit und -geschicklichkeit

Die Ergebnisse einer Reihe von Experimenten des Verfassers werden hier nur kurz erwähnt, um die Anwendung dieser Methode auf die Erfassung interpersonaler Übereinstimmung weiter zu illustrieren.

Es wurde die intraindividuelle Konsistenz in verstärkendem Verhalten untersucht (*Weiss,* 1964, 1965a, 1966a; *Weiss* und *Bodin,* 1967). Sie erwies sich bei weitgehender Variation der Bedingungen des Zuhörens, der Zusammensetzung der Zuhörer und der Sprecherstimmen als hoch. Produkt-Moment-Korrelationen zwischen den Reaktionshäufigkeiten auf jeweils zwei Sprecher lagen zwischen .82 und .95. Unter anderen wurden in diesen Versuchen folgende Variationen durchgeführt: individuelles Zuhören versus Zuhören in der Gruppe; klare versus gefilterte (verstümmelte) Sprechweise; Studenten, psychiatrische Patienten und erfahrene Psychotherapeuten als Zuhörer. Das Ausmaß des verstärkenden Verhaltens dient als Grundlage für die Kennzeichnung individueller Unterschiede.

Für Selbstberichte und soziometrische Einschätzungen der Persönlichkeit (z. B. *Weiss,* 1967) und eine O-Variable der Geselligkeit (z. B. *Weiss,* 1966a) wurden Korrelate im Verstärkerverhalten nachgewiesen. In diesen Arbeiten zeigte sich ein Zusammenhang zwischen Reaktionsbereitschaft, im Gegensatz zu allgemeiner motorischer Aktivität, und Einschätzungen des beobachtbaren Sozialverhaltens durch Gleichaltrige („lustig auf einer Party") sowie Werten auf CPI-Faktoren für Dominanz und Überlegenheit. Es wurde auch ein Effekt der Stellung in der Geschwisterreihe gefunden: größere Reaktionsbereitschaft bei Erstgeborenen und Einzelkindern im Vergleich mit Spätgeborenen. Maße der sogenannten „Antworttendenzen" waren nicht mit der Bereitschaft zu verstärkenden Reaktionen korreliert (z. B. soziale Erwünschtheit), aber Maße situationsgebundener Angst korrelierten negativ mit verstärkendem Verhalten; je ängstlicher die Zuhörer, um so weniger reagierten sie auf die Sprecher. Das in diesen Arbeiten erhobene Maß der Geschicktheit beim Verstärken soll eine Unterscheidung zwischen Reaktionsbereitschaft (Häufigkeit) und Angemessenheit der Reaktion (Gleichzeitigkeit mit andern) treffen. Bei diesem Stand der Entwicklung schien es vernünftiger, die Unterscheidung aufrechtzuerhalten, solange die statistischen Operationen nicht abgeklärt sind; d. h. Korrelationen, in die Geschicklichkeitswerte eingehen, werden nicht mit Ausgangswerten der Reaktionshäufigkeit vermengt. Ganz gewiß muß eine angemessene begriffliche Fassung der Grammatik der Verstärkung die Reaktionsbereitschaft miteinbeziehen, denn man kann Verständnis oder Interesse nur mit einem Verhalten signalisieren, dessen Spontanrate null übersteigt.

Mit der *Zuverlässigkeit* der Geschicklichkeit beim Verstärken ist gemeint, inwieweit die „Geschicklichkeit" einer Person, den einen Sprecher zu verstärken, der Geschicklichkeit gegenüber einem anderen Sprecher entspricht. Daten von neun Zuhörergruppen (insgesamt N = 322) erbrachten signifikante Korrelationskoeffizienten für zwei Stichproben desselben Sprechers (mittleres r = .69, p < .01), zwei verschiedene Sprecher (mittleres r = .50, p < .01) und drei verschiedene Sprecher, darunter einen psychiatrischen Patienten (mittleres r = .54, p < .01; siehe *Weiss,* 1967). Nach diesen Befunden scheint sich das Verhaltensmaß der Geschicktheit beim Verstärken leidlich gut als „Eigenschafts"-Variable zu eignen.

In zwei Studien (*Weiss,* 1967; *Weiss* und *Bodin,* 1967) ergab sich ein Zusammenhang zwischen Geschicktheit beim Verstärken und soziometrischen Einschätzungen. Während die Häufigkeit des Verstärkens mit Einschätzungen beobachtbaren sozialen Verhaltens korrelierte (z. B. „lustig bei einer Party"), korrelierten die Geschicklichkeitsmaße nur mit Einschätzungen erschlossener geistig-seelischer Fähigkeiten. Beispielsweise hatten Zuhörer, die nach Einschätzungen durch Altersgenossen „die Motive und Konflikte anderer verstehen", auch hohe Werte in der Geschicklichkeit beim Verstärken (*Weiss,* 1967), aber es gab keine signifikante Beziehung zwischen diesen Einschätzungen und der Verstärkungshäufigkeit. Bei einem Versuch mit erfahrenen Psychotherapeuten, die als Familientherapeuten trainiert wurden, ergaben sich signifikante Zusammenhänge zwischen Einschätzungen des therapeutischen Könnens und Geschicktheit beim Verstärken (*Weiss* und *Bodin,* 1967). Interessant bei diesem Versuch war auch der Befund, daß Therapeuten mit hohen Werten in Geschicktheit beim Verstärken sozialpsychologische Begriffe bei der Beschreibung von Fallmaterial gegenüber intrapsychischen Begriffen bevorzugten. Sie sprachen auch bei der Therapieplanung offener über ihre Ziele und therapeutischen Maßnahmen.

Wie sich herausstellte, korrelierte die Geschicktheit beim Verstärken mit etlichen Selbstbericht-Meßwerten, unter anderem dem CPI und der Edwards Personal Preference Schedule (EPPS). Die Werte auf den Faktoren Personen- und Wertorientierung (*Nichols* und *Schnell,* 1963) korrelierten beide bei zwei verschiedenen Zuhörerstichproben mit Geschicklichkeit beim Verstärken (*Weiss,* 1967). Der geschickte Verstärker beschreibt sich selbst als psychisch reif, dominant und interessiert an gesellschaftlichen Werten. Aus dem EPPS (*Edwards,* 1954) entnehmen wir, daß geschickte Zuhörer niedrige Werte in Demütigkeit haben ($r = -.53, p \leq .05$), doch hohe in Heterosexualität ($r = .50, p \leq .05$).

Ein etwas anderer Ansatz, Geschicklichkeit beim Verstärken zu definieren, mag uns helfen, diese diagnostische Technik zur Erfassung individueller Unterschiede bei der „Mitteilung von Übereinstimmung" zu erläutern. In anderen Arbeiten haben wir *mangelnde Geschicklichkeit* als die relative Häufigkeit von Reaktionen auf Stellen der Rede definiert, die von anderen Zuhörern nicht verstärkt wurden; ein Maß für die „Einmaligkeit" im Sinne von „Unangebrachtheit" einer Reaktion. Auch hier sind die Ergebnisse von der Art, wie man sie erwarten würde, wenn der Knopfdruck-Versuch tatsächlich einen wichtigen Aspekt des Sozialverhaltens erfaßt. Bei einer großen Gruppe studentischer Zuhörer wurde ein signifikanter negativer Zusammenhang zwischen dem „Einmaligkeits"-Meßwert und „affektivem Austausch" ($r = -.40, N = 89$) gefunden.

„Affektiver Austausch" wurde definiert durch Summierung der FIRO-B-Werte (*Schutz,* 1958) für *ausgedrückte* und *erwünschte* Zuneigung. Zuhörer, die nach ihrem FIRO-B den Ausdruck von Zuneigung gegenüber anderen geringschätzen und keine Äußerungen von Zuneigung durch andere erfahren möchten, neigten eher zu einmaligen Reaktionen auf Aspekte der Rede. Ein ähnliches Resultat ergab die oben erwähnte Studie von *Weiss* und *Bodin* mit Psychotherapeuten: ein hoher Durchschnittswert in „Einmaligkeit" ging mit insgesamt niedrigerer Einschätzung ihrer Beliebtheit bei Kollegen einher.

Diese Übersicht über einige Ergebnisse illustriert, in welchem Zusammenhang das Konstrukt der Geschicklichkeit beim Verstärken mit verschiedensten Aspekten des zwischenmenschlichen Verhaltens steht, angefangen bei beobachtbarem Verhalten (am ehesten im gleichen Verhaltensbereich) bis hin zu Verhaltensweisen, die der Geschicklichkeit beim Verstärken schon unähnlicher sind. Wenn wir bedenken, wie mager diese Verhaltensstichproben sind im Vergleich mit den üblicherweise subtilen Wegen der Mitteilung von Übereinstimmung oder Interesse, dann sind die Ergebnisse tatsächlich ermutigend. Vom Knopfdrücken zu soziometrischen Urteilen und zu Einschätzungen der therapeutischen Fähigkeit eines Therapeuten ist ein weiter Weg. Oder ist es so, daß wir unsere Versuchspersonen einfach nur bitten, die normalen Verhaltensweisen ihres täglichen Lebens zu zeigen?

In diesem Kapitel haben wir zahlreiche Anwendungen der operanten Methodik auf die Erfassung individueller Unterschiede betrachtet. Es stellte sich heraus, daß die in der Persönlichkeitsforschung verwendeten Konstrukte hauptsächlich aus empirischen Quellen stammen und nicht so sehr aus einheitlichen Verhaltenstheorien. Operante Verfahren gründen sich auf eine funktionale Betrachtungsweise des Verhaltens, die mit den Absichten des psychologischen Ansatzes individueller Differenzen durchaus vereinbar ist. Die Arbeiten, über die bis hierher berichtet wurde, beweisen, daß der Akzent des operanten Ansatzes auf der Situations-Verhaltens-Stichprobe liegt – ein Akzent, der für die Erfassung individueller Differenzen besondere Bedeutung hat.

Literatur

Bachrach, A. J., Quigley, W. A.: Direct methods of treatment. In: *I. A. Berg, L. A. Pennington* (Eds.): Introduction to clinical psychology. (3rd ed.) New York: Ronald Press, 1966, 482–560.

Baron, R. M.: Social reinforcement effects as a function of social reinforcement history. Psychol. Rev., 1966, 73, 527–539.

Beech, H. R., Adler, F.: Some aspects of verbal conditioning in psychiatric patients. Behav. Res. Ther., 1963, 1, 273–282.

Bijou, S. W., Baer, D. M.: Operant methods in child behavior and development. In: *W. K. Honig* (Ed.): Operant behavior: Areas of research and application. New York: Appleton-Century-Crofts, 1966, 718–789.

Brown, P. T.: On the differentiation of homo- or hetero-erotic interest in the male. An operant technique illustrated in the case of a motorcycle fetishist. Behav. Res. Ther., 1964, 2, 31–35.

Brown, P. T.: A reply to *Koenig.* Behav. Res. Ther., 1965, 2, 309–311.

Bryan, J. H., Kapche, R.: Psychopathy and verbal conditioning. J. abnorm. Psychol., 1967, 72, 71–73.

Bullock, D. H.: Some aspects of human operant behavior. Psychol. Rec., 1960, 10, 241–258.

Cairns, R. B.: The influence of dependency-anxiety on the effectiveness of social reinforcers. Unpublished doctoral dissertation. Stanford University, 1959.

Cronbach, L. J.: The two disciplines of psychology. Amer. Psychologist, 1957, 12, 671–684.

Cronbach, L. J.: Essentials of psychological testing. (2nd ed.) New York: Harper, 1960.

D'Zurilla, T. J.: Persuasion and praise as techniques for modifying verbal behavior in a „real life" group setting. J. abnorm. Psychol., 1966, 71, 369–376.

Ebner, E.: Verbal conditioning in schizophrenia as a function of degree of social interaction. J. pers. soc. Psychol., 1965, 1, 528–532.

Edwards, A. L.: Edwards personal preference schedule. New York: Psychol. Corp., 1954.

Eysenck, H. J., Rachman, S.: The causes and cures of neurosis. San Diego: Robert R. Knapp, 1965.

Ferster, C. B.: Classification ob behavioral

pathology. In: *L. Krasner, L. P. Ullmann* (Eds.): Research in Behavior Modification. New York: Holt, Rinehart & Winston, 1965, 6–26.

Getter, H.: A personality determinant of verbal conditioning. J. Pers., 1966, 34, 397–405.

Goldman, A. R.: Differential effects of social reward and punishment of dependent and dependency-anxious schizophrenics. J. abnorm. Psychol., 1965, 70, 412–418.

Greenspoon, J.: Verbal conditioning and clinical psychology. In: *A. J. Bachrach* (Ed.): Experiment foundations of clinical psychology. New York: Basic Books, 1962, 510–553.

Hase, H. D., Goldberg, L. R.: The comparative validity of different strategies of deriving personality inventory scales. Psychol. Bull., 1967, 67, 231–248.

Honig, W. K. (Ed.): Operant behavior. Areas of research and application. New York: Appleton-Century-Crofts, 1966.

Johannsen, W. J., Campbell, S. Y.: Verbal conditioning in chronic schizophrenia: Effects of reinforcement class and social responsiveness. Psychol. Rep., 1964, 14, 567–572.

Johns, J. J., Quay, H. C.: The effect of social reward on verbal conditioning in psychopathic and neurotic military offenders. J. cons. Psychol., 1962, 26, 217–220.

Jones, E. E.: Integration. New York: Appleton-Century-Crofts, 1964.

Kalish, H. I.: Behavior therapy. In: *B. B. Wolman* (Ed.): Handbook of clinical psychology. New York: McGraw-Hill, 1965, 1230–1253.

Kanfer, F. H.: Verbal conditioning: A review of its current status. Kentucky conference on verbal behavior. Lexington, Kentucky, 1966.

Kanfer, F. H., Saslow, G.: Behavioral analysis. Arch. gen. Psychiat., 1965, 12, 529–538.

King, G. F., Merrell, D. W., Loevinger, E., Denny, M. R.: Operant motor behavior in acute schizophrenics. J. Pers., 1957, 25, 317–326.

Krasner, L.: Verbal conditioning and psychotherapy. In: *L. Krasner, L. P. Ullmann* (Eds.): Research in behavior modification. New York: Holt, Rinehart & Winston, 1965, 211–228.

Krasner, L.: Behavior modification research and the role of the therapist. In: *L. A. Gottschalk, A. H. Auerbach* (Eds.): Methods of research in psychotherapy. New York: Appleton-Century-Crofts, 1966, 292–311.

Krasner, L., Ullmann, L. P. (Eds.): Research in behavior modification. New York: Holt, Rinehart & Winston, 1965.

Lanyon, R. I.: Verbal conditioning: Transfer of training in a therapy-like situation. J. abnorm. Psychol., 1967, 72, 30–34.

Leary, T., Coffey, H. S.: Interpersonal diagnosis: some problems of methodology and validation. J. abnorm. soc. Psychol., 1955, 50, 110–124.

Levy, L. H.: Anxiety and behavior scientists' behavior. Amer. Psychologist, 1961, 16, 66–68.

Lindsley, O. R.: Characteristics of the behavior of chronic psychotics as revealed by free-operant conditioning methods. Dis. nerv. Sys., 1960, 21, 66–78.

Lindsley, O. R.: Direct behavioral analysis of psychotherapy sessions conjugately programmed closed-circuit television. Paper read at American Psychological Association, St. Louis, September, 1962.

Loevinger, J.: Objective tests as instruments of psychological theory. Psychol. Rep., 1957, 15, 635–694.

Matarazzo, J. D.: The interview. In: *B. B. Wolman* (Ed.): Handbook of clinical psychology. New York: McGraw-Hill, 1965, 403–450.

Mednick, M., Lindsley, O. R.: Some clinical correlates of operant behavior. J. abnorm. soc. Psychol., 1958, 57, 13–16.

Milton, O. (Ed.): Behavior disorders. New York: Lippincott, 1965.

Munsinger, H. L.: Meaningful symbols as reinforcing stimuli. J. abnorm. soc. Psychol., 1964, 68, 689–691.

Nathan, P. E.: „Transmitting" and „receiving" in psychotherapy and supervision. Amer. J. Orthopsychiat., 1965, 35, 937–952.

Nathan, P. E.: Influence of stimulus preference and feedback delay on extinction of operant communication behavior. Behav. Res. Ther., 1966, 4, 53–58.

Nathan, P. E., Marland, J., Lindsley, O. R.: Receptive communication in psychiatric nurse supervision. J. counsel. Psychol., 1965, 12, 259–261.

Nathan, P. E., Schneller, P., Lindsley, O. R.: Direct measurements of communication during psychiatric admission interviews. Behav. Res. Ther., 1964, 2, 49–57.

Neuringer, C., Myers, R. A., Nordmark, T., Jr.: The transfer of a verbally conditioned response class. J. Counsel. Psychol., 1966, 13, 208–213.

Nichols, R. C., Schnell, R. R.: Factor scales for the California psychological inventory. J. cons. Psychol., 1963, 27, 228–235.

Noblin, C. D., Timmons, E. O., Kael, H. C.: Differential effects of positive and negative verbal reinforcement on psychoanalytic character types. J. pers. soc. Psychol., 1966, 4, 224–228.

Norman, W. T.: Relative importance of test item content. J. cons. Psychol., 1963, 27, 166–174.

Norman, W. T., Goldberg, L. R.: Raters, ratees, and randomness in personality structure. J. pers. soc. Psychol., 1966, 4, 681–691.

Parton, D. A., Ross, A. O.: Social reinforcement of children's motor behavior: A review. Psychol. Bull., 1965, 64, 65–73.

Passini, F. T., Norman, W. T.: A universal conception of personality structure. J. pers. soc. Psychol., 1966, 4, 44–49.

Patterson, G. R.: Responsiveness to social stimuli. In: L. Krasner, L. P. Ullmann (Eds.): Research in behavior modification. New York: Holt, Rinehart & Winston, 1965, 157–178 (a).

Patterson, G. R.: Parents as dispensers of aversive stimuli. J. pers. soc. Psychol., 1965, 2, 844–851 (b).

Patterson, G. R.: The prediction of victimization from an instrumental conditioning procedure. J. cons. Psychol., 1967, 31, 147–152 (a).

Patterson, G. R.: An operant MMPI? Unpublished manuscript, 1967 (b).

Patterson, G. R., Littman, R. E., Hinsey, W. C.: Parental effectiveness as reinforcers in the laboratory and its relation to child rearing practices and child adjustment in the classroom. J. Pers., 1964, 32, 180–199.

Peterson, D. R.: Scope and generality of verbally defined personality factor. Psychol. Rev., 1965, 72, 48–59.

Quay, H. C., Hunt, W. A.: Psychopathy, neuroticism, and verbal conditioning: A replication and extension. J. cons. Psychol., 1965, 29, 283.

Rorer, L. G.: The gerat response-style myth. Psychol. Bull., 1965, 63, 129–156.

Rotter, J. B.: Some implications of a social learning theory for the prediction of goal directed behavior from testing procedures. Psychol. Rev., 1960, 67, 301–316.

Rotter, J. B.: Generalized expectancies for internal versus external control of reinforcement. Psychol. Monogr., 1966, 80 (Whole No. 609).

Salzinger, K., Portnoy, S.: Verbal conditioning in interviews: Application to chronic schizophrenics and relationship to prognosis for acute schizophrenics. J. Psychiat. Res., 1964, 2, 1–9.

Salzinger, K., Portnoy, S., Feldman, R. S.: Verbal behavior in schizophrenics and some comments toward a theory of schizophrenia. In: Paul H. Hoch, Joseph Zubin (Eds.): Psychopathology of schizophrenia. New York: Grune & Stratton, 1966, 98–128.

Sarbin, T. R.: The scientific status of the mental illness metaphor. In: S. Plog (Ed.): Determinants of psychological disorder, 1967.

Sarbin, T., Allen, V. L., Rutherford, E. E.: Social reinforcement, socialization, and chronic delinquency. Brit. J. soc. clin. Psychol., 1965, 4, 179–184.

Schutz, W. C.: FIRO: A three-dimensional theory of interpersonal behavior. New York: Rinehart, 1958.

Sidman, M.: Operant techniques. In: A. J. Bachrach (Ed.): Experimental foundations of clinical psychology. New York: Basic Books, 1962, 170–210.

Skinner, B. F.: Science and human behavior. New York: Macmillan, 1953.

Skinner, B. F.: Operant behavior. Amer. Psychologist, 1963, 18, 503–515.

Slechta, J., Gwynn, W., Peoples, C.: Verbal conditioning of schizophrenics and normals in a situation resembling psychotherapy. J. cons. Psychol., 1963, 27, 223–227.

Stoddard, L. T., Sidman, M., Brady, J. V.: Reinforcement frequency as a factor in the control of normal and psychotic behavior. (Cited by M. Sidman: Operant techniques, in: Bachrach, 1962.)

Stollak, G. E.: Conditioning and transfer

effects of verbally reinforcing choices of personality statements. Psychol. Rep., 1966, 19, 427–437.

Stone, G. C.: Applications of operant conditioning in individual assessment. Paper delivered at California State Psychological Association meetings, San Francisco, 1966.

Tyron, R. C.: Reliability and behavior domain validity: Reformulation and historical critique. Psychol. Bull., 1957, 54, 229–249.

Ullmann, L. P., Krasner, L.: Case studies in behavior modification. New York: Holt, Rinehart & Winston, 1965.

Ulrich, R., Strachnik, T., Mabry, J. (Eds.): Control of human behavior. Glenview, Ill.: Scott, Foresman, 1966.

Verhave, T. (Ed.): The experimental analysis of behavior. New York: Appleton-Century-Crofts, 1966.

Vestre, N. D.: The relationship between verbal conditioning and the Edwards personal preference schedule. J. clin. Psychol., 1962, 18, 513–515.

Wallace, J.: An abilities conception of personality: Some implications for personality measurement. Amer. Psychologist, 1966, 21, 132–138.

Wallace, J.: What units shall we employ? *Allport's* question revisited. J. cons. Psychol., 1967, 31, 56–64.

Weingarten, J., Mechner, F.: The contingency as an independent variable of social interaction. In: *Thom Verhave* (Ed.): The experimental analysis of behavior. New York: Appleton-Century-Crofts, 1966, 447–459.

Weiss, R. L.: The grammar of reinforcement. Paper read at Western Psychological Association Meetings, Portland, Oregon, April, 1964.

Weiss, R. L.: Studies in emitted reinforcing behavior. In: *Symposium on Newer Trends in Human Reinforcement,* Western

Psychological Association, Honolulu, Hawaii, 1965 (a).

Weiss, R. L.: Reinforcement in every day life. Palo Alto: VA Hospital (Research Report No. 33), 1965 (b).

Weiss, R. L.: Some determinants of omitted reinforcing behavior: Listener reinforcement and birth order. J. pers. soc. Psychol., 1966, 3, 489–492 (a).

Weiss, R. L.: „Acquiescence" response set and birth order. J. cons. Psychol., 1966, 30, 365 (b).

Weiss, R. L.: Studies of emitted reinforcing behavior: Personality correlates of „reinforcing skill". Paper presented to Western Psychological Association meetings, San Francisco, 1967.

Weiss, R. L., Bodin, A. M.: Behavioral measures of reinforcing skill in family therapists. Paper presented to Western Psychological Association meetings, San Francisco, 1967.

Weiss, R. L., Krasner, L., Ullmann, L. P.: Responsivity of psychiatric patients to verbal conditioning: „Success" and „failure" conditions and pattern of reinforced trails. Psychol. Rep., 1963, 12, 423–426.

Weiss, R. L., Moos, R. H.: Response biases in the MMPI: A sequential analysis. Psychol. Bull., 1965, 63, 403–409.

Weiss, R. L., Reichard, D.: Some determinants of emitted reinforcing behavior: The grammar of reinforcement. Unpublished paper, 1967.

Weiss, R. L., Ullmann, L. P., Krasner, L.: On the relationship between hypnotizability and response to verbal operant conditioning. Psychol. Rep., 1960, 6, 59–60.

Williams, J. H.: Conditioning of verbalization: A review. Psychol. Bull., 1964, 62, 383–393.

Wimsatt, W. R., Vestre, N. D.: Extraexperimental effects in verbal conditioning. J. cons. Psychol., 1963, 27, 400–404.

ANHANG: FRAGEBOGEN

1. FSS III
2. FSS-FC
3. Assertive Questionnaire
4. LEV

Fear Survey Schedule (FSS III)

Die erste Fassung des FSS wurde 1963 von *Lang* und *Lazovik* publiziert. Er dient dazu, möglichst ökonomisch angstauslösende Reize zu identifizieren. Die Items des FSS I stammen aus einem größeren Fragebogen von *Akutagawa* (1956; zit. nach *Wolpe* und *Lang,* 1964). Im gleichen Jahr veröffentlichte *Geer* (1965) ebenfalls eine „Angstreiz-Liste" (FSS II). Die 51 Items des Fragebogens wurden anhand der Aussagen von Studenten ausgewählt und faktorisiert.

Der hier in einer deutschen Übersetzung vorgelegte FSS III stammt von *Wolpe* und *Lang* (1964). Die Autoren vertreten die Ansicht, daß diese Form besser als die beiden Vorläufer für die klinische Anwendung geeignet sei, da massive Angstreaktionen auf die in den Items dieses Fragebogens angegebenen Reize als pathologisch zu bewerten seien.

Über die 76 Items des FSS III wurde von *Landy* und *Gaupp* (1971) eine Faktorenanalyse gerechnet. Es ergaben sich fünf Faktoren. 60 der 76 Items laden mit .40 oder mehr auf mindestens einem dieser Faktoren. (Die Nummer der entsprechenden Faktoren ist hinter den einzelnen Items vermerkt.)

Der erste Faktor (21% Varianz) wurde von *Landy* und *Gaupp* als „Ängste vor tierischen, nicht-menschlichen Organismen" interpretiert. Der zweite Faktor (6% Varianz) erfaßt bestimmte soziale Ängste. Faktor 3 und 4 (jeweils 4% Varianz) lassen sich nicht eindeutig interpretieren. Der 5. Faktor (4% Varianz) schließlich repräsentiert die Angst vor „medizinisch-diagnostischen Maßnahmen".

D. Schulte

Literatur

Akutagawa, D.: A Study in Construct of the Psychoanalytic Concept of Latent Anxiety and a Test of a Projection Distance Hypothesis. Unpubl. Ph. D. Thesis, University of Pittsburgh, 1956.

Geer, J. H.: The development of a scale to measure fear. Behav. Res. Ther., 1965, 3, 45–53.

Landy, F. J., Gaupp, L. A.: A factor analysis of the Fear Survey Schedule – III. Behav. Res. Ther., 1971, 9, 89–93.

Lang, P. J., Lazovik, A. D.: Experimental desensitization of a phobia. J. abnorm. soc. Psychol., 1963, 66, 519–525.

Wolpe, J., Lang, P. J.: A fear survey schedule for use in behavior therapy. Behav. Res. Ther., 1964, 2, 27–30.

Anleitung

Die Stichworte in diesem Fragebogen beziehen sich auf Dinge und Erfahrungen, die Angst oder unangenehme Gefühle hervorrufen können.

Machen Sie bitte für alle Stichworte jeweils an der Stelle der Punkteskala ein Kreuz, die am besten den Grad Ihrer zur Zeit bestehenden Angst beschreibt.

Arbeiten Sie bitte zügig, ohne lange zu überlegen, und lassen Sie keines der Stichworte aus.

	gar nicht	ein wenig	deutlich	stark	sehr stark
1. Geräusch eines Staubsaugers (IV)	☐	☐	☐	☐	☐
2. Offene Wunden (V)	☐	☐	☐	☐	☐
3. Alleinsein (III)	☐	☐	☐	☐	☐
4. An einem fremden Ort sein (III)	☐	☐	☐	☐	☐
5. Laute Stimmen (IV)	☐	☐	☐	☐	☐
6. Tote Menschen (I)	☐	☐	☐	☐	☐
7. In der Öffentlichkeit reden	☐	☐	☐	☐	☐
8. Eine Straße überqueren (III)	☐	☐	☐	☐	☐
9. Leute, die geistesgestört zu sein scheinen	☐	☐	☐	☐	☐
10. Hinfallen	☐	☐	☐	☐	☐
11. Autos (III)	☐	☐	☐	☐	☐
12. Gehänselt werden (II)	☐	☐	☐	☐	☐
13. Zahnärzte	☐	☐	☐	☐	☐
14. Donner (III)	☐	☐	☐	☐	☐
15. Sirenengeheul	☐	☐	☐	☐	☐
16. Versagen (II)	☐	☐	☐	☐	☐
17. Einen Raum betreten, in dem bereits andere sitzen (III)	☐	☐	☐	☐	☐
18. Hohe Plätze auf dem Land (V)	☐	☐	☐	☐	☐
19. Leute mit Mißbildungen (II)	☐	☐	☐	☐	☐
20. Würmer (I)	☐	☐	☐	☐	☐
21. Fabelwesen (III)	☐	☐	☐	☐	☐
22. Eine Spritze bekommen (V)	☐	☐	☐	☐	☐
23. Fremde (III)	☐	☐	☐	☐	☐
24. Fledermäuse (I)	☐	☐	☐	☐	☐
25. Reisen					
a) mit dem Zug (IV)	☐	☐	☐	☐	☐
b) mit dem Bus (IV)	☐	☐	☐	☐	☐
c) mit dem Auto	☐	☐	☐	☐	☐
26. Sich ärgerlich fühlen (IV)	☐	☐	☐	☐	☐
27. Autoritätspersonen	☐	☐	☐	☐	☐
28. Fliegende Insekten (I)	☐	☐	☐	☐	☐
29. Zusehen, wie andere eine Spritze bekommen	☐	☐	☐	☐	☐
30. Plötzliche Geräusche	☐	☐	☐	☐	☐
31. Trübes Wetter	☐	☐	☐	☐	☐
32. Menschenansammlungen (IV)	☐	☐	☐	☐	☐

	gar nicht	ein wenig	deutlich	stark	sehr stark
33. Weite, offene Räume (III)	☐	☐	☐	☐	☐
34. Katzen (I)	☐	☐	☐	☐	☐
35. Jemand schikaniert einen anderen (IV)	☐	☐	☐	☐	☐
36. Brutal aussehende Leute	☐	☐	☐	☐	☐
37. Vögel (I)	☐	☐	☐	☐	☐
38. Anblick von tiefen Gewässern (III)	☐	☐	☐	☐	☐
39. Beim Arbeiten beobachtet werden (II)	☐	☐	☐	☐	☐
40. Tote Tiere (I)	☐	☐	☐	☐	☐
41. Waffen (I)	☐	☐	☐	☐	☐
42. Schmutz (IV)	☐	☐	☐	☐	☐
43. Kriechende Insekten (I)	☐	☐	☐	☐	☐
44. Einem Kampf zusehen (IV)	☐	☐	☐	☐	☐
45. Häßliche Leute (V)	☐	☐	☐	☐	☐
46. Feuer (I)	☐	☐	☐	☐	☐
47. Kranke Menschen (II)	☐	☐	☐	☐	☐
48. Hunde	☐	☐	☐	☐	☐
49. Kritisiert werden (II)	☐	☐	☐	☐	☐
50. Fremde Formen	☐	☐	☐	☐	☐
51. In einem Fahrstuhl sein	☐	☐	☐	☐	☐
52. Bei einer chirurgischen Operation zuschauen (V)	☐	☐	☐	☐	☐
53. Wütende Leute (II)	☐	☐	☐	☐	☐
54. Mäuse (I)	☐	☐	☐	☐	☐
55. Blut					
a) menschliches (V)	☐	☐	☐	☐	☐
b) tierisches (V)	☐	☐	☐	☐	☐
56. Trennung von Freunden (II)	☐	☐	☐	☐	☐
57. Geschlossene, enge Räume	☐	☐	☐	☐	☐
58. Einen chirurgischen Eingriff vor sich haben (V)	☐	☐	☐	☐	☐
59. Eindruck, von anderen abgelehnt zu werden (II)	☐	☐	☐	☐	☐
60. Flugzeuge (III)	☐	☐	☐	☐	☐
61. Geruch von Medikamenten (V)	☐	☐	☐	☐	☐
62. Mißfallen erregt haben (II)	☐	☐	☐	☐	☐
63. Harmlose Schlangen (I)	☐	☐	☐	☐	☐
64. Friedhöfe (V)	☐	☐	☐	☐	☐
65. Nicht beachtet werden (II)	☐	☐	☐	☐	☐
66. Dunkelheit (III)	☐	☐	☐	☐	☐
67. Herzstolpern	☐	☐	☐	☐	☐
68. a) nackte Männer (I)	☐	☐	☐	☐	☐
b) nackte Frauen	☐	☐	☐	☐	☐
69. Blitze (I)	☐	☐	☐	☐	☐
70. Ärzte (V)	☐	☐	☐	☐	☐
71. Fehler machen (II)	☐	☐	☐	☐	☐
72. Dumm aussehen (II)	☐	☐	☐	☐	☐

Fear Survey Schedule for Children (FSS – FC)

Scherer und *Nakamura* (1968) haben einen Angst-Fragebogen für Kinder entwickelt (übersetzt von *W. Groeger*). Die 80 Items des FSS – FC wurden von 9–12jährigen Kindern beantwortet und die Ergebnisse zusammen mit den Ergebnissen einer Kinder-Form der Manifest Anxiety Scale (CMAS) faktoranalysiert. Auf 8 der 10 Faktoren laden die Items des FSS – FC. Diese 8 Faktoren werden von den Autoren folgendermaßen interpretiert:

Faktor I: Angst vor Versagen und Kritik
Faktor II: Größere Ängste
Faktor IV: Kleinere Ängste – Verkehr
Faktor V: Ängste vor Krankheiten und Ärzten (medical fears)
Faktor VII: Angst vor dem Tod
Faktor VIII: Angst vor Dunkelheit
Faktor IX: Ängste in der Schule und zu Hause
Faktor X: Verschiedene Ängste

(Hinter jedem Item ist die Nummer des entsprechenden Faktors angegeben.)

D. Schulte

Literatur

Scherer, M. W., Nakamura, C. Y.: A fear survey schedule for children (FSS-FC): A factor analytic comparison with manifest anxiety (MAS). Behav. Res. Ther., 1968, 6, 173–182.

Anleitung

Die Stichworte in diesem Fragebogen beziehen sich auf Dinge und Erfahrungen, die Angst oder unangenehme Gefühle hervorrufen können.

Hinter jedem Stichwort siehst Du einen Strich mit fünf Punkten. Über jedem Punkt steht entweder: „gar nicht", „ein wenig", „etwas", „viel" oder „sehr viel". Wenn Du bei einem Stichwort gar keine Angst hast, machst Du einen Strich durch den Punkt, über dem „gar nicht" steht, wenn Du etwas Angst hast, dann durch den Punkt, über dem „etwas" steht usw. Du kannst überall so antworten, wie Du Dich wirklich fühlst; es gibt keine richtigen oder falschen Antworten.

	gar nicht	ein wenig	etwas	viel	sehr viel
1. Einen mündlichen Bericht abgeben	☐	☐	☐	☐	☐
2. Mit dem Auto oder mit dem Bus fahren (IV)	☐	☐	☐	☐	☐
3. Von der Mutter bestraft werden (IX)	☐	☐	☐	☐	☐
4. Eidechsen (IV)	☐	☐	☐	☐	☐
5. Dumm aussehen (II)	☐	☐	☐	☐	☐
6. Geister oder Spuk (VIII)	☐	☐	☐	☐	☐
7. Scharfe Gegenstände (IV)	☐	☐	☐	☐	☐
8. Ins Krankenhaus gehen müssen (V)	☐	☐	☐	☐	☐
9. Tod oder tote Menschen (VII)	☐	☐	☐	☐	☐
10. An einem fremden Ort verloren gehen (VII)	☐	☐	☐	☐	☐
11. Schlangen (IV)	☐	☐	☐	☐	☐
12. Durch das Telefon sprechen (IV)	☐	☐	☐	☐	☐
13. Achterbahn oder Kirmes (IV)	☐	☐	☐	☐	☐
14. In der Schule krank werden (VII)	☐	☐	☐	☐	☐
15. Zum Rektor geschickt werden (II)	☐	☐	☐	☐	☐
16. Mit der Eisenbahn fahren (IV)	☐	☐	☐	☐	☐
17. Mit einem Aufpasser zu Hause zurückbleiben müssen (VIII)	☐	☐	☐	☐	☐
18. Bären oder Wölfe (VII)	☐	☐	☐	☐	☐
19. Jemanden zum 1. Mal treffen	☐	☐	☐	☐	☐
20. Bombenangriffe – überfallen werden (VII)	☐	☐	☐	☐	☐
21. Eine Spritze von einer Krankenschwester oder einem Doktor bekommen (V)	☐	☐	☐	☐	☐
22. Zum Zahnarzt gehen (V)	☐	☐	☐	☐	☐
23. Hochgelegene Orte wie auf Bergen (IV)	☐	☐	☐	☐	☐
24. Gehänselt werden (IX)	☐	☐	☐	☐	☐
25. Spinnen (IV)	☐	☐	☐	☐	☐
26. Ein Einbrecher in unserer Wohnung (VII)	☐	☐	☐	☐	☐
27. Mit einem Flugzeug fliegen (IV)	☐	☐	☐	☐	☐
28. Unvorbereitet vom Lehrer aufgerufen werden (I)	☐	☐	☐	☐	☐
29. Schlechte Noten bekommen (IX)	☐	☐	☐	☐	☐
30. Fledermäuse oder Vögel (X)	☐	☐	☐	☐	☐
31. Von meinen Eltern kritisiert werden (I)	☐	☐	☐	☐	☐
32. Gewehre (VII)	☐	☐	☐	☐	☐
33. In einen Kampf verwickelt sein (VII)	☐	☐	☐	☐	☐
34. Feuer – verbrannt werden (II)	☐	☐	☐	☐	☐
35. Eine Schnittwunde oder Verletzung erhalten (I)	☐	☐	☐	☐	☐
36. In einer großen Menschenmenge sein (I)	☐	☐	☐	☐	☐
37. Gewitter (X)	☐	☐	☐	☐	☐

	gar nicht	ein wenig	etwas	viel	sehr viel
38. Etwas essen müssen, was mir nicht schmeckt (IX)	☐	☐	☐	☐	☐
39. Katzen (X)	☐	☐	☐	☐	☐
40. In einem Test versagen (IX)	☐	☐	☐	☐	☐
41. Von einem Auto oder Lastwagen überfahren werden (II)	☐	☐	☐	☐	☐
42. In die Schule gehen müssen (IX)	☐	☐	☐	☐	☐
43. Im Sportunterricht rohe Spiele spielen müssen (IV)	☐	☐	☐	☐	☐
44. Wenn meine Eltern Einwendungen machen (IX)	☐	☐	☐	☐	☐
45. Dunkle Räume oder Toiletten (VIII)	☐	☐	☐	☐	☐
46. Eine Geschichte spielen oder vor-machen müssen (I)	☐	☐	☐	☐	☐
47. Ameisen oder Käfer (X)	☐	☐	☐	☐	☐
48. Von irgend jemandem kritisiert werden (I)	☐	☐	☐	☐	☐
49. Seltsam aussehende Leute (IV)	☐	☐	☐	☐	☐
50. Der Anblick von Blut (II)	☐	☐	☐	☐	☐
51. Zum Arzt gehen (V)	☐	☐	☐	☐	☐
52. Fremde oder unfreundlich aussehende Hunde (I)	☐	☐	☐	☐	☐
53. Friedhöfe (IV)	☐	☐	☐	☐	☐
54. Ein Zeugnis erhalten	☐	☐	☐	☐	☐
55. Die Haare geschnitten bekommen (V)	☐	☐	☐	☐	☐
56. Tiefes Wasser oder Meer (V)	☐	☐	☐	☐	☐
57. Alpträume (X)	☐	☐	☐	☐	☐
58. Von einem hochgelegenen Ort her-unterfallen (II)	☐	☐	☐	☐	☐
59. Einen elektrischen Schlag bekom-men (II)	☐	☐	☐	☐	☐
60. Im Dunkeln zu Bett gehen (VIII)	☐	☐	☐	☐	☐
61. Das Autofahren nicht zu vertragen (V)	☐	☐	☐	☐	☐
62. Alleinsein (VIII)	☐	☐	☐	☐	☐
63. Andere Kleidung tragen müssen als andere Kinder (I)	☐	☐	☐	☐	☐
64. Von dem Vater bestraft werden (II)	☐	☐	☐	☐	☐
65. In der Schule nachsitzen müssen (II)	☐	☐	☐	☐	☐
66. Fehler machen (IX)	☐	☐	☐	☐	☐
67. Kriminalfilme (IV)	☐	☐	☐	☐	☐
68. Lautes Sirenengeheul (X)	☐	☐	☐	☐	☐
69. Etwas Neues tun (I)	☐	☐	☐	☐	☐
70. Krankheitserreger oder schwer krank zu werden (II)	☐	☐	☐	☐	☐
71. Abgeschlossene, enge Räume (I)	☐	☐	☐	☐	☐
72. Erdbeben (II)	☐	☐	☐	☐	☐
73. Rußland (II)	☐	☐	☐	☐	☐
74. Fahrstühle (I)	☐	☐	☐	☐	☐

	gar nicht	ein wenig	etwas	viel	sehr viel
75. Dunkle Plätze (VIII)	☐	☐	☐	☐	☐
76. Nicht mehr atmen können (II)	☐	☐	☐	☐	☐
77. Von einer Biene gestochen werden (VII)	☐	☐	☐	☐	☐
78. Würmer oder Schnecken (IV)	☐	☐	☐	☐	☐
79. Ratten oder Mäuse (X)	☐	☐	☐	☐	☐
80. Einen Test beginnen (I)	☐	☐	☐	☐	☐

Assertive Questionnaire

Der „Assertive Questionnaire" wurde von *Lazarus* (1971) aufgestellt. Er besteht aus 20 Fragen, auf die der Patient mit „ja" oder „nein" zu antworten hat. In 12 der 20 Items wird eine spezifische soziale Situation geschildert, die für das betreffende Individuum frustrierend ist, und es wird gefragt, ob sich der Patient gegen diese Frustration zur Wehr setzen würde. In den restlichen 8 Items wird allgemein nach selbstsicherem Sozialverhalten gefragt, ohne daß eine spezifische frustrierende Situation vorgegeben wird.

Lazarus versteht diesen Fragebogen als eine Liste sozialer Verhaltensweisen, die angemessen sind und über die ein „gesunder" Mensch verfügen sollte. Verhaltensweisen, die ein Patient nach seinen Angaben nicht ausführen kann, müssen nach Meinung von *Lazarus* in der Therapie aufgebaut werden (bzw. entsprechende hemmende Ängste abgebaut werden).

Über die Objektivität, Reliabilität und Validität dieses Instruments liegen bislang keine Untersuchungsergebnisse vor. Außerdem betont *Lazarus,* daß dieser Fragebogen nicht den Anspruch erhebt, umfassend über spezifische Mängel des Sozialverhaltens Auskunft zu geben. Der Therapeut kann durch dieses Instrument nur relativ schnell und ökonomisch Hinweise auf mögliche Verhaltensdefizite erhalten, die dann im Gespräch oder mittels einer Verhaltensbeobachtung näher zu analysieren sind.

D. Schulte

Literatur

Lazarus, A. A.: Behavior Therapy and beyond., New York: McGraw-Hill, 1971, 132–133.

1. Wenn jemand sich höchst unfair verhält, gelingt es Ihnen dann normalerweise nicht, ihn darauf aufmerksam zu machen?   ja   nein

2. Sind Sie stets sorgfältig darauf bedacht, Ärger mit anderen Leuten zu vermeiden?   ja   nein

3. Gehen Sie oft sozialen Kontakten aus dem Weg, weil Sie befürchten, etwas Falsches zu tun oder zu sagen?   ja   nein

4. Wenn ein Freund Ihr Vertrauen mißbraucht, sagen Sie dann ehrlich, wie Sie fühlen?   ja   nein

5. Wenn Sie mit jemandem zusammen wohnten, würden Sie darauf bestehen, daß er oder sie sich bei der Hausarbeit beteiligt?   ja   nein

6. Wenn ein Angestellter in einem Geschäft einen Kunden bedient, der nach Ihnen gekommen ist, würden Sie ihn darauf aufmerksam machen?   ja   nein

7. Sind Sie der Meinung, daß es nur wenige Menschen gibt, mit denen Sie ein entspanntes und freundschaftliches Verhältnis haben?   ja   nein

8. Würden Sie zögern, einen guten Freund um ein paar Mark anzupumpen?   ja   nein

9. Würden Sie jemanden, der 10 DM von Ihnen geliehen hat, an seine Schulden erinnern, wenn er sie offensichtlich vergessen hat?   ja   nein

10. Fällt es Ihnen schwer, Ihr Mißfallen auszudrücken, wenn jemand Sie andauernd belästigt?   ja   nein

11. Würden Sie in einem überfüllten Auditorium eher hinten stehenbleiben als sich vorn einen Platz suchen?   ja   nein

12. Wenn jemand im Kino hinten dauernd vor Ihren Stuhl tritt, würden Sie ihm sagen, er solle bitte damit aufhören?   ja   nein

13. Wenn ein Freund Sie grundsätzlich sehr spät abends anruft, würden Sie ihm sagen, er solle bitte damit aufhören?   ja   nein

14. Wenn jemand, während Sie sich noch mit ihm unterhalten, plötzlich anfängt, mit einem anderen zu reden, würden Sie ihm dann Ihr Befremden ausdrücken?   ja   nein

15. Stellen Sie sich vor, Sie säßen in einem sehr vornehmen Restaurant und bekämen statt des bestellten gut durchgebratenen Steaks ein halb rohes: Würden Sie den Ober bitten, es nachbraten zu lassen?   ja   nein

16. Wenn der Vermieter Ihres Appartements es trotz seiner Zusage unterläßt, notwendige Reparaturen auszuführen, würden Sie dann darauf bestehen?   ja   nein

17. Würden Sie ein fehlerhaftes Kleidungsstück umtauschen, das Sie vor ein paar Tagen gekauft haben?   ja   nein

18. Wenn jemand, den Sie respektieren, eine Meinung vertritt, die Sie schärfstens ablehnen, würden Sie es wagen, Ihre eigene Meinung dagegenzusetzen?   ja   nein

19. Können Sie normalerweise „nein" sagen, wenn Leute unvernünftige Forderungen stellen?   ja   nein

20. Sind Sie der Meinung, daß Menschen für ihre Rechte kämpfen sollten?   ja   nein

263

Liste zur Erfassung von Verstärkern (LEV)

Die LEV ist eine von *Windheuser* und *Niketta* (1972) entwickelte deutsche Form der Reinforcement Survey Schedule (RSS) von *Cautela* und *Kastenbaum* (1967). Sie dient zur Auffindung von Verstärkern, die im Rahmen einer Therapie eingesetzt werden können. Gegenüber dem englischen RSS wurde beim LEV die Instruktion ausführlicher gestaltet, die Antwortskala wurde dahingehend verändert, daß Patienten einzelne vorgeschlagene Reize oder Tätigkeiten als „ungern" ablehnen können, kulturspezifische Items wurden ausgesondert und eine Reihe anderer Items aufgenommen.

Die LEV besteht aus vier Teilen: Im ersten Teil wird nach möglichen Verstärkern gefragt, die unmittelbar in der Therapiesituation eingesetzt werden können; Teil 2 erfragt Verstärker, die für den Patienten außerhalb der Therapiesituation erreichbar sind; im dritten Teil werden überwiegend soziale und verbale Verstärker erfragt; im letzten Teil wird – entsprechend dem *Premack*-Prinzip – nach besonders häufig ausgeführten Gedanken und Tätigkeiten gefragt. Dieser Teil ist mit dem vierten Teil des RSS fast völlig identisch.

Für die Beantwortung der 217 Items (Teil 1–3) der LEV werden ungefähr 20 min. benötigt. Die Test-Retest-Reliabilität (Zeitraum zwischen den Testungen: 5 Wochen) beträgt für den gesamten Fragebogen .82. Die Stabilitätskoeffizienten für die einzelnen Items schwanken zwischen .40 und .90.

D. Schulte

Literatur

Cautela, J. R., Kastenbaum, R.: A Reinforcement Survey Schedule for use in therapy, training and research. Psychol. Rep., 1967, 20, 1115–1130.

Windheuser, J., Niketta, R.: Eine deutsche Form der „Reinforcement Survey Schedule" von *Cautela* und *Kastenbaum.* Vortrag, 4. Kongreß für Verhaltenstherapie, Münster, 1972.

Anleitung

Auf den folgenden Seiten finden Sie eine Aufzählung von bestimmten Dingen, Erfahrungen, Hobbies, Situationen und Tätigkeiten, die von Ihnen und Ihren Mitmenschen in einem unterschiedlichen Ausmaß als angenehm oder evtl. auch als unangenehm empfunden werden.

Lesen Sie sich bitte *jede* angegebene Tätigkeit gut durch und entscheiden Sie, möglichst ohne lange zu überlegen, nach Ihrer *gegenwärtigen* Einstellung, wie gern Sie diese Tätigkeit ausführen. Sollte sich das Angegebene derzeit nicht verwirklichen lassen, so versuchen Sie dennoch anzugeben, wie gern Sie es – unter anderen Umständen – ausführen *würden*.

Da die Aufzählung in diesem Fragebogen nicht vollständig ist und die Tätigkeiten sicher auch nicht immer speziell genug formuliert sind, ist es möglich, daß etwas fehlt, was sie sehr gern haben. Sollte das der Fall sein, so tragen Sie bitte das Fehlende in die dafür vorgesehenen, freigelassenen Zeilen, die in verschiedenen Abständen eingeschoben sind, nach.

Ihre Einstufung kennzeichnen Sie durch ein Kreuz in der Antwortspalte auf der für Sie zutreffenden Markierung.

An einem Beispiel sei dargestellt, wie die Beantwortung formal erfolgen sollte und welche Einstufungen möglich sind.

Einstufungen	ungern	weder gern noch ungern	ein wenig gern	gern	sehr gern
Rosen züchten	☐	☐	☐	☒	☐
Fisch essen	☐	☐	☐	☐	☒

Achten Sie bitte darauf, daß Sie möglichst keine Tätigkeitsangabe auslassen und nicht in eine falsche Spalte oder Zeile geraten.

Noch ein Hinweis: Es gibt in diesem Fragebogen keine richtigen oder falschen Antworten. Es handelt sich auch nicht um einen Persönlichkeitstest, sondern es geht darum, daß Sie ankreuzen, wie gern Sie die auf den nächsten Seiten aufgezählten Tätigkeiten im einzelnen ausführen bzw. ausführen würden.

Fangen Sie nun bitte an!

	ungern	weder gern noch ungern	ein wenig gern	gern	sehr gern

I

1. Eiskrem *essen* ☐ ☐ ☐ ☐ ☐
2. Süßigkeiten ☐ ☐ ☐ ☐ ☐
3. Früchte ☐ ☐ ☐ ☐ ☐
4. Kuchen ☐ ☐ ☐ ☐ ☐
5. Gebäck ☐ ☐ ☐ ☐ ☐
6. Ganz bestimmte Gerichte ☐ ☐ ☐ ☐ ☐
7. Spezialitäten ☐ ☐ ☐ ☐ ☐

8. Mineralwasser *trinken* ☐ ☐ ☐ ☐ ☐
9. Milch ☐ ☐ ☐ ☐ ☐
10. Tee ☐ ☐ ☐ ☐ ☐
11. Kaffee ☐ ☐ ☐ ☐ ☐
12. Fruchtsaft ☐ ☐ ☐ ☐ ☐
13. Limonade ☐ ☐ ☐ ☐ ☐
14. Bier ☐ ☐ ☐ ☐ ☐
15. Wein ☐ ☐ ☐ ☐ ☐
16. Andere alkohol. Getränke ☐ ☐ ☐ ☐ ☐

17. Kreuzworträtsel *lösen* ☐ ☐ ☐ ☐ ☐
18. Mathematische Probleme ☐ ☐ ☐ ☐ ☐

19. Denksportaufgaben ☐ ☐ ☐ ☐ ☐
20. Ausklügeln wie etwas funktioniert ☐ ☐ ☐ ☐ ☐
21. Puzzlespiele ☐ ☐ ☐ ☐ ☐

22. Musik *hören* ☐ ☐ ☐ ☐ ☐
23. Sinfonische Musik ☐ ☐ ☐ ☐ ☐
24. Kammermusik ☐ ☐ ☐ ☐ ☐
25. Jazz ☐ ☐ ☐ ☐ ☐
26. Pop-, Beat-Musik ☐ ☐ ☐ ☐ ☐
27. Internationale Folklore ☐ ☐ ☐ ☐ ☐
28. Underground ☐ ☐ ☐ ☐ ☐
29. Deutsche Volkslieder ☐ ☐ ☐ ☐ ☐
30. Opernmusik ☐ ☐ ☐ ☐ ☐
31. Deutsche Schlager ☐ ☐ ☐ ☐ ☐
32. Operettenmusik ☐ ☐ ☐ ☐ ☐
33. Musicalmelodien ☐ ☐ ☐ ☐ ☐

34. Sich mit Tieren beschäftigen ☐ ☐ ☐ ☐ ☐
35. Mit Hunden ☐ ☐ ☐ ☐ ☐
36. Mit Katzen ☐ ☐ ☐ ☐ ☐
37. Mit Vögeln ☐ ☐ ☐ ☐ ☐

38. Stattliche Männer sehen ☐ ☐ ☐ ☐ ☐
39. Schöne Frauen sehen ☐ ☐ ☐ ☐ ☐

	ungern	weder gern noch ungern	ein wenig gern	gern	sehr gern
40. *Lesen*	☐	☐	☐	☐	☐
41. Abenteuerromane	☐	☐	☐	☐	☐
42. Kriminalromane	☐	☐	☐	☐	☐
43. Lebensbeschreibungen	☐	☐	☐	☐	☐
44. Politik und Zeitgeschehen	☐	☐	☐	☐	☐
45. Gedichte	☐	☐	☐	☐	☐
46. Reisebeschreibungen	☐	☐	☐	☐	☐
47. Geschichtsdarstellungen	☐	☐	☐	☐	☐
48. Lustige Bücher	☐	☐	☐	☐	☐
49. Hobbybücher	☐	☐	☐	☐	☐
50. Liebesromane	☐	☐	☐	☐	☐
51. Witze	☐	☐	☐	☐	☐
52. Bilderhefte (Comics)	☐	☐	☐	☐	☐
53. Literatur zur Sexualität	☐	☐	☐	☐	☐
54. Philosophische Schriften	☐	☐	☐	☐	☐
55. Religiöse Bücher	☐	☐	☐	☐	☐
56. Populärwissenschaftliche Bücher	☐	☐	☐	☐	☐
57. Kunstdarstellungen	☐	☐	☐	☐	☐
58. Science Fiction	☐	☐	☐	☐	☐
59. Zeitungen	☐	☐	☐	☐	☐
60. Illustrierte Zeitschriften	☐	☐	☐	☐	☐
61. Nackte Männer sehen	☐	☐	☐	☐	☐
62. Nackte Frauen sehen	☐	☐	☐	☐	☐

II

	ungern	weder gern noch ungern	ein wenig gern	gern	sehr gern
63. Radio hören	☐	☐	☐	☐	☐
64. *Fernsehen*	☐	☐	☐	☐	☐
65. Kriminalfilme	☐	☐	☐	☐	☐
66. Politische Sendungen	☐	☐	☐	☐	☐
67. Kurzfilme im Werbefernsehen	☐	☐	☐	☐	☐
68. Sportsendungen	☐	☐	☐	☐	☐
69. Quizsendungen	☐	☐	☐	☐	☐
70. Kulturmagazine	☐	☐	☐	☐	☐
71. Spielfilme	☐	☐	☐	☐	☐
72. Musikshows	☐	☐	☐	☐	☐
73. Aktuelle Berichte	☐	☐	☐	☐	☐
74. Ins *Kino gehen*	☐	☐	☐	☐	☐
75. Wildwestfilme ansehen	☐	☐	☐	☐	☐
76. Kriminalfilme	☐	☐	☐	☐	☐
77. Heimatfilme	☐	☐	☐	☐	☐
78. Sexfilme	☐	☐	☐	☐	☐
79. Kulturfilme	☐	☐	☐	☐	☐
80. Zeichentrickfilme	☐	☐	☐	☐	☐
81. Horrorfilme	☐	☐	☐	☐	☐

	ungern	weder gern noch ungern	ein wenig gern	gern	sehr gern
82. Lustige Filme	☐	☐	☐	☐	☐
83. Musikfilme	☐	☐	☐	☐	☐
84. Künstlerisch anspruchsvolle Filme	☐	☐	☐	☐	☐
85. In die Oper *gehen*	☐	☐	☐	☐	☐
86. Ins Theater	☐	☐	☐	☐	☐
87. In eine Operette	☐	☐	☐	☐	☐
88. In ein Musical	☐	☐	☐	☐	☐
89. Ins Konzert *gehen*	☐	☐	☐	☐	☐
90. Ins Ballett	☐	☐	☐	☐	☐
91. Ins Kabarett	☐	☐	☐	☐	☐
92. Pop und Undergroundveranstaltungen *besuchen*	☐	☐	☐	☐	☐
93. Schlagerveranstaltungen	☐	☐	☐	☐	☐
94. Vorträge	☐	☐	☐	☐	☐
95. Sportveranstaltungen *besuchen*	☐	☐	☐	☐	☐
96. Fußballspiele	☐	☐	☐	☐	☐
97. Handballspiele	☐	☐	☐	☐	☐
98. Leichtathletikveranstaltungen	☐	☐	☐	☐	☐
99. Schwimmveranstaltungen	☐	☐	☐	☐	☐
100. Basketballspiele	☐	☐	☐	☐	☐
101. Hockeyspiele	☐	☐	☐	☐	☐
102. Tennisveranstaltungen	☐	☐	☐	☐	☐
103. Wassersportveranstaltungen	☐	☐	☐	☐	☐
104. Eishockeyspiele	☐	☐	☐	☐	☐
105. Boxveranstaltungen	☐	☐	☐	☐	☐
106. Ringkämpfe	☐	☐	☐	☐	☐
107. Motorsportveranstaltungen	☐	☐	☐	☐	☐
108. Radsportveranstaltungen	☐	☐	☐	☐	☐
109. Reit- und Springturniere	☐	☐	☐	☐	☐
110. Turnveranstaltungen	☐	☐	☐	☐	☐
111. Historische Gebäude besichtigen	☐	☐	☐	☐	☐
112. Museen *besuchen*	☐	☐	☐	☐	☐
113. Kunstausstellungen	☐	☐	☐	☐	☐
114. Zoologische Gärten (Zoo)	☐	☐	☐	☐	☐
115. Botanische Gärten	☐	☐	☐	☐	☐
116. In ein Restaurant essen gehen	☐	☐	☐	☐	☐
117. Schöne Landschaften betrachten	☐	☐	☐	☐	☐
118. *Tanzen*	☐	☐	☐	☐	☐
119. Auf einem Ball	☐	☐	☐	☐	☐
120. In einer Diskothek	☐	☐	☐	☐	☐
121. Ballett	☐	☐	☐	☐	☐
122. Volkstanz	☐	☐	☐	☐	☐
123. *Singen*	☐	☐	☐	☐	☐
124. In einem Chor	☐	☐	☐	☐	☐
125. Allein	☐	☐	☐	☐	☐

	ungern	weder gern noch ungern	ein wenig gern	gern	sehr gern
126. Ein Musikinstrument spielen	☐	☐	☐	☐	☐
127. Malen	☐	☐	☐	☐	☐
128. Fotografieren	☐	☐	☐	☐	☐
129. Filmen	☐	☐	☐	☐	☐
130. Tonbandaufnahmen machen	☐	☐	☐	☐	☐
131. Geschichten schreiben	☐	☐	☐	☐	☐
132. Gedichte schreiben	☐	☐	☐	☐	☐
133. Sport treiben	☐	☐	☐	☐	☐
134. Fußball *spielen*	☐	☐	☐	☐	☐
135. Handball	☐	☐	☐	☐	☐
136. Basketball	☐	☐	☐	☐	☐
137. Hockey	☐	☐	☐	☐	☐
138. Tennis	☐	☐	☐	☐	☐
139. Billard	☐	☐	☐	☐	☐
140. Schach	☐	☐	☐	☐	☐
141. Tischtennis	☐	☐	☐	☐	☐
142. Leichtathletik *treiben*	☐	☐	☐	☐	☐
143. Gymnastik	☐	☐	☐	☐	☐
144. Boxen	☐	☐	☐	☐	☐
145. Judo	☐	☐	☐	☐	☐
146. Ringen	☐	☐	☐	☐	☐
147. Schwimmen	☐	☐	☐	☐	☐
148. Andere Wassersportarten	☐	☐	☐	☐	☐
149. Turnen	☐	☐	☐	☐	☐
150. Radfahren	☐	☐	☐	☐	☐
151. Angeln	☐	☐	☐	☐	☐
152. Kegeln	☐	☐	☐	☐	☐
153. Ski laufen	☐	☐	☐	☐	☐
154. Mit Babys zusammensein	☐	☐	☐	☐	☐
155. Mit Kindern zusammensein	☐	☐	☐	☐	☐
156. Gartenarbeit verrichten	☐	☐	☐	☐	☐
157. Karten spielen	☐	☐	☐	☐	☐
158. Wandern	☐	☐	☐	☐	☐
159. Spazierengehen	☐	☐	☐	☐	☐
160. Autofahrten machen	☐	☐	☐	☐	☐
161. Sich mit seiner Sammlung be-schäftigen	☐	☐	☐	☐	☐
162. Basteln	☐	☐	☐	☐	☐
163. Handarbeiten	☐	☐	☐	☐	☐
164. Verreisen	☐	☐	☐	☐	☐
165. Wochenendfahrten machen	☐	☐	☐	☐	☐
166. Einkaufen gehen	☐	☐	☐	☐	☐
167. Kleidung *kaufen*	☐	☐	☐	☐	☐
168. Möbel	☐	☐	☐	☐	☐

	ungern	weder gern noch ungern	ein wenig gern	gern	sehr gern
169. Autozubehör	☐	☐	☐	☐	☐
170. Schallplatten	☐	☐	☐	☐	☐
171. Poster	☐	☐	☐	☐	☐
172. Taschenbücher	☐	☐	☐	☐	☐
173. Blumen	☐	☐	☐	☐	☐
174. Kosmetika	☐	☐	☐	☐	☐
175. Sportgeräte	☐	☐	☐	☐	☐
176. Schlafen	☐	☐	☐	☐	☐
177. Ein Bad nehmen	☐	☐	☐	☐	☐
178. Duschen	☐	☐	☐	☐	☐
179. Beten	☐	☐	☐	☐	☐
180. In die Kirche gehen	☐	☐	☐	☐	☐
181. Gut gekleidet sein	☐	☐	☐	☐	☐
182. An politischen Veranstaltungen teilnehmen	☐	☐	☐	☐	☐
183. In einer Wette (Lotto, Toto usw.) gewinnen	☐	☐	☐	☐	☐

III

	ungern	weder gern noch ungern	ein wenig gern	gern	sehr gern
184. Ruhe und Frieden haben	☐	☐	☐	☐	☐
185. Mit einer Begründung recht haben	☐	☐	☐	☐	☐
186. Über etwas gut Bescheid wissen	☐	☐	☐	☐	☐
187. Um Rat gefragt werden	☐	☐	☐	☐	☐
188. Angelacht werden	☐	☐	☐	☐	☐
189. *Gelobt werden*	☐	☐	☐	☐	☐
190. des Aussehens *wegen*	☐	☐	☐	☐	☐
191. der Arbeit	☐	☐	☐	☐	☐
192. der Hobbys	☐	☐	☐	☐	☐
193. der körperlichen Kraft	☐	☐	☐	☐	☐
194. der Fähigkeiten	☐	☐	☐	☐	☐
195. der Gesinnung	☐	☐	☐	☐	☐
196. der moralischen Festigkeit	☐	☐	☐	☐	☐
197. des Verständnisses gegenüber anderen	☐	☐	☐	☐	☐
198. Als Begleitung ausgewählt werden	☐	☐	☐	☐	☐
199. Mit jemandem flirten	☐	☐	☐	☐	☐
200. Sich *unterhalten*	☐	☐	☐	☐	☐
201. Mit Freunden	☐	☐	☐	☐	☐
202. Mit Gleichgesinnten	☐	☐	☐	☐	☐
203. Mit angenehmen Menschen	☐	☐	☐	☐	☐
204. Über bestimmte Themen sprechen (diskutieren)	☐	☐	☐	☐	☐
205. Jemandem eine Freude machen	☐	☐	☐	☐	☐
206. Jemandem helfen	☐	☐	☐	☐	☐
207. Andere Menschen beobachten	☐	☐	☐	☐	☐

	ungern	weder gern noch ungern	ein wenig gern	gern	sehr gern
208. Geschlechtsverkehr ausüben	☐	☐	☐	☐	☐
209. Glückliche Menschen sehen	☐	☐	☐	☐	☐
210. Mit Freunden etwas unternehmen	☐	☐	☐	☐	☐
211. In der Nähe eines berühmten Mannes sein	☐	☐	☐	☐	☐
212. In der Nähe einer berühmten Frau sein	☐	☐	☐	☐	☐
213. Sich Witze erzählen	☐	☐	☐	☐	☐
214. Über das andere Geschlecht sprechen	☐	☐	☐	☐	☐
215. Etwas vortragen (z. B. Gedichte)	☐	☐	☐	☐	☐
216. Mit einer schönen Frau zusammensein	☐	☐	☐	☐	☐
217. Mit einem gut aussehenden Mann zusammensein	☐	☐	☐	☐	☐

In dem nun folgenden Teil tragen Sie bitte ein, wie häufig Sie durchschnittlich bestimmte Tätigkeiten (z. B. Rauchen, Kaffee trinken, ein Musikinstrument spielen usw.) an einem Tag ausführen oder auch wie oft Sie an eine Sache, einen Menschen (z. B. ein neues Auto, die Freundin usw.) während eines Tages denken.

Lassen Sie sich bei diesem Teil ruhig etwas mehr Zeit und versuchen Sie, sich Ihren Tagesablauf vorzustellen, um dann ungefähr sagen zu können, wie häufig Sie dies oder jenes tun oder denken.

Selbstverständliches und Notwendiges brauchen Sie natürlich nicht anzugeben (so z. B. nicht: dienstliche Telefonate, Austreten; wohl aber z. B. private Telefongespräche, Radio einschalten usw.)

Ihre Antwort tragen Sie bitte (möglichst in Stichworten) in die zutreffenden Häufigkeitsklassen ein.

Liste zur Erfassung von Verstärkern (LEV)

Gedanken und Tätigkeiten, die ungefähr . . .

5 mal und mehr

. . . .
. . . .
. . . .

10 mal und mehr

. . . .
. . . .
. . . .

15 mal und mehr

. . . .
. . . .
. . . .

20 mal und mehr

. . . .
. . . .
. . . .
– von denen Ich meine, daß sie *bei mir häufiger auftreten als bei anderen* – . . . :

. . . .
. . . .
. . . .
pro Tag auftreten.

SACHVERZEICHNIS

AUTORENVERZEICHNIS

Weiss, R. L. 11, 23, 219 ff., 225, 235, 239, 242 ff., 251
Welsh, G. S. 7, 22
Wender, P. H. 139, 150
Werner, H. 18, 23
Westmeyer, H. 76, 100, 104
Wetzel, R. J. 194, 205, 218
Weehlern, W. M. 7, 23
Whittier, J. 53, 58
Wiggins, J. S. 156, 161, 163, 174, 194, 213, 218

Williams, J. H. 225, 228, 251
Wimsatt, W. R. 237 ff., 251
Winder, C. L. 174, 194
Windheuser, H. J. 74, 196, 211, 218, 264
Windle, C. 24, 33, 59
Winkel, R. 194
Wisocki, P. A. 211, 216
Wittenborn, J. 24, 59
Woerkom, A. van 25, 57
Wolberg, L. R. 140, 151

Wolf, M. M. 53, 59, 164, 180, 191, 194, 213, 217
Wolman, B. B. 249
Wolpe, J. 9, 23, 52 f., 59, 105, 199, 211, 218, 255
Woody, J. 192
Woody, R. 192
Wright, H. F. 53, 58, 153 ff., 172 ff., 191, 194

Yates, A. J. 60, 73, 198, 218

Fortschritte der Klinischen Psychologie

Herausgegeben von Jarg B. Bergold, Niels Birbaumer, Irmela Florin, Dieter Kallinke, Dietmar Schulte, Wolfgang Tunner

Bisher sind erschienen:

Band 1
Rachman

Verhaltenstherapie bei Phobien

Von S. Rachman, London

Übersetzt und bearbeitet von Jarg B. Bergold, Berlin

3., überarbeitete und erweiterte Auflage.
1976. Etwa VII, 93 Seiten, 9 Abb. Kartoniert etwa DM 14,80
(Mengenpreis ab 10 Expl. etwa je DM 13,30)
ISBN 3-541-02283-3

Band 2

Der Krankheitsmythos in der Psychopathologie

Darstellung einer Kontroverse

Herausgegeben von Heinrich Keupp, München

Mit Beiträgen von Th. Szasz, D. Ausubel, A. Ellis, Th. Sarbin, D. Mechanic, E. Goffman, Th. Scheff

Übersetzt von Hannelore Benkeser

1972. VII, 156 Seiten. Kartoniert DM 19,80
(Mengenpreis ab 10 Expl. je DM 18,–)
ISBN 3-541-05731-9

Band 3

Neuropsychologie der Angst

Herausgegeben von Niels Birbaumer, Tübingen

1973. VII, 284 Seiten, 66 Abb. Kartoniert DM 28,–
(Mengenpreis ab 10 Expl. je DM 18,–)
ISBN 3-541-05961-3

Der Band enthält die biologisch-organischen Grundlagen von Angstentstehung und -bewältigung, ebenso werden neue Therapieformen vorgestellt.

Band 4

Selbstkontrolle

Ein kritischer Überblick über lerntheoretische und verhaltenstherapeutische Ansätze

Herausgegeben von Monika Hartig, München

Geleitwort von Frederick H. Kanfer, Cincinnati, Ohio

2., überarbeitete Auflage.
1975. XII, 260 Seiten, 15 Abb. Kartoniert DM 28,–
(Mengenpreis ab 10 Expl. je DM 25,20)
ISBN 3-541-06042-5

Preisänderungen vorbehalten.

Urban & Schwarzenberg

Band 6

Biofeedback-Therapie

Lernmethoden in der Psychosomatik, Neurologie und Rehabilitation

Herausgegeben von Heiner Legewie und Lothar Nusselt, München

1975. VIII, 268 Seiten, 53 Abb., 16 Tabellen. Kartoniert DM 28,–
(Mengenpreis ab 10 Expl. je DM 25,20)
ISBN 3-541-07111-7

Band 7
Tharp/Wetzel

Verhaltensänderungen im gegebenen Sozialfeld

Von Roland G. Tharp, Honolulu, und Ralph J. Wetzel, Tucson, Arizona

Übersetzt von Ulrich Stuck und Sylvia Caesar, München

Vorwort zur deutschen Ausgabe von Jarg B. Bergold, Berlin

1975. Etwa 250 Seiten, etwa 19 Abb. Kartoniert DM 28,–
(Mengenpreis ab 10 Expl. je DM 25,20)
ISBN 3-541-06921-X

Nach einer Einführung in die Prinzipien und Methoden der Verhaltenstherapie wird anhand von Fallbeispielen die Durchführung der therapeutischen Maßnahmen erläutert.

Dieses Buch richtet sich an alle, die an der Verhaltenstherapie interessiert, bzw. im Sozialbereich praktisch tätig sind.

U&S Psychologie

Psychotherapie: Grundlagen, Verfahren, Indikationen

Herausgegeben von Prof. Dr. Hans Strotzka, Wien

Unter Mitarbeit von Dr. Alois M. Becker, Dr. Rainer-Sepp Graupe, Dr. Ingo Grumiller, Elisabeth Jager, Dr. Heinz Katschnig, Dr. Marianne Kremser, Elfriede Montag, Prof. Dr. Helmuth Petsche, Dr. Ludwig Reiter, Dr. Marianne Ringler und Dr. Rembert Vollmer

1975. XVIII, 542 Seiten, 3 Abbildungen. Kartoniert DM 38,–
ISBN 3-541-06931-7

Der vorliegende Band gibt einen Einblick in den sich ständig ausweitenden und in Spezialisierung begriffenen Bereich der Psychotherapie, unter Einbeziehung der Randgebiete. Es werden sowohl ein methodischer Pluralismus als auch die fundamentalen Gemeinsamkeiten der psychotherapeutischen Verfahren herausgestellt. Mit besonderer Ausführlichkeit werden jene Gebiete abgehandelt, die in der traditionellen Literatur ungenügend berücksichtigt werden.

Hartig
Probleme und Methoden der Psychotherapieforschung

Von Dr. Monika Hartig, München

1975. VIII, 184 Seiten, 4 Abbildungen. Kartoniert DM 28,–
ISBN 3-541-07061-7

Das Buch richtet sich in erster Linie an Vertreter und Studenten der Psychologie und der Nachbardisziplinen sowie an interessierte Laien, die mit der Materie noch nicht vertraut sind. Es ist als Einführung gedacht, die mit den wichtigsten Problemen und Kontroversen der Psychotherapieforschung vertraut machen und einen Überblick über den gegenwärtigen Stand der Methodik der Psychotherapieforschung geben möchte.

Rachman
Angst

Formen, Ursachen und Therapie

Von Prof. Dr. Stanley Rachman, London
Übersetzt von Joachim Hohl und Gudrun Brockhaus, München

1975. IV, 140 Seiten, 6 Abbildungen.
U & S Taschenbuch 1007. DM 12,–
ISBN 3-541-07121-4

Der Band enthält einen knappen, leicht lesbaren Überblick über die neueren Forschungsergebnisse der Psychologie auf dem Gebiet der Angst. Es geht dabei vor allem um die Darstellung der verhaltenstheoretischen Modelle zur Therapie menschlicher Ängste.

Freidson
Dominanz der Experten

Zur sozialen Struktur medizinischer Versorgung

Von Prof. Dr. Eliot Freidson, New York
Herausgegeben und übersetzt von Prof. Dr. Johann Jürgen Rohde, Hannover

1975. XVI, 180 Seiten, Kartoniert
DM 19,80
ISBN 3-541-07181-8
Medizin und Sozialwissenschaften, Bd. 3

Cannon
Wut, Hunger, Angst und Schmerz

Eine Physiologie der Emotionen

Von W. B. Cannon, M. D., Massachusetts/USA
Übersetzt von Helmut Junker, Kassel
Mit einer Einleitung des Herausgebers Prof. Dr. Thure von Uexküll, Ulm

1975. XXIV, 252 Seiten, 43 Abbildungen. Kartoniert DM 28,–
ISBN 3-541-07031-5

Urban & Schwarzenberg